Edda Ziegler

Heinrich Heine

Leben · Werk · Wirkung

Edda Ziegler

Heinrich Heine

Leben · Werk · Wirkung

Artemis & Winkler

Bibliographische Information der Deutschen Bibliothek

Die Deutsche Bibliothek verzeichnet diese Publikation in der Deutschen Nationalbibliographie; detaillierte bibliographische Daten sind im Internet über http://dnb.ddb.de abrufbar.

Umschlaggestaltung: butenschoendesign, Lüneburg
Printed in Spain
ISBN 3-538-07205-1
www.patmos.de

Inhalt

Prolog.
Ein Kind namens Harry

Harry Heine, der sich nach seiner Taufe Heinrich und im französischen Exil Henri nennen wird, verbindet mit seinem Namen eine Fülle von Erinnerungen. «Aus den frühesten Anfängen», meint Heine, «erklären sich die spätesten Erscheinungen.» So enthalten diese Erinnerungen auch eine Deutung seiner Existenz. Sein Name macht den Träger zum Außenseiter; die Assoziation zum «Haarüh» für den Esel des Straßenfegers im heimischen Düsseldorf ebenso wie die zwischen «Enrienne» und dem französischen «un rien», ein Nichts. Der kleine Harry erlebt sich wegen seines Namens als minderwertig, und er verbindet dies auch damit, daß er Jude ist. Dieser Makel erweist sich als untilgbar. Er trifft den englischen «Harry» ebenso wie den französischen «Henri» und den rheinischen «Heinz». So polyglott sich die Vielförmigkeit des Namens auch geben mag; sie zeigt vor allem eins: Nicht einmal im sprachlichen Urlaut, dem eigenen Namen, erlebt Heine heimatliche Geborgenheit. Und doch hört Harry seinen Namen gern, denn er stammt von dem Menschen, den er am meisten liebt, von seinem Vater.

Heinrich Heine. Jugendbildnis um 1825.

Eines Morgens umarmte er mich mit ganz besonderer Zärtlichkeit und sagte: «Ich habe diese Nacht etwas Schönes von dir geträumt und bin sehr zufrieden mit dir, mein lieber Harry.» Während er diese naiven Worte sprach, zog ein Lächeln um seine Lippen, welches zu sagen schien: mag der Harry sich noch so unartig in der Wirklichkeit aufführen, ich werde dennoch, um ihn ungetrübt zu lieben, immer etwas Schönes von ihm träumen.

Harry ist bei den Engländern der familiäre Name derjenigen, welche Henri heißen, und er entspricht ganz meinem deutschen Taufnamen «Heinrich». Die familiären Benennungen des letztern sind in dem Dialekte meiner Heimat äußerst mißklingend, ja fast skurril, z. B. Heinz, Heinzchen, Hinz. Heinzchen werden oft auch die kleinen Hauskobolde genannt, und der gestiefelte Kater im Puppenspiel und überhaupt der Kater in der Volksfabel heißt «Hinze».

Aber nicht um solcher Mißlichkeit abzuhelfen, sondern um einen seiner besten Freunde in England zu ehren, ward von meinem Vater mein Name anglisiert [...]

Weil nun der Freund meines Vaters, der sich auf den Einkauf des Velveteens am besten verstand, den Namen Harry führte, erhielt auch ich diesen Namen, und Harry ward ich genannt in der Familie und bei Hausfreunden und Nachbarn.

Ich höre mich noch jetzt sehr gern bei diesem Namen nennen, obgleich ich demselben auch viel Verdruß, vielleicht den empfindlichsten Verdruß meiner Kindheit verdankte. [...]

Hier in Frankreich ist mir gleich nach meiner Ankunft in Paris mein deutscher Name «Heinrich» in «Henri» übersetzt worden, und ich mußte mich darin schicken und auch endlich hierzulande selbst so nennen, da das Wort Heinrich dem französischen Ohr nicht zusagte und überhaupt die Franzosen sich alle Dinge in der Welt recht bequem machen. Auch den Namen «Henri Heine» haben sie nie recht aussprechen können, und bei den meisten heiße ich Mr. Enri Enn; von vielen wird dieses in ein Enrienne zusammengezogen, und einige nannten mich Mr. Un rien. [...]

Ich kann [...] jetzt mit unbefangenem Sinn von dem Mißgeschick sprechen, das mit meinem Namen «Harry» verbunden war und mir die schönsten Frühlingsjahre des Lebens vergällte und vergiftete.

Es hatte damit folgende Bewandtnis. In meiner Vaterstadt wohnte ein Mann, welcher «der Dreckmichel» hieß, weil er jeden Morgen mit einem Karren, woran ein Esel gespannt war, die Straßen der Stadt durchzog und vor jedem Hause stillhielt, um den Kehricht, welchen die Mädchen in zierlichen Haufen zusammengekehrt, aufzuladen und aus der Stadt nach dem Mistfelde zu transportieren. Der Mann sah aus wie sein Gewerbe, und der Esel, welcher seinerseits wie sein Herr aussah, hielt still vor den Häusern oder setzte sich in Trab, je nachdem die Modulation war, womit der Michel ihm das Wort «Haarüh!» zurief.

War solches sein wirklicher Name oder nur ein Stichwort? Ich weiß nicht, doch so viel ist gewiß, daß ich durch die Ähnlichkeit jenes Wortes mit meinem Namen Harry außerordentlich viel Leid von Schulkameraden und Nachbarskindern auszustehen hatte. Um mich zu nergeln, sprachen sie ihn ganz so aus, wie der Dreckmichel seinen Esel rief [...]

Als ich mich bei meiner Mutter beklagte, meinte sie, ich solle nur suchen, viel zu lernen und gescheit zu werden, und man werde mich dann nie mit einem Esel verwechseln.

Aber meine Homonymität mit dem schäbigen Langohr blieb mein Alp. Die großen Buben gingen vorbei und grüßten: «Haarüh!», die kleineren riefen mir denselben Gruß, aber in einiger Entfernung. In der Schule ward dasselbe Thema mit raffinierter Grausamkeit ausgebeutet; wenn nur irgend von einem Esel die Rede war, schielte man nach mir, der ich immer errötete, und es ist unglaublich, wie Schulknaben überall Anzüglichkeiten hervorzuheben oder zu erfinden wissen.

Z. B. der eine frug den andern: «Wie unterscheidet sich das Zebra von dem Esel des Barlaam, Sohn Boers?» Die Antwort lautete: «Der eine spricht zebräisch und der andere sprach hebräisch.» – Dann kam die Frage: «Wie unterscheidet sich aber der Esel des Dreckmichel von seinem Namensvetter», und die impertinente Antwort war: «Den Unterschied wissen wir nicht.» [...]

Memoiren (1854)

Die Wünsche, die der Vater seinem Erstgeborenen mitgegeben haben mag, als er ihn nach einem erfolgreichen englischen Tuchhändler benannte, müssen sich dem Kind mit seinem Leiden an diesem Namen allerdings problematisieren. Der Traum der Eltern von einer erfolgreichen Kaufmannskarriere des Sohnes gerät, konfrontiert mit der Wirklichkeit, in die gefährliche Nähe des sozialen Abstiegs zum «Dreckmichel».

Die mütterliche Botschaft weist den Weg aus der Gefahr. Sie appelliert an die individuellen Fähigkeiten des kleinen Harry. Damit enthält sie im Kern die bürgerliche Ideologie des ausgehenden 18. Jahrhunderts, die dem jüdischen Bürgertum den Weg zur Emanzipation eröffnen sollte. Nicht mehr nur Name und Herkunft entscheiden über das Lebensschicksal; jetzt gilt auch die persönliche Leistung. Wissen und Können, Intellekt und Geist – sie sind es schließlich, mit deren Hilfe Heine sein Außenseitertum ins Positive wendet; allerdings auf einem ganz anderen Terrain, als die Mutter es wollte. Der Vater hat dazu, daß sich sein schöner Traum vom lieben Harry verwirklichen könnte, wenig beigetragen. Vielleicht aber war dieser väterliche Traum es, der den Sohn dazu befähigt hat, sich – neben Außenseitertum und Minderwertigkeit – auch zu verstehen als «einer der ersten Männer des Jahrhunderts». Überlebensgroß oder ein Niemand, Riese oder Zwerg – in der Spannweite dieser Extreme und der Ambivalenz zwischen ihnen deutet Heine sein Leben.

Kindheit in Düsseldorf

«Wie alt sind denn Sie, Dottore?»
«Ich, Signora, bin in der Neujahrsnacht
Achtzehnhundert geboren.»
«Ich habe Ihnen ja schon gesagt»,
bemerkte der Markese, «es ist einer
der ersten Männer unseres Jahrhunderts.»

«Reisebilder. Dritter Teil.
Die Bäder von Lucca»

Vater und Mutter

Geboren wurde Heine am 13. Dezember 1797 in Düsseldorf. Er selbst hat sein Geburtsjahr gern näher an die Jahrhundertwende gerückt. So literarisiert die vielzitierte Formulierung aus den «Reisebildern» auch erscheinen mag; sie hat sich Zeitgenossen und Nachwelt wohl nicht zufällig mit Heines Biographie verquickt. Heine selbst hat dies gefördert durch die selbstbewußte Art, in der er sich der Öffentlichkeit darstellte und durch die Mystifizierung seines Geburtsdatums. Es blieb lange Zeit unklar, und bis heute ranken sich Gerüchte darum. Sei es, daß, wie oft behauptet, die Familie den Ältesten durch die Nachdatierung seiner Geburt der Wehrpflicht entziehen wollte, sei es, daß, wie immer wieder angedeutet, auf diese Weise eine uneheliche Geburt verschleiert werden sollte. Heine hat mit dieser dunklen Stelle seiner Biographie zeitlebens spielerisch-geheimnisvoll operiert.

Heines Eltern entstammten angesehenen jüdischen Familien. Die Vorfahren des Vaters, Samson Heines, lebten im Weserland, meist als Hoffaktoren oder Kaufleute, anerkannt in jüdischen Gemeinden und staatlichen Diensten. Doch hatte die Familie mittlerweile, nun in Hamburg ansässig, ihren Reichtum eingebüßt. Als Samson Heine nach Düsseldorf kam und dort ein kleines Tuchgeschäft eröffnete, um mit Betty van Geldern eine Familie gründen zu können, war er nahezu mittellos. Seiner Armut wegen wollte ihm die dortige jüdische Gemeinde den Zuzug verwehren. Erst Samsons jüngerer Bruder Salomon, der in Hamburg zum einflußreichen Wirtschaftsmann und Philanthropen aufstieg, führte den Namen der Familie Heine wieder zu Glanz und Ehren. Den Ruhm, den Heinrich Heine ihr erwarb, wußte man erst weit im nachhinein zu schätzen.

Heines Mutter Betty, ursprünglich Peira van Geldern, gehörte einer der führenden jüdischen Familien des Rheinlands an. Die van Gelderns, die vom Niederrhein kamen, waren mit den Heines entfernt verwandt. Sie lebten seit der Mitte des 17. Jahrhunderts in Düsseldorf, auch sie in den gehobeneren der den Juden offenstehenden Berufe, als Gelehrte und Hoffaktoren im Dienst des Kurfürsten. Peiras Vater war ein angesehener Arzt. Auch die van Gelderns hatten in der Generation von Heines Mutter bessere Zeiten gesehen. Der Familienzusammenhalt war zwar noch immer groß, doch die Konflikte um Geld und Erbe nahmen zu. Heine selbst hat ähnliche zeitlebens auszutragen gehabt.

Mein Kind, wir waren Kinder,
Zwei Kinder, klein und froh;
Wir krochen ins Hühnerhäuschen,
Versteckten uns unter das Stroh.

Wir krähten wie die Hähne,
Und kamen Leute vorbei –
Kikereküh! sie glaubten,
Es wäre Hahnengeschrei.

Die Kisten auf unserem Hofe
Die tapezierten wir aus,
Und wohnten drin beisammen,
Und machten ein vornehmes Haus.

[...]

Wir saßen auch oft und sprachen
Vernünftig, wie alte Leut,
Und klagten, wie alles besser
Gewesen zu unserer Zeit;

Wie Lieb und Treu und Glauben
Verschwunden aus der Welt,
Und wie so teuer der Kaffee,
Und wie so rar das Geld! – – –

Vorbei sind die Kinderspiele,
Und Alles rollt vorbei –
Das Geld und die Welt und die Zeiten,
Und Glauben und Lieb und Treu.

Buch der Lieder. Die Heimkehr

Heines Mutter Betty, geb. van Geldern (1771–1859) im Alter; das einzige erhaltene Porträt.

Was Peira van Geldern in einer Zeit, in der individuelle Zuneigung selten Basis einer Ehe war, dazu bestimmte, sich mit dem mittellosen Vetter Samson zu verbinden, läßt sich nur vermuten. Fest steht, daß sich die junge Frau in der Zeit vor der Heirat physisch und psychisch stark belastet fühlte. Ursache war der Tod ihres geliebten Bruders Joseph, der an ihr Vaterstelle vertreten hatte. Von dem äußerlich glanzvoll auftretenden, ihrem rationalen, strengen Wesen so gegensätzlichen Samson mag sie sich, zumal sie mit 26 Jahren damals nicht mehr im besten Heiratsalter stand, neuen Halt und Geborgenheit in einer eigenen Familie erhofft haben. Finanziell war Peira auf die Ehe nicht angewiesen. Ob eine uneheliche Schwangerschaft die Eheschließung motivierte, ist ungeklärt.

Jedenfalls hat Peira diese Heirat gegen den Widerstand von Familie und jüdischer Gemeinde mit Hilfe der staatlichen Obrigkeit durchgesetzt; Zeichen einer für eine junge Frau aus dem orthodoxen Judentum ihrer Zeit ungewöhnlichen Energie und Selbständigkeit, Eigenschaften, die auch die Kinder aus dieser Ehe zu spüren bekommen sollten: allen voran Harry, der Erstgeborene. Ihm folgten die Schwester Charlotte (ca. 1803–1899), verheiratete Embden, sowie die Brüder Gustav (ca. 1804–1866) und Maximilian (ca. 1805–1879).

Heftige Gemüthsbeunruhigungen verursachen mir auch immer körperliche Leiden, und dies ist die Schuld, daß Ihnen noch nicht nach dem Tod meines zweiten Vaters, meines Bruders geschrieben habe, denn die ängstliche Unruhe, und das immerwährende Nachtwachen hatte meine sonst unerschütterliche Gesundheit so zerrüttet, daß wenn mich nicht das strenge und scharfe Verbot der Ärzte, die liebevolle Sorgfalt meiner Geschwister, und die dringende Bitte meiner Freunde, vom Krankenbett entfernt hätte, so wäre ich sicher auch eine Beute des Todes worden. [...]

Vergebens suchten meine Freunde mich mit dem Unglück meiner Mitmenschen zu trösten; meines Nachbars Wunde heilet die meine nicht. Vergebens sucht die Vernunft das vom tobenden Schmerze zerrissene Herz zu beruhigen, das nur da, wo es nicht mehr schlägt, Ruhe zu finden glaubte. Umsonst war der laute Zuruf der Weld, daß unsere Vermögensumständen uns den Beistand unserers Bruders nicht nothwendig machte(n). Oh du kalte Weld, die du deine Gefühle blos nach der Goldwage abwägst, und deinen Vergleich Summen zu berechnen weißt! Ach es giebt wenig Trost für den Verlust eines zärthlichen Bruders, der kaum ein Jahr Hofmedicus und hiesiger Arzt war, und schon ein Verdienst besaß, das sich täglich wenigstens auf 6 Kronthaler belief; dabei hinterließ er ein eben so großen und ungetheilten Lob, wie mein Vater, und ein gleichen Ruhm und Ehre folgte ihm ins Grab. Dies tröst(et) zwar ein wenig, aber es lindert nur und heilt nicht.

Betty van Geldern an ihre Freundin Hendelche Israel (27. Mai 1796)

Ungewöhnlich, gemessen am Maßstab der Konvention, sind auch die Rollen in dieser Partnerschaft verteilt. Der Mutter kommt, folgt man Heines Deutung der Familienstruktur, die männlich-dominante «Hauptrolle in meiner Entwicklungsgeschichte» zu. Sie ist es, die präzise Lebenspläne für den Sohn entwirft und mit Energie und Strenge verfolgt. Der Vater dagegen, dessen Bild uns nur in der Erinnerung des Sohnes erhalten ist, erscheint in Aussehen, Wesen und Tun von traditionell weiblichen Eigenschaften geprägt, sei es das Ästhetische, das Intuitive oder das Gesellige. Seine Lebenslust, Leichtfertigkeit und Geschäftsuntüchtigkeit werden zu einer schweren Hypothek für die Familie und führen sie schließlich in den Ruin. Das väterliche Interesse gilt seinem geschäftlichen Fortkommen nur am Rande; wichtiger ist ihm der schöne Schein öffentlichen Auftretens und Wirkens, als Offizier der Bürgergarde und als Armenpfleger, als Theatergönner und beim Glücksspiel. In der wirtschaftlichen Rezession durch die Kontinentalsperre, die den Handel mit England, die Existenzgrundlage seines Tuchgeschäfts, lahmlegt, gelingt es Samson Heine nicht, zu überleben, zumal ihn ab 1814 ein Nervenleiden zunehmend handlungsunfähig macht. 1819 macht er Bankrott. Auf Betreiben seiner Hamburger Brüder wird er entmündigt und lebt bis zu seinem Tod 1828 unter ihrer Obhut in Lüneburg und Hamburg. Betty Heine ist seither mit ihren vier Kindern von der Fürsorge der Hamburger Familie abhängig.

Die Geschwister Charlotte Heine, verh. Embden (1803–1899), mit der Heine zeitlebens herzlich verbunden war.

Maximilian Heine (1805–1879), Arzt in St. Petersburg.

Gustav Heine (1804–1886), Herausgeber des «Fremdenblattes» in Wien.

Meine Mutter aber hatte große, hochfliegende Dinge mit mir im Sinn, und alle Erziehungspläne zielten darauf hin. Sie spielte die Hauptrolle in meiner Entwickelungsgeschichte, sie machte die Programme aller meiner Studien, und schon vor meiner Geburt begannen ihre Erziehungspläne. Ich folgte gehorsam ihren ausgesprochenen Wünschen, jedoch gestehe ich, daß sie schuld war an der Unfruchtbarkeit meiner meisten Versuche und Bestrebungen in bürgerlichen Stellen, da dieselben niemals meinem Naturell entsprachen. Letzteres, weit mehr als die Weltbegebenheiten, bestimmte meine Zukunft.

In uns selbst liegen die Sterne unseres Glücks.

Zuerst war es die Pracht des Kaiserreichs, die meine Mutter blendete, und da die Tochter eines Eisenfabrikanten unserer Gegend, die mit meiner Mutter sehr befreundet war, eine Herzogin geworden und ihr gemeldet hatte, daß ihr Mann sehr viele Schlachten gewinnen und bald auch zum König avancieren würde, – ach da träumte meine Mutter für mich die goldensten Epauletten oder die brodiertesten Ehrenchargen am Hofe des Kaisers, dessen Dienst sie mich ganz zu widmen beabsichtigte. [...]

Mit dem Fall des Kaiserreichs mußte auch meine Mutter der prachtvollen Laufbahn, die sie für mich geträumt, entsagen; die dahin zielenden Studien nahmen ein Ende, und sonderbar! sie ließen auch keine Spur in meinem Geiste zurück, so sehr waren sie demselben fremd. Es war nur eine mechanische Errungenschaft, die ich von mir warf als unnützen Plunder.

Meine Mutter begann jetzt in anderer Richtung eine glänzende Zukunft für mich zu träumen.

Das Rothschildsche Haus, mit dessen Chef mein Vater vertraut war, hatte zu jener Zeit seinen fabelhaften Flor bereits begonnen; auch andere Fürsten der Bank und der Industrie hatten in unserer Nähe sich erhoben. [...]

Da bald darauf eine große Handelskrisis entstand und wie viele unserer Freunde auch mein Vater sein Vermögen verlor, da platzte die merkantilische Seifenblase noch schneller und kläglicher als die imperiale, und meine Mutter mußte nun wohl eine andere Laufbahn für mich träumen.

Sie meinte jetzt, ich müsse durchaus Jurisprudenz studieren.

[...]

Da eben die neue Universität Bonn errichtet worden, wo die juristische Fakultät von den berühmtesten Professoren besetzt war, schickte mich meine Mutter unverzüglich nach Bonn, wo ich bald zu den Füßen Mackeldeys und Welkers saß und die Manna ihres Wissens einschlürfte. [...]

Sie ist jetzt eine Matrone von 87 Jahren, und ihr Geist hat durch das Alter nicht gelitten. Über meine wirkliche Denkart hat sie sich nie eine Herrschaft angemaßt und war für mich immer die Schonung und Liebe selbst.

Memoiren (1854)

Das Stammhaus der Familie Heine in Bückeburg Ende des 19. Jahrhunderts.

Obwohl Samson Heines Lebensführung seiner Familie und damit auch dem jungen Harry in der Zeit seiner Ausbildung die Grundlage zu einer eigenständigen wirtschaftlichen Existenz entzogen hat, zeichnet Heine sein Bild pietätund liebevoll, ja verklärend als das des Menschen, «den ich am meisten auf dieser Erde geliebt». Es scheint, als hätten ihm des Vaters Weichheit und Leichtlebigkeit, seine Gleichgültigkeit gegenüber den Kriterien des bürgerlichen Erfolgs viel bedeutet als Gegengewicht zur mütterlichen Strenge.

Die mütterlichen Erziehungsprinzipien folgen weniger jüdischer als vielmehr aufklärerischer Tradition. Die Mutter versucht, auch darin relativ eigenständig und modern, den gesellschaftlichen Fortschritt, der im Geist von Französischer Revolution und napoleonischen Reformen auch die Emanzipation der Juden vorübergehend unterstützt, für die Karriere ihres Ältesten zu nutzen. Als familiäres Vorbild dafür gilt der zum Übervater stilisierte Millionärsonkel Salomon in Hamburg. Das in Heines Vater, aber auch im Onkel und Großonkel mütterlicherseits verkörperte Gegenprinzip lust- und phantasievollen, jeder Karriereanstrengung abholden Lebens gerinnt der Mutter zum Schreckbild einer Existenz als Dichter.

Gerade diesen Weg aber schlägt Harry ein. Er versagt vor den von der Mutter erstrebten Laufbahnen als Kaufmann, Administrator oder Jurist, wählt als einer der ersten in Deutschland die Schriftstellerei zum Brotberuf und erreicht darin letztlich den Erfolg, den die Mutter in einer gutbürgerlichen Karriere vergeblich für ihn erstrebte.

Mit ironischer Distanz beschreibt Heine die mütterlichen Erziehungsanstrengungen. Jedoch nicht, ohne anzumerken, daß seine Mutter sich, trotz ihrer starren Vorstellungen, «nie eine Herrschaft angemaßt» habe über die «wirkliche Denkart ihres Sohnes». Dies erlaubte dem Sohn, seinen eigenen Weg zu gehen, ohne die mütterlichen Maßstäbe zu verleugnen. Die Mutter ihrerseits kann den Sohn gewähren lassen, auch zu Zeiten, da sein Weg noch nicht erfolgreich ist, und ihn sogar unterstützen bei seinen literarischen Geschäften. Der Sohn bleibt ihr zeitlebens mit gleichbleibender Zuneigung verbunden.

Ich habe oben gesagt, daß die Schönheit meines Vaters etwas Weibliches hatte. Ich will hiermit keineswegs einen Mangel an Männlichkeit andeuten: letztere hat er zumal in seiner Jugend oft erprobt, und ich selbst bin am Ende ein lebendes Zeugnis derselben. Es sollte das keine unziemliche Äußerung sein; im Sinne hatte ich nur die Formen seiner körperlichen Erscheinung, die nicht straff und drall, sondern vielmehr weich und zärtlich geründet waren. Den Konturen seiner Züge fehlte das Markierte, und sie verschwanden ins Unbestimmte. In seinen späteren Jahren ward er fett, aber auch in seiner Jugend scheint er nicht eben mager gewesen zu sein.

In dieser Vermutung bestätigt mich ein Porträt, welches seitdem in einer Feuersbrunst bei meiner Mutter verlorenging und meinen Vater als einen jungen Menschen von etwa achtzehn oder neunzehn Jahren, in roter Uniform, das Haupt gepudert und versehen mit einem Haarbeutel, darstellt.

Dieses Porträt war günstigerweise mit Pastellfarbe gemalt. Ich sage günstigerweise, da letztere weit besser als die Ölfarbe mit dem hinzukommenden Glanzleinenfirnis jenen Blütenstaub wiedergeben kann, den wir auf den Gesichtern der Leute, welche Puder tragen, bemerken, und die Unbestimmtheit der Züge vorteilhaft verschleiert. [...]

Bemerkenswert ist vielleicht der Umstand, daß mein Vater auch in seinen späteren Jahren der altfränkischen Mode des Puders treu blieb und bis an sein seliges Ende sich alle Tage pudern ließ, obgleich er das schönste Haar, das man sich denken kann, besaß. Es war blond, fast golden und von einer Weichheit, wie ich sie nur bei chinesischer Flockseide gefunden. [...]

Die rote Uniform, worin mein Vater auf dem erwähnten Porträte abkonterfeit ist, deutet auf hannöversche Dienstverhältnisse. Im Gefolge des Prinzen Ernst von Cumberland befand sich mein Vater zu Anfang der französischen Revolution und machte den Feldzug in Flandern und Brabant mit in der Eigenschaft eines Proviantmeisters oder Kommissarius oder, wie es die Franzosen nennen, eines Officier de bouche; die Preußen nennen es einen «Mehlwurm».

Aus jener Feldzugsperiode stammen manche bedenkliche Liebhabereien meines Vaters, die ihm meine Mutter nur allmählich abgewöhnen konnte. Z. B. er ließ sich gern zu hohem Spiel verleiten, protegierte die dramatische Kunst oder vielmehr ihre Priesterinnen, und gar Pferde und Hunde waren seine Passion. Bei seiner Ankunft in Düsseldorf, wo er sich aus Liebe für meine Mutter als Kaufmann etablierte, hatte er zwölf der schönsten Gäule mitgebracht. Er entäußerte sich aber derselben auf ausdrücklichen Wunsch seiner jungen Gattin, die ihm vorstellte, daß dieses vierfüßige Kapital zuviel Hafer fresse und garnichts eintrage.

Aus der Feldlagerperiode meines Vaters stammte auch wohl seine grenzenlose Vorliebe für den Soldatenstand oder vielmehr für das Soldatenspiel, die Lust an jenem lustigen, müßigen Leben, wo Goldflitter und Scharlachlappen die innere Leere verhüllen und die berauschte Eitelkeit sich als Mut gebärden kann. [...]

Eine grenzenlose Lebenslust war ein Hauptzug im Charakter meines Vaters, er war genußsüchtig, frohsinnig, rosenlaunig. In seinem Gemüte war beständig Kirmes, und wenn auch manchmal die Tanzmusik nicht sehr rauschend, so wurden doch immer die Violinen gestimmt. Immer himmelblaue Heiterkeit und Fanfaren des Leichtsinns. Eine Sorglosigkeit, die des vorigen Tages vergaß und nie an den kommenden Morgen denken wollte. [...]

Er war wirklich ein großes Kind mit einer kindlichen Naivetät, die bei platten Verstandesvirtuosen sehr leicht für Einfalt gelten konnte, aber manchmal durch irgendeinen tiefsinnigen Ausspruch das bedeutendste Anschauungsvermögen (Intuition) verriet.

Memoiren (1854)

Heines Geburtshaus in Düsseldorf, Bolkerstr. 53; das Hinterhaus, in dem die Wohnung der Familie lag (ca. 1910).

Phantasten, Originale und Schriftsteller

Neben der strengen Mutter werden Phantasten, Originale, die sich dem für den jüdischen Bürger besonders starken Zwang zur sozialen Integration verweigern, Leitfiguren in Heines kindlicher Welt. Er findet sie nicht nur im Vater. Auch der Onkel Simon van Geldern, ein Bruder der Mutter, und die abgeschlossene Welt seines Düsseldorfer Hauses, der «Arche Noä», beeindrucken das Kind tief. Simon van Geldern lebt dort als Privatier ganz seinen Liebhabereien und Neigungen: seinen politischen Interessen und vor allem seinen schriftstellerischen Versuchen. Zwar beschreibt Heine den Oheim als einen Sonderling, ja als Versager, dessen Leben «nach weltlichen (...) Begriffen ein verfehltes» gewesen sei. Zugleich aber stilisiert er den Einfluß des Onkels, die Anreize, die schon das Kind aus dessen Privatbibliothek und mehr noch aus der phantastisch-exotischen Welt seines Dachbodens gezogen habe, zur Keimzelle seines eigenen literarischen Interesses.

Auf dem Dachboden der «Arche Noä» stößt der kleine Harry nicht nur auf die Relikte der großväterlichen medizinischen Geheimwissenschaft; er stöbert auch die Hinterlassenschaft des geheimnisvollen Großonkels auf, der den gleichen Namen trug wie der Onkel, bekannt war aber als «der Morgenländer». Die Spuren seiner rätselhaften, halb schwärmerischen, halb glücksritterhaften unsteten Existenz im Orient entdeckt Harry in den Schätzen des Dachbodens. Sie bemächtigen sich seiner Phantasie. Es sind die Versatzstücke des Abenteuers, und sie sind eingeschlossen in die fremden Worte und unentzifferbaren Schriftzeichen alter Bücher; in einer mittelalterlichen Handschrift der Haggadah etwa und vor allem im Notizbuch des «Morgenländers». Der Zauber dieser phantastischen Welt reicht soweit, daß Harry sich in den Träumen jener Zeit mit seinem Großonkel identifiziert. Der «Morgenländer» wird mit ihm – zentrales Motiv romantischer Literatur – zum Doppelgänger.

Globus; Zeichnung aus dem Reisetagebuch von Heines Großonkel Simon van Geldern (1720–1774), dem «Morgenländer».

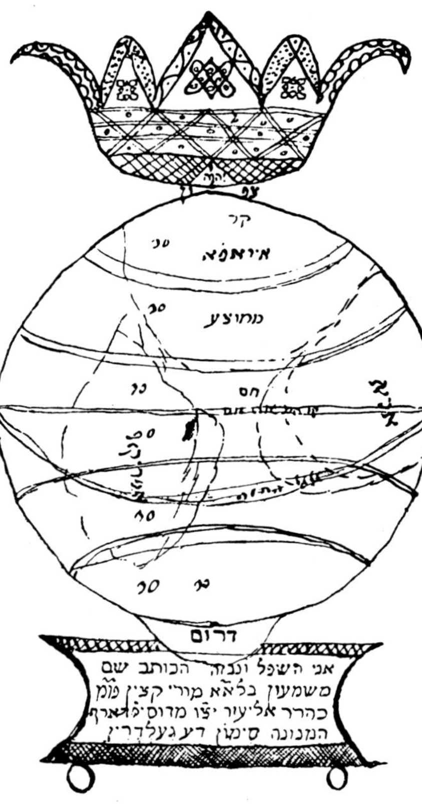

Zu den Antiquitäten der Dachkammer gehörten auch Weltkugeln, die wunderlichsten Planetenbilder und Kolben und Retorten, erinnernd an astrologische und alchimistische Studien.

In den Kisten, unter den Büchern des Großvaters befanden sich auch viele Schriften, die auf solche Geheimwissenschaften Bezug hatten. [...]

Der beste und kostbarste Fund jedoch, den ich in den bestäubten Kisten machte, war ein Notizenbuch von der Hand eines Bruders meines Großvaters, den man den Chevalier oder den Morgenländer nannte, und von welchem die alten Muhmen immer soviel zu singen und zu sagen wußten.

Dieser Großoheim, welcher ebenfalls Simon de Geldern hieß, muß ein sonderbarer Heiliger gewesen sein. Den Zunamen der «Morgenländer» empfing er, weil er große Reisen im Oriente gemacht und sich bei seiner Rückkehr immer in orientalische Tracht kleidete. [...]

Wie dem auch sei, dieser Großohm hat die Einbildungskraft des Knaben außerordentlich beschäftigt. Alles, was man von ihm erzählte, machte einen unauslöschlichen Eindruck auf mein junges Gemüt, und ich versenkte mich so tief in seine Irrfahrten und Schicksale, daß mich manchmal am hellen, lichten Tage ein unheimliches Gefühl ergriff und es mir vorkam, als sei ich selbst mein seliger Großoheim und als lebte ich nur eine Fortsetzung des Lebens jenes längst Verstorbenen!

Memoiren (1854)

Nach meiner Mutter beschäftigte sich mit letzterer *(Heines Erziehung)* ganz besonders ihr Bruder, mein Oheim Simon de Geldern. Er ist tot seit 20 Jahren. Er war ein Sonderling von unscheinbarem, ja sogar närrischem Äußeren. Eine kleine, gehäbige Figur, mit einem bläßlichen, strengen Gesichte, dessen Nase zwar griechisch gradlinigt, aber gewiß um ein Drittel länger war, als die Griechen ihre Nasen zu tragen pflegten.

Nach weltlichen Begriffen war sein Leben ein verfehltes. Simon de Geldern hatte im Kollegium der Jesuiten seine sogenannten humanistischen Studien, Humaniora, gemacht, doch als der Tod seiner Eltern ihm die völlig freie Wahl einer Lebenslaufbahn ließ, wählte er gar keine, verzichtete auf jedes sogenannte Brotstudium der ausländischen Universitäten und blieb lieber daheim zu Düsseldorf in der «Arche Noä», wie das kleine Haus hieß, welches ihm sein Vater hinterließ, und über dessen Türe das Bild der Arche Noä recht hübsch ausgemeißelt und bunt koloriert zu schauen war.

Von rastlosem Fleiße, überließ er sich hier allen seinen gelehrten Liebhabereien und Schnurrpfeifereien, seiner Bibliomanie und besonders seiner Wut des Schriftstellerns, die er besonders in politischen Tagesblättern und obskuren Zeitschriften ausließ.

[...]

Dieser Oheim war es nun, der auf meine geistige Bildung großen Einfluß geübt, und dem ich in solcher Beziehung unendlich viel zu verdanken habe. Wie sehr auch unsere Ansichten verschieden und so kümmerlich auch seine literärischen Bestrebungen waren, so regten sie doch vielleicht in mir die Lust zu schriftlichen Versuchen. [...]

Er beschenkte schon den Knaben mit den schönsten, kostbarsten Werken; er stellte zu meiner Verfügung seine eigene Bibliothek, die an klassischen Büchern und wichtigen Tagesbroschüren so reich war, und er erlaubte mir sogar, auf dem Söller der Arche Noä in den Kisten herumzukramen, worin sich die alten Bücher und Skripturen des seligen Großvaters befanden.

Welche geheimnisvolle Wonne jauchzte im Herzen des Knaben, wenn er auf jenem Söller, der eigentlich eine große Dachstube war, ganze Tage verbringen konnte.

Memoiren (1854)

Das Wohnhaus in der Bolkerstr. 42, in das die Familie gegen Ende des Jahres 1809 umzog.

Düsseldorf, die Vaterstadt

Das Düsseldorf aus Heines Kindheit existiert nicht mehr. Aus der Kleinstadt von damals ist eine moderne Großstadt geworden. Ihr Verhältnis zu Heinrich Heine, dem großen Sohn, ist vielfach gebrochen. Das zeigt nicht zuletzt die Art, in der die Stadt sein Andenken pflegt, exemplarisch fast für die Problematik von Heines deutscher Wirkungsgeschichte. Im Falle Heines fehlt, verglichen etwa mit Goethe, der Deutschen Dichterfürst, eine geographische Traditionsbildung im Sinn pietätvoll gepflegter Dichtergedenkstätten völlig. Dazu war Heine zu wenig seßhaft, hat Orte und Wohnungen zu oft gewechselt. Dazu war er zu wenig eingebunden ins Deutschland seiner Zeit; Ergebnis seines kosmopolitischen, zeitkritischen Denkens, Ergebnis auch seines Judentums.

Heines äußeres, dingliches Leben hinterließ wenig Spuren. Es gibt kaum Gegenstände des persönlichen Gebrauchs, die sich in Gedenkstätten kulthaft präsentieren ließen. Das Wohnhaus der Familie in der Düsseldorfer Altstadt hat bei den baulichen Veränderungen während 170 Jahren, bei denen die Tatsache lange unberücksichtigt blieb, daß es sich um den Lebensraum der Kindheit und Jugend Heines handelte, wenig von seiner ursprünglichen Gestalt bewahrt. Noch in den 1970er Jahren schätzte man Mobiliar und Inventar eines erhaltenen Heine-Zimmers in der damaligen Landes- und Stadtbibliothek so wenig, daß es beim Abriß des Gebäudes einfach verschwinden konnte. Das Heinesche Wohnhaus hat die Stadt erst 1990 erworben und dort nun die Heinrich-Heine-Gesellschaft sowie einen Literaturtreff namens «Schnabelewopsky» untergebracht.

Dieses späte Engagement ist, ebenso wie der jahrelange Streit um die Benennung der Düsseldorfer Universität nach Heine, Indiz der problematisch-halbherzigen Beziehung zwischen dem Dichter und seiner Geburtsstadt. Denn auch sein Verhältnis zu ihr scheint eher zufällig; die ironische Unverbindlichkeit seiner Liebeserklärungen an die Vaterstadt wirkt distanziert und gezwungen-sentimental zugleich.

Düsseldorf war zur Zeit von Heines Geburt eine kleine Residenzstadt von

Das Reiterstandbild des Kurfürsten Johann Wilhelm auf dem Düsseldorfer Marktplatz, an das Heine seine zeitkritischen Reflexionen im «Buch Le Grand» der «Reisebilder» knüpft.

Düsseldorf zu Heines Kinderzeit in einer Ansicht von der Rheinseite aus.

etwa 16 000 Einwohnern, eine Residenz ohne Fürst und Hof allerdings, denn die Herzöge von Berg residierten seit 1715 nicht mehr hier. Die Stadt bestand aus den am Ostufer des Rheins liegenden alten Ortsteilen um Schloß und Rathaus, Klöstern und Kirchen. Schon der Hofgarten war freies Hinterland. Ihre geographische Lage und die Position als ehemalige Residenz zogen die Stadt in die grundlegenden historischen Veränderungen der politisch und sozial bewegten Zeit zwischen Französischer Revolution und napoleonischer Herrschaft hinein. Düsseldorf erlebte nicht nur die Aufregungen der Revolutionskriege, Beschießung und Besetzung, sondern innerhalb des knappen Jahrzehnts napoleonischer Oberhoheit auch schnellen Wandel und sozialen Fortschritt.

Heine erinnert diesen Wandel, im «Buch Le Grand» nachgezeichnet aus der Sicht des Schulbuben, der er damals war, als unerwarteten Untergang einer traditionell-beschränkten, liebenswerten Welt. An ihrer Stelle jedoch öffnet sich mit der Ankunft Napoleons eine hoffnungsträchtige politische – und für die rheinischen Juden auch soziale – Zukunftsaussicht. Desillusioniert registriert der Student Heine wenige Jahre später, wie sich die Stadt zur preußischen Kleinresidenz verengt. Doch zu diesem Zeitpunkt hat er sie bereits verlassen und sich mit dem Wegzug der Familie 1819 auch emotional vom Ort seiner Kindheit entfernt.

Der politische Entwicklungsprozeß, den Heine während seiner Kindheit und Jugend in seiner Vaterstadt erlebt, trifft sein eigenes Leben unmittelbar. Denn durch die napoleonischen Reformen ändern sich die Existenzbedingungen der deutschen, besonders aber der rheinischen Juden von Grund auf. Es ist

Der Einzug Kaiser Napoleons in Düsseldorf am 3. November 1811, den der dreizehnjährige Heine miterlebt hat.

der Beginn der jüdischen Emanzipation. Deshalb verehren die deutschen Juden und auch Heine Napoleon zeitlebens als messianischen Befreier. In Düsseldorf, das unter ihm zur Hauptstadt des von seinem Schwager Jerôme regierten Großherzogtums Berg aufgestiegen ist, gelten die erlösenden Reformen uneingeschränkt. Die Juden haben hier zwar nie im Ghetto gelebt, die Wurzeln seiner Außenseiterstellung aber vermutet schon der kleine Harry dennoch in seinem Judentum. Den französischen Geist, der nun in seiner Vaterstadt weht, erlebt das Kind als befreiend.

Ja, Madame, dort bin ich geboren, und ich bemerke dieses ausdrücklich für den Fall, daß etwa, nach meinem Tode, sieben Städte – Schilda, Krähwinkel, Polkwitz, Bockum, Dülken, Göttingen und Schöppenstädt – sich um die Ehre streiten, meine Vaterstadt zu sein. Düsseldorf ist eine Stadt am Rhein, es leben da 16000 Menschen, und viele hunderttausend Menschen liegen noch außerdem da begraben. [...]

Die Stadt Düsseldorf ist sehr schön, und wenn man in der Ferne an sie denkt und zufällig dort geboren ist, wird einem wunderlich zu Mute. Ich bin dort geboren, und es ist mir, als müßte ich gleich nach Hause gehn. Und wenn ich sage nach Hause gehn, so meine ich die Bolkerstraße und das Haus, worin ich geboren bin. Dieses Haus wird einst sehr merkwürdig sein, und der alten Frau, die es besitzt, habe ich sagen lassen, daß sie bei Leibe das Haus nicht verkaufen solle. Für das ganze Haus bekäme sie jetzt doch kaum so viel wie schon allein das Trinkgeld betragen wird, das einst die grünverschleierten, vornehmen Engländerinnen dem Dienstmädchen geben, wenn es ihnen die Stube zeigt, worin ich das Licht der Welt erblickt, und den Hühnerwinkel, worin mich Vater gewöhnlich einsperrte, wenn ich Trauben genascht, und auch die braune Türe, worauf Mutter mich die Buchstaben mit Kreide schreiben lehrte – ach Gott! Madame, wenn ich ein berühmter Schriftsteller werde, so hat das meiner armen Mutter genug Mühe gekostet.

[...] – doch sie bringen mich ganz aus dem Kontext, sprach ja von der Reuterstatue, die so viel silberne Löffel im Leibe hat, und keine Suppe, und den Kurfürsten Jan Wilhelm darstellt.

Er soll ein braver Herr gewesen sein, und sehr kunstliebend, und selbst sehr geschickt. Er stiftete die Gemäldegalerie in Düsseldorf, und auf dem dortigen Observatorium zeigt man noch einen überaus künstlichen Einschachtelungsbecher von Holz, den er selbst in seinen Freistunden – er hatte deren täglich vierundzwanzig – geschnitzelt hat.

Ansicht aus dem Schloßgarten in Düsseldorf, durch den Heine Napoleon reiten sah.

Damals waren die Fürsten noch keine geplagten Leute wie jetzt, und die Krone war ihnen am Kopfe festgewachsen, und des Nachts zogen sie noch eine Schlafmütze darüber, und schliefen ruhig, und ruhig zu ihren Füßen schliefen die Völker, und wenn diese des Morgens erwachten, so sagten sie: «Guten Morgen, Vater!» – und jene antworteten: «Guten Morgen, liebe Kinder!»

Aber es wurde plötzlich anders; als wir eines Morgens zu Düsseldorf erwachten, und «Guten Morgen, Vater!» sagen wollten, da war der Vater abgereist, und in der ganzen Stadt war nichts als stumpfe Beklemmung, es war überall eine Art Begräbnisstimmung, und die Leute schlichen schweigend nach dem Markte, und lasen den langen papiernen Anschlag auf der Türe des Rathauses.

[...] Ein alter pfälzischer Invalide las etwas lauter, und bei manchem Worte träufelte ihm eine klare Träne in den weißen, ehrlichen Schnauzbart. Ich stand neben ihm und weinte mit, und frug ihn: warum wir weinten? Und da antwortete er: «Der Kurfürst läßt sich bedanken.» Und dann las er wieder, und bei den Worten: «für die bewährte Untertanstreue» und «entbinden Euch Eurer Pflichten», da weinte er noch stärker – [...]

Ich aber ging nach Hause, und weinte und klagte: «Der Kurfürst läßt sich bedanken.» Meine Mutter hatte ihre liebe Not, ich wußte was ich wußte, ich ließ mir nichts ausreden, ich ging weinend zu Bette, und in der Nacht träumte mir: die Welt habe ein Ende – [...]

Als ich erwachte, schien die Sonne wieder wie gewöhnlich durch das Fenster, auf der Straße ging die Trommel, und als ich in unsre Wohnstube trat und meinem Vater, der im weißen Pudermantel saß, einen guten Morgen bot, hörte ich, wie der leichtfüßige Friseur ihm während des Frisierens haarklein erzählte, daß heute auf dem Rathause dem neuen Großherzog Joachim gehuldigt werde, [...] und ich eilte nach dem Marktplatz. Da sah es jetzt ganz anders aus, es war, als ob die Welt neu angestrichen worden, ein neues Wappen hing am Rathause, das Eisengeländer an dessen Balkon war mit gestickten Sammetdecken überhängt, französische Grenadiere standen Schildwache, die alten Herren Ratsherren hatten neue Gesichter angezogen und trugen ihre Sonntagsröcke, und sahen sich an auf französisch und sprachen bon jour, aus allen Fenstern guckten Damen, neugierige Bürgersleute und blanke Soldaten füllten den Platz, und ich nebst andern Knaben, wir kletterten auf das große Kurfürstenpferd und schauten davon herab in das bunte Marktgewimmel.

Reisebilder. Zweiter Teil. Ideen. Das Buch Le Grand (1827)

Schulzeit

Heines Schulzeit ist geprägt von der Assimilationsbereitschaft seines Elternhauses, von väterlicher Liberalität und mütterlicher Aufgeklärtheit. Vom «französischen Geist», den er später für seine Düsseldorfer Jugend beschwört, ist in seiner Ausbildung wenig zu spüren, ebensowenig wie von der jüdischen Herkunft. Der einzig spezifisch jüdische Unterricht, den Heine je erhält, ist der Religionsunterricht in einer israelitischen Privatschule, die er ab 1803 besucht. 1804 tritt er, ebenso wie seine Geschwister, in die Düsseldorfer Normalschule im ehemaligen älteren Franziskanerkloster an der Schul- und Citadellstraße ein, die ab diesem Jahr, im Zug napoleonischer Reformen, auch jüdischen Kindern zugänglich ist. Im Herbst 1807 wechselt Heine ins Düsseldorfer Lyceum, eine Schule von gutem Niveau, deren Lehrer, darunter viele katholische Geistliche, sich mit eigenen Lehrwerken einen Namen gemacht haben. 1814 verläßt er, dem elterlichen Wunsch folgend, das Lyceum ohne Reifezeugnis, um sich in der Vahrenkampschen Handelsschule auf den Kaufmannsberuf vorzubereiten.

Seinen ferneren Unter[r]i[c]ht im Lesen genoß er in einer Mädchenschule, von einer 50jä[h]rigen Jungfrau, wo er in eine Alter von 4 Jahren hingeschickt wurde. Das Lesen lernte er schnell, aber das Stillsitzen wollte ihm nicht behagen, und wurde deshalb oft bestraft, er bekam einen Haß gegen diese alte Dame, und wo er eine kleine Neckkerei gengen *[!]* sie ausüben konnte, war er auf seinem Platze. So erinnerte er sich, als sie einen Topf mit Milch auf dem neben Tische stehen hatte, er Dinte hinein goß, zwischen ihren Schnupftaback Sand mischte, und ihr grade aus sagte: ich mag dich nicht leiden. Die Folge war daß man ihn in eine Knabenschule gab, wo er sich auch viel behaglicher fühlte.

Charlotte Embden;
Familienüberlieferung, ca. 1866

Citronia

Das war in jener Kinderzeit,
Als ich noch trug ein Flügelkleid
Und in die Kinderschule ging,
Wo ich das Abc anfing –
Ich war das einzge kleine Bübchen
In jenem Vogelkäfigstübchen,
Ein Dutzend Mädchen allerliebst
Wie Vöglein haben dort gepiepst,
Gezwitschert und getiriliert,
Auch ganz erbärmlich buchstabiert.
Frau Hindermans im Lehnstuhl saß,
Die Brille auf der langen Nas
(Ein Eulenschnabel wars vielmehr),
Das Köpflein wackelnd hin und her,
Und in der Hand die Birkenrut,
Womit sie schlug die kleine Brut,
Das weinend kleine arme Ding,
Das harmlos einen Fehl beging –
Das Röcklein wurde aufgehoben
Nach hinten, und die kleinen Globen,
Die dort sich wölben, rührend schön,
Manchmal wie Rosen anzusehn,
Manchmal wie Lilien, wie die gelben
Violen manchmal, ach! dieselben
Sie wurden von der alten Frau
Geschlagen, bis sie braun und blau!
Mißhandelt und beschimpft zu werden,
Das ist des Schönen Los auf Erden.
[...]

Nachgelesene Gedichte

Christian Sethe (1798–1857), der Düsseldorfer Schulfreund, und seine Geschwister. Mit ihm blieb Heine während seiner gesamten deutschen Zeit in Verbindung.

Den andern Tag war die Welt wieder ganz in Ordnung und es war wieder Schule, nach wie vor, und es wurde wieder auswendig gelernt, nach wie vor – die römischen Könige, die Jahreszahlen, die nomina auf *im,* die verba irregularia, Griechisch, Hebräisch, Geographie, deutsche Sprache, Kopfrechnen – Gott! der Kopf schwindelt mir noch davon – alles mußte auswendig gelernt werden. [...]

Was aber das Lateinische betrifft, so haben Sie gar keine Idee davon, Madame, wie das verwickelt ist. Den Römern würde gewiß nicht Zeit genug übrig geblieben sein, die Welt zu erobern, wenn sie das Latein erst hätten lernen sollen. Diese glücklichen Leute wußten schon in der Wiege, welche Nomina den Akkusativ auf *im* haben. Ich hingegen mußte sie im Schweiße meines Angesichts auswendig lernen; aber es ist doch immer gut, daß ich sie weiß. Denn hätte ich z. B. den 20sten Juli 1825, als ich öffentlich in der Aula zu Göttingen lateinisch disputierte – Madame, es war der Mühe wert zuzuhören – hätte ich da *sinapem* statt *sinapim* gesagt, so würden es vielleicht die anwesenden Füchse gemerkt haben, und das wäre für mich eine ewige Schande gewesen. [...]

Vom Griechischen will ich gar nicht sprechen; ich ärgere mich sonst zu viel. Die Mönche im Mittelalter hatten so ganz Unrecht nicht, wenn sie behaupteten, daß das Griechische eine Erfindung des Teufels sei. Gott kennt die Leiden, die ich dabei ausgestanden. Mit dem Hebräischen ging es besser, denn ich hatte immer eine große Vorliebe für die Juden, obgleich sie bis auf diese Stunde, meinen guten Namen kreuzigen; aber ich konnte es doch im Hebräischen nicht so weit bringen wie meine Taschenuhr, die viel intimen Umgang mit Pfänderverleihern hatte, und dadurch manche jüdische Sitte annahm, z. B. des Sonnabends ging sie nicht – und die heilige Sprache lernte, und sie auch späterhin grammatisch trieb; wie ich denn oft, in schlaflosen Nächten, mit Erstaunen hörte, daß sie ständig vor sich hin pickerte: *katal, katalta, katalti – kittel, kittalta, kittalti – – pokat, pokadeti – pikat – pik – pik – –*

Indessen von der deutschen Sprache begriff ich viel mehr und die ist doch nicht so gar kinderleicht. Denn wir armen Deutschen, die wir schon mit Einquartierungen, Militärpflichten, Kopfsteuern und tausenderlei Abgaben genug geplagt sind, wir haben uns noch obendrein den

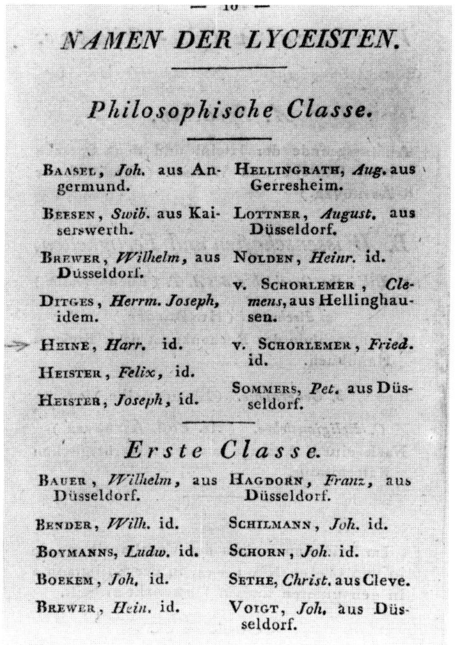

— 10 —

NAMEN DER LYCEISTEN.

Philosophische Classe.

Baasel, *Joh.* aus Angermund.
Beesen, *Swib.* aus Kaiserswerth.
Brewer, *Wilhelm,* aus Düsseldorf.
Ditges, *Herrm. Joseph,* idem.
Heine, *Harr.* id.
Heister, *Felix,* id.
Heister, *Joseph,* id.
Hellingrath, *Aug.* aus Gerresheim.
Lottner, *August,* aus Düsseldorf.
Nolden, *Heinr.* id.
v. Schorlemer, *Clemens,* aus Hellinghausen.
v. Schorlemer, *Fried.* id.
Sommers, *Pet.* aus Düsseldorf.

Erste Classe.

Bauer, *Wilhelm,* aus Düsseldorf.
Bender, *Wilh.* id.
Boymanns, *Ludw.* id.
Boekem, *Joh.* id.
Brewer, *Hein.* id.
Hagdorn, *Franz,* aus Düsseldorf.
Schilmann, *Joh.* id.
Schorn, *Joh.* id.
Sethe, *Christ.* aus Cleve.
Voigt, *Joh.* aus Düsseldorf.

Schülerverzeichnis des Düsseldorfer Lyzeums von 1813. Heine ist als Schüler der philosophischen Klasse aufgeführt.

Adelung aufgesackt und quälen uns einander mit dem Akkusativ und Dativ. Viel deutsche Sprache lernte ich vom alten Rektor Schallmeyer, einem braven geistlichen Herrn, der sich meiner von kindauf annahm. Aber ich lernte auch etwas der Art von dem Professor Schramm, einem Manne, der ein Buch über den ewigen Frieden geschrieben hat, und in dessen Klasse sich meine Mitbuben am meisten rauften. [...]

Auch in der Mythologie ging es gut. Ich hatte meine liebe Freude an dem Göttergesindel, das so lustig nackt die Welt regierte. Ich glaube nicht, daß jemals ein Schulknabe im alten Rom die Hauptartikel seines Katechismus, z. B. die Liebschaften der Venus, besser auswendig gelernt hat, als ich. Aufrichtig gestanden, da wir doch einmal die alten Götter auswendig lernen mußten, so hätten wir sie auch behalten sollen, und wir haben vielleicht nicht viel Vorteil bei unserer neurömischen Dreigötterei, oder gar bei unserem jüdischen Eingötzentum. Vielleicht war jene Mythologie im Grunde nicht so unmoralisch, wie man sie verschrieen hat; es ist z. B. ein sehr anständiger Gedanke des Homers, daß er jener vielbeliebten Venus einen Gemahl zur Seite gab.

Am allerbesten aber erging es mir in der französischen Klasse des Abbé d'Aulnoi, eines emigrierten Franzosen, der eine Menge Grammatiken geschrieben und eine rote Perücke trug und gar pfiffig umhersprang, wenn er seine Art poétique und seine Histoire allemande vortrug – Er war im ganzen Gymnasium der einzige, welcher deutsche Geschichte lehrte. Indessen auch das Französische hat seine Schwierigkeiten, und zur Erlernung desselben gehört viel Einquartierung, viel Getrommel, viel apprendre par cœur, und vor allem darf man keine Bêallemande sein. Da gab es manches saure Wort, ich erinnere mich noch so gut, als wäre es erst gestern geschehen, daß ich durch la religion viel Unannehmlichkeiten erfahren. Wohl sechsmal erging an mich die Frage: «Henri, wie heißt dein Glaube auf französisch?» Und sechsmal, und immer weinerlicher antwortete ich: «Das heißt le crédit.» Und beim siebenten Male, kirschbraun im Gesichte, rief der wütende Examinator «Er heißt la religion» – und es regnete Prügel, und alle Kameraden lachten. Madame! seit der Zeit kann ich das Wort religion nicht erwähnen hören, ohne daß mein Rücken blaß vor Schrecken, und meine Wange rot vor Scham wird. Und ehrlich gestanden, le crédit hat mir im Leben mehr genützt als la religion.

Parbleu Madame! ich habe es im Französischen weit gebracht. Ich verstehe nicht nur Patois, sondern sogar adeliges Bonner französisch. Noch unlängst, in einer noblen Gesellschaft, verstand ich fast die Hälfte von dem Diskurs zweier deutscher Komtessen, wovon jede über vierundsechzig Jahr und eben so viele Ahnen zählte. Ja, im Café Royal zu Berlin hörte ich einmal den Monsieur Hans Michel Martens französisch parlieren und verstand jedes Wort, obschon kein Verstand darin war. Man muß den Geist der Sprache kennen, und diesen lernt man am besten durch Trommeln. Parbleu! wie viel verdanke ich nicht dem französischen Tambour, der so lange bei uns in Quartier lag, und wie ein Teufel aussah, und doch von Herzen so engelgut war, und so ganz vorzüglich trommelte.

Es war eine kleine, bewegliche Figur mit einem fürchterlichen, schwarzen Schnurrbarte, worunter sich die roten Lippen trotzig hervorbäumten, während die feurigen Augen hin und her schossen.

Ich kleiner Junge hing an ihm wie eine Klette, und half ihm seine Knöpfe spiegelblank putzen und seine Weste mit Kreide weißen – denn Monsieur Le Grand wollte gerne gefallen – und ich folgte ihm auch auf die Wache, nach dem Appell, nach der Parade – da war nichts als Waffenglanz und Lustigkeit – les jours de fête sont passés! Monsieur Le Grand wußte nur wenig gebrochenes Deutsch, nur die Hauptausdrücke – Brot, Kuß, Ehre – doch konnte er sich auf der Trommel sehr gut verständlich machen, z. B. wenn ich nicht wußte, was das Wort «liberté» bedeute, so trommelte er den Marseiller Marsch – und ich verstand ihn. Wußte ich nicht die Bedeutung des Wortes «égalité», so trommelte er den Marsch «Ça ira, ça ira --- les aristocrates à la lanterne!» – und ich verstand ihn. Wußte ich nicht, was «bêtise» sei, so trommelte er den Dessauer Marsch, den wir Deutschen, wie auch Goethe berichtet, in der Champagne getrommelt – und ich verstand ihn. Er wollte mir mal das Wort «l'Allemagne» erklären, und er trommelte jene allzueinfache Urmelodie, die man oft an Markttagen bei tanzenden Hunden hört, nämlich Dum – Dum – Dum – ich ärgerte mich, aber ich verstand ihn doch.

Auf ähnliche Weise lehrte er mich auch die neuere Geschichte. Ich verstand zwar nicht die Worte, die er sprach, aber da er während des Sprechens beständig trommelte, so wußte ich doch, was er sagen wollte. Im Grunde ist das die beste Lehrmethode.

Reisebilder. Zweiter Teil. Ideen. Das Buch Le Grand

Allzuviel von jenen Handelswissenschaften mag er *[in der Vahrenkampschen Handelsschule in Düsseldorf]* sicher nicht gelernt haben; dagegen werden verschiedene Scherze erzählt, die der junge Harry dort getrieben und die schon auf eine gewisse poetische Veranlagung schließen ließen. So pflegte er seinen Mitschülern die alten Klassiker in «Judäas lieblichen Dialekt» zu übersetzen. Der jüdisch-deutsche Homer oder Ovid rief oft in den Zwischenstunden ein schallendes Gelächter hervor.

Gustav Karpeles, z. T. nach Mitteilungen von Gottfried Werner

Heines schulische Laufbahn ist die durchschnittliche der rheinischen Bürgerkinder der napoleonischen Zeit; er hat sie unauffällig und unspektakulär absolviert, in den höheren Klassen mit guten Leistungen, insgesamt aber doch mit mäßigem Erfolg. Bei der Aufnahmeprüfung, die er zur Immatrikulation an der Bonner Universität ablegen muß, jedenfalls bescheinigt man ihm: «Griechisch hat er nicht gelernt. Im Lateinischen ist er von unsicherer Kenntnis und zu geringer Übung, weshalb er auch keinen Aufsatz geliefert hat. Zu einer Prüfung in der Mathematik hat er sich nicht verstanden. In der Geschichte ist er nicht ohne alle Kenntnisse.» Heine besteht die Prüfung mit der schlechtestmöglichen Note. Nur im Deutschen wird ihm «ein gutes Streben» zuerkannt. Seine literarischen Neigungen sind – ebenso wie die philosophischen – schon während der Schulzeit ausgeprägt. Heines langjähriger Lehrer Ägidius Schallmayer hat sie besonders gefördert. Schallmayer, seit 1805 Rektor des Lyceums, ist zugleich katholischer Geistlicher und Anhänger Kants. Seine Haltung aufgeklärter Toleranz dürfte den Bildungs- und Erziehungsvorstellungen von Heines Mutter – Schallmayer war mit der Familie befreundet – sehr nahegekommen sein.

Heines Lehrer Johann Peter Brewer (1783–1840).

Aber ich bewahrte im zornigsten Ekel dennoch immer eine Ehrfurcht vor dem wahren Priesterstand, indem ich, in die Vergangenheit zurückblickend, der Verdienste gedachte, die er sich einst um mich erwarb. Denn katholische Priester waren es, denen ich als Kind meinen ersten Unterricht verdankte; sie leiteten meine ersten Geistesschritte. Auch in der höheren Unterrichtsanstalt zu Düsseldorf, welche unter der französischen Regierung das Lyceum hieß, waren die Lehrer fast lauter katholische Geistliche, die sich alle mit ernster Güte meiner Geistesbildung annahmen; seit der preußischen Invasion, wo auch jene Schule den preußisch-griechischen Namen Gymnasium annahm, wurden die Priester allmählich durch weltliche Lehrer ersetzt.

Geständnisse (1854)

Die pädagogischen Ziele und Lehrmeinungen des Düsseldorfer Lyceums waren spätaufklärerisch. Wohl das damals Übliche, wenn man bedenkt, daß geistige Strömungen gemeinhin verspätet in die pädagogische Praxis einfließen. So entsprach das, was Heine in der Schule über Philosophie und Literatur erfuhr, ganz den rationalen Ideen einer trivialisierten Aufklärung und dem strengen Stil der traditionellen Rhetorik und Poetik. Vom gefühlsbezogenen Geist romantischer Geniekunst und Universalpoesie, die während Heines Schulzeit im Rheinland blühten, drang nichts durch die klösterlichen Lyceumsmauern. Und wenn etwas vom «französischen Geist» in Heines Schulstuben hineingeweht sein sollte, so war es neben dem Geist der französischen Sprache die Toleranz. Sie hat es Heine, wie vielen der liberalen Juden seiner Zeit, ermöglicht, in einem Freiraum zwischen Juden- und Christentum zu leben, hoffend auf die noch unsicheren Chancen künftiger Emanzipation. Die undogmatische Art, wie Heine in seinem literarischen Werk mit Religionsfragen umgeht, oft als Indifferenz ausgelegt, mag hier wurzeln.

Die merkantilische Seifenblase

(...) meine Mutter behauptete, es habe jetzt die Stunde geschlagen, wo ein bedeutender Kopf im merkantilischen Fache das Ungeheuerlichste erreichen und sich zum höchsten Gipfel der weltlichen Macht emporschwingen könne. Sie beschloß daher (...), daß ich eine Geldmacht werden sollte.

Memoiren. 1854

Kaufmännische Startversuche

Daß Harry als Kaufmann reüssieren, «eine Geldmacht» werden sollte wie sein Hamburger Onkel, war naheliegend, bedenkt man die reale Situation. Die beruflichen Möglichkeiten jüdischer Bürger waren noch immer vielfach eingeschränkt, die wirtschaftliche Lage der Familie bereits so desolat, daß an ein Studium nicht zu denken war. So wird Harry im Herbst 1815, auch wenn er keinerlei Neigung zum Handelsstand zeigt, nach Frankfurt am Main geschickt, in die Lehre zu einem Kolonialwarenhändler und ein Volontariat beim Bankier Rindskopf. Beide Ausbildungsversuche scheitern an der Untauglichkeit des Lehrlings.

Vor uns eine lange unabsehbare Gasse, *neben* uns gerade soviel Raum, um den Trost zu behalten, daß wir umkehren könnten, sobald uns die Lust dazu ankäme. *Über* uns ist nicht mehr Himmel, als die Sonne bedarf, um ihre Scheibe daran auszubreiten; man sieht keinen Himmel, man sieht nichts als Sonne. Ein übler Geruch steigt überall herauf, und das Tuch, das uns vor Verpestung sichert, dient auch dazu, eine Träne des Mitleids aufzufangen oder ein Lächeln der Schadenfreude zu verbergen dem Blicke der lauernden Juden. Mühsam durch den Kot watend dient der verzögerte Gang dazu, unsrer Beschauung die nötige Muße zu verschaffen. Scheu und behutsam wird der Fuß aufgesetzt, damit er keine Kinder zertrete. Diese schwimmen in der Gosse herum, sie kreuzen im Kote umher, unzählig wie ein Gewürm von der Sonne Kraft dem Miste ausgebrütet... Fürchtet ihr, die turmhohen Häuser möchten einstürzen über uns? O fürchtet nichts! Sie sind wohl befestigt, die Käfige der beschnittenen Vögel, gestützt auf den Grund der ewigen Bosheit, gut gemauert von den emsigen Händen der Habsucht, geleimt mit dem Schweiße der gefolterten Sklaven.

Ludwig Börne 1808 über das Frankfurter Ghetto, in dem er 1786 geboren wurde

Blick auf Frankfurt vom Mainhafen aus.

Der junge Heine, etwa 1822.

Als die schöne Sara die Augen aufschlug, ward sie fast geblendet von den Strahlen der Sonne. Die hohen Türme einer großen Stadt erhoben sich, und der stumme Wilhelm stand mit der Hakenstange aufrecht im Kahne und leitete denselben durch das lustige Gewühl vieler buntbewimpelten Schiffe, deren Mannschaft entweder müßig hinabschaute auf die Vorbeifahrenden, oder vielhändig beschäftigt war mit dem Ausladen von Kisten, Ballen und Fässern, die auf kleineren Fahrzeugen ans Land gebracht wurden; wobei ein betäubender Lärm, das beständige Hallorufen der Barkenführer, das Geschrei der Kaufleute vom Ufer her und das Keifen der Zöllner, die, in ihren roten Röcken, mit weißen Stäbchen und weißen Gesichtern, von Schiff zu Schiff hüpften.

«Ja, schöne Sara» – sagte der Rabbi zu seiner Frau, heiter lächelnd – «das ist hier die weltberühmte freie Reichs- und Handelstadt Frankfurt am Main, und das ist eben der Mainfluß worauf wir jetzt fahren. Da drüben die lachenden Häuser, umgeben von grünen Hügeln, das ist das Sachsenhausen, woher uns der lahme Gumpertz, zur Zeit des Lauberhüttenfestes, die schönen Myrrhen holt. Hier siehst du auch die starke Mainbrücke mit ihren dreizehn Bögen, und gar viel Volk, Wagen und Pferde, geht sicher darüberhin, und in der Mitte steht das Häuschen, wovon die Mühmele Täubchen erzählt hat, daß ein getaufter Jude darin wohnt, der jedem, der ihm eine tote Ratte bringt, sechs Heller auszahlt für Rechnung der jüdischen Gemeinde, die dem Stadtrate jährlich fünftausend Rattenschwänze abliefern soll!»

Beschreibung von Frankfurt in «Der Rabbi von Bacherach»

Die Stadt Hamburg ist eine gute Stadt; lauter solide Häuser. Hier herrscht nicht der schändliche Macbeth, sondern hier herrscht Banko. Der Geist Bankos herrscht überall in diesem kleinen Freistaate, dessen sichtbares Oberhaupt ein hoch- und wohlweiser Senat. In der Tat, es ist ein Freistaat und hier findet man die größte politische Freiheit. Die Bürger können hier tun was sie wollen und der hoch- und wohlweise Senat kann hier ebenfalls tun was er will; jeder ist hier freier Herr seiner Handlungen. [...] Hamburg ist die beste Republik. Seine Sitten sind englisch und sein Essen ist himmlisch. Wahrlich, es gibt Gerichte zwischen den Wandrahmen und dem Dreckwall, wovon unsere Philosophen keine Ahnung haben. Die Hamburger sind gute Leute und essen gut. Über Religion, Politik und Wissenschaft sind ihre respektiven Meinungen sehr verschieden, aber in Betreff des Essens herrscht das schönste Einverständnis. Mögen die christlichen Theologen dort noch so sehr streiten über die Bedeutung des Abendmahls; über die Bedeutung des Mittagmahls sind sie ganz einig. [...]

Für Leser denen die Stadt Hamburg nicht bekannt ist – und es gibt deren vielleicht in China und Oberbayern – für diese muß ich bemerken: daß der schönste Spaziergang der Söhne und Töchter Hammonias den rechtmäßigen Namen Jungfernsteg führt; daß er aus einer Lindenallee besteht, die auf der einen Seite von einer Reihe Häuser, auf der anderen Seite von dem großen Alsterbassin begrenzt wird; und daß vor letzterem, ins Wasser hineingebaut, zwei zeltartige lustige Kaffeehäuslein stehen, die man Pavillons nennt. Besonders vor dem einen, dem sogenannten Schweizerpavillon, läßt sich gut sitzen wenn es Sommer ist und die Nachmittagssonne nicht zu wild glüht, sondern nur heiter lächelt und mit ihrem Glanze die Linden, die Häuser, die Menschen, die Alster und die Schwäne, die sich darauf wiegen, fast märchenhaft lieblich übergießt. Da läßt sich gut sitzen, und da saß ich gut, gar manchen Sommernachmittag, und dachte, was ein junger Mensch zu denken pflegt, nämlich gar nichts, und betrachtete, was ein junger Mensch zu betrachten pflegt, nämlich die jungen Mädchen, die vorübergingen – und da flatterten sie vorüber jene holden Wesen mit ihren geflügelten Häubchen und ihren verdeckten Körbchen, worin nichts enthalten ist. [...] – ach! da wandelt auch Minka und Heloisa! Wie oft saß ich vor dem Pavillon und sah sie vorüberwandeln in ihren rosagestreiften Roben – die Elle kostet 4 Mark und 3 Schilling und Herr Seligmann hat mir versichert, die Rosastreifen würden im Waschen die Farbe behalten – Prächtige Dirnen! riefen dann die tugendhaften Jünglinge, die neben mir saßen – [...] Ich selber sagte nie etwas, und ich dachte meine süßesten Garnichtsgedanken, und betrachtete die Mädchen, und den heiter sanften Himmel, und den langen Petriturm mit der schlanken Taille, und die stille blaue Alster, worauf die Schwäne so stolz und so lieblich und so sicher umherschwammen. Die Schwäne! Stundenlang konnte ich sie betrachten, diese holden Geschöpfe mit ihren sanften langen Hälsen, wie sie sich üppig auf den weichen Fluten wiegten, wie sie zuweilen selig untertauchten und wieder auftauchten und übermütig plätscherten, bis der Himmel dunkelte, und die goldenen Sterne hervortraten, verlangend, verheißend, wunderbar zärtlich, verklärt. Die Sterne! Sind es goldne Blumen am bräutlichen Busen des Himmels? Sind es verliebte Engelsaugen, die sich sehnsüchtig spiegeln in den blauen Gewässern der Erde und mit den Schwänen buhlen?

––– Ach! das ist nun lange her. Ich war damals jung und törigt. Jetzt bin ich alt und törigt. Manche Blume ist unterdessen verwelkt und manche sogar zertreten worden. Manches seidne Kleid ist unterdessen zerrissen, und sogar der rosagestreifte Kattun des Herren Seligmann hat unterdessen die Farbe verloren.

Aus den Memoiren des Herren von Schnabelewopski (1833)

Ansicht von Hamburg vor dem großen Brand vom Mai 1842.

Im Juni 1818 kommt Heine deshalb nach Hamburg in die Obhut des Onkels Salomon.

Dieser versucht vergeblich, den merkantilisch so gänzlich desinteressierten Neffen wieder los zu werden. Harry zeigt ganz andere Neigungen als die, sich im Bankkontor des Onkels nützlich zu machen und im kaufmännischen Schriftverkehr zu üben. Lieber macht er Verse, publiziert diese in der Hamburger Zeitschrift «Der Wächter» unter dem Pseudonym «Sy Freudhold Riesenharf» und verliebt sich auch noch in eine – oder mehrere – von Salomons Töchtern. Der Onkel versucht ein Weiteres. Er richtet dem Neffen 1818 ein Manufakturwarengeschäft ein, «Harry Heine & Co», als Filiale des väterlichen Geschäfts. Harry kümmert sich um dieses Unternehmen ebensowenig wie der Vater um das Düsseldorfer. Als er 1819 falliert, wird auch die Hamburger Filiale aufgelöst. Damit sind die familiären Kaufmannspläne mit Harry endgültig gescheitert; Heine ist befreit vom Alptraum einer Existenz als Handelsjude.

Gasse im Frankfurter Ghetto, in dem Heine während seiner Lehrlingszeit lebte.

Eine solche Existenz mußte ihm nach den Erfahrungen mit seinem Vater und den Eindrücken von der erstickenden Enge des Frankfurter Ghettos wenig verlockend erscheinen; vor allem, wenn er sie mit der Weite und dem Wohlleben verglich, das er in der Hamburger Welt seines Onkels erlebte – allerdings nur als Zaungast. Denn Heine wird wohl gesehen haben, daß er in dieser Welt als mittelloser Kaufmannslehrling trotz der Hilfe des Onkels nicht heimisch werden konnte, nicht als Handelspartner und noch weniger als Schwiegersohn. Die «merkantilische Seifenblase» war geplatzt; geplatzt war auch der Traum vom Dazugehören, der Traum von der großen Liebe zu Amalie, der Hamburger Cousine – gescheitert am mangelnden «Talent zum Erwerb»?

Heine hat die Antinomie Dichter–Kaufmann später zum Prinzip seiner Ausbildungszeit stilisiert und sich selbst jeden Geschäftssinn abgesprochen. Eine solche Antinomie schien berechtigt in einer Gesellschaft, in der traditionellerweise nicht Kaufmannsfamilien, sondern Beamten- und Pfarrhäuser die Dichter stellten. Daß dies so war, hing mit den beschränkten beruflichen Wahlmöglichkeiten in einer ständisch geordneten Gesellschaft zusammen, die ihre jüdischen Bürger jahrhundertelang im Ghetto der Händler und Hehler hielt. In dieser Gesellschaft brachte der Literat in der Tat aus seinem familiären Umfeld keine kaufmännischen Talente mit, und er brauchte sie auch nicht, solange Schriftstellerei Freizeitbeschäftigung und nicht Brotberuf war.

Alles dies aber gilt nicht mehr für die Generation Heines. Da Schriftstellerei künftig ihren Mann ernähren soll, ist Geschäftssinn auch in diesem Beruf günstige Voraussetzung für materiellen Erfolg. Heine hat diesen Geschäftssinn zweifellos besessen. Die Geschicklichkeit und Hartnäckigkeit, mit der er Geldangelegenheiten wie Erbschaftsfragen oder Pensionszahlungen betrieb; die Professionalität, mit der er seine literarischen Geschäfte abwickelte, geben hundertfach Zeugnis davon. Am Handel en gros et détail aber hat dieser Geschäftssinn sich nicht entzünden wollen. Er brauchte den emotionalen Anreiz. Das Schreiben bot ihn, und so entfaltet Heine seine merkantilischen Talente erst zur Sicherung seiner auf Literatur gegründeten Existenz.

Aus Hamburg aber kehrt er heim nach Düsseldorf vorerst als ein Gescheiterter; unfähig zum Gelderwerb, ausgeschlossen aus der schönen Welt der Reichen und Mächtigen; abgewiesen von seiner ersten großen Liebe.

Amalien-Erlebnis

Wirklich geliebt habe ich nur Tote oder Statuen
(1854)

Heines erste Liebe, seine Cousine Amalie (1799–1838), Tochter des Hamburger Onkels Salomon.

Heines Beziehungen zu Frauen haben sich – soweit sich dies erkennen läßt – mehr in seinem Kopf abgespielt als in seiner Lebenswirklichkeit. Und so ist auch über das berühmte «Amalien-Erlebnis», von einer biographisch geprägten Forschung lange mißdeutet als allbewegende Kraft der Heineschen Jugendlyrik, wenig Reales zu berichten.

Folgt man Heines Briefen, so hat er sich gleich zu Beginn seiner Hamburger Lehrzeit in seine Cousine Amalie verliebt. Der familiäre Umgang mag die Annäherung erleichtert und Amalie die Werbung des romantischen Vetters nicht ungern gesehen haben. Ein Anspruch auf Liebe und dauernde Verbindung mit dem armen Verwandten aber – soviel ist schon nach wenigen Wochen klar – kommt für die Tochter des schwerreichen Bankiers nicht in Frage. Zumal es durchaus dahingestellt bleibt, ob diese Liebe wirklich der im Bild so reizlosen Amalie gilt und nicht latent ebenso ihren Schwestern Friederike und Therese – und ob sie sich nicht viel mehr an der gesellschaftlichen Stellung und am Geld des neidvoll bewunderten Onkels entzündet. Was liegt näher für den jungen Harry auf der Suche nach seiner Zukunft, nach beruflichem Ziel und geistiger Heimat, als sich seinen Wünschen im Sehnsuchtsbild einer Geliebten zu nähern?

Dieser Weg aber bleibt Heine versperrt. Das Gefühl unglücklicher Liebe, in das ihm die bittere Erfahrung seines Außenseitertums gerinnt, wird zum auslösenden Moment für seine poetische Kraft. Poesien «wie in Honig getauchter Schmerz» nennt er selbst schon 1816 seine frühen Gedichte; «Schmerzjubel»

Affrontenburg

Die Zeit verfließt, jedoch das Schloß,
Das alte Schloß mit Turm und Zinne
Und seinem blöden Menschenvolk,
Es kommt mir nimmer aus dem Sinne.

[...]

Vermaledeiter Garten! Ach,
Da gab es nirgends eine Stätte,
Wo nicht mein Herz gekränket ward,
Wo nicht mein Aug geweinet hätte.

Da gabs wahrhaftig keinen Baum,
Worunter nicht Beleidigungen
Mir zugefüget worden sind
Von feinen und von groben Zungen.

Die Kröte, die im Gras gelauscht,
Hat alles mitgeteilt der Ratte,
Die ihrer Muhme Viper gleich
Erzählt, was sie vernommen hatte.

Die hats gesagt dem Schwager Frosch –
Und solcherweis erfahren konnte
Die ganze schmutzge Sippschaft stracks
Die mir erwiesenen Affronte.

[...]

Gedichte. 1853 und 1854

das sie tragende Gefühl; Hamburg ist ihm die «schöne Wiege meiner Leiden». Solchem Leid muß sich ein beträchtlicher Lustgewinn verbunden haben; auch ein Grund, warum das Thema verschmähter Liebe zum Dauermotiv Heinescher Poesie geworden sein könnte.

Amalie hat er später nie mehr gesehen.

An meine Mutter B. Heine, geborne v. Geldern

1

Ich bins gewohnt, den Kopf recht hoch zu tragen,
Mein Sinn ist auch ein bißchen starr und zähe;
Wenn selbst der König mir ins Antlitz sähe,
Ich würde nicht die Augen niederschlagen.

Doch, liebe Mutter, offen will ichs sagen:
Wie mächtig auch mein stolzer Mut sich blähe,
In deiner selig süßen, trauten Nähe
Ergreift mich oft ein demutvolles Zagen.

Ist es dein Geist, der heimlich mich bezwinget,
Dein hoher Geist, der alles kühn durchdringet,
Und blitzend sich zum Himmelslichte schwinget?

Quält mich Erinnerung, daß ich verübet
So manche Tat, die dir das Herz betrübet?
Das schöne Herz, das mich so sehr geliebet?

2

Im tollen Wahn hatt ich dich einst verlassen,
Ich wollte gehn die ganze Welt zu Ende,
Und wollte sehn, ob ich die Liebe fände,
Um liebevoll die Liebe zu umfassen.

Die Liebe suchte ich auf allen Gassen,
Vor jeder Türe streckt ich aus die Hände,
Und bettelte um gringe Liebesspende –
Doch lachend gab man mir nur kaltes Hassen.

Und immer irrte ich nach Liebe, immer
Nach Liebe, doch die Liebe fand ich nimmer,
Und kehrte um nach Hause, krank und trübe.

Doch da bist du entgegen mir gekommen,
Und ach! was da in deinem Aug geschwommen,
Das war die süße, langgesuchte Liebe.

Buch der Lieder, Sonette

Büste Amaliens Heine verh. Friedländer.

An dem Studioso Christian Sethe in Düsseldorf
Sie liebt mich nicht' Mußt lieber Christian dieses letzte Wörtchen ganz leise, leise aussprechen. In den ersten Wörtchen liegt der ewig lebendige Himmel, aber auch in dem letzten liegt die ewig lebendige Hölle. – Könntest Du Deinem armen Freunde nur ein bischen ins Gesicht sehen, wie er so ganz bleich aussieht und gewaltig verstört und wahnsinnig, so würde sich Dein gerechter Unmuth, wegen des langen Stillschweigens, sehr bald zur Ruhe legen; am Besten wär es zwar wenn Du einen einzigen Blick in seine inn're Seele werfen könntest, – da würdest Du mich erst recht liebgewinnen; [...]

Einen kleinen Spaß will ich Dir erzählen. Du weißt, Christian, von demselben Augenblick an als ich Dich zum ersten Mahle sah ward ich unwillkürlich zu Dir hingezogen, und ohne mir selber davon Rechenschaft geben zu können, warst Du mir immer ganz unendlich lieb und theuer. Ich glaube Dir in dieser Hinsicht schon längst davon gesprochen zu haben: wie ich oft in Deinen Gesichtszügen und vorzüglich in Deinen Augen Etwas bemerkte was mich auf eine unbegreifliche Art zugleich von Dir abstieß und zugleich wieder gewaltsam zu Dir hinzog, so daß ich meinte im selben Augenblick liebendes Wohlwollen und auch wieder den bittersten, schnöden, eiskalten Hohn darin zu erkennen. Und siehe! dieses nemliche räthselhafte Etwas

Die Schuld.

Trauerspiel in vier Akten

von

Adolph Müllner.

Zweite Auflage.

Leipzig

bei Georg Joachim Göschen 1817.

Therese Heine, verh. Halle (1807–1880), die zweite der verehrten Hamburger Cousinen.

Müllners Trauerspiel «Die Schuld» schenkte Heine Amalie mit der Widmung «Ich wünsche Ihnen viel Glück zum neuen Jahre. Amen. Ottensen, d. 1. Jan. 1818 Harry».

habe ich auch in Mollys Blicken gefunden. Und eben dieses ist es was mich auch so ganz confus macht. [...]

Hu! Schauderst Du nicht Christian? Schaudre nur, ich schaudre auch – Verbrenn den Brief Gott sey meiner armen Seele gnädig. – Ich habe diese Worte nicht geschrieben. – Da saß ein bleicher Mensch auf meinem Stuhl, der hat sie geschrieben. Das kommt weil es Mitternacht ist. – O Gott! Wahnsinn sündigt nicht – Du! Du! hauche nicht zu stark, da hab ich eben ein wunderhüpsches Kartenhaus aufgeschichtet, und ganz oben auf steh Ich und halte sie im Arm. –

[...]

An Christian Sethe (20. November 1816)

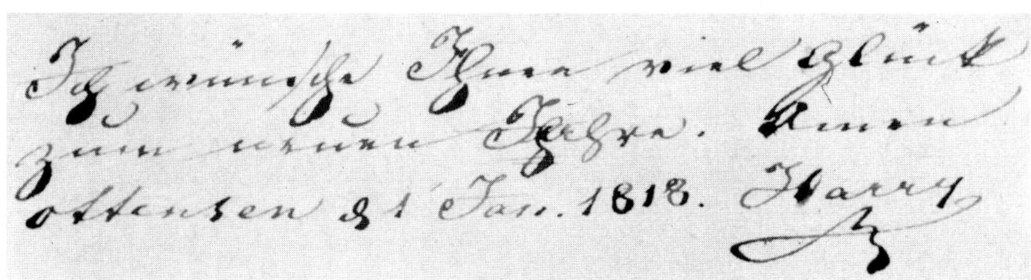

Ich wünsche Ihnen viel Glück
zum neuen Jahre. Amen
Ottensen d 1 Jan. 1818. Harry

Genius und Geldsack: Heine und sein Onkel Salomon

Hätte der dumme Junge was gelernt,
brauchte er nicht zu schreiben Bücher
Salomon Heine über seinen Neffen

Salomon Heine, der Hamburger Bankier, war zeitlebens Heines Übervater. Dazu war er prädestiniert durch seine Stellung als Familienpatriarch, durch beruflichen Erfolg, Vermögen und gesellschaftliche Stellung. Salomon Heine war nicht eigentlich ein Selfmademan. Daß er als Siebzehnjähriger mit nicht mehr als siebzehn Groschen und einer Lederhose nach Hamburg gekommen sei, ist Familienlegende. Er hat seine wirtschaftliche Karriere begonnen im Schutz verwandtschaftlicher Beziehungen und, begünstigt durch den Wirtschaftsliberalismus und die beginnende Judenemanzipation, sehr schnell reüssiert – ganz so, wie man es auch von seinem Neffen Harry erwartete. Als Harry 1816 zum Onkel kommt, ist dieser bereits Millionär, residiert in einer Elbvilla, der durch seinen nichtsnutzigen Neffen späterhin literarisch so berühmt gewordenen «Affrontenburg» in Ottensen, und genießt ob seiner Wohltätigkeit höchstes gesellschaftliches Ansehen. Salomon ist der Star der Familie.

Der jüdischen Konvention entsprechend, die vom Erfolgreichen Solidarität mit den armen Verwandten verlangt, sorgt Salomon Heine auch für die Familie seines unglücklichen Bruders nach dessen Ruin aufs Großzügigste. Er zahlt Umzüge und Unterhalt, zahlt seiner Schwägerin 31 Jahre lang eine Witwenpension, zahlt den drei Neffen das Studium und die Nachfolgelasten ihrer geschäftlichen Fehlunternehmungen. Harry, das Sorgenkind, wird er zeitlebens, ja über seinen Tod hinaus unterstützen; in der Studienzeit mit einem Wechsel, dessen Höhe dem in besser gestellten Kreisen Üblichen entsprach, danach mit Zuschüssen für bestimmte Zwecke wie Reisen und Kuraufenthalte; in der Pariser Zeit mit jährlichen Zuwendungen und schließlich mit einer festen Pension.

Heinrich Heine schrieb seinem Onkel Salomon Heine in's Stammbuch: «Lieber Onkel, leihe mir hunderttausend Thaler und vergiß auf ewig Deinen Dich liebenden Neffen H. Heine.»
Anekdote, übermittelt von Karl August Varnhagen v. Ense (1850)

Diese Unterstützung ist, gemessen daran, daß sie völlig freiwillig erfolgt und einem jungen Mann gilt, dessen Lebensführung den Vorstellungen der Hamburger Verwandtschaft entschieden widerspricht, äußerst großzügig, auch im sozialen Vergleich. Den hochgespannten Erwartungen des Empfängers jedoch erscheint sie als lächerliches Almosen, denn er mißt sie am Reichtum des Onkels und fühlt sich zeitlebens zu kurz gekommen. Dennoch verläßt er sich auch, als er vom Ertrag seiner Schriftstellerei hätte leben können, auf die Unterstützung durch die Familie. Entsprechend ambivalent ist das Verhältnis zum Onkel. Es schwankt zwischen Bewunderung für dessen gesellschaftlichen Erfolg und Verachtung seines «Krämertums»; zwischen dem Neid auf seinen Reichtum und dem Anspruch, davon zu profitieren; zwischen den Demütigungen finanzieller Abhängigkeit und der Forderung, die eigene literarische Leistung als gleichwertig anerkannt zu sehen.

Das Beste, was an Ihnen ist, besteht darin daß Sie meinen Namen tragen.
An Salomon Heine (1836)

An den Mann, der gefunden, daß daß beste was an mir ist, daß ich sein Name führe –
Hamb den 26 Dec. 1843

Heute Mittag, den zweite Tag Jontoft, wird gegeßen:
Krebsen Suppe, mit Rosinen theilweise
in den Krebsen
daß edle Ochsen Fleisch der Hamburger
geräuchertes Fleisch,
dabei Karstanien
noch genieße –
Englischen Buding, mit Feuer
Fasanen, 2 Stück
ein Hase, den wircklich von
meine Leute im Garten geschoßen ist
salat. Mad Gädchens, hatt oder
wird schon mehreres aufsetzen,
Champaner, Port wein Mad. Wein
und guten Roth wein

Dann wird die hohe Familie mit ihre Gegenwart das Teater besuchen.

[...]

Deine Frau hatt sich gut aufgeführt – ich habe nicht daran gezweifelt, ist ein gutes Schickche [...]

[...] nun will ich Deine Frau, zu dem heiligen Krist, was schencken ich schicke ihr f 400. Auf Rothschildt, an die Order Mathilde Heine, warum auf Rothschild, damit Rothschildt sehn soll, wie wir ein Arsch, und ein Kuchen sind.

Salomon Heine an Heine (Weihnachten 1843)

Der Jungfernstieg in Hamburg (Steindruck von Peter Suhr, ca. 1825).

Von den Kindern meiner Großmutter haben, soviel ich weiß, nur zwei ihre außerordentliche Schönheit geerbt, nämlich mein Vater und mein Oheim Salomon Heine, der verstorbene Chef des hamburgischen Bankierhauses dieses Namens.

Die Schönheit meines Vaters hatte etwas Überweiches, Charakterloses, fast Weibliches. Sein Bruder besaß vielmehr eine männliche Schönheit, und er war überhaupt ein Mann, dessen Charakterstärke sich auch in seinen edelgemessenen, regelmäßigen Zügen imposant, ja manchmal sogar verblüffend offenbarte.

Memoiren (1854)

Die lebenslange intensive Beziehung zwischen Onkel und Neffen wird zum «Kampf des Genius mit dem Geldsack», in dem der Schriftsteller der Geldmacht des Millionärs die Macht des Wortes entgegenstellt. In den Auseinandersetzungen mit dem Onkel geht es um mehr als Geld. Es dreht sich – und das ist Heine zumindest in späteren Jahren wohlbewußt – um die Anerkennung seiner eigenen Identität. Sie sieht er, mittlerweile fast fünfzigjährig, noch einmal in Frage gestellt, als Salomon am 23. 12. 1844 stirbt, ohne ihm – ein letzter Schlag im Kampf des Geldsacks mit dem Genius – die erwartete Pensionsfortzahlung testamentarisch gesichert zu haben. Das trifft Heine tief, und es läßt sich mit einigem Recht vermuten, daß er die einzigen Tränen, die er wirklich geweint, nicht um seine unglücklichen Lieben und auch nicht um den Verlust des Onkels vergossen hat, sondern, so böse Zungen unter den Zeitgenossen, «bei der Nachricht, daß er im Testament nahezu übergangen worden sei». Und das bei der für die 1840er Jahre gigantischen Erbmasse von rund 30 Millionen Franc; das sind – auf heutige Verhältnisse umgerechnet – ca. 216 Millionen DM.

Betty Heine, geb. Goldschmidt (1777–1837), Salomons Frau.

Mag es unter den Juden dort eine Partei geben, die das Tischgebet auf deutsch spricht, während eine andere es auf hebräisch absingt; beide Parteien essen und essen gut und wissen das Essen gleich richtig zu beurteilen. Die Advokaten, die Bratenwender der Gesetze, die so lange die Gesetze wenden und anwenden bis ein Braten für sie dabei abfällt, diese mögen noch so sehr streiten: ob die Gerichte öffentlich sein sollen oder nicht; darüber sind sie einig, daß alle Gerichte gut sein müssen, und jeder von ihnen hat sein Leibgericht. Das Militär denkt gewiß ganz tapfer spartanisch, aber von der schwarzen Suppe will es doch nichts wissen. Die Ärzte, die in der Behandlung der Krankheiten so sehr uneinig sind und die dortige Nationalkrankheit (nämlich Magenbeschwerden), als Braunianer durch noch größere Portionen Rauchfleisch, oder als Homöopathen durch $\frac{1}{10000}$ Tropfen Absinth in einer großen Kumpe Mockturtelsuppe zu kurieren pflegen, diese Ärzte sind ganz einig wenn von dem Geschmacke der Suppe und des Rauchfleisches selbst die Rede ist. Hamburg ist die Vaterstadt des letztern, des Rauchfleisches, und rühmt sich dessen, wie Mainz sich seines Johann Fausts und Eisleben sich seines Luthers zu rühmen pflegt. Aber was bedeutet die Buchdruckerei und die Reformation in Vergleichung mit Rauchfleisch? Ob beide ersteren genutzt oder geschadet, darüber streiten zwei Parteien in Deutschland; aber sogar unsere eifrigsten Jesuiten sind eingeständig, daß das Rauchfleisch eine gute, für den Menschen heilsame Erfindung ist.

Aus den Memoiren des Herren von Schnabelewopski (1833)

Studienjahre

Von den sieben Jahren, die ich auf deutschen Universitäten zugebracht, vergeudete ich drei schöne blühende Lebensjahre durch das Studium der römischen Kasuistik, der Jurisprudenz, dieser illiberalsten Wissenschaft.

Memoiren (1854)

Bonn: Burschenherrlichkeit und Antisemitismus

Die Universität Bonn war, als sich Heine dort im Wintersemester 1819/20 als Student der Jurisprudenz einschrieb, eine sehr junge Alma mater. Sie hatte erst im Sommer 1819 den Lehrbetrieb aufgenommen, sich aber durch die Berufung angesehener Wissenschaftler schon einen guten Namen als Ort regen Geisteslebens erworben. Dieses Rufs wegen – so Heine in seinen «Memoiren» – habe seine Mutter Bonn als Studienort für ihn ausgewählt. Auch die Nähe zur Düsseldorfer Heimat dürfte dabei eine Rolle gespielt haben; Bonn war wohl die rheinische Hausuniversität.

Welche Aufopferung bewies sie dem Sohne, dem sie in schwieriger Zeit nicht bloß das Programm seiner Studien, sondern auch die Mittel dazu lieferte! Als ich die Universität bezog, waren die Geschäfte meines Vaters in sehr traurigem Zustand, und meine Mutter verkaufte ihren Schmuck, Halsband und Ohrringe von großem Werte, um mir das Auskommen für die vier ersten Universitätsjahre zu sichern.

Ich war übrigens nicht der erste in unserer Familie, der auf der Universität Edelsteine aufgegessen und Perlen verschluckt hatte. Der Vater meiner Mutter, wie diese mir einst erzählte, erprobte dasselbe Kunststück. Die Juwelen, welche das Gebetbuch seiner verstorbenen Mutter verzierten, mußten die Kosten seines Aufenthalts auf der Universität bestreiten.

Memoiren (1854)

1819 war in der Geschichte der vormärzlichen Studentenbewegung ein sehr turbulentes Jahr, dessen politische Ereignisse sich unmittelbar auch auf Heines Bonner Studienzeit auswirkten. Der Student Karl Sand hatte – motiviert durch die Ideen der nationalen Freiheitsbewegung – den Schriftsteller Kotzebue als vermeintlichen russischen Spion ermordet und Metternich damit den

Ansichten von Bonn, dem ersten Studienort. Hier lernte Heine studentische Gemeinschaft und Rheinromantik ebenso kennen wie die antisemitischen Ressentiments des deutschen Patriotismus.

Diskussion; Szene aus dem Leben der Burschenschaften.

Anlaß zur sogenannten «Demagogenverfolgung» gegeben. Mit den «Karlsbader Beschlüssen» vom 20. September des Jahres werden die Burschenschaften, damals vom Establishment gefürchteter Hort des Liberalismus und des Umsturzes, verboten, die Universitäten verschärft überwacht.

Heine wird, noch bevor er immatrikuliert ist, in polizeiliche Untersuchungen verwickelt, weil er an einem studentischen Fackelzug zur Erinnerung an die Völkerschlacht von Leipzig teilgenommen hat. Ernst Moritz von Arndt, der frisch bestallte Professor und Freiheitsdichter, erhält 1820 ein Lehrverbot, das zwanzig Jahre dauern wird. Die Burschenschaft «Allgemeinheit», der Heine sich – ein weiterer Versuch, sich zu integrieren – angeschlossen hat, wird in Bonn schon 1820 wieder aufgelöst. Der Grundsatz von «Freiheit und Gleichheit», der auch für die jüdischen Studenten gelten sollte, hält dem Druck des Metternichschen Systems nicht stand und weicht wachsenden antisemitischen Ressentiments. Sie treffen auch Heine, z. B. in der Person Wolfgang Menzels, des späteren Literaturpapstes und Verfolgers der oppositionellen Literatur. Einer antisemitischen Äußerung wegen hat Heine sich wahrscheinlich in Göttingen dann auch duelliert.

Unter den vielen Jünglingen, die sich um mich drängten, gaben sich, ohne daß ich es wünschte, besonders zwei viele Mühe um mich, nämlich der kleine Jude Heinrich Heine, der einen langen dunkelgrünen Rock bis auf die Füße und eine goldene Brille trug, die ihn bei seiner fabelhaften Häßlichkeit und Aufdringlichkeit noch lächerlicher machte, weshalb man ihn unter dem Namen Brillenfuchs vielfach verspottete. Aber er war geistreich und wurde daher von uns Älteren gegen die Spötter geschützt. Der andere war Jarcke, ein protestantischer Ostpreuße, welcher einige Jahre später katholisch geworden ist und als Publizist seine Rolle in Wien gespielt hat... Dieser Jarcke hing sehr an mir und zwar aus andern Gründen, als Heine, dem es bloß darum zu tun war, sich meines Schutzes zu erfreuen, da er so viel verhöhnt wurde. Damals ahnte noch niemand, daß in diesen beiden, die man oft meine Leibfüchse nannte, das destruktive und konservative des Zeitalters auseinandertreten würde.

Wolfgang Menzel in «Denkwürdigkeiten» über seine Bonner Begegnung mit Heine

In Bonn aber beflügeln ihn zunächst die Erlebnisse studentischer Gemeinschaft, Rheinromantik, burschenschaftlicher Patriotismus und Antimonarchismus und animieren seine frühen vaterländischen Lieder und Romanzen. Meist allerdings schwingt in ihnen auch schon die Enttäuschung darüber mit, daß diese Ideen und Gefühle sich der deutschen Wirklichkeit gegenüber schnell als Illusion erweisen.

Die Nacht auf dem Drachenfels

An Fritz v. B.

Um Mitternacht war schon die Burg erstiegen,
Der Holzstoß flammte auf am Fuß der Mauern,
Und wie die Burschen lustig niederkauern,
Erscholl das Lied von Deutschlands heilgen Siegen.

Wir tranken Deutschlands Wohl aus Rheinweinkrügen,
Wir sahn den Burggeist auf dem Turme lauern,
Viel dunkle Ritterschatten ums umschauern,
Viel Nebelfraun bei uns vorüberfliegen.

Und aus den Trümmern steigt ein tiefes Ächzen,
Es klirrt und rasselt, und die Eulen krächzen;
Dazwischen heult des Nordsturms Wutgebrause. –

Sieh nun, mein Freund, so eine Nacht durchwacht ich
Auf hohem Drachenfels, doch leider bracht ich
Den Schnupfen und den Husten mit nach Hause.

Buch der Lieder. Junge Leiden

Wie angenehm verwundert war ich daher Anno 1819, als ich, ein ganz junger Mensch, die Universität Bonn besuchte, und dort die Ehre hatte, den Herrn Dichter A. W. Schlegel, das poetische Genie, von Angesicht zu Angesicht zu sehen. Es war, mit Ausnahme des Napoleon, der erste große Mann den ich damals gesehen, und ich werde nie diesen erhabenen Anblick vergessen.

Die romantische Schule (2. Buch, 1836)

Seinem Brotstudium, der Rechtswissenschaft, schenkt Heine wenig Aufmerksamkeit, in Bonn ebenso wie in Göttingen und Berlin. Das wird sich erst kurz vor dem Examen notgedrungen ändern. In Bonn hört er eine einzige juristische Vorlesung, römisches Recht bei dem renommierten Liberalen Karl Theodor Welcker. Heine interessiert sich mehr für Literatur, Philosophie und Geschichte; in August Wilhelm Schlegel, dem bekannten Frühromantiker, findet er einen vielseitigen Lehrer. Als Literaturkritiker, Kunsttheoretiker und genialer Übersetzer führt er den jungen Heine in die Weltliteratur ein und lehrt ihn anhand seiner eigenen literarischen Versuche Sprachkunst und Metrik. Heine hat Schlegel, obwohl er sich später in der «Romantischen Schule» von ihm distanziert, seine Anerkennung erhalten.

Stippvisite in Göttingen

Zum Wintersemester 1820/21 wechselt Heine – eigenen Wünschen folgend – nach Göttingen; eine Wahl, die er nicht als die glücklichste erlebt. Der Kontrast zwischen der jungen Bonner Universität und der traditionsreichen Georgia Augusta erscheint ihm hart. Diese genoß zwar europäischen Ruf, war aber in verkrusteten Strukturen erstarrt, in Wissenschaft und Lehre ebenso wie im akademischen Leben. Damit hängt es letztlich auch zusammen, daß Heines erster Göttinger Aufenthalt nur zur Stippvisite gerät. Schon Ende Januar 1821 wird er von der Universität relegiert. Die Ursache ist eine Duellforderung. Heine hatte von einem Mitstudenten, wohl einer antisemitischen Beleidigung wegen, nach einem Streit Satisfaktion verlangt. Die Sache wurde aufgedeckt, die Kontrahenten vors Universitätsgericht zitiert. Heine zeigt sich bei der Untersuchung uneinsichtig und willigt erst unter Druck in eine Versöhnung ein. Obwohl es zu dem Duell nicht kommt, wird Heine für ein halbes Jahr der Universität verwiesen. Fast gleichzeitig schließt ihn auch die Göttinger Verbindung «Allgemeinheit» aus, wegen angeblicher «Unkeuschheit», d.h. wohl wegen Bordellbesuchen, was angesichts der damaligen studentischen Lebenspraxis nur ein Vorwand gewesen sein kann. In Wahrheit steht dahinter wohl die zunehmende Tendenz der Burschenschaften nach 1819, sich von ihren jüdischen Mitgliedern zu trennen.

Ich erinnere mich, als ich vor fünf Jahren dort immatrikuliert und bald darauf konsiliiert wurde, hatte sie schon dasselbe graue, altkluge Ansehen, und war schon vollständig eingerichtet mit Schnurren, Pudeln, Dissertationen, Teedansants, Wäscherinnen, Kompendien, Taubenbraten, Guelfenorden, Promotionskutschen, Pfeifenköpfen, Hofräten, Justizräten, Relegationsräten, Profaxen und anderen Faxen. Einige behaupten sogar, die Stadt sei zur Zeit der Völkerwanderung erbaut worden, jeder deutsche Stamm habe damals ein ungebundenes Exemplar seiner Mitglieder darin zurückgelassen, und davon stammten all die Vandalen, Friesen, Schwaben, Teutonen, Sachsen, Thüringer usw., die noch heut zu Tage in Göttingen, hordenweis, und geschieden durch Farben der Mützen und der Pfeifenquäste, über die Weenderstraße einherziehen, auf den blutigen Walstätten der Rasenmühle, des Ritschenkrugs und Bovdens sich ewig unter einander herumschlagen, in Sitten und Gebräuchen noch immer wie zur Zeit der Völkerwanderung dahinleben, und teils durch ihre Duces, welche Haupthähne heißen, teils durch ihr uraltes Gesetzbuch, welches Comment heißt und in den legibus barbarorum eine Stelle verdient, regiert werden.

Im allgemeinen werden die Bewohner Göttingens eingeteilt in Studenten, Professoren, Philister und Vieh; welche vier Stände doch nichts weniger als streng geschieden sind. Der Viehstand ist der bedeutendste. Die Namen aller Studenten und aller ordentlichen und unordentlichen Professoren hier herzuzählen, wäre zu weitläufig; auch sind mir in diesem Augenblick nicht alle Studentennamen im Gedächtnisse, und unter den Professoren sind manche, die noch gar keinen Namen haben.

Die Zahl der Göttinger Philister muß sehr groß sein, wie Sand, oder besser gesagt, wie Kot am Meer; wahrlich, wenn ich sie des Morgens, mit ihren schmutzigen Gesichtern und weißen Rechnungen, vor den Pforten des akademischen Gerichtes aufgepflanzt sah, so mochte ich kaum begreifen, wie Gott nur so viel Lumpenpack erschaffen konnte.

Reisebilder, Erster Teil, Die Harzreise

Damit ist Heines Versuch, sich in der nationalen Jugendbewegung eine gleichberechtigte Zugehörigkeit zu erkämpfen, gescheitert; gescheitert ebenso wie der Versuch, sich auf dem Umweg über Amalie einen Platz in der Hamburger Oberschicht zu sichern. Einen dritten Versuch, den der Integration ins literarische Leben, wird Heine an seinem nächsten Studienort unternehmen, in Berlin.

Die Universität in Göttingen mit Bibliothek und Karzer – Schauplatz von Heines mißglücktem Universitätswechsel von 1820/21.

Auf der Mensur; einer Duellforderung wegen wurde Heine 1821 von der Göttinger Universität verwiesen.

Vor dem Göttinger Universitätsgericht 4.–8. Dez. 1820

Da zur Anzeige gekommen, daß die Studirenden Heine und Wiebel sich veruneinigt gehabt, u[nd] Ersterer die Absicht habe, Letztern auf Pistolen zu fordern, so sind Beyde vorgeladen worden. Zuerst erschien u[nd] gab auf Befragen zu vernehmen:

Studiosus Heine.

Er heiße Heinrich Heine u[nd] sey aus Düsseldorf. Er esse des Mittags in Michaelis Hause mit mehreren andern Studenten. Da sey nun einmal ein Streit darüber gewesen, ob eine Verbindung von Studenten die andere in Verruf erklären dürfe. Er sey dagegen gewesen, u[nd] habe gesagt, sonst enstehe Schweinerey, wie man in Heidelberg gesehen habe. Er habe damit sagen wollen, daraus entstehe ein unwürdiges Betragen, namentlich der s[o]g[enannte] Holzkomment. Nun sey Wiebel aufgetreten u[nd] habe gesagt: Das ist Schweinerey, was Sie da sagen. Comparent habe erwiedert, es sey gut, u[nd] habe sich nach Wiebels Namen erkundigt, darauf einen unbekannten Studenten zu Wiebel geschickt u[nd] ihn fordern lassen, u[nd] zwar auf Pistolen, weil die Beleidigung nicht die gewöhnliche z. B. ein dummer Junge, gewesen sey. Wiebel habe die Herausforderung angenommen, u[nd] Comparent Münden als den Ort des Duells bestimmt. Das Duell sey aber nicht vollzogen worden, weil es bekannt geworden sey u[nd] sie Beyde Stubenarrest bekommen hätten. [...]

Fortgesetzt d[en] 8t[en] Dec[ember]

[...]

Nach vorgängiger Ladung erschienen

die Studiosi Heine und Wiebel.

Letzterer erklärte, er habe die Beleidigung in Hitze ausgesprochen. Ersterer war damit zufrieden, und Beyde erklärten sich für versöhnt. Beyden wurde bey geschärfter Relegation das Duell mit einander untersagt.

Vorgel[esen] und genehm[igt] u[nd] entl[assen].

Riedel.

Am 23sten Jan. 1821 im U[niversitäts] G[ericht] ist dem stud. Heine die ihm zuerkannte Strafe des cons[ilium] ab[eundi] auf ½ Jahr bekannt gemacht worden. Derselbe entschuldigte sich mit Kränklichkeit, weshalb er jetzt nicht fort könne. Ihm ist aufgegeben, ein ärztliches Zeugniß beyzubringen.

Berlin: Philosophie und literarischer Salon

Tag und Nacht hab ich gedichtet,
Und hab doch nichts ausgerichtet;
Bin in Harmonien geschwommen,
Und bin doch zu nichts gekommen.
Buch der Lieder

Der erzwungene Wechsel des Studienorts erfolgt diesmal auf Familienbeschluß. In Berlin, so hofft man, wird es gelingen, den ungebärdigen und wenig zielstrebigen jungen Mann durch die guten Verbindungen zu den dortigen Juden und die Nähe zum Familiensitz Hamburg besser unter Kontrolle zu halten. Doch auch hier entzieht sich Heine. An der Universität pflegt er weiter seine literarischen und historischen Neigungen. Hegel, auf dem Höhepunkt seines akademischen Ruhms, wird ihm ein Lehrer, dessen idealistische Philosophie Heines Denken für lange Jahre, bis in die französische Zeit hinein, nachhaltig beeinflussen und zum Maßstab für seine Religions- und Philosophiekritik werden wird.

Und Heine taucht ein ins literarische Leben der Hauptstadt. Mit 200 000 Einwohnern ist Berlin die größte deutsche Stadt. Es ist zwar nicht mehr Zentrum des Liberalismus im aufgeklärten Geist eines Lessing und Mendelssohn, sondern eine preußische Stadt am Beginn der Metternichschen Restauration, ein «großes Krähwinkel», wie Heine schreibt. Aber Berlin ist auch eine aufregende europäische Metropole am Beginn der Industrialisierung; eine reiche Stadt, deren Bürger ihren Reichtum in Kultur umsetzen, weil sie damit, vor allem, wenn sie Juden sind, abseits von höfischer Etikette und eiferndem Patriotismus, einen Freiraum schaffen können für Selbstfindung und Selbstdarstellung.

Es ist der große Hegel, der größte Philosoph, den Deutschland seit Leibnitz erzeugt hat. Es ist keine Frage, daß er Kant und Fichte weit überragt. Er ist scharf wie jener und kräftig wie dieser und hat dabei noch einen konstituierenden Seelenfrieden, eine Gedankenharmonie, die wir bei Kant und Fichte nicht finden.
Über Hegel in «Zur Geschichte der Religion und Philosophie in Deutschland» (1835)

Aber ich sehe, Sie hören schon nicht mehr, was ich erzähle, und staunen die Linden an. Ja, das sind die berühmten Linden, wovon Sie soviel gehört haben. Mich durchschauert's, wenn ich denke: Auf dieser Stelle hat vielleicht Lessing gestanden, unter diesen Bäumen war der Lieblingsspaziergang so vieler großer Männer, die in Berlin gelebt; hier ging der große Fritz, hier wandelte – Er! Aber ist die Gegenwart nicht auch herrlich? Es ist just zwölf und die Spaziergangszeit der schönen Welt. Die geputzte Menge treibt sich die Linden auf und ab. Sehen Sie dort den Elegant mit zwölf bunten Westen? Hören Sie die tiefsinnigen Bemerkungen, die er seiner Donna zulispelt? Riechen Sie die köstlichen Pomaden und Essenzen, womit er parfümiert ist? Er fixiert Sie mit der Lorgnette, lächelt und kräuselt sich die Haare. Aber schauen Sie die schönen Damen! Welche Gestalten! Ich werde poetisch!

Berlin, Unter den Linden; Zentrum des gesellschaftlichen Lebens in der preußischen Hauptstadt.

Ja, Freund, hier unter den Linden
Kannst du dein Herz erbaun,
Hier kannst du beisammen finden
Die allerschönsten Fraun.

Sie blühn so hold und minnig
Im farbigen Seidengewand;
Ein Dichter hat sie sinnig
Wandelnde Blumen genannt.

Welch schöne Federhüte!
Welch schöne Türkenschals!
Welch schöne Wangenblüte!
Welch schöner Schwanenhals!

Nein, diese dort ist ein wandelndes Paradies, ein wandelnder Himmel, eine wandelnde Seligkeit. Und diesen Schöps mit dem Schnauzbart sieht sie so zärtlich an! Der Kerl gehört nicht zu den Leuten, die das Pulver erfunden haben, sondern zu denen, die es gebrauchen, d. h. er ist Militär.

Briefe aus Berlin. Erster Brief. (26. Januar 1822)

Sie saßen und tranken am Teetisch,
Und sprachen von Liebe viel.
Die Herren die waren ästhetisch,
Die Damen von zartem Gefühl.

Die Liebe muß sein platonisch,
Der dürre Hofrat sprach.
Die Hofrätin lächelt ironisch,
Und dennoch seufzet sie: Ach!

Der Domherr öffnet den Mund weit:
Die Liebe sei nicht zu roh,
Sie schadet sonst der Gesundheit.
Das Fräulein lispelt: Wie so?

Die Gräfin spricht wehmütig:
Die Liebe ist eine Passion!
Und präsentieret gütig
Die Tasse dem Herren Baron.

Am Tische war noch ein Plätzchen;
Mein Liebchen, da hast du gefehlt.
Du hättest so hübsch, mein Schätzchen,
Von deiner Liebe erzählt.

Buch der Lieder. Lyrisches Intermezzo

Der gesellschaftliche Ort für diesen geistigen Freiraum ist, wie in vornapoleonischer Zeit, der literarische Salon. Initiiert und getragen werden diese privaten Zirkel von Frauen, meist Jüdinnen. Ihnen, die zweifach unterprivilegiert sind durch Herkommen und Geschlecht, bietet der Salon in seiner privaten Öffentlichkeit einen eigenen Wirkungskreis. Die gesellschaftlichen Normen, die Frauen wie sie meist ausschließen, sind hier außer Kraft gesetzt; es gelten andere Spielregeln. Die aufklärerischen Ideale von Gleichheit, Toleranz und Wahrheit in Beziehungen und Gesprächen, die romantische Idee der Universalpoesie leben hier fort – Ersatz auch für die noch immer fehlende politische Öffentlichkeit. Im Salon wird eine idealisierte Situation geschaffen, die der sozialen Realität der Restauration nicht entspricht.

Ein solcher Freiraum, der zudem Treffpunkt der Elite ist, muß auf einen politisch und literarisch interessierten Außenseiter wie den jungen Heine höchst anziehend wirken. Seine literarischen Versuche öffnen ihm bald die Türen. Heine lernt in Berlin alles kennen, was Rang und Namen hat. Er verkehrt bald in den Salons der Elise von Hohenhausen, der Friederike Robert und – vor allem – bei Rahel Varnhagen und trifft dort Friedrich von Gentz, den Vertrauten Metternichs, den Gelehrten Alexander von Humboldt, die Schriftsteller Schleiermacher und Chamisso, die Mendelssohns und Beers und nicht zuletzt berühmte Frauen wie Helmina von Chézy und Bettine von Arnim.

In dem Hause der Dichterin Elise von Hohenhausen war damals der Sammelplatz derselben *[der gemeinsamen Bekannten der Hohenhausens und Heines]* gewesen; jeder Dienstag führte dort die genügsamen Berliner bei einer Tasse Thee zusammen. Viele literarische Notabilitäten waren darunter: Varnhagen, mit den feinen, aristokratischen Mienen; Chamisso, dem das lange, graue Lockenhaar phantastisch um das magere, aber edle Gesicht wallte; Eduard Gans, dessen auffallend schöner Kopf mit dem frischen Kolorit, den stolz gewölbten Brauen über den dunklen Augen, an einen geistigen Antinous erinnerte; Bendavid, der liebenswürdige Philo-

Rahel Varnhagen, geb. Levin (1771–1833).

Karl August Varnhagen von Ense (1785–1858); seiner Vermittlung verdankt Heine seine ersten Buchpublikationen.

Literarischer Salon in einem Berliner Bürgerhaus am Dönhoffplatz.

soph und Schüler von Moses Mendelssohn, übersprudelnd von Witz und köstlich erzählten Anekdoten. Dann damals noch junger Nachwuchs, jetzt lauter Männer in grauen Haaren und hohen Würden: der Maler Wilhelm Hensel, jetzt Professor; Leopold von Ledebur, damals ein studirender Lieutenant, jetzt ein bekannter Historiograph und Direktor der Kunstkammer im Berliner Museum; der Dichter Apollonius v. Maltitz, jetzt russischer Gesandter in Weimar; Graf Georg Blankensee, der ritterliche Sänger und Epigone Byron's, jetzt Mitglied der ersten Kammer, u. s. w. Unter den Frauen nahm Rahel natürlich den ersten Platz ein; neben ihr blühte damals ihre wunderschöne Schwägerin, Friederike Robert, Heine's angebetete Muse; seine herrlichsten, zartesten Liebesgedichte waren ihr zu Füßen gelegt, z. B.: «Fern an den Ufern des Ganges», «Du hast Diamanten und Perlen» u. s. w. Amalie v. Helwig, geb. v. Imhoff, die Übersetzerin der Frithiofs-Sage; Helmina v. Chezy, die fahrende Meistersängerin jener Zeit, gehörten nebst noch vielen geistreichen Frauen aus der höheren Berliner Gesellschaft, z. B. Frau v. Bardeleben, die Freundin Raumer's, Frau v. Waldow, jetzt die Schwiegermutter A. v. Sternberg's, zu diesem Kreise. Heine las dort sein eben erschienenes «lyrisches Intermezzo», seinen «Radcliff» und «Almansor» vor. Er mußte sich manche Ausstellung, manchen Tadel gefallen lassen, namentlich erfuhr er häufig einige Persifflage über seine poetische Sentimentalität, die wenige Jahre später ihm so warme Sympathie in den Herzen der Jugend erweckt hat. Ein Gedicht mit dem Schluß: «Und lautaufweinend stürz' ich mich zu ihren süßen Füßen» fand eine so lachende Opposition, daß er es nicht zum Druck gelangen ließ. Die Meinungen über sein Talent waren noch sehr getheilt, die Wenigsten hatten eine Ahnung von seinem dereinstigen unbestrittenen Dichterruhm.

Friederike v. Hohenhausen nach Mitteilungen ihrer Mutter Elise von Hohenhausen (Begegnungen 1,54f.)

In Weinstuben und Cafés, bei Lutter, Wegner und Stehely lernt Heine den Schauspieler Ludwig Devrient kennen und den genialisch-schwierigen, nicht gesellschaftsfähigen Dramatiker Grabbe. Auch die Freundschaft mit Immermann beginnt in Berlin.

Am intensivsten ist Heines Kontakt zum Kreis um Rahel Varnhagen. Ihr zweiter Salon ist nicht mehr der romantisch-intime der Zeit vor den Befreiungskriegen, den die junge Rahel Levin in der Dachstube ihres Elternhauses unterhielt. Der Salon der verheirateten Frau von Varnhagen ist der Goetheverehrung geweiht. Heines sehr kritisches Goethebild hat sich hier differenziert und ins Positive gewandelt. Im Ehepaar Varnhagen gewinnt Heine treue Freunde, Helfer und Ratgeber. Rahel wird zur ebenso verständnisvollen wie kritischen Leserin seiner frühen Gedichte. Er erwidert ihr Interesse an

Die «Rote Stube» der Konditorei Stehely am Gendarmenmarkt; Café und Lesezimmer, in dem Heine mit Berliner Künstlern zusammentraf.

dem jungen, noch unbekannten Poeten mit einer tiefen, ganz ungebrochenen Verehrung, wie er sie keinem zweiten Menschen entgegengebracht hat. Der Vermittlung Varnhagens, der ihm zur Publikation seines ersten Gedichtbands verhilft, verdankt Heine seinen ersten literarischen Erfolg. Seine «Gedichte» erscheinen 1822 bei Maurer in Berlin, und auch sein zweites Buch, «Tragödien nebst einem lyrischen Intermezzo», publiziert er in dieser Zeit.

[...] Heine wurde uns vor mehreren Jahren zugeführt, wie so Viele, und immer zu Viele; da er fein und absonderlich ist, verstand ich ihn oft, und er mich, wo ihn Andre nicht vernahmen, das gewann ihn mir; und er nahm mich als Patronin. Ich lobte ihn wie Alle, gern; und ließ ihm nichts durch, sah ich's vor dem Druck: doch das geschah kaum; und ich tadelte dann scharf. Mit einemmale bekam ich sein fertiges, eingebundenes Buch von Hamburg, wo er war, die Zueignung an mich drin. Der Schlag war geschehn [...] thun konnte ich nach vollbrachtem Attentat nichts, als ihm schreiben: nun sähe ich es völlig ein, weßhalb man bei Fürstinnen erst die Erlaubnis erbittet, ihnen ein Buch zueignen zu dürfen etc. Wir blieben uns aber hold nach wie vor: und Sie haben mir jetzt durch ihn ein großes Kompliment gemacht. Mir gefällt von ihm besonders das eine Seebild, wo er in den Wolken die alten Götter zu sehen glaubt; wunderschön.

Rahel Varnhagen v. Ense an Friedrich von Gentz, 9. Oktober 1830

Nun, da sein Name bekannt zu werden beginnt, öffnen sich ihm auch Zeitungen und literarische Zeitschriften. Neben Gedichten und Rezensionen erscheinen dort die ersten seiner «Reisebilder», «Briefe aus Berlin» und «Über Polen».

Im Sommer 1822 tritt Heine dem «Verein für Kultur und Wissenschaft der Juden» bei, einer Gesellschaft, die sich die Emanzipation der Juden auf selb-

ständigem Weg, durch Bildung und Stärkung des jüdischen Selbstbewußtseins und nicht durch Assimilation zum Ziel gesetzt hat. Heine folgt der Einladung eines Gründungsmitglieds, Eduard Gans, dessen akademische Karriere schon damals daran zu scheitern droht, daß er Jude ist. Heines Beitritt zum jüdischen Kulturverein ist wohl ein weiterer Versuch, einen gangbaren Weg in die Zukunft zu finden. Seine Mitarbeit – er unterrichtete Französisch, Deutsch und Geschichte – endet mit dem Weggang aus Berlin. Der Verein löst sich im Jahr danach auf. Seiner Arbeit ist mit dem erneuten Ausschluß der Juden von akademischen Lehrämtern der Boden entzogen.

Auch die Berliner Versuche, beruflich und gesellschaftlich Fuß zu fassen, gelingen letztlich nicht. Mittellos und ohne sein Studium vorangebracht zu haben, verläßt Heine im Mai 1823 die Stadt. Unzufrieden und ohne Perspektive treibt er sich in Lüneburg bei den Eltern und bei den Verwandten in Hamburg herum; in Cuxhaven versucht er, seine Migräne durch eine Badekur zu heilen.

Mit dem wenig salonfähigen Dramatiker Christian Dietrich Grabbe verkehrte Heine in Berlin. (Mitte)

Am beruflichen Schicksal des jüdischen Privatdozenten an der Berliner Universität Eduard Gans erlebte Heine drastisch die Folgen der repressiven preußischen Politik nach den Karlsbader Beschlüssen. (rechts)

Alexander v. Humboldt, dem Heine in den Berliner Salons begegnete. (links)

Die «Sonntagsparade in der Hauptstadt» parodiert das neuweltstädtische Treiben im biedermeierlichen Berlin.

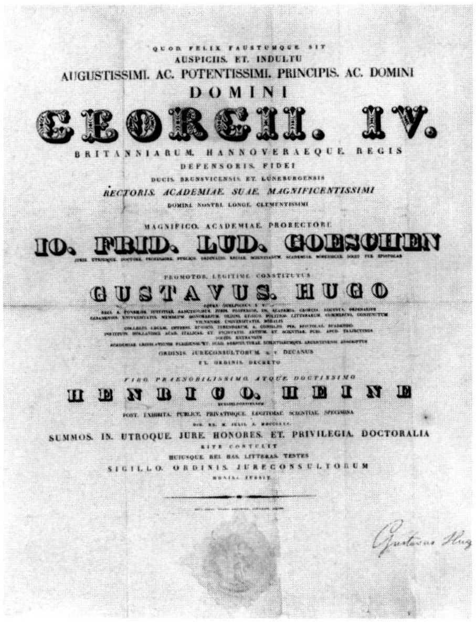
QUOD FELIX FAUSTUMQUE SIT
AUSPICIIS. ET. INDULTU
AUGUSTISSIMI. AC. POTENTISSIMI. PRINCIPIS. AC. DOMINI
DOMINI
GEORGII. IV.
BRITANNIARUM. HANNOVERAEQUE. REGIS
DEFENSORIS. FIDEI
DUCIS. BRUNSVICENSIS. ET. LUNEBURGENSIS
RECTORIS. ACADEMIAE. SUAE. MAGNIFICENTISSIMI
DOMINI. NOSTRI. LONGE. CLEMENTISSIMI
MAGNIFICO. ACADEMIAE. PRORECTORE
IO. FRID. LUD. GOESCHEN
PROMOTOR. LEGITIME. CONSTITUTUS
GUSTAVUS. HUGO
ORDINIS. IURECONSULTORUM. h. t. DECANUS
EX. ORDINIS. DECRETO
VIRO. PRAENOBILISSIMO. ATQUE. DOCTISSIMO
HENRICO. HEINE
POST. EXHIBITA. PUBLICE. PRIVATIMQUE. LEGITIMAE. SCIENTIAE. SPECIMINA
SUMMOS. IN. UTROQUE. IURE. HONORES. ET. PRIVILEGIA. DOCTORALIA
RITE. CONTULIT
HUIUSQUE. REI. HAS. LITTERAS. TESTES
SIGILLO. ORDINIS. IURECONSULTORUM
MUNIRI. IUSSIT.
Gustavus Hugo

Die Promotionsurkunde vom 20. Juli 1825, mit der Heine sein Jurastudium in Göttingen abschloß.

Göttingen: Promotion

Die Aussöhnung mit dem Hamburger Onkel erst ermöglicht es Heine, weiter zu studieren. Salomon findet sich bereit, zwei weitere Jahre zu finanzieren, unter der Bedingung, daß Heine sein Studium abschließt, und zwar in Göttingen, dessen Provinzialität und akademische Strenge ihn – neueste Familienstrategie – vor den literarischen und gesellschaftlichen Ablenkungen der Großstadt Berlin schützen soll.

Und so nimmt Heine im Januar 1824 die «verhaßte Juristerei» wieder auf, verhaßt nicht nur, weil sie ihn nicht interessiert, sondern weil sie – nach den Berliner Erfahrungen – keinen beruflichen Ausweg bietet. Heine büffelt anderthalb Jahre, unterbrochen nur von einer Harzwanderung. Im Juli 1825 schließt er das Jurastudium bei dem ihm gnädig gesinnten Dekan Professor Gustav Hugo ab. Die Leistungen sind recht mäßig, und so hebt Hugo in der Beurteilung des Kandidaten Heine denn auch weniger dessen juristische Fähigkeiten hervor als seine poetischen.

Ich lebe sehr still. Das Corpus Juris ist mein Kopfkissen. Dennoch treibe ich noch manches andre z. B. Chronikenlesen und Biertrinken. Die Bibliothek und der Rathskeller ruiniren mich. Auch die Liebe quält mich. Es ist nicht mehr die frühere, die einseitige Liebe zu einer Einzigen. Ich bin nicht mehr Monotheist in der Liebe, sondern wie ich mich zum Doppelbier hinneige, so neige ich mich auch zu einer Doppelliebe. Ich liebe die Medizäische Venus, die hier auf der Bibliothek steht, und die schöne Köchinn des Hofrath Bauer. Ach! und bei beyden liebe ich unglücklich! Die eine ist von Gyps und die andre ist venerisch.

An Moses Moser (25. Februar 1824)

Ich habe disputirt wie ein Kutschenpferd über die 4te und 5te Thesis, Eid und Confarreatio. Es ging sehr gut, und der Decan (Hugo) machte mir bei dieser feyerlichen Scene die grösten Elogen, indem er seine Bewunderung aussprach daß ein großer Dichter auch ein großer Jurist sey. Wenn mich letztere Worte nicht mißtrauisch gegen dieses Lob gemacht hätten, so würde ich mir nicht wenig drauf einbilden daß man vom Katheder herab, in einer langen lateinischen Rede, mich mit Göthe verglichen und auch geäußert daß nach dem allgemeinen Urtheil meine Verse den göthischen an die Seite zu setzen sind.

An Moses Moser (22. Juli 1825)

In Heine seiner Stube sieht es höchst unordentlich aus; das Bett steht mit auf der Stube, obgleich er eine sehr gute Kammer hat, und Bücher, Journale, alles liegt auf den Tischen herum, bunt durcheinander. Ich sagte ihm, daß ich einen Teniers herbringen würde, es abzumalen.

Heines Göttinger Kommilitone Eduard Wedekind in seinem Tagebuch, 20. Juni 1824.

Die einzige erhaltene Zeichnung von Heines Hand, auf deren Rückseite er später einen Brief schrieb, mit Szenen, Gegenständen und Phantasien aus dem Studentenleben.

Der jährliche Kirchenzug der Göttinger Studenten zur Säkularfeier der Universität am 17. September zeigt, wie traditionsverhaftet und erstarrt das studentische Leben hier war.

Mit der so wenig zielstrebig erscheinenden akademischen Ausbildung schuf Heine sich die Grundlage zu einer außergewöhnlich großen Bildung, deren Universalismus in den breit gestreuten Reflexionen und theoretischen Überlegungen seiner Prosa bis in die französische Zeit hinein nachwirkt. Darüber sollte die leichtfertige, mokante Art, in der er selbst sich über diese Ausbildung äußert und sich als Bummelstudenten, Duellhasen und Schürzenjäger darstellt, nicht hinwegtäuschen. Heine las und arbeitete in seiner Studienzeit zwar nur sporadisch, aber äußerst intensiv. Auch unter seinen Kommilitonen war er ein Außenseiter. Am Ende seines Studiums, als Siebenundzwanzigjähriger, ist er nicht nur zum Doktor beider Rechte promoviert; er hat sich die persönliche Bekanntschaft bedeutender Universitätslehrer und Literaten erworben und kann zwei Buch- und über fünfzig Zeitschriftenveröffentlichungen vorweisen.

Begegnung mit Goethe

Die so denkwürdige wie banale Begegnung mit Goethe am 2. Oktober 1829 provoziert Heine während der Harzwanderung, zu der er Mitte September von Göttingen aus aufbricht. Trotz seiner kritischen Distanz gegenüber der Autorität des literarischen Übervaters seiner Generation ist sich Heine der weltliterarischen Bedeutung Goethes durchaus bewußt. Beides, Verehrung und ironisch-freche Distanz, mischen sich in dem Brief, mit dem der Student Heine am 1. Oktober beim Dichterfürsten um Audienz nachsucht. Diese soll, nachdem der Besucher, «auch ein Poet», auf Goethes Frage nach seinen literarischen Arbeiten in seltener Anmaßung geantwortet haben soll, er arbeite an einem «Faust», ein abruptes Ende genommen haben. Auf Goethe bleibt die Begegnung ohne Eindruck. Bei Heine verstärkt die persönliche Begegnung die Ambivalenz seiner Empfindungen gegenüber Goethes Person und Werk, und doch ist er sich dessen wohl bewußt, was letztlich hinter seiner Goetheantipathie steckt, nämlich: Neid.

So freundlich, wie es diese Zeilen unter dem Bild des Hauses am Frauenplan vorgeben, pflegte Goethe Besucher in der Regel nicht zu empfangen.

«... In vielen Zügen erkannte ich den Göthe, dem das Leben, die Verschönerung und Erhaltung desselben, so wie das eigentlich praktische überhaupt, das Höchste ist. Da fühlte ich erst ganz klar den Contrast dieser Natur mit der meinigen, welcher alles Praktische unerquicklich ist, die das Leben im Grunde geringschätzt und es trotzig hingeben möchte für die Idee. Das ist ja eben der Zwiespalt in mir, daß meine Vernunft in beständigem Kampf steht mit meiner angeborenen Neigung zur Schwärmerey. Jetzt weiß ich es auch ganz genau, warum die göthischen Schriften im Grund meiner Seele mich immer abstießen, so sehr ich sie in poetischer Hinsicht verehrte und so sehr auch meine gewöhnliche Lebensansicht mit der göthischen Denkweise übereinstimmte. Ich liege also in wahrhaftem Kriege mit Göthe und seinen Schriften, so wie meine Lebensansichten in Krieg liegen mit meinen angeborenen Neigungen und geheimen Gemüthsbewegungen. – Doch seyn Sie unbesorgt, guter Christiany, diese Kriege werden sich nie äußerlich zeigen, ich werde immer zum Göthischen Freykorps gehören, und was ich schreibe, wird aus der künstlerischen Besonnenheit und nie aus tollem Enthousiasmus entstehen.

An Rudolph Christiani (26. Mai 1825)

Ew. Exellenz

bitte ich, mir das Glück zu gewähren einige Minuten vor Ihnen zu stehen. Ich will gar nicht beschwerlich fallen, will nur Ihre Hand küssen und wieder fort gehen. Ich heiße H. Heine, bin Rheinländer, verweile seit kurzem in Göttingen, und lebte vorher einige Jahre in Berlin, wo ich mit mehreren Ihrer alten Bekannten und Verehrern (dem *seeligen* Wolf, Varnhagens etc) umging, und Sie täglich mehr lieben lernte. Ich bin auch ein Poet, und war so frey Ihnen vor 3 Jahren meine «Gedichte» und vor anderthalb Jahren meine «Tragödien nebst einem lyrischen Intermezzo» (Ratkliff und Almansor) zuzusenden. Außerdem bin ich auch krank, machte deßhalb vor 3 Wochen eine Gesundheitsreise nach dem Harze, und auf dem Brocken ergriff mich das Verlangen zur Verehrung Göthes nach Weimar zu pilgern. Im wahren Sinne des Wortes bin ich nun hergepilgert, nemlich zu Fuße und in verwitterten Kleidern, und erwarte die Gewährung meiner Bitte, und verharre

mit Begeisterung und Ergebenheit
H. Heine

An Goethe (1. Oktober 1824)

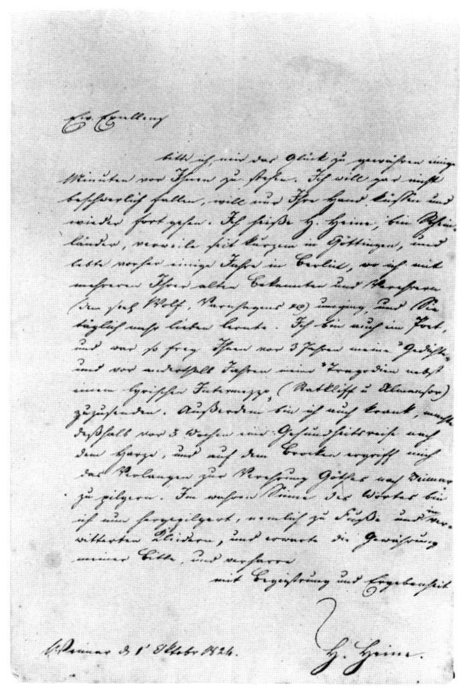
Ew. Exellenz

Weimar d. 1' Octbr 1824.

H. Heine

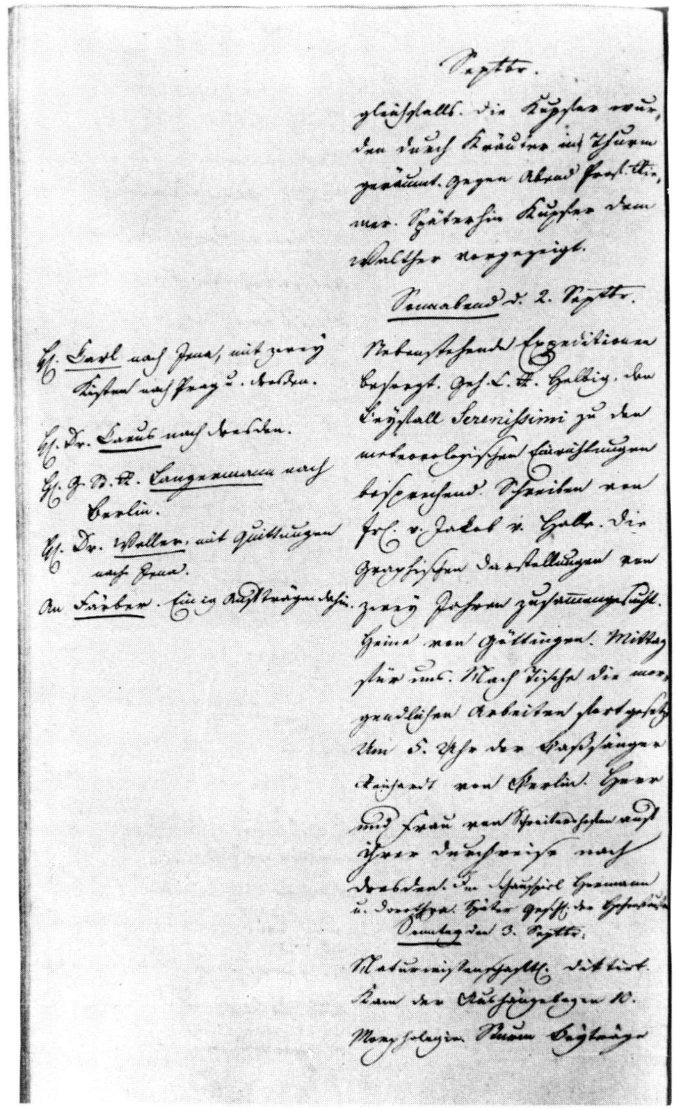

In seinem Tagebuch erwähnt Goethe Heines Besuch mit nicht mehr als der Drei-Worte-Notiz «... Heine von Göttingen ...» – fälschlich unter dem Datum 2. September.

Als er die hernach von ihm beschriebene Harzreise im Sommer 1824 machte, besuchte er auch Goethe in Weimar und ließ hernach bei der Rückkehr nach Göttingen den ihn einholenden Kommilitonen gegenüber ganz unverhohlen seinem Verdruß darüber freien Lauf, daß Se. Excellenz ihn eigentlich nur ungebührlich kalt empfangen habe.

Ludwig Spitta nach Briefen von Adolf Peters an Philipp Spitta, 1824

Konversion

Der Taufzettel ist das Entreebillet zur europäischen Kultur.
Aphorismen und Fragmente

Am Ende seines Studiums, unmittelbar vor seiner Promotion, tritt Heine zum protestantischen Glauben über. Am 28. Juni 1825 läßt er sich in Heiligenstadt, in der Nähe von Göttingen, taufen. Daß Heine seine Taufe geheimhält, zeigt, daß sie ihm ein wichtiger und zugleich auch problematischer, wenn nicht verbotener Akt war – keinesfalls jedoch ein gleichgültiger, wie Heine selbst glauben machen will. Heine wollte vermeiden, daß mit dem Bekanntwerden seiner Konversion auch seine jüdische Abstammung publik würde, die er von Kindesbeinen an zu verbergen bemüht war, wenn auch – die Erfahrungen der Studienzeit zeigen es – meist vergeblich. Andererseits aber fürchtete er, des Übertritts zum Christentum wegen die Unterstützung des Hamburger Onkels zu verlieren. Beides spricht dafür, daß Heine nicht aus religiöser Überzeugung gehandelt hat, sondern aus dem Wunsch nach Assimilation, der auch viele Handlungen seiner Jugend- und Ausbildungszeit bestimmt. Dazu paßt auch der Zeitpunkt der Konversion an einem entscheidenden Wendepunkt seines Lebens, als mit dem Abschluß des Studiums die Frage der Berufswahl drängend wird.

Die Entscheidung, sich taufen zu lassen, lag nahe für einen deutschen Juden, zumal aus nicht orthodoxem Elternhaus. Um 1800, zur Zeit von Heines Geburt, lebten in Deutschland rund 300 000 Juden, nicht viel mehr als ein Prozent der Gesamtbevölkerung. Gesetzliche Einschränkungen und Belastungen zwangen sie seit Jahrhunderten zu einem Leben als Parias am Rande der Gesellschaft; meist auf dem Lande, in den Städten oft in Ghettos separiert. Sie hatten kein Staatsbürgerrecht und damit auch keinen Zugang zu öffentlichen Ämtern. Sie hatten kein Recht auf Grundbesitz und konnten sich deshalb auch nicht als Bauern auf dem Land verwurzeln. Sie waren vom geschützten Handel und zünftigen Handwerk ausgeschlossen und ebenso von geistigen Berufen. Auch der Aufstieg in freien Wirtschaftsberufen war ihnen durch Sonder-

Unterricht in der jüdischen Kleinkinderschule. Eine der Szenen aus dem altjüdischen Familienleben, in denen der Frankfurter Maler Moritz Oppenheim rückblickend die traditionellen Werte des Judentums aus der Zeit vor dem Fall der Ghettomauern darstellte.

Einem Abtrünnigen

O des heilgen Jugendmutes!
O, wie schnell bist du gebändigt!
Und du hast dich, kühlern Blutes,
Mit den lieben Herrn verständigt.

Und du bist zu Kreuz gekrochen,
Zu dem Kreuz, das du verachtest,
Das du noch vor wenig Wochen
In den Staub zu treten dachtest!

O, das tut das viele Lesen
Jener Schlegel, Haller, Burke –
Gestern noch ein Held gewesen,
Ist man heute schon ein Schurke.

Aus dem Nachlaß

steuern erschwert. Ihr Erfolg in Geldgeschäften wiederum, die ihnen fast ausschließlich offenstanden, degradierte sie sozial zusätzlich, weil Kreditgeschäfte bei den Christen verpönt waren.

Nur rund 10 Prozent der deutschen Juden lebten in bürgerlichen Verhältnissen, die restlichen 90 Prozent gehörten den unteren und untersten Schichten an. Betteljuden und Geldbourgeoisie bildeten die Extreme der sozialen Stufenleiter; der Mittelstand, dem Heine entstammt, war nur wenig ausgeprägt.

Diese äußeren, aber auch die internen Verhältnisse, die Dominanz des orthodoxen Judentums, in dem das gesamte Leben religiösen Traditionen und Bestimmungen unterworfen war, zwangen den Juden ein Leben in strenger Isolation auf. Dies bewirkte zwar, daß sie sich ihre religiöse, soziale und kulturelle Identität über Jahrhunderte bewahrten, aber auch, daß sie sich in Deutschland nicht integrieren konnten. Eine orthodoxe jüdische Schulbildung z. B. war streng religiösen Zielen untergeordnet. Sie enthielt deshalb auch keine naturwissenschaftliche Ausbildung, und sie hielt konsequent am Hebräischen fest. Nur wenige Juden aus den Generationen vor Heine lernten die hochdeutsche Schriftsprache. Die zitierten Briefe – etwa die von Heines Mutter und noch seiner Schwester Charlotte, aber auch die des erfolgreichen Hamburger Bankiers Salomon Heine – bezeugen es. Nicht mangelhafte individuelle Ausbildung ist die Ursache solch unbeholfenen deutschen Sprachgebrauchs, sondern die fehlende Heimat in der Sprache. Die Französische Revolution endlich brachte den Juden die staatsbürgerliche Gleichberechtigung. In Deutschland war sie mit der Herrschaft Napoleons gerade in den französisch regierten Gebieten, in denen Heine aufwuchs, unmittelbar wirksam geworden und hatte in der Folge auch das wichtigste Emanzipationsgesetz der Zeit, das preußische Judenedikt von 1812, inspiriert. Es dürfte auch für Heine – einem aus der schnell wachsenden Gruppe gebildeter Juden – eine herbe Enttäuschung gewesen sein, als 1822 Juden in Preußen von akademischen Lehrämtern wieder ausgeschlossen wurden und die entsprechenden beruflichen Perspektiven sich erneut verschlossen.

Bezeichnend für die Ambivalenz des jungen Heine in diesem religiös-gesellschaftlichen Dilemma ist seine Haltung in der Affäre um den jüdischen Rechtswissenschaftler Eduard Gans. Dieser bekam – nach heftig geführten Auseinandersetzungen – seine Professur erst, nachdem er sich Ende 1825 hatte taufen lassen. Heine hat diese Assimilationsgeste um der bürgerlichen Karriere willen später aufs Schärfste als «die unverzeihlichste Felonie» gegeißelt. Das Gedicht «Einem Abtrünnigen» ist Zeugnis dieses Konflikts. Heine hat dabei allerdings verschwiegen, daß er sich selbst bereits ein halbes Jahr vorher zum gleichen Schritt entschlossen hatte.

Ein Israelit aus Düsseldorf gebürtig Namens Harry Heine, eines vormals handeltreibenden, jetzt in Lüneburg privatisierenden Juden Sohn hat sich zur Taufe bei mir gemeldet. Er studiert in Göttingen die Jura und will nicht dort, wo man ihn kenne, sondern hier, wo er fremd sei, die Taufe empfangen, und zwar in aller Stille, damit seine Abstammung von jüdischen Eltern, die er schon als Knabe in den christlichen Schulen, welche er besucht, verheimlicht habe, nicht bekannt, und er, der immer für einen Christen sich ausgegeben und bisher dafür gegolten hat, nicht erst nach seinem Scheiden aus der jüdischen Gemeinde ein Jude genannt und mit dem Namen eines getauften Juden bezeichnet werde. Dringend bat er mich, sein Bekenntnis geheim zu halten, und führte als zweiten Grund an, daß er die bedeutende Unterstützung eines seiner israelitischen Verwandten verlieren würde, wenn es zur Kenntnis desselben gelangte, daß er dem Glauben seiner Väter entsagt habe.

Gottlob Christian Grimm, Bericht an die Erfurter Regierung, 28. Mai 1825

Freilich, ich gestehe es aufrichtig, als ich mich in Preußen und zumal in Berlin befand, hätte ich, wie manche meiner Freunde, mich gern von jedem kirchlichen Bande bestimmt losgesagt, wenn nicht die dortigen Behörden jedem, der sich zu keiner von den staatlich privilegierten positiven Religionen bekannte, den Aufenthalt in Preußen und zumal in Berlin verweigerten. Wie Henri IV. einst lachend sagte: Paris vaut bien une messe, so konnte ich mit Fug sagen: Berlin vaut bien un prêche, und ich konnte mir, nach wie vor, das sehr aufgeklärte und von jedem Aberglauben filtrierte Christentum gefallen lassen, das man damals sogar ohne Gottheit Christi, wie Schildkrötensuppe ohne Schildkröte, in den Berliner Kirchen haben konnte. Zu jener Zeit war ich selbst noch ein Gott, und keine der positiven Religionen hatte mehr Wert für mich als die andere; ich konnte aus Courtoisie ihre Uniformen tragen, wie z. B. der russische Kaiser sich in einen preußischen Gardeoffizier verkleidet, wenn er dem König von Preußen die Ehre erzeigt, einer Revue in Potsdam beizuwohnen.

Geständnisse (1854)

«An den Wassern von Babylon saßen wir und weineten, wenn wir an Zion gedachten.» Eduard von Bendemanns Bild der trauernden Juden im Exil, das 1832 in Berlin ausgestellt war, begründete seinen Ruhm als Historienmaler. Der Kronprinz von Preußen bestellte eine Kopie, und als Lithographie war es weit verbreitet.

Daß der junge Heine sich seiner Sonderstellung als Jude innerhalb der christlichen Gesellschaft seit Kindertagen bewußt ist, bezeugt die eingangs zitierte nachträgliche Deutung des eigenen Namens aufs Eindringlichste. Sie enthält die Quintessenz einschlägiger Vorerfahrungen. Diese dürften mit den Hänseleien der Schulkameraden begonnen haben und setzten sich fort in der Studentenzeit. Die Duellaffäre, in die Heine in Bonn wegen einer antisemitischen Beleidigung verwickelt war, traf zeitlich wohl nicht zufällig mit den Ausschreitungen der sogenannten «Hep-Hep-Bewegung» im Sommer und Herbst 1820 zusammen. Auch der Konflikt, in den Heine an der Göttinger Universität geriet, hatte seine Ursache wahrscheinlich im latenten Antisemitismus der deutschtümelnden Burschenschaft. Denn der Grund, den die Studentenverbindung «Allgemeinheit» für Heines Ausschluß angab, war ihr

Der junge Heine, etwa 1825.

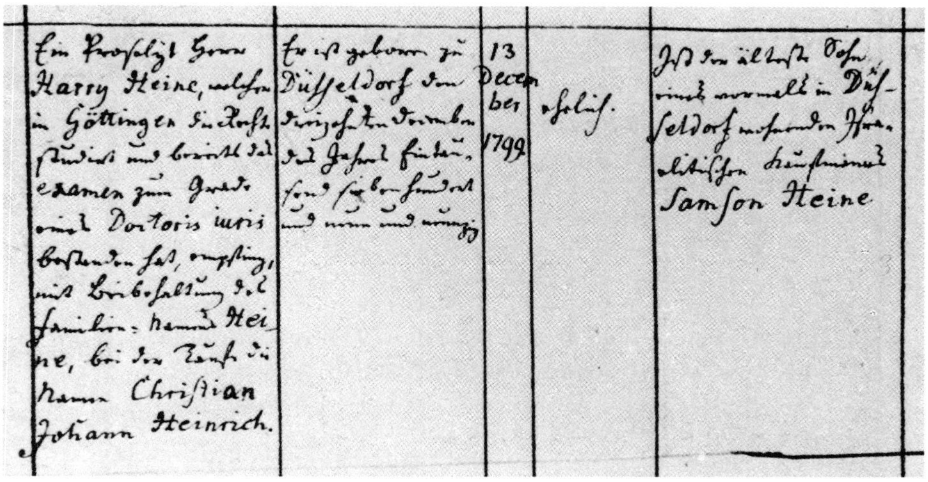
Harry Heine
in Göttingen
examen
Doctoris iuris
Christian
Johann Heinrich.
Düsseldorf
13
December
1799
Samson Heine

Auszug aus dem Heiligenstädter Taufregister mit dem Eintrag von Heines Taufe am 28. Juni 1825.

«christlich-teutscher Charakter», dem – so darf man folgern – der Jude nicht entsprach. Daß diese Außenseiterrolle in ihm, wie bei vielen seiner Leidensgenossen, nicht nur Solidarität auslöst, sondern auch Wünsche nach Anpassung, liegt nahe. In dieser Situation dürfte die Frage religiöser Überzeugung, bedenkt man die Indifferenz seiner Erziehung, relativ unwichtig gewesen sein. Heine dachte damals weniger religiös als emanzipatorisch. Seine Sympathie galt dem konservativen Rabbinertum mehr als der jüdischen Reformbewegung, der er kritisch-distanziert gegenüberstand. Heine trat ein für die rechtliche und bürgerliche Gleichstellung der Juden. Sein «großer Judenschmerz» bezieht sich vor allem auf die politische Verfolgung der jüdischen Minderheit. Mit der Taufe bekennt er sich zu einer Lebensform zwischen den Religionen, die er seit seiner Jugend praktiziert hat. Er zieht – nach einem Wort Achim v. Arnims – das Christentum an wie eine «Livree», um damit auch äußerlich zu dokumentieren, daß er zur deutschen Gesellschaft seiner Zeit gehört, entschlossen, deren Möglichkeiten für sich zu nutzen. Bald schon muß Heine allerdings erfahren, daß die Taufe ein unzulängliches Mittel zur Integration ist; daß auch sie den gesellschaftlichen Makel, Jude zu sein, nicht von ihm nehmen kann. Schon im Januar 1826 schreibt er an seinen jüdischen Freund Moses Moser: «Ich bin jetzt bei Christ und Jude verhaßt. Ich bereue sehr, daß ich mich getauft hab.»

Heines Taufzeugnis

Nachdem der zu Düsseldorf den 13. December 1799 geborene, in Göttingen die Rechte studirende Herr Heinrich Heine am heutigen Tage in Gegenwart des Herrn Superintendenten Dr. Bonitz aus Langensalza über die Hauptlehren des Christenthums geprüft worden ist und aus der Prüfung sich ergeben hat, daß er die Wahrheiten des Christenthums richtig erfaßt habe und mit denselben vertraut sei, er auch sehr vortheilhafte Zeugnisse über sein sittliches Verhalten beigebracht hatte, so ist derselbe heute, als am 28. Juni 1825, in Gegenwart des Herrn Dr. Bonitz als Zeugen, von mir getauft worden, und hat mit Beibehaltung des Familiennamens Heine in der Taufe die Namen

Christian Johann Heinrich

empfangen.

Solches wird hierdurch pflichtmäßig bescheinigt und durch meine, des Pfarrers, der die Taufe verrichtet hat, Unterschrift, unter Beidrückung des öffentlichen Siegels, beglaubigt. Heiligenstadt, den 28. Juni 1825.

M. Grimm
Pfarrer der evangelischen Gemeine und Superintendent.

Die Synagoge in Hamburg zu Heines Zeit.

«Neun u[nd] neunzig Hunderttheile der Leser sind Reschoim *[Judenhasser];* deßhalb haben u[nd] werden sie stets Richess *[Judenhaß]* goutiren wenn er nur ein wenig geschickt administrirt wird. – Was ist zu thun? Keine Pommade de Lion, keine Griffe d'ours ja nicht einmal das Bad der Taufe kann das Stückchen Vorhaut wieder wachsen machen, daß man uns am 8th Tage unseres Lebens raubte: u[nd] wer nicht am 9ten Tage an der Operation verblutet, der blutet sie das ganze Leben lang nach, bis nach dem Tode noch.»

Giacomo Meyerbeer an Heine (1840)

Dr. jur. H. Heine, freier Schriftsteller

Eh' er singt und eh' er aufhört,
Muß der Dichter leben.
An Campe. 1835, nach Goethe,
West-östlicher Divan

Schriftstellerei als Brotberuf

«Aber ich habe nun mal im Schreiben mehr Glück als in der Altonaer Lotterie», so kommentiert Heine mit dem üblichen Understatement seine Orientierung hin auf eine Existenz als freier Schriftsteller. Nimmt man die «Altonaer Lotterie» als Bild für das Vabanque-Spiel gesellschaftlicher und beruflicher Etablierungsversuche, das Heine zu diesem Zeitpunkt hinter sich hat, so liegt in diesem Ausspruch die Quintessenz seiner bisherigen Erfahrung. Es ist ihm nichts geglückt – außer der Schriftstellerei.

Die Versuche, sich als Jurist niederzulassen, sind gescheitert. Die Hoffnungen auf eine Professur haben sich zerschlagen. Die Redakteurstätigkeit für Cotta, von Heine sicher als Einstieg in eine feste Verbindung zum angesehensten deutschsprachigen Verlag betrieben, hat ihn diesem Ziel kaum nähergebracht. Er ist ohne feste Einkünfte, ohne festen Wohnsitz und führt eine unstete Existenz zwischen den Aufenthalten bei den Eltern in Lüneburg, beim Onkel in Hamburg, bei Abstechern nach München und Berlin und seinen Reisen nach Norderney und Helgoland, London und Italien.

Schriftsteller zu sein, das bedeutet nach den Vorstellungen der Familie Heine, gesellschaftlich in Acht und Bann zu geraten. Und es bedeutet, was schwerer wiegt, die Abkehr vom Lebensentwurf der Mutter. Gerade darin aber liegt die Möglichkeit zur Emanzipation, die als umfassende Idee Leitbegriff für Heines Werk werden wird. Mit dem Entschluß, als freier Schriftsteller zu leben, macht Heine sich emotional und teils auch finanziell von der Familie unabhängig. Denn das Schreiben ist die einzige Tätigkeit, mit der er sich zum Gelderwerb zumindest bedingt als tauglich erwiesen hat. Darüber hinaus befreit ihn dieser Entschluß mehr vom Makel des Judentums als die Taufe.

Die Schriftstellerei als Brotberuf nämlich steht jedermann offen. Sie zieht deshalb mit den vielen Jungakademikern und Intellektuellen ohne Amt und berufliche Zukunft, die nicht mehr wie Generationen vor ihnen in Pfarrpfründen und Hofmeisterstellen unterkriechen können und wollen, auch viele Juden an. Die Schriftstellerei ist ihnen als Beruf nicht verschlossen; hier zählen weniger Herkunft und Religion als vielmehr eines: der Erfolg.

Erstmals, seit in Deutschland Autoren als freie Schriftsteller leben, bietet der Buchmarkt die Chance, diesen Erfolg in bare Münze umzuwandeln, auf dem Ertrag literarischer Arbeit eine materielle Existenz zu begründen. In den Jahren 1825/26, als sich Heine der Schriftstellerei als Beruf mehr und mehr zuwendet, hat sich der Buchmarkt soeben von den gravierenden wirtschaft-

Moderne Charaktere und Zustände, Frauen-Emanzipation, Zeitgeist, Weltschmerz und moderne Zerrissenheit karikiert Friedrich Engels in Briefen an seine Schulfreunde Friedrich und Wilhelm Graeber 1839/40.

Das Lesekabinett, hier in einem Gemälde von J. P. Hasenclever, wurde zum Ort der Begegnung für das politisch weitgehend unmündig gehaltene Bürgertum des Vormärz.

lichen Folgen der napoleonischen Kriege erholt. Er beginnt zu expandieren und sich zugleich strukturell zu verändern. Technische Neuerungen wie Senefelders Erfindung der Stereotypie und die Einführung der Schnellpresse durch Friedrich König ermöglichen erstmals die massenhafte Herstellung von Druckwerken. Zwischen 1821 und 1843, also noch vor dem eigentlichen Beginn der industriellen Revolution in Deutschland, hat sich die Zahl der jährlichen Neuerscheinungen verdreifacht auf die – aus heutiger Sicht bescheiden anmutende – Zahl von 14 000 Titeln. Ebenso sprunghaft steigt die Zahl der Buchhandlungen und Verlage an auf die – aus heutiger Sicht ebenso bescheidene – Zahl von 1400 im ganzen deutschen Bundesgebiet. Bücher, Zeitungen und Zeitschriften sind nun der ganzen deutschen Kulturnation verfügbar, von Bern bis Reval, von Aachen bis nach Böhmen und Ungarn.

Man hat begonnen, die miserablen Verkehrswege auszubauen; der Zollverein erleichtert den Warenverkehr zwischen den noch immer durch Grenzen und Schlagbäume voneinander getrennten 36 deutschen Kleinstaaten. Der Buchhandel sucht seine Kunden auf neuen, unorthodoxen Vertriebswegen zu erreichen; durch Bücherhausierer und Abonnements, in Lesegesellschaften, Leihbibliotheken und Lesezirkeln. Und auch die Leserschichten beginnen sich zu verändern. Sie setzen sich nicht mehr, wie jahrhundertelang vorher, nur aus einigen Zehntausend gebildeter Bürger und Adliger, Geistlicher und Wissenschaftler fast ausschließlich männlichen Geschlechts zusammen; sie erweitern sich nun auf die unteren Mittelschichten – und um die bürgerlichen Frauen. Gelesen wird mehr denn je zur Unterhaltung – Romane liegen ganz vorn in der Publikumsgunst –, aber auch zur Erweiterung realen Wissens.

Trotz dieser Zeichen von Expansion umfaßt die Kulturnation noch immer nicht mehr als rund 100 000 potentielle Leser; das Wort vom «Volk ohne Buch» hat also durchaus seine Berechtigung. Noch liegt der Prozentsatz derer, die nicht oder nur mühselig schreiben und lesen können, bei 60 Prozent, die allgemeine Schulpflicht zeitigt wenig Wirkung, und die Bücherpreise sind – obwohl gegenüber der Zeit vor 1800 beträchtlich gesunken – für einen breiteren Leserkreis noch immer unerschwinglich. Das bekommt gerade ein so anspruchsvoller Schriftsteller wie Heine zu spüren. Entgegen seinen eigenen und seines Verlegers Wunschvorstellungen vom Volksschriftsteller mit Massenauflagen bleibt Heines Publikum lange Zeit hauptsächlich auf Intellektuelle und Studenten, beide mit wenig Kaufkraft, beschränkt. «Ihr Buch», jammert der Verleger Campe über das später so erfolgreiche «Buch der Lieder», «geht nach den Universitäten, an junge Männer und derg. – die kein Geld haben.»

Dennoch eröffnet der Buchmarkt den jungen Schriftstellern nie dagewesene Chancen beim neuen, wenn auch unbekannten Leser. Der Schriftsteller, der nicht mehr durch einen bürgerlichen Beruf oder fürstliches Mäzenatentum gesichert schreibt, sondern für den freien Markt, ist auf die Gunst des zahlenden Publikums angewiesen. Daraus entstehen neue Abhängigkeiten und Konkurrenzen, zwischen Autoren und Verlegern, aber auch unter den Schriftstellerkollegen. Diese Interessenkonflikte werden verschärft durch die rigiden Eingriffe des Metternichschen Restaurationsstaates in den Buchmarkt, die Zensur.

Heine, der deutsche Berufsschriftsteller par excellence, hat die Widersprüche zwischen literarischer Freiheit, den Mechanismen des Markts und der staatlichen Zensur erfahren wie kaum ein anderer. Er sieht sich über Jahrzehnte hin gezwungen, einen Dreifrontenkampf gegen Staat, Kommerz und literarische Konkurrenz zu führen, will er seine Marktstellung sichern, ohne deshalb Abstriche an seine literarischen Ideale zu machen. Diesen Kampf hat er – zieht man die Quintessenz seines literarischen Lebens – letztlich gewonnen.

Von seinen literarischen Einkünften hätte Heine durchaus leben können. Er hätte dann allerdings bescheidener leben müssen, als er es tat. Sein aufwendiger Lebensstil, nicht die Kargheit seiner Honorare hält ihn zeitlebens abhängig von der Unterstützung anderer. Heines Honorare bewegen sich – mit steigendem Ruhm – durchaus auf dem Niveau der angesehensten Autoren seiner Zeit, sofern man sie nicht an den dichterfürstlichen Ansprüchen des alten Goethe messen will.

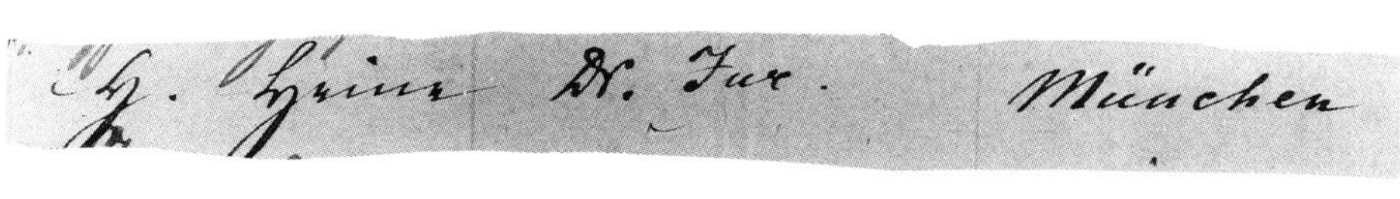

Eintrag Heines in ein Gästebuch auf seiner Italienreise.

Eine literarische Ehe.
Heine und sein Verleger Julius Campe

«Ich stand in meinem Laden und verkaufte, da trat ein junger Mann herein und forderte Heines Tragödien. Ich reichte ihm ein sauber gebundenes Exemplar. ‹Ach, das ist mir lieb, daß das Buch gebunden ist.› Während er das Exemplar besah, ging ich nach der Seite, wo die Dichter aufgestellt waren, brachte ihm die Gedichte desselben Verfassers. ‹Lieber Herr›, fiel er mir hastig in das empfehlende Wort, ‹die mag ich nicht – ich verachte sie!› – ‹Wie›, sagte ich, ‹Sie verachten sie? Dann haben Sie es mit mir zu thun!› – ‹Lieber Herr, ich kenne sie besser als Sie, denn ich habe sie geschrieben.› – ‹Nun, mein Herr Doctor, wenn Sie wieder ein Mal so etwas Werthloses produciren und Sie haben gerade keinen bessern Verleger, so bringen Sie sie mir, und ich werde mir eine Ehre daraus machen, meine Firma darauf zu setzen.› – ‹Scherzen Sie nicht mit mir, ich könnte Sie auf die Probe stellen.› – ‹Sie würden dann erfahren, daß ich probehaltig bin.› – Am andern Tage kam Heine, bezog sich auf jenes Gespräch und sagte: ‹Sie waren gestern so freundlich, sich zu meinem Verleger anzubieten, in der That habe ich etwas druckfertig; haben Sie nicht gescherzt, so bin ich bereit, Ihnen mein Werk zu übergeben. Es sind Reisebilder, Harzreise, 77 Gedichte.› – ‹Es ist gut: Sie geben mir ein Buch, auf dessen Titel Ihr Name steht und das 25 Bogen füllt. Wieviel Honorar nehmen Sie in Anspruch?› – ‹30 Louisdor.› – ‹Gut! Es wäre Ihnen genehm, wenn ich Ihnen die Zahlung leistete?› – ‹Oh, das wäre mir sehr genehm›! – Seit diesem Tage war Heine jeden Tag in meinem Laden, und wir wurden intime Freunde.»

Ob die Bekanntschaft zwischen Heine und seinem Verleger sich tatsächlich in einer Szene wie dieser anspann oder ob sie nicht – prosaischer – Anfang 1826 von Hamburger Freunden Heines vermittelt wurde, muß dahingestellt bleiben. Doch – sollte die Szene auch nicht wahr sein – so ist sie gut erfunden.

Da ist der junge Buchhändler Campe, wie ihn seine Autoren immer wieder schildern: unermüdlich tätig in seinem Laden, sein Geschäft auf aktuellem Stand, bemüht, seine Kunden mit literarischen Novitäten bekannt zu machen, bemüht auch, ihnen mehr zu verkaufen, als sie verlangen. Als Kunde der junge Schriftsteller Heine, nach Abschluß seines Studiums auf Familienbesuch in Hamburg, im Begriff zu erkunden, ob er seine in Berlin erschienenen literarischen Erstlinge hier vorrätig finden wird. In Campe trifft er auf einen Buchhändler, der wach und für literarisch Aktuelles empfänglich ist, der den Markt und das literarische Leben kennt und ihn als Autor schätzt.

Der Bücherverleiher und Antiquar Reichel aus Weimar, um 1820.

Die Konstellation ist günstig. Autor und Verleger sind etwa gleichaltrig; beide stehen beruflich am Anfang; der Schriftsteller sucht einen Verleger, der Verleger Autoren zum Aufbau seines Verlags. Beide sind an einer dauerhaften Bindung interessiert. Für Heine wird sie, in den Jahren des französischen Exils, zur beruflichen Notwendigkeit werden. Aus der Begegnung entwikkelte sich eine lebenslange Zusammenarbeit. Sie bringt Campe den Autor ein, der seinem Verlag vor allen anderen sein Gesicht gegeben hat, und Heine die kundige und engagierte Betreuung seines Lebenswerks. Ab 1826, mit dem ersten Band der «Reisebilder», erscheint Heines literarisches Werk, von wenigen marginalen Schriften abgesehen, bei Hoffmann und Campe.

Julius Campe hatte Buchhandlung und Verlag erst 1823 von einem älteren Halbbruder gekauft. Er entstammte der weitverzweigten Verlegerdynastie der Campes, war jedoch nach harter Kindheit als mittelloser Autodidakt ganz auf sich selbst gestellt gewesen. Dies prägte sein Selbstverständnis als Selfmademan, der auf nichts als die eigene Kraft vertraute. Campes Bewußtsein ist

Die Buchhandlung Hoffmann und Campe in Hamburg, Neue Burg 22; im Vordergrund Julius Campe mit seinem Pudel Sarras. Hier soll Heine seinen Verleger kennengelernt haben.

das des sich emanzipierenden liberalen Bürgers, der danach strebt, die erweiterten wirtschaftlichen Möglichkeiten, die sich seinem Stand nach der Neuordnung Deutschlands im Deutschen Bund bieten, für sich zu nutzen und die noch ausstehenden politischen Rechte zu erkämpfen. Sein berufliches Selbstverständnis ist das des Unternehmers, der bereit und fähig ist, Literatur unter den Bedingungen des freien Markts einem breiten Publikum zu vermitteln.

In der jungen Literatur seiner Zeit, der Campes verlegerisches Hauptinteresse gilt, sieht er primär eine Ware, die trotz stark wechselnder Konjunktur und hohem Risiko Profit verspricht; es reizt ihn, gerade diese Literatur zu produzieren und zu verkaufen. Der Widerstand, dem sie begegnet, steigert Campes Engagement und Energie und fordert seinen verlegerischen Ehrgeiz. Zudem solidarisiert er sich weitgehend mit den gesellschaftlichen Anliegen dieser Literatur. Diese Voraussetzungen lassen ihn zum bekanntesten und erfolgreichsten Verleger der jungen, oppositionellen Literatur der Biedermeierzeit avancieren. Bei ihm erscheinen nicht nur die Werke Heines, sondern auch die Börnes, Gutzkows, Dingelstedts, Wienbargs, Hoffmann von Fallerslebens, Glassbrenners, Weerths und Weitlings und anderer politisch mißliebiger Autoren. Campes verlegerischer Erfolg verdankt sich nicht zuletzt der Flexibilität, Findigkeit und Unerschrockenheit, mit der er diese Autoren gegen staatliche Zensur und eine hasenfüßige Buchhändlerschaft auf dem Markt durchzusetzen versteht.

Zu einer Zeit als meine Popularität schon hinlänglich groß war, habe ich für Werke, die mir alle Lebenskräfte, ja das Leben selbst kosteten, von meinem Herren Verleger kaum so viel erhalten als gewöhnliche Faiseurs ohne Talent und Reputation von den deutschen Buchhändlern zu erpressen wissen. Jetzt, wo ich keinen reichen Oheim habe, kein großes Vermögen erwarte, und wegen meiner Krankheit dreimal so viel wie sonst ausgeben muß ist es mir wohl nicht zu verdenken, wenn ich von meinem lieben Freunde Campe auch eine große Summe verlange für Bücher, die im Cenith meiner Popularität geschrieben, den größten und sichersten Ertrag bieten.

An Julius Campe (14. April 1852)

Julius Campe (1792–1867)

«Ich aß und trank mit gutem Appetit
Und dachte in meinem Gemüthe:
Der Campe ist doch ein großer Mann,
Ist aller Verleger Blüthe.

Ein andrer Verleger hätte mich
Vielleicht verhungern lassen.
Der aber gibt mir zu trinken sogar;
Werde ihn niemals verlassen.

«Deutschland, Ein Wintermärchen». Caput XXIII

Das frontal stehende Giebelhaus im Hintergrund, Neue Burg 22, war bis 1832 Sitz von Hoffmann und Campe.

Die Mischung aus Geschäftssinn und Engagement, mit der Campe seine und Heines literarische Geschäfte betreibt, findet bei seinem Autor nur bedingt Anerkennung. Phasen freundschaftlich-intimen Umgangs wechseln mit schweren Krisenzeiten, ganz, wie es einer «literarischen Ehe», als die beide Partner die Beziehung verstehen, realistischerweise entspricht. In dieser Ehe streben beide Partner ständig danach, ihren Machtbereich zu erweitern, und reizen ihre Positionen aus bis zum Äußersten. Man beteuert sich gegenseitig unverbrüchliche Freundschaft und partnerschaftliche Unersetzlichkeit, läßt sich aber nicht daran hindern, von Fall zu Fall erbittert miteinander zu streiten, Trennungsdrohungen, Treulosigkeitsvorwürfe und jahrelanges Schweigen eingeschlossen; zu streiten um Termine und Auflagenhöhen, Buchgestaltung und Marktpräsenz, Zensur und literarische Konkurrenz und immer wieder um die Hauptsache jeder Autor-Verleger-Beziehung: das Honorar. In diesem partnerschaftlichen Rollenspiel agiert Heine meist als Diva, Campe dagegen als der illusionslose Produzent.

Daß diese Kämpfe bis aufs Äußerste ausgefochten werden, liegt nicht nur an der krisenanfälligen Konstellation zwischen Genius und Geldsack, zumal der empfindsame Dichter durchaus auch als harter Geschäftsmann auftritt und der Kaufmann so viel Literatur in sich hat, daß er – wie Heine aus Campes Briefstil folgert – sich «seine Reisebilder hätte selber schreiben» können. Es liegt auch an der Ungunst der äußeren Bedingungen: den Beschränkungen, die die Zensur Autor wie Verleger abverlangt; den Verständigungsschwierigkeiten zwischen Campe in Hamburg und Heine in Paris, der sich in den Jahrzehnten des Exils den deutschen Literaturverhältnissen entfremdet. Und es liegt nicht zuletzt an Heines Krankheit, die sein Leben extrem einengen und viel Geld verschlingen wird. Letztendlich aber wissen beide, was sie aneinander haben, und so hält die Beziehung, wahrhaft eine «literarische Ehe», ein Schriftstellerleben lang.

Wer in Deutschland hat jemals einem jungen Schriftsteller, den er selbst emporarbeitet, so honoriert, als ich Sie? Wer hat jemals, wie die erste Auflage kaum gedruckt, schon die 2te Auflage bezahlt, wie ich Ihr Buch? Wer hat je ein geschenktes Buch bezahlt, wie ich, das Buch der Lieder? Habe ich nicht fast alle Bücher früher bezahlt ehe sie in meinen Händen waren.

Und was diese Honorierung selbst betrifft, so ist diese so, wie man bis dahin kein Beispiel hatte. Bin ich solcher Handlung wegen in Ihren Augen ein Knicker?

Damit nicht zufrieden, finde ich in Ihrem letzten Briefe, daß Sie mir Schuld geben, ich sey Ursache, daß Sie nicht fleißiger waren! – – [...]

Beim Himmel! können Sie es denn nicht aufgeben immer Vorwürfe heranzufahren? [...] Ich bin Kaufmann und muß von Handel leben; aber Krämergeist und Gemeinheiten, wie Ihre jüngsten Briefe mir andichten, sind mir von jeher fremde Dinge gewesen. Nie hat mich der Reiz nach Geld irgend etwas Unwürdiges thun laßen. Glauben Sie mir, lieber Heine, hätte ich solchen Lockungen folgen wollen, ich könnte ein reicher Mann seyn. Weil ich jedoch Kraft genug in mir selbst fühle, so bin ich den mühevolleren Weg gewandelt; aber diesen wahrlich nicht um mich als Gauner hingestelt zu sehen! Ich kann und kann dergleichen nicht ertragen, wie Sie mir zumuthen.

Campe an Heine (7. August 1833)

[...] unsere Mäzenaten haben ganz andere Prinzipien, sie glauben, Autoren und Mispeln gedeihen am besten, wenn sie einige Zeit auf dem Stroh liegen, sie glauben, die Hunde taugten nicht auf der Bilder- und Gedankenjagd, wenn sie zu dick gefüttert werden.

Heine über Campe in «Reisebilder». Dritter Teil, Ideen. Das Buch Le Grand

Julius Campe, der liberale Hamburger Verlagsbuchhändler [...] war ein eigenartiger Kauz. Man kennt ihn aus seiner unerquicklichen Korrespondenz mit Heine, deren Abdruck mancher redliche Leser verwünscht hat. In Leipzig und Hamburg habe ich ihn persönlich kennen gelernt, und ich muß immerhin sagen, daß er ein ziemlich merkwürdiger Mann war. Eine gedrungene Gestalt, ein reinlich norddeutsches Gesicht mit scharfen, lichten Augen. Er sprach sorgfältig und sauber, und was er sprach, war ein eigenes Gemisch von Tarif und Grundsätzen. Der Tarif betraf die Buchkäufer in den verschiedenen deutschen Ländern, welche er wie ein literarischer Geograph klassifizierte, und die Grundsätze beruhten auf hausbacken republikanischem Freisinne, welcher immer an die freie Stadt Hamburg anknüpfte. Er war in den Freiheitskriegen Kriegsmann gewesen, ich glaube Husar, und dies war die Grundlage all seiner historischen Folgerungen. [...]

Manuskripte gingen ihm zu wie einem Theaterdirektor, das heißt viel mehr, als er lesen mochte und konnte. Er besoldete denn auch Hilfsleser und sah nur an, was auserwählt worden war. Seine Haupttätigkeit verwendete er auf die Korrespondenz, welche er in schöner Handschrift schreibselig führte.

Heinrich Laube in seinen Erinnerungen über Heines Verleger Julius Campe (1909)

Hamburgs Buchhändler beim Schillerumzug 1859; im Vordergrund, barhäuptig, Julius Campe.

Der Dritte im Bunde: Cotta

Johann Friedrich Cotta (1764–1832) gilt zu Zeiten des jungen Heine als die Nummer Eins unter den deutschen Verlegern. Er hat das heruntergewirtschaftete Familienunternehmen seit den 1790er Jahren – getragen von einer singulären Mischung aus industriellem Großunternehmertum und literarischem Interesse – zu dem deutschen Literaturverlag schlechthin gemacht und genießt als Verleger Schillers und Goethes nicht nur in literarischen Kreisen höchstes Ansehen. Autor bei Cotta zu sein, das ist der Wunschtraum eines jeden jungen Literaten im Land, zumal Cotta in dem Ruf steht, anständige Honorare zu zahlen. Der Weg zur Erfüllung dieses Wunschtraums führt meist über den dornigen Pfad einer Mitarbeit an den zahlreichen Cottaschen Journalen. Auch Heine hat wohl, als er die Tätigkeit als Redakteur und Mitherausgeber bei Cottas «Allgemeinen Politischen Annalen» in München annimmt, das Ziel vor Augen, Cotta-Autor zu werden. Der Buchverlag aber bleibt ihm wie der gesamten jungen Literatur verschlossen. Hier konserviert man, auch als nach Cottas Tod sein Sohn den Verlag übernimmt, den ästhetischen Kanon der Weimarer Klassik und zieht selbst deren Epigonen der gesellschaftskritischen Aktualität eines Börne, Gutzkow oder Heine vor. So schreibt dieser seit 1828, auch in seiner französischen Zeit, für fünf Blätter des Cotta-Verlags; ein Buch dort unterzubringen aber gelingt ihm nie.

In seiner Vorstellungswelt jedoch bleibt der Klassikerverleger die große Alternative zu Julius Campe. Mit angeblichen Anträgen und Angeboten Cottas versucht er seinen Verleger immer wieder zu höheren Honoraren zu reizen. Und da Cotta auch in der Vorstellung des Jungverlegers als Vorbild fungiert, erweist sich diese Strategie, auch, wenn ihr jede Realitätsgrundlage fehlt, als durchaus erfolgreich. In der imaginativen Auseinandersetzung mit dem verlegerischen Übervater – sei er nun Vorbild, Konkurrent oder Wunschheimat – aber schaffen Heine und Campe sich eine ganz eigenständige Form der Beziehung zwischen Autor und Verleger, deren Partnerschaftlichkeit in Cottas respektbetonter Haltung gegenüber den Weimarer Klassikern nicht vorgezeichnet ist.

Cottas Verlagssignet, das Heine gern auf seinen Büchern gesehen hätte.

Meinen letzten Brief an Campe betreffend wirst Du mir unbedingt Recht gegeben haben.

Er ist Schuld, daß ich des Lebensunterhalt wegen [...] Recensionen schreiben muß. – Wie schön handelt dagegen Cotta. Glaub mir dieser ist ein nobler Mensch. Er läßt den Schriftsteller leben und will nicht auf dessen Kosten typografig glänzen. Sehe ich was Cotta für die Gedichte von Uhland und Platen thut, oder besser gesagt für die Dichter selbst, so muß ich mich vor mir selber schämen. Und obendrein bin ich krank.

An Friedrich Merckel (14. April 1828)

Sie sagen zwar, ich soll gehorsam seyn, wie Cotta dem Göthe war –. Vergleichen Sie doch Ihre und die Stellung Göthes! Göthe, war der absolute Beherrscher der Bücher-Welt, der Delailama der Literatur, von dem Alles heilig und Begehrt war, bis auf die Excremente. [...]

Sehen Sie, lieber Heine, ich bin kein kraßer Verleger, der nur en gros macht, ich bin auch Detaillist, ich kenne daher alle Nüencen und Schattierungen des Publikums, mit seinen guten und bösen Launen. Mir macht keiner etwas weiß, was grau ist. In der That weiß ich auf diesen Feldern bescheid und – wo Barthel den Most findet. Den alten Coujon Cotta und Göthe! Ja, das wünschte ich, daß wir beiden das Publikum so am NarrenSeile hinter uns her schleppen könnten; damit wäre uns beiden geholfen!

Campe an Heine (11. Mai 1854)

Der Verleger Johann Friedrich Cotta (1764–1832).

Nicht so ganz Nebenabsicht dieses Briefes ist die Anfrage: ob Sie jetzt noch den Wunsch hegen irgend ein Buch von mir zu verlegen? und ob es in diesem Fall zu Berlin gedruckt werden kann? Mit Ende dieses Jahres werde ich – nicht ohne Opfer – meinen Verpflichtungen gegen Hoffmann und Campe vollauf Genüge geleistet haben, und für künftige Verlagsverhältnisse meine Einrichtungen treffen müssen. – Meine Addresse ist: Dr. Heine bey Wittwe Betty Heine Geb. v. Geldern, Neuerwall No 28, Lit. D. – Der große Ueberfluß an Namensgenossen macht hier solche ausführliche Addresse nöthig. –

Indem ich hoffe daß dieser Brief Sie in vollem Wohlseyn antrifft, und recht seelentief wünsche daß Ihre freundlichen Gesinnungen gegen mich unvermindert bleiben mögen, bitte ich Sie mich auch der Frau Baronin zu empfehlen und ich verharre,

Herr Baron

mit Verehrung und Ergebenheit

H. Heine

An Johann Friedrich Cotta (14. Dezember 1829)

Georg von Cotta, der den Verlag 1832, nach dem Tod seines Vaters, übernahm.

Was das Bezahltwerden betrifft, so bin ich wie eine Köchinn, die sehr zartfühlend die Bemerkung macht, daß sie in ihrem Dienste weniger auf Geld sähe als auf gute Behandlung.

In der That, schon das bloße Besprechen von pekuniären Interessen ist mir fatal [...]

– Ich bin in der That unfähig für die Folge meine Honoraransprüche bestimmt zu formuliren, und am liebsten wär es mir, Sie ließen mich immer ein ganzes Jahr lang für die *Allgemeine Zeitung* thätig seyn, ganz nach eigner Laune und Zeitbedürfniß, und nach Ablauf des Jahres bestimmten Sie mir selber über welche Summe ich, als Honorar, bey Ihnen verfügen könne. Oder wollen Sie es meinem billigen Ermessen überlassen, nach Ablauf eines ganzen Jahrs das Honorar meiner Arbeiten abzuschätzen? – in diesem Falle sollen Sie nie über unbescheidene Zumuthung zu klagen haben. Ich sehe, wie gesagt, weniger auf Geld als auf gute Behandlung.

An Georg von Cotta (3. März 1841)

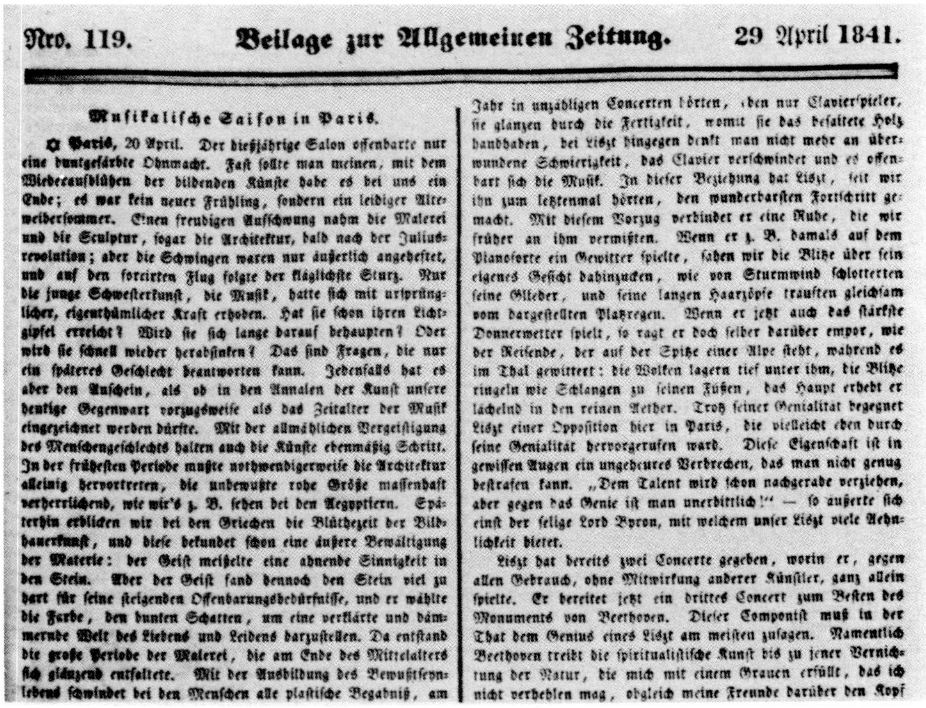

Nro. 119. Beilage zur Allgemeinen Zeitung. 29 April 1841.

Musikalische Saison in Paris.

Paris, 20 April. Der dießjährige Salon offenbarte nur eine buntgefärbte Ohnmacht. Fast sollte man meinen, mit dem Wiederaufblühen der bildenden Künste habe es bei uns ein Ende; es war kein neuer Frühling, sondern ein leidiger Altweibersommer. Einen freudigen Aufschwung nahm die Malerei und die Sculptur, sogar die Architektur, bald nach der Juliusrevolution; aber die Schwingen waren nur äußerlich angeheftet, und auf den forcirten Flug folgte der kläglichste Sturz. Nur die junge Schwesterkunst, die Musik, hatte sich mit ursprünglicher, eigenthümlicher Kraft erhoben. Hat sie schon ihren Lichtgipfel erreicht? Wird sie sich lange darauf behaupten? Oder wird sie schnell wieder herabsinken? Das sind Fragen, die nur ein späteres Geschlecht beantworten kann. Jedenfalls hat es aber den Anschein, als ob in den Annalen der Kunst unsere heutige Gegenwart vorzugsweise als das Zeitalter der Musik eingezeichnet werden dürfte. Mit der allmählichen Vergeistigung des Menschengeschlechts halten auch die Künste ebenmäßig Schritt. In der frühesten Periode mußte nothwendigerweise die Architektur alleinig hervortreten, die unbewußte rohe Größe massenhaft verherrlichend, wie wir's z. B. sehen bei den Aegyptiern. Späterhin erblicken wir bei den Griechen die Blüthezeit der Bildhauerkunst, und diese bekundet schon eine äußere Bewältigung der Materie: der Geist meißelte eine ahnende Sinnigkeit in den Stein. Aber der Geist fand dennoch den Stein viel zu hart für seine steigenden Offenbarungsbedürfnisse, und er wählte die Farbe, den bunten Schatten, um eine verklärte und dämmernde Welt des Liebens und Leidens darzustellen. Da entstand die große Periode der Malerei, die am Ende des Mittelalters sich glänzend entfaltete. Mit der Ausbildung des Bewußtseynlebens schwindet bei den Menschen alle plastische Begabniß, am Jahr in unzähligen Concerten hörten, eben nur Clavierspieler, sie glänzen durch die Fertigkeit, womit sie das besaitete Holz handhaben, bei Liszt hingegen denkt man nicht mehr an überwundene Schwierigkeit, das Clavier verschwindet und es offenbart sich die Musik. In dieser Beziehung hat Liszt, seit wir ihn zum letztenmal hörten, den wunderbarsten Fortschritt gemacht. Mit diesem Vorzug verbindet er eine Ruhe, die wir früher an ihm vermißten. Wenn er z. B. damals auf dem Pianoforte ein Gewitter spielte, sahen wir die Blitze über sein eigenes Gesicht dahinzucken, wie von Sturmwind schlotterten seine Glieder, und seine langen Haarzöpfe trauften gleichsam vom dargestellten Platzregen. Wenn er jetzt auch das stärkste Donnerwetter spielt, so ragt er doch selber darüber empor, wie der Reisende, der auf der Spitze einer Alpe steht, während es im Thal gewittert: die Wolken lagern tief unter ihm, die Blitze ringeln wie Schlangen zu seinen Füßen, das Haupt erhebt er lächelnd in den reinen Aether. Trotz seiner Genialität begegnet Liszt einer Opposition hier in Paris, die vielleicht eben durch seine Genialität hervorgerufen ward. Diese Eigenschaft ist in gewissen Augen ein ungeheures Verbrechen, das man nicht genug bestrafen kann. „Dem Talent wird schon nachgerade verziehen, aber gegen das Genie ist man unerbittlich!" — so äußerte sich einst der selige Lord Byron, mit welchem unser Liszt viele Aehnlichkeit bietet.

Liszt hat bereits zwei Concerte gegeben, worin er, gegen allen Gebrauch, ohne Mitwirkung anderer Künstler, ganz allein spielte. Er bereitet jetzt ein drittes Concert zum Besten des Monuments von Beethoven. Dieser Componist muß in der That dem Genius eines Liszt am meisten zusagen. Namentlich Beethoven treibt die spiritualistische Kunst bis zu jener Vernichtung der Natur, die mich mit einem Grauen erfüllt, das ich nicht verhehlen mag, obgleich meine Freunde darüber den Kopf

Beilage zur «Allgemeinen Zeitung», in der Heine die meisten seiner journalistischen Arbeiten publizierte, mit dem Bericht über die «Musikalische Saison in Paris» 1841.

Zwar verstand Heine von Musik nicht viel, seine Gedichte aber inspirierten die bedeutendsten Komponisten seiner Zeit zu Vertonungen: Brahms und Schumann ebenso wie Mendelssohn und Meyerbeer, Liszt und Wagner. Rund zehntausend Kompositionen nach Heine-Texten sind bekannt! Unten ein Notenblatt von Schumanns Hand

Die *Allgemeine Zeitung* betreffend, so wissen Sie ebenfalls von Kolb, daß mir Ihre Theilnahme sehr willkommen seyn wird [...] Was Sie in demselben über Börne's Br*ie*fe sagen wird schwer*lich* passiren, denn Sie glauben nicht was Äusserungen wie dise: «die Völker können ihre Regenten schon fortschicken wenn ihnen blos deren Nase mißfiele» p. p. – den bedachtsamen Deutschen auffallen besonders wenn sie aus solchem Munde kommen – und solche Schrift zu loben, in dem Staat, der sie verbot, wird wohl nicht zu erwarten seyn –

Ihr Geist findet ganz andre Stoffe zur Schilderung, Ihre Feder weiß selbst aus Steinen Funken zu schlagen, die zur Flamme werden – aber Sie werden diese nur zu wahrem Licht v. Freiheit und Aufklärung entzünden wolen und jenen Stoff nur da wählen und bearbeiten wodurch, wie ein Schiller so schön in der Gloke spricht, die rohe Kraft nicht zum sinnlos Walten veranlaßt werde, sondern die Wohlfahrt der Völker befördert.

Durch Kolb werden Sie gewünschdes Geld beziehen?

Johann Friedrich Cotta an Heine (7. Dezember 1831)

Ideenkampf oder Kartoffelkrieg: die literarische Konkurrenz

Das Verhältnis der Schriftsteller zueinander wird zu Heines Zeit stark geprägt vom literarischen Markt. Sie sind Konkurrenten im Kampf um Öffentlichkeit, Leser und Erfolg, einem Kampf, der über die unter Schriftstellern zu allen Zeiten üblichen Rivalitäten weit hinausgeht. Denn für die jungen Autoren der Heine-Generation steht mit dem literarischen Erfolg zugleich die ganze Existenz auf dem Spiel. Dies läßt ihre Fehden so ausufern, macht ihre Polemik so unerbittlich, ihre Satiren so rücksichtslos und treibt die Auseinandersetzungen über das Ökonomische hinaus in weltanschauliche Meinungskämpfe. In ihnen artikulieren sich die verschärften Interessenkonflikte zwischen den restaurativen Kräften des Feudalsystems und den emanzipatorischen Kräften der bürgerlichen Ordnung. Deren Forderungen nach bürgerlichen Grundrechten und politischer Partizipation enthalten zugleich die Voraussetzungen für die freie Schriftstellerexistenz: das Recht auf freie Meinungsäußerung in einer ausschließlich durch die Gesetze des Markts und nicht durch staatliche Intervention regulierten bürgerlichen Öffentlichkeit. Und doch sieht Heine sehr klar, daß hinter diesem Allgemeinen als eigentlicher Motor der literarischen Debatten das individuelle Interesse steht.

«Sonderbar! Und immer ist es die Religion und immer die Moral und immer der Patriotismus, womit alle schlechten Subjekte ihre Angriffe beschönigen! Sie greifen uns an nicht aus schäbigen Privatinteressen, nicht aus Schriftstellerneid, nicht aus angeborenem Knechtssinn, sondern um den lieben Gott, um die guten Sitten und das Vaterland zu retten.»

Austragungsort der publizistischen Fehden sind die Zeitungen und Zeitschriften. Eine eigene Zeitschrift zu gründen, herauszugeben oder zumindest zu redigieren, bedeutete für viele junge Autoren das Eintrittsbillet für den literarischen Markt. «Es ist die Zeit des Ideenkampfs», schreibt Heine schon 1828 an Gustav Kolb, den Redakteur der überregional bedeutenden «Allgemeinen Zeitung», «und die Journale sind unsere Festungen». Heine selbst hat es, trotz vieler Projekte, nie zu einem eigenen Blatt gebracht. Seine «Festungen» sind, neben seinen Büchern, die renommierten Cottaschen Blätter; von ihnen aus führt er – «mein Schwert ist meine Feder» – seinen literarischen Mehrfrontenkampf mit der ganzen Schärfe und Brillanz seines kritisch-satirischen Stils.

Literarische Konkurrenten und Mitstreiter:
Wolfgang Menzel.
Heinrich Laube.
Karl Gutzkow.

Lobgesänge auf König Ludwig.

I.

Das ist Herr Ludwig von Baierland,
Desgleichen giebt es wenig;
Das Volk der Bavaren verehrt in ihm
Den angestammten König.

Er liebt die Kunst, und die schönsten Frau'n
Die läßt er portraitiren;
Er geht in diesem gemalten Serail
Als Kunst-Eunuch spazieren.

Bei Regensburg läßt er erbau'n
Eine marmorne Schädelstätte,
Und er hat höchstselbst für jeden Kopf
Verfertigt die Etikette.

„Walhallagenossen," ein Meisterwerk,
Worin er jedweden Mannes
Verdienste, Charakter und Thaten gerühmt,
Von Teut bis Schinderhannes.

Nur Luther, der Dickopf, fehlt in Wallhall,
Und es feiert ihn nicht der Wallhall-Wisch;
In Naturaliensammlungen fehlt
Oft unter den Fischen der Wallfisch.

Herr Ludwig ist ein großer Poet,
Und singt er, so stürzt Apollo
Vor ihm auf die Kniee und bittet und fleht:
Halt ein! ich werde sonst toll, O!

Herr Ludwig ist ein muthiger Held,
Wie Otto, das Kind, sein Söhnchen;
Der kriegte den Durchfall zu Athen,
Und hat dort besudelt sein Thrönchen.

Stirbt einst Herr Ludwig, so kanonisirt
Zu Rom ihn der heilige Vater —
Die Glorie paßt für ein solches Gesicht
Wie Manchetten für unseren Kater!

Sobald auch die Affen und Kängurubs
Zum Christenthum sich bekehren,
Sie werden gewiß Sankt Ludewig
Als Schutzpatron verehren.

II.

Herr Ludewig von Baierland,
Sprach seufzend zu sich selber:
Der Sommer weicht, der Winter naht,
Das Laub wird immer gelber.

Der Schelling und der Cornelius,
Sie mögen von dannen wandern;
Dem Einen erlosch im Kopf die Vernunft,
Die Phantasie dem Andern.

Doch daß man aus meiner Krone stahl
Die beste Perle, daß man
Mir meinen Turnkunstmeister geraubt,
Das Menschenjuwel, den Maßmann —

Das hat mich gebeugt, das hat mich geknickt,
Das hat mir die Seele zerschmettert:
Mir fehlt jetzt der Mann, der in seiner Kunst,
Den höchsten Pfahl erklettert!

Ich sehe die kurzen Beinchen nicht mehr,
Nicht mehr die platte Nase;
Er schlug wie ein Pudel frisch-fromm-fröhlich-frei,
Die Purzelbäume im Grase.

Nur altdeutsch verstand er, der Patriot,
Nur Jacob-Grimmisch und Zeunisch;
Fremdwörter blieben ihm immer fremd,
Griechisch zumal und Lateinisch.

Er hat, ein vaterländisch Gemüth,
Nur Eichelkaffee getrunken,
Franzosen fraß er und Limburger Käs',
Nach letzterm hat er gestunken.

O, Schwager! gieb mir den Maßmann zurück!
Denn unter den Gesichtern
Ist sein Gesicht, was ich selber bin,
Als Dichter unter den Dichtern.

O Schwager! behalt' den Cornelius,
Auch Schelling, (daß du den Rückert
Behalten kannst, versteht sich von selbst) —
Wenn nur der Maßmann zurückkehrt!

O, Schwager! begnüge Dich mit dem Ruhm,
Daß du mich verdunkelt heute;
Ich, der in Deutschland der erste war,
Ich bin nur noch der zweite . . .

III.

Zu München in der Schloßkapell
Steht eine schöne Madonne;
Sie trägt in den Armen ihr Jesulein,
Der Welt und des Himmels Wonne.

Als Ludewig von Baierland
Das Heiligenbild erblicket,
Da kniete er nieder andachtsvoll
Und stotterte selig verzücket:

„Maria, Himmelskönigin,
Du Fürstin sonder Mängel!
Aus Heil'gen besteht dein Hofgesind
Und deine Diener sind Engel.

„Geflügelte Pagen warten Dir auf,
Sie flechten dir Blumen und Bänder
In's goldene Haar, sie tragen dir nach
Die Schleppe deiner Gewänder.

„Maria, reiner Morgenstern,
Du Lilie sonder Makel,
Du hast so manches Wunder gethan,
So manches fromme Mirakel —

„O, laß aus deiner Gnaden Born,
Auch mir ein Tröpflein gleiten!
Gieb mir ein Zeichen deiner Huld,
Der hochgebenedeiten!" —

Die Muttergottes bewegt sich alsbald,
Sichtbar bewegt sich ihr Mündchen,
Sie schüttelt ungeduldig das Haupt
Und spricht zu ihrem Kindchen:

„Es ist ein Glück, daß ich auf dem Arm
Dich trage und nicht mehr im Bauche,
Ein Glück, daß ich vor dem Verseh'n,
Mich nicht mehr zu fürchten brauche.

„Hätt' ich in meiner Schwangerschaft
Erblickt den häßlichen Thoren,
Ich hätte gewiß einen Wechselbalg
Statt eines Gottes geboren."

Ludwig I. von Bayern und Lola Montez in einer Karikatur von 1848.

Ich nehme mir die ehrerbietigste Freiheit, unter den vielen Ministerialanträgen, welche Euerer Majestät in diesen beiden letzten Tagen vorgelegt wurden, Allerhöchstdenselben vorzüglich zwei zu allergnädigster Berücksichtigung untertänigst zu empfehlen, nämlich die begutachtete Unterstützung für einige unserer ausgezeichnetsten Naturforscher, inbesondere den Professor Oken, zur Reise nach Berlin und das Anstellungsgesuch des Dr. Heinrich Heine als außerordentlichen Professor an der hiesigen Universität. In den Schriften des letzteren waltet ein wahrer Genius; sie haben das größte Aufsehen in ganz Deutschland erregt; einige Auswüchse und Verirrungen fanden sich in den Jugendwerken aller unserer großen Schriftsteller; mehrern, wahrhaft genialen Menschen in unserm teutschen Vaterlande hat am Anfang nur eine wohltätige Fürstenhand gefehlt, die sie in Schutz und zugleich in Pflege nahm, ihre guten Eigenschaften aufmunterte und ihre Mängel und Verirrungen väterlich zurechtzuweisen suchte. Dr. Heine bedarf auch einer solchen Hand und ich bin überzeugt, daß er, – wenn Ew. Majestät ihn Allerhöchst Ihres Schutzes würdigen, – einer unserer ausgezeichnetsten Schriftsteller werden wird.

Eduard v. Schenk an König Ludwig I. von Bayern, 28. Juli 1828

Ludwig Börne (1786–1837); mit ihm konkurrierte Heine um den ersten Platz in der Publikumsgunst.

Mit den literarischen Fehden wird die Polemik als legitimes literarisches Mittel rehabilitiert und erlebt eine Hochkonjunktur. «Wissenschaft und Kunst», so beschreibt Laube das veränderte Verhältnis von Literatur und Leben, «sind aus geschlossenen Gemächern auf die Märkte gestiegen». Auf den Märkten aber wird nicht mit dem «zarten Galanteriedegen» einer geschlossenen höfischen Kunstwelt gekämpft, sondern mit derberen Waffen. In Heines Augen sind die literarischen Kämpfe der Klassiker nur Geplänkel, der Goethe-Schillersche Xenienkampf ist ihm «Kartoffelkrieg». Er dagegen zielt aufs Persönliche und scheut sich nicht, die gesellschaftlichen Tabus der Zeit zu brechen, vor allem deren stärkstes, die Sexualität. An Zielobjekten fehlt es Heine nicht. Fronten und Gegner wechseln schnell. Der Verbündete von gestern kann, sobald die Konkurrenzverhältnisse sich ändern, der Gegner von morgen sein. Je ferner Heine dem literarischen Deutschland rückt, desto leichter vermutet er persönliche Gegnerschaft hinter literarischen Umtrieben und publizistischen Äußerungen. Seine eigenen Angriffe gelten vor allem der Konkurrenz im unmittelbaren literarischen Umfeld: Cottas verlegerischen Hätschelkindern, dem epigonalen Formkünstler Platen und dem einflußreichen Literaturkritiker Menzel sowie dem Hauptkonkurrenten um den ersten Platz in der Publikumsgunst, Ludwig Börne.

Und Heines Angriffe zielen direkt unter die Gürtellinie. Die sexuellen Gewohnheiten der Gegner werden namhaft gemacht und analysiert als unbewußtes Grundmotiv für ihr ästhetisches und politisches Verhalten. Heine deckt den Zusammenhang auf zwischen Platens antiker «Liebhaberei», seiner Homosexualität, und seiner epigonalen Schreibpraxis; zwischen A. W. Schlegels romantisch-reaktionärer Haltung und seiner Impotenz; zwischen der Tugendhaftigkeit des Teutomanen Menzel und seiner (wegen Häßlichkeit) unfreiwilligen Abstinenz; zwischen Börnes politischem Radikalismus und seinem Puritanismus. Dabei mag es Heine durchaus nicht um die persönliche Diffamierung der Gegner gegangen sein, sondern um tiefer liegende Zusammenhänge zwischen Lebenshaltung und politischer Emanzipation. Die Zeitgenossen aber sehen zuvörderst den radikalen Tabubrecher, der im literarischen Tageskampf über Leichen geht. Das hat Heines literarischem Renommee schwer geschadet. Der eigentliche Wert seiner polemischen Schriften, vor allem der des Börne-Buchs, ist über ihrer Funktionalisierung für den Konkurrenzkampf des freien Schriftstellers lange Zeit unterschätzt worden.

[...] in der That, ich schaudre jedesmal, wenn ich denke welche Menschen Sie mir [...] als Verlagskollegen zugesellt! Ich nenne Ihnen keinen, weil ich nicht will, daß dergl. Lumpengesindel auch nur ahne, daß ich davon Notiz nehme. Als man mir Ihren jüngsten Autor nannte verhüllte ich mein Gesicht.

An Campe über Börnes «Briefe aus Paris» (20. Dezember 1836)

Heute habe ich Ihren Brief [...] empfangen, und nun begreife ich welcher Autor es ist, der Sie zur Verhüllung Ihres Hauptes vermogte! – Börne ist es, – Ich weiß nicht wodurch ich es verdient habe, von Ihnen ein Rindvieh gescholten zu werden! Ein Rindvieh müßte ich seyn, wollte ich ein solches Werk drucken. Ich sage ein Rindvieh! denn wollte ich ein ruinierter Mann werden, hätte ich nichts weiter zu thun, als ein solches Buch drucken laßen: das wäre genug, um vernichtet – vertilgt zu werden. Weil Sie schwach genug sind Sich solche Dinge in den Kopf zu setzen, so will ich es Ihnen betheuren, daß ich dem Verlage dieses Büchleins so fremd bin, wie Sie deßen Autorschaft es sind.

Campe an Heine (28. Januar 1837); das Dementi, den Verlag von Börnes «Briefe aus Paris» betreffend, stimmt nicht.

Freie Schriftstellerexistenz in Deutschland um 1800.

Das sind also die Blüthen und Blumen Ihres Verlags während den letzten Jahren! Ich möchte Ihnen dringendst rathen, diese Bücher auch in vollständiger Sammlung nach London zu schikken, um dort bei der großen Universal-Ausstellung als ein Muster-Verlag deutscher Zunge bewundert zu werden! Das sind also die unsterblichen Geistesmonumente, die Ihnen an Druckkosten soviel Geld in Anspruch nahmen, und Sie zwangen, meine vielfältigen Anrufungen um Unterstützung, um Hülfe in der Noth unbeachtet zu lassen. Sie haben sich wahrlich für die Menschheit aufgeopfert [...]

An Campe (21. April 1851)

Reisebilder

Ja, Reisende waren wir [...] auf diesem Erdball.
Das war unsere irdische Spezialität

An Pückler-Muskau

Die «Reisebilder» sind Heines erstes großes Buchprojekt; das erste auch, das er gemeinsam mit Julius Campe verwirklicht. Die Bekanntschaft mit ihm hat Heines Plan einer mehrteiligen Buchpublikation, mit dem er sich seit Herbst 1825 trägt, sehr gefördert.

Mit den vier «Reisebilder»-Bänden entwickelt Heine völlig neuartige Prosawerke – orientiert an den ökonomischen Möglichkeiten und politischen Einschränkungen des Buchmarkts der 1820er und 1830er Jahre. Das reicht bis hinein in die Titelwahl. Denn die Formulierung «Reisebilder», auf die Heine sich gemeinsam mit seinem Verleger einigt, soll durch ihren Anklang an das populäre Genre der Reiseliteratur marktgerecht und verkaufsfördernd wirken. «Reisebilder» – das klingt moderner und weniger romantisch als «Wanderbuch», wie zunächst geplant. Es betont zudem das fiktionale Element dieses Werks, das ja mit Reisebeschreibungen der herkömmlichen Art nur mehr entfernt verwandt ist.

Der Charakter des Projekts, seine Mehrteiligkeit, die Mischung unterschiedlicher Textsorten und Gattungen, die lockere Sammelform – dies alles steht in engem Zusammenhang mit der ungeklärten beruflichen Situation, in der sich Heine zu dieser Zeit befindet. Noch strebt er nach einer bürgerlichen

Erstausgabe der «Reisebilder». Dritter Teil. 1830.

Laufbahn als Jurist, ohne daß sich konkrete Aussichten dazu böten. Daneben hat er publiziert. Mit der Planung der «Reisebilder» schlägt er, sozusagen probeweise und ohne daß die Bedeutung des Schritts schon zu ermessen wäre, den Weg zum Berufsschriftsteller ein.

Die mehrteilige Buchform bietet ihm dafür entscheidende Vorteile. Das serienmäßige Erscheinen begünstigt, auch durch den Selbstwerbeeffekt, eine schrittweise Etablierung auf dem Buchmarkt und läßt – bei Erfolg – auf längerfristige Einnahmen hoffen. Mit dem größeren Textumfang der Buchpublikation ist zudem die Vorzensur zu vermeiden, denn Veröffentlichungen von mehr als 320 Seiten Umfang können zunächst einmal zensurfrei erscheinen und unterliegen nur einer nachträglichen Kontrolle. Die offene Form gibt Raum, frühere Arbeiten zu sammeln und komprimiert in ihrer originalen Fassung zu präsentieren. Das erlaubt Heine nicht nur, die redaktionellen Veränderungen und Verstümmelungen der Erstveröffentlichungen wiederaufzuheben. Aus der Mischung der verschiedenen Formelemente läßt sich auch eine ganz neue ästhetische Wirkung erzielen: die eines genauen Zeitbildes, das auch formal die Aufbruchstimmung und Zerrissenheit der Epoche spiegelt.

Dafür scheint Heine die Prosa besser geeignet als die Lyrik. «Ich denke das in Prosa zu bewirken, was Ihr mit Euren Xenien und Hexametern zu bewirken strebt», äußert er in der Entstehungszeit der ersten «Reisebilder»-Bände. «Reisebilder», das weiß er genausogut wie sein Verleger, lassen sich besser verkaufen als Gedichte.

Zwar steht Heine wegen der Schärfe seines Witzes und seiner Satire immer wieder im Kreuzfeuer der Kritik; man wirft ihm Manieriertheit, Gesinnungslosigkeit und Subjektivismus vor. Und doch werden die «Reisebilder» wegen ihrer brillanten Schreibweise und ihrer Modernität zum Modell der jungen, neuen Prosa. Als Verfasser der «Reisebilder» ist Heine ab 1830 in der deutschen und auch schon in der französischen Öffentlichkeit berühmt; er hat den Durchbruch zum aufsehenerregenden politischen Schriftsteller geschafft.

Reisewagen der Biedermeierzeit, gezeichnet von dem tauben Maler Johann Peter Lyser, den Heine aus seiner Hamburger Zeit kannte.

Die Mühen des Reisens in der Diligence;
Karikatur von Grandville.

Reisen in der Postkutschenzeit

Unterwegs zu sein, zu reisen, das ist nicht nur eine Heinesche Spezialität, sondern die der ganzen Epoche. Es ist eine Zeit allgemeiner Aufbruchstimmung, die im kontrastiven Wechsel steht zum politischen Stillstand der Metternichschen Restauration. «Bewegung» ist das Schlagwort; Reisen gilt als modern, Seßhaftigkeit als verachteter Zustand philiströsen, stubenhockerischen Daseins. Voraussetzung für diese neue Mobilität ist die fortschreitende technisch-ökonomische Entwicklung. Die Land- und Wasserwege werden ausgebaut und durch technische Innovationen erschlossen; viele Grenzen fallen weg mit der politischen Erneuerung Europas. Die beiden Jahrzehnte vor Erfindung der Dampflokomotive sind der Höhepunkt der Postkutschenzeit. Die Beschwerlichkeit des Reisens mit der Postkutsche ist zwar gerade in dieser Zeit vielfach beschrieben worden. Und doch lassen Entfernungen sich nie zuvor schneller und billiger überwinden. Das Reisen ist nicht länger mehr Privileg von Adel und höherem Bürgertum. Man ist jetzt nicht mehr nur in Geschäften unterwegs oder zur Bildung. Materielle und politische Notlagen erzwingen Beweglichkeit bei Flucht, Emigration und Auswanderung. Meist aber reist man jetzt zum Vergnügen. In der Biedermeierzeit liegen die Anfänge des modernen Tourismus.

Heine selbst hat in der Entstehungszeit der «Reisebilder» mehrere Reisen unternommen. Zum einen die Badeaufenthalte an der Nordsee, vornehmlich aus Gesundheits- und Erholungsgründen, dann, einer studentischen Mode folgend, eine Fußwanderung in den Harz und schließlich Auslandsfahrten nach Polen, England und Italien, vordergründig der traditionellen Bildungsreise verwandt, de facto jedoch Reisen in die Gegenwart.

Es wäre Unverstand von mir, wenn ich das langsame Fahren der Postwägen innerhalb der Städte aus dem Grunde tadeln wollte, weil Knigge in seinem Buche *Über den Umgang mit Menschen* das Gegenteil anratet. Knigge nämlich sagt, in Städten solle man schnell fahren, damit, wenn am Wagen etwas Zerbrechliches sei, er da zerbräche, wo Hülfe in der Nähe wäre. Kondukteurs und Postillione können hinlänglich beweisen, daß sie jenes Werk über feine Lebensart niemals gelesen haben; vielmehr sind die Vorteile dieses langsamen Fahrens auffallend. Nach den Fenstern guter Freundinnen kann man oft und lange zurücksehen; guten Freunden begegnet man zweimal auf der Straße; hat ein Reisender vergessen, seine Rechnung im Gasthause zu bezahlen, so kann ihm der Wirt nachgehen und ihn daran erinnern. [...]

Schwerer aber ist zu entschuldigen, daß das langsame Fahren auch auf der Landstraße fortgesetzt wird. Zwar kann man dafür folgenden nicht unbedeutenden Rechtfertigungsgrund anführen. Der plötzliche Wechsel der Schritte, von langsamen zu geschwinden und umgekehrt, ist den Pferden, wie bekanntlich, sehr schädlich. [...] doch der Grund *gegen* das langsame Fahren auf der Landstraße ist von größerem Gewichte. Menschen- und Pferdekenner wissen, daß langsames Gehen am meisten ermüdet, weil man dabei länger gehen und mehr Schritte machen muß. Wirklich waren Kondukteur, Postillion und Pferde bald so abgemattet, daß sie schon in Sprendlingen liegen bleiben mußten, um sich zu stärken. Dort hatte ich einen ganzen Schoppen Zeit, durch Horchen und Fragen herauszubringen, daß die junge schöne Frau, die mir im Wagen gegenübersaß, die Neuvermählte ihres Begleiters sei, der sie vor neun Wochen in Memel, ihrem Geburtsorte, geheiratet hatte und am Tage nach der Hochzeit mit ihr abgereist war, um sie nach Triest in sein elterliches Haus zu bringen. Er hatte sich auf dem Wege nach Frankfurt nicht länger aufgehalten als der Postwagen. Der Gedanke erquickte mich ungemein, daß diese junge Frau so viel glücklicher sei als andere Neuvermählten, weil sie, statt der üblichen Flitterwochen, sich langer Flittermonate erfreuen dürfe [...] und berechnete, daß die harrende Schwiegermutter in Triest nicht bloß eine geliebte Schwiegertochter, sondern auch einen Enkel werde bewillkommen und küssen können.

Ludwig Börne, Monographie der deutschen Postschnecke (1821)

Reisen. Reiseliteratur. Reisebilder

«Wer zählte ihre Namen alle, die durch den beispiellosen Succeß der Reisebilder ermuthigt, ihre Reiseschatten, Reiseskizzen, Reisetableaux, Taschenbücher einer Reise etc. dem Publicum übergaben». Heines «Reisebilder» gelten als der Höhepunkt der europäischen Reiseliteratur. Schon die Zeitgenossen haben diese schulbildende Wirkung wahrgenommen. Reiseliteratur hat eine lange Tradition seit der «Odyssee» des Homer; in sachlichen Reisebeschreibungen mit belehrender, aufklärerischer Absicht ebenso wie in poetischer Reiseprosa mit fiktionaler Tendenz, wie Laurence Sternes berühmter «Sentimentaler Reise» oder Eichendorffs «Taugenichts». Die Möglichkeit oder zumindest der Wunsch, selbst zu reisen, weckt nun auch einen Heißhunger nach geographischer, sozialer, ökonomischer und letztlich auch politischer Information. Reiseliteratur jeglicher Couleur überschwemmt das Lesepublikum.

Im Sommer 1830 mit Heinrich Heine in Hamburg zusammenlebend, erinnere ich mich eines Morgens früh ihm einen Besuch abgestattet zu haben, [...]

Als ich mich an seine leichte Seite auf dem Sopha niedergelegt, erinnerte mich der erste Blick auf die umgebenden Gegenstände sehr lebhaft an den göthischen Zugvogel, der nirgends seines Bleibens findet, ein offener Reisekoffer, zerstreute Wäsche, zwei oder drei Bändchen aus einer Leihbibliothek, ein Paar elegante Stöckchen mit kaum verwischten und abgeglätteten Spuren sorgfältigen Einpackens und vor Allem das Männchen selber; denn obwohl er bereits einige Monate die Hamburger Luft athmete und in einem anständigen Bürgerhause wöhnlich eingerichtet war, so schien er mir doch den Anstrich von einem Reisenden zu haben, der erst den Abend vorher vom Postwagen gestiegen und eine etwas marode Nacht im Gasthofe zugebracht. An diesen allgemeinen mobilen Eindruck knüpfte sich ganz natürlich ein Gesprächsthema über Reisen und Wandern und ich brachte die Reisebilder auf's Tapet, obwohl eigentlich wider meinen feineren Takt sündigend, der mir verbietet, Schriftsteller an ihre Werke zu erinnern.

Ludolf Wienbarg, Einleitung zu Gedichten Heines in einer Anthologie (1835)

In der Reiselust und Aufbruchstimmung der Vormärzzeit liegen auch die Anfänge des modernen Tourismus. Er löst die «adlige Grand Tour» und die vornehmen Badereisen des 18. Jahrhunderts ab. Heine ist zwar einer der Apologeten des neuen Reisens, nimmt aber schon seine Anfänge kritisch-satirisch aufs Korn. Tourismuskritik und Philistersatire werden Bild in der im Biedermeier beliebten Witzfigur des reisenden Engländers, bewehrt mit den unvermeidlichen Accessoires «notebook» und «guide». Heine entlarvt eben diesen Typus des reisenden Engländers durch sein banausenhaftes Verhalten und seine reduzierte Wahrnehmung von Sehenswürdigkeiten als rechten Bildungsphilister.

Das Genre steigt auf zu ungeahnter Popularität. Daraus erwachsen neue Möglichkeiten, die nun auch in der deutschen Literatur genutzt werden. Im Reisemotiv lassen sich – versteckt in der Beschreibung fremder Länder und Verhältnisse – Gesellschaftskritik und politische Aufbruchsignale auf unterhaltsame Weise anbringen, ohne daß der zeitkritische Charakter dieser vermeintlichen Reiseberichte der Zensur sofort offensichtlich würde. Getarnt durch ihre Harmlosigkeit, attraktiv durch ihren Unterhaltungswert, wird die Reisebeschreibung zum Vehikel des Zeitschriftstellers, zum bevorzugten Genre der jungen Literatur. Heine ist der erste, der diese neuen Möglichkeiten des «Ideenschmuggels» erkennt und ausbildet.

Reiseberichte orientieren sich in der Regel am linearen Verlauf der Reise, sind ohne ausgeprägte Handlung und Höhepunkte. Das macht sie hervorragend geeignet für die neue Art der reflexiven Prosa, die Heine in den «Reisebildern» entwickelt. Darin liegt der exemplarische Wert dieses Werks.

Kennst Du das Land, wo die Zitronen blühn?
Im dunkeln Laub die Goldorangen glühn,
Ein sanfter Wind vom blauen Himmel weht,
Die Myrte still und hoch der Lorbeer steht,
Kennst Du es wohl?
Dahin! dahin
Möcht ich mit Dir, o mein Geliebter, ziehn.

Aber reise nur nicht im Anfang August, wo man des Tags von der Sonne gebraten, und des Nachts von den Flöhen verzehrt wird. Auch rate ich dir, mein lieber Leser, von Verona nach Mailand nicht mit dem Postwagen zu fahren.

Ich fuhr, in Gesellschaft von sechs Banditen, in einer schwerfälligen Carrozza, die, wegen des allzugewaltigen Staubes, von allen Seiten so sorgfältig verschlossen wurde, daß ich von der Schönheit der Gegend wenig bemerken konnte. Nur zweimal, ehe wir Brescia erreichten, lüftete mein Nachbar das Seitenleder, um hinaus zu spucken. Das eine Mal sah ich nichts als einige schwitzende Tannen, die in ihren grünen Winterröcken von der schwülen Sonnenhitze sehr zu leiden schienen; das andere Mal sah ich ein Stück von einem wunderklaren blauen See, worin die Sonne und ein magerer Grenadier sich spiegelten. Letzterer, ein östreichischer Narziß, bewunderte mit kindischer Freude, wie sein Spiegelbild ihm alles getreu nachmachte, wenn er das Gewehr präsentierte oder schulterte, oder zum Schießen anlegte.

Reisebilder. Dritter Teil. Reise von München nach Genua

Das Fragmentarische und Episodische der «Reisebilder», das nicht nur Gattungen, Stillagen und Erzählformen, sondern auch Inhalte scheinbar beliebig mischt, hat Zeitgenossen wie Nachwelt irritiert. Erst in jüngster Zeit beginnt man, das «genre mêlé» als Kompositionsprinzip zu begreifen. Ihm tritt als zweites Strukturelement die Idee der Emanzipation zur Seite, die den ganzen Zyklus thematisch durchdringt.

«Was aber ist die große Aufgabe unserer Zeit? Das ist die Emanzipation. Nicht bloß die der Irländer, Griechen, Frankfurter Juden, westindischen Schwarzen und dergleichen gedrückten Volkes, sondern es ist die Emanzipation der ganzen Welt.»

Diese Formulierung wirkte als epochales Signal. «Emanzipation», verstanden als geschichtlicher Prozeß, als Bewegung, wird zum Leitbegriff nicht nur der «Reisebilder», sondern der gesamten jungen Literatur der Heinezeit. Er enthält das Bekenntnis zur Französischen Revolution und zu Napoleon, aber auch das zu Sinnlichkeit und Lebensgenuß, zu «Liebe, Wahrheit, Freiheit und Krebssuppe». Aus diesen für Heines Gesamtwerk grundlegenden Forderungen leitet sich seine Kritik an Adel, Klerus, Philistertum und schriftstellerischer Konkurrenz ebenso ab wie sein literarisches Programm.

Die Harzreise. Reisebilder. Erster Teil

Die «Harzreise» ist der literarische Reflex auf die vierwöchige Fußwanderung, die der Göttinger Student Heine im September und Oktober 1824 unternommen hat. Sie führte ihn über Osterode, Clausthal-Zellerfeld und Goslar zum Brocken. Mit dem Abstieg nach Ilsenburg endet die literarische Harzreise; die reale führte Heine weiter über Halle und Jena nach Weimar, wo er Goethe besuchte. Über Erfurt, die Wartburg und Kassel kam Heine Mitte Oktober nach Göttingen zurück.

Solche Wanderungen in die seit der Romantik für ihre pittoresken Naturbilder bekannte Harzlandschaft gehörten bei der Göttinger Studentenschaft zum guten Ton. Anders als üblich ging Heine jedoch allein; ausgerüstet mit einem der damals neuartigen Wanderführer, Gottschalks «Taschenbuch für Reisende in den Harz» (2. Aufl. 1817). Dieses und andere Reisehandbücher tauchen in den «Reisebildern» wiederholt auf, in Zitat und Information, aber auch ironisch verfremdet.

Sofort nach seiner Rückkehr beginnt Heine mit der Niederschrift seiner Eindrücke und Erlebnisse. Diese erste Fassung ist im Dezember 1824 abgeschlossen. Veröffentlicht wird sie erst Anfang 1826, in bearbeiteter und durch Zensureingriffe veränderter Fassung, in der Berliner Zeitschrift «Der Gesellschafter». Für die Buchfassung, die ebenfalls 1826 erscheint, verändert und erweitert Heine den Text nochmals.

Das Weender Tor in Göttingen, durch das Heine zu seiner Harzwanderung aufbrach.

Die Stadt Göttingen, berühmt durch ihre Würste und Universität, gehört dem Könige von Hannover, und enthält 999 Feuerstellen, diverse Kirchen, eine Entbindungsanstalt, eine Sternwarte, einen Karzer, eine Bibliothek und einen Ratskeller, wo das Bier sehr gut ist. Der vorbeifließende Bach heißt «die Leine» und dient des Sommers zum Baden; das Wasser ist sehr kalt und an einigen Orten so breit, daß Lüder wirklich einen großen Anlauf nehmen mußte, als er hinüber sprang. Die Stadt selbst ist schön, und gefällt einem am besten, wenn man sie mit dem Rücken ansieht. [...]

Es war noch sehr früh, als ich Göttingen verließ, und der gelehrte ** lag gewiß noch im Bette und träumte wie gewöhnlich: er wandle in einem schönen Garten, auf dessen Beeten lauter weiße, mit Zitaten beschriebene Papierchen wachsen, die im Sonnenlichte lieblich glänzen, und von denen er hier und da mehrere pflückt, und mühsam in ein neues Beet verpflanzt, während die Nachtigallen mit ihren süßesten Tönen sein altes Herz erfreuen.

Vor dem Weender Tor begegneten mir zwei eingeborne kleine Schulknaben, wovon der eine zum andern sagte: «Mit dem Theodor will ich gar nicht mehr umgehen, er ist ein Lumpenkerl, denn gestern wußte er nicht mal, wie der Genitiv von Mensa heißt.» So unbedeutend diese Worte klingen, so muß ich sie doch wieder erzählen, ja, ich möchte sie als Stadt-Motto gleich auf das Tor schreiben lassen; denn die Jungen piepsen, wie die Alten pfeifen, und jene Worte bezeichnen ganz den engen, trocknen Notizenstolz der hochgelahrten Georgia Augusta.

Auf der Chaussee wehte frische Morgenluft, und die Vögel sangen gar freudig, und auch mir wurde allmählig wieder frisch und freudig zu Mute. [...]

Die Harzreise. Reisebilder. Erster Teil.

Im Herbst 1824 kehrte ich von einer Geschäfts-Reise von Osterode nach Clausthal zurück. Durch eine Flasche Serons de Salvanette, die ich bei meinem alten Freunde St. getrunken, waren meine Lebensgeister dergestalt exaltirt, daß man mich hätte für ausgelassen halten können. Etwa auf der Hälfte des Weges traf ich mit einem jungen Manne zusammen, den ich genau beschreibe, damit er sich überzeugt, daß ich ihn wirklich damals gesehen. Er war etwa 5 Fuß 6 Zoll groß, konnte 25–27 Jahr alt seyn, hatte blonde Haare, blaue Augen, eine einnehmende Gesichtsbildung, war schlank von Gestalt, trug einen braunen Ueberrock, gelbe Pantalons, gestreifte Weste, schwarzes Halstuch und hatte eine grüne Kappe auf dem Kopfe und einen Tornister von grüner Wachsleinwand auf dem Rücken. Der Serons de Salvanette war lediglich schuld daran, daß ich den Reisenden sogleich nach der ersten Begrüßung anredete, und nach Namen, Stand und Woher und Wohin fragte. Der Fremde sah mich mit einem sardonischen Lächeln von der Seite an, nannte sich Peregrinus und sagte, er sey ein Cosmopolit, der auf Kosten des türkischen Kaisers reise, um Rekruten an zu werben. ‹Haben Sie Lust?› fragte er mich. – ‹Bleibe im Lande und nähre dich redlich!› erwiederte ich, und dankte sehr. Um indessen Gleiches mit Gleichem zu vergelten, gab ich mich für einen Schneidergesellen aus und erzählte dem türkischen Geschäftsträger: daß ich von B. komme, woselbst sich ein Gerücht verbreitet, daß der junge Landesherr auf einer Reise nach dem gelobten Lande von den Türken gefangen sey, und ein ungeheures Lösegeld bezahlen solle. Herr Peregrinus versprach, sich dieserhalb bei dem Sultan zu verwenden, und erzählte mir von dem großen Einflusse, den er bei Sr. Hoheit habe.

Unter dergleichen Gesprächen setzten wir unsere Reise fort, und um meine angefangene Rolle durch zu führen, sang ich allerlei Volkslieder, und ließ es an Corruptionen des Textes nicht fehlen, bewegte mich auch überhaupt ganz im Geiste eines reisenden Handwerksburschen. Ich vertraute dem Gefährten, daß ich ein hübsches Sümmchen bei mir trage, Mutterpfennige, es mir daher um so angenehmer sey, einen mannhaften Gesellschafter gefunden zu haben, auf den ich mich, falls wir von Räubern sollten angefallen werden, verlassen könnte. Der Ungläubige versicherte mich unbedenklich seines Schutzes. ‹Hier will es mit den Räubern nicht viel sagen›, fuhr er fort; ‹aber Sie sollten nach der Türkei kommen, da kann man fast keinen Fuß vor den andern setzen, ohne auf große bewaffnete Räuberschaaren zu stoßen; jeder Reisende führt daher, in jenen Gegenden, zu seinem Schutze Kanonen von schwerem Caliber mit sich, und kommt dessenungeachtet oft kaum mit dem Leben davon›. – Ich bezeigte dem Geschäftsträger Sr. Hoheit mein Erstaunen und lobte beiläufig die deutsche Polizei, deren Thätigkeit es gelungen, daß ein armer Reisender ganze Stunden Weges zurück zu legen im Stande sey, ohne gerade von Räubern ausgeplündert zu werden. ‹Was wollten wir machen› – fuhr ich fort – ‹wenn hinter jedem Busche und aus jedem Graben mehrere gefährliche Kerle hervor sprängen und sich von dem erschrockenen Wanderer Alles ausbäten, wie der Bettler in Gellert's Fabel?› – ‹Haben Sie Gellert gelesen?› fragte mich mein Begleiter. – ‹Ja!› erwiederte ich; ‹ich habe in meiner Jugend Lesen und Schreiben gelernt, meine Lehrjahre bei dem Schneidermeister Sander zu Halberstadt im lichten Graben ausgestanden und seitdem bei mehreren Meistern in Cassel und Braunschweig gearbeitet, um den eigentlichen Charakter der männlichen Kleidung weg zu kriegen, welcher oft schwerer zu studiren ist, als des Mannes Charakter, der den Rock trägt›. – Hier sah mich Herr Peregrinus wieder von der Seite an, wurde nach und nach einsylbiger und verstummte endlich gar. – Er hatte überhaupt eine hofmännische Kälte an sich, die mich immer in einiger Entfernung von ihm hielt, und um den Scherz zu enden, klagte ich über Müdigkeit, ließ mich auf einen Baumstamm nieder und lud meinen Begleiter ein, ein Gleiches zu thun. Der aber antwortete, wie ich vermuthet hatte: es bliebe ihm für heute keine Zeit zur Ruhe übrig, lüftete seine Kappe und ging seines Weges, mich zum baldigen Nachkommen einladend. –

Ich hätte dieses kleine Reise-Abentheuer für immer der Vergessenheit übergeben, der ‹Gesellschafter› Bl. II von diesem Jahre mag's verantworten, daß ich's erzähle. In dem bezeichneten Blatte las ich nämlich zu meiner größten Ueberraschung die ‹Harzreise von H. Heine im Herbst 1824›, und fand mich darin als den reisenden Schneidergesellen mit vielem Humor abconterfeyt. [...]

Carl Dörne: Reise von Osterode nach Clausthal. (Seitenstück zu H. Heines «Harzreise») im «Gesellschafter» vom 30. August 1826

Der vermeintliche Schneidergeselle hatte sich bei der Lektüre der «Harzreise» in der Zeitschrift «Der Gesellschafter» wiedererkannt und ließ seine Version der gemeinsamen Wanderung nun seinerseits dort einrücken. Darin entpuppt sich der «Schneidergeselle» als der witzige und recht gebildete Handlungsreisende Carl Dörne, der, glaubt man seinem Bericht, Heine in der Kunst der Verstellung, Ironisierung und Distanzierung, zumindest in der realen Reisesituation, in nichts nachgestanden haben dürfte. Dörnes «Reisebild» zeigt zudem den wandernden Studenten Heine einmal nicht in der vielfach gebrochenen Selbstdarstellung des Autors, sondern in der Außenansicht der zufälligen Reisebekanntschaft – ein eher seltener und deshalb bemerkenswerter Anblick.

Studenten auf der Wanderung nach Eisenach.

Der erste «Reisebilder»-Band erregt in der literarischen Öffentlichkeit großes Aufsehen. Von der Kritik wird das Buch durchaus zwiespältig aufgenommen; vor allem der Prosa stehen die Kritiker recht ratlos gegenüber. Die Personalsatiren der «Harzreise» lösen sogar öffentlichkeitswirksame Skandale aus. Die Göttinger Professoren erwirken gegen Heines respektlose Darstellung ihres Standes und ihrer Stadt – ganz die Philister, als die Heine sie schildert – ein lokales Verbot des Buchs. Der Hamburger Großkaufmann und Manufakturwarenmakler Joseph Meyer Friedländer, der sich in Heines Formulierung vom «schwarzen, noch ungehenkten Makler» wiederzuerkennen glaubt, versucht Heine auf offener Straße zu ohrfeigen. Solche Kontroversen und Skandale fördern zwar Heines Popularität, nicht aber den Verkauf des Buchs, so daß Campe sich erst 1830 zu einer zweiten Auflage bereitfindet.

Harzreise zwischen Philistertum und Natur

Ein «zusammengewürfeltes Lappenwerk» nennt Heine selbst den Text der «Harzreise». Zusammengehalten wird es nicht durch eine Handlung, sondern durch den chronologischen Bericht des Erzählers über eine Wanderung. Er stellt sich vor als mittelloser Student und Dichter, der, frustriert von Studium, philisterhafter Umwelt und unglücklicher Liebe, Heilung sucht in der Natur. Die Harzreise tut ihre Wirkung; in der Liebe zur sagenhaften Prinzessin Ilse, einer erotischen Naturerscheinung, vereint sich die Innenwelt des Wanderers mit der Außenwelt. «Erscheinungswelt» und «Gemütswelt» werden eins. Diese Harmonie entpuppt sich jedoch in der die «Harzreise» abschließenden Vision vom Gesellschaftsleben am Hamburger Jungfernstieg als sentimentaler Lug und Trug. Der romantische Rückzug in die Natur, den der Wanderer gesucht hat, gelingt nicht mehr. Die «Harzreise» erweist sich – im Kontrast dazu – als sehr gegenwartsbezogen, als «Reise in die Zeit».

Philistersatire, ein durchgängiges Motiv der «Reisebilder», steht am Anfang der «Harzreise», einer vernichtenden Karikatur der Stadt Göttingen. Die Göttinger Universität galt seinerzeit als europäische Spitzenuniversität. Heine hat diesen Ruf durch seine respektlose Darstellung der berühmten Alma Mater gründlich ruiniert. Er hat als erster den Verfall ihrer einst blühenden historischen und juristischen Disziplinen konstatiert. Innerhalb weniger Jahre fielen daraufhin die Studentenzahlen drastisch. Die «hochgelahrte Georgia Augusta», die größte Universität Europas, versank in der Provinzialität.

Mit dem Aufbruch aus der Universitätsstadt in die Naturwelt des Harz kontrastiert Heine die Gefühlsstarre der Göttinger Gesellschaft mit freier Natürlichkeit, das tote Wissen und den gelehrten Dünkel der Professoren mit lebendigem Fühlen und volksnaher Herzlichkeit. Die vielen stilistischen und emotionalen Brechungen zeigen, daß dem Reisenden auch in der Natur keine ungetrübte Gegenwelt zur Zivilisation mehr ersteht. Die Befreiung liegt vielmehr im Überschreiten des Istzustands, im Fortgang der Geschichte. Dem Stillstand der gegenwärtigen gesellschaftlichen Situation wird in der «Harzreise» als Fortschritt die Dynamik und Lebendigkeit der Träume gegenübergestellt. Nur im Tagtraum kann sich diese Zukunft vorerst symbolhaft zeigen.

Schwarze Röcke, seidne Strümpfe,
Weiße, höfliche Manschetten,
Sanfte Reden, Embrassieren –
Ach, wenn sie nur Herzen hätten!

Herzen in der Brust, und Liebe,
Warme Liebe in dem Herzen –
Ach, mich tötet ihr Gesinge
Von erlognen Liebesschmerzen.

Auf die Berge will ich steigen,
Wo die frommen Hütten stehen,
Wo die Brust sich frei erschließet,
Und die freien Lüfte wehen.

Auf die Berge will ich steigen,
Wo die dunkeln Tannen ragen,
Bäche rauschen, Vögel singen,
Und die stolzen Wolken jagen.

Lebet wohl, ihr glatten Säle,
Glatte Herren! Glatte Frauen!
Auf die Berge will ich steigen,
Lachend auf Euch niederschauen.

Es ist der erste Mai, und ich denke deiner, du schöne Ilse – oder soll ich dich «Agnes» nennen, weil dir dieser Name am besten gefällt? – ich denke deiner, und ich möchte wieder zusehen, wie du leuchtend den Berg hinabläufst. Am liebsten aber möchte ich unten im Tale stehen und dich auffangen in meine Arme. – Es ist ein schöner Tag! Überall sehe ich die grüne Farbe, die Farbe der Hoffnung. Überall, wie holde Wunder, blühen hervor die Blumen, und auch mein Herz will wieder blühen. [...]

Ja, Agnes, oft und leicht kommt dieses Herz nicht zum Blühen; so viel ich mich erinnere, hat es nur ein einziges Mal geblüht, und das mag schon lange her sein, gewiß schon hundert Jahr. Ich glaube, so herrlich auch damals seine Blüte sich entfaltete, so mußte sie doch aus Mangel an Sonnenschein und Wärme elendiglich verkümmern, wenn sie nicht gar von einem dunkeln Wintersturme gewaltsam zerstört worden. Jetzt aber regt und drängt es sich wieder in meiner Brust, und hörst du plötzlich den Schuß – Mädchen, erschrick nicht! ich hab mich nicht tot geschossen, sondern meine Liebe sprengt ihre Knospe, und schießt empor in strahlenden Liedern, in ewigen Dithyramben, in freudigster Sangesfülle.

Es ist noch früh am Tage, die Sonne hat kaum die Hälfte ihres Weges zurückgelegt, und mein Herz duftet schon so stark, daß es mir betäubend zu Kopfe steigt, daß ich nicht mehr weiß, wo die Ironie aufhört und der Himmel anfängt, daß ich die Luft mit meinen Seufzern bevölkere, und daß ich selbst wieder zerrinnen möchte in süße Atome, in die unerschaffene Gottheit; – wie soll das erst gehen, wenn es Nacht wird, und die Sterne am Himmel erscheinen, «die unglückseligen Sterne, die dir sagen können – –»

Es ist der erste Mai, der lumpigste Ladenschwengel hat heute das Recht, sentimental zu werden, und dem Dichter wolltest du es verwehren?

Die Harzreise. Schluß

Der Ilsenstein im Harz, dessen pittoreske Fels- und Wasserwelt Heine zu Tagträumen von einer befreiten Gesellschaft anregte.

Die Poesie setzte Heine in einer dem Tagtraum ähnlichen Funktion ein. Visionär zeigt sie das Zukünftige. Deshalb ist die «Bergidylle», das lyrische Herzstück der «Harzreise», den Träumen ähnlich. Auch hier äußert sich, versteckt in der Sprache der Symbole, in Märchenmotiv und Sagenwelt, der Wunsch nach Freiheit und Gleichheit. Der Ritter mit dem «rechten Wort» ähnelt zwar dem Zeitschriftsteller in seiner gesellschaftlichen Führungsrolle; das naive Mädchen, dem er sich im Liebesgespräch als Kämpfer im Geist der Französischen Revolution zu erkennen gibt, ähnelt dem noch unaufgeklärten Volk, das es zu erlösen gilt. Doch das «Zauberwort» des Ritters bewirkt nicht die politische Befreiung, sondern – durchaus konsequent bei der romantisch-mittelalterlichen Motivik des Gedichts – verwandelt die Szene regressiv in eine erotisch getönte Märchenwelt. Noch ist diese als Ersatzwelt für ein tabuisiertes politisches und sexuelles Handeln notwendig.

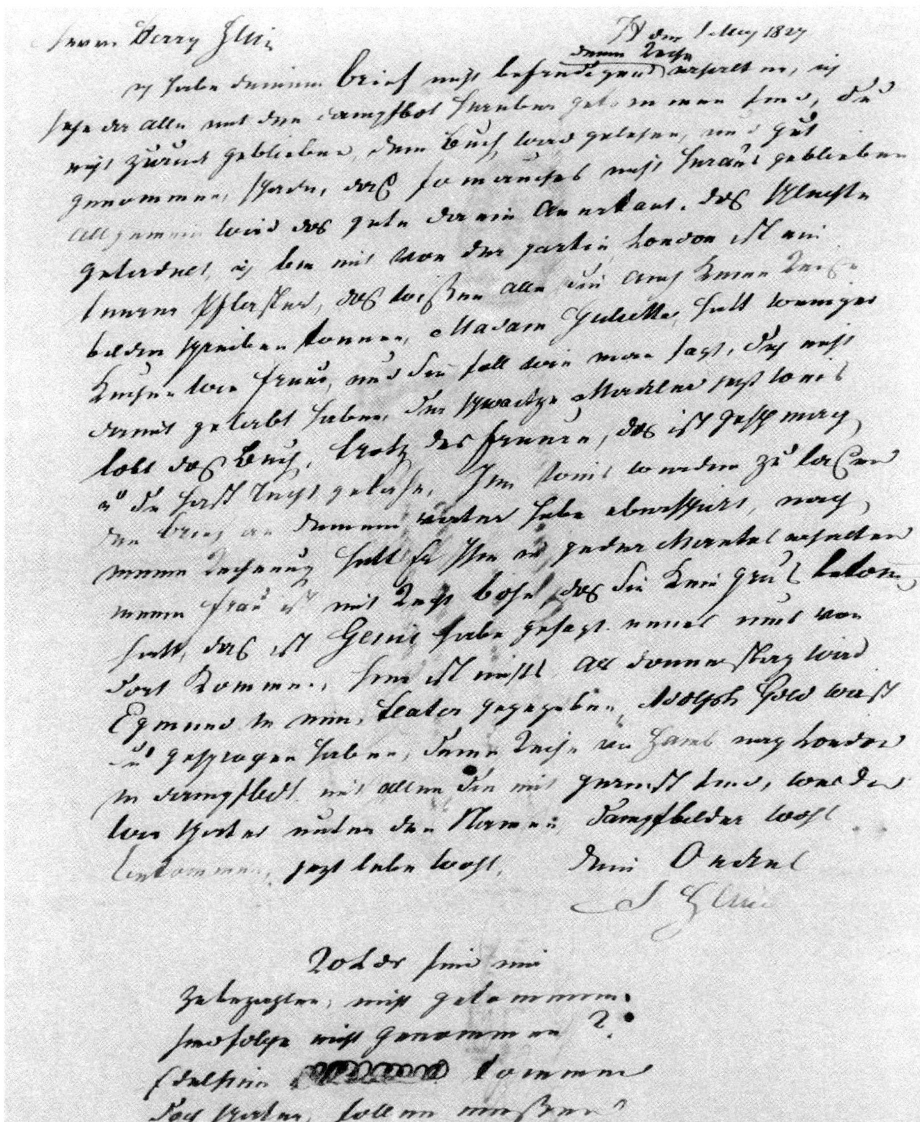

Brief Salomon Heines an seinen Neffen Harry vom 1. Mai 1827, in dem der Onkel witzig-herablassend auf den Erfolg der «Reisebilder» anspielt und deren Fortsetzung als «Dampfbilder» voraussagt.

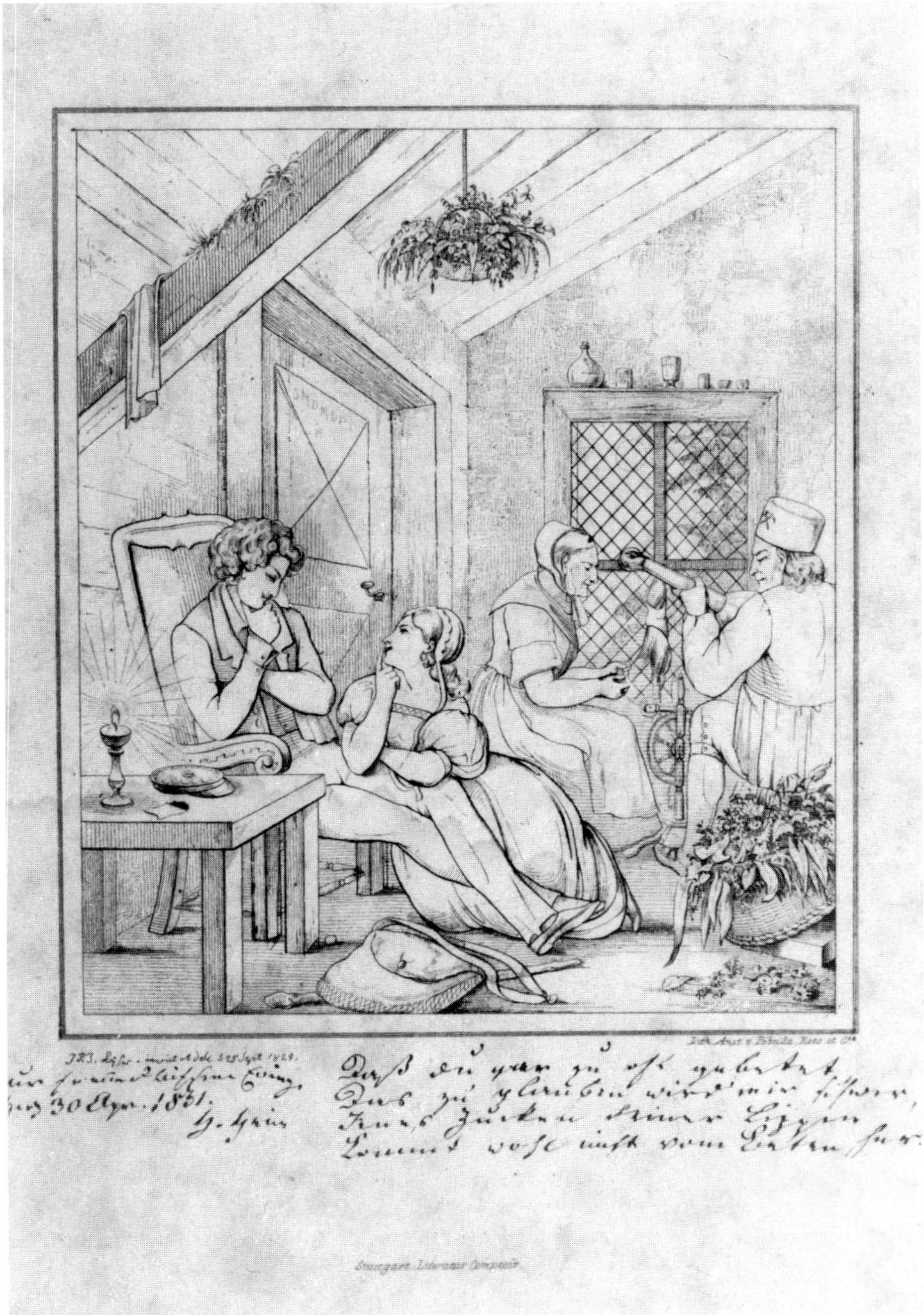

Bergidylle

I

Auf dem Berge steht die Hütte,
Wo der alte Bergmann wohnt;
Dorten rauscht die grüne Tanne,
Und erglänzt der goldne Mond.

In der Hütte steht ein Lehnstuhl,
Reich geschnitzt und wunderlich,
Der darauf sitzt, der ist glücklich,
Und der Glückliche bin Ich!

Auf dem Schemel sitzt die Kleine,
Stützt den Arm auf meinen Schoß;
Äuglein wie zwei blaue Sterne,
Mündlein wie die Purpurros.

Und die lieben, blauen Sterne
Schaun mich an so himmelgroß,
Und sie legt den Liljenfinger
Schalkhaft auf die Purpurros.

Nein, es sieht uns nicht die Mutter,
Denn sie spinnt mit großem Fleiß,
Und der Vater spielt die Zither,
Und er singt die alte Weis.

Und die Kleine flüstert leise,
Leise, mit gedämpftem Laut;
Manches wichtige Geheimnis
Hat sie mir schon anvertraut.

«Aber seit die Muhme tot ist,
Können wir ja nicht mehr gehn
Nach dem Schützenhof zu Goslar,
Und dort ist es gar zu schön.

Hier dagegen ist es einsam,
Auf der kalten Bergeshöh,
Und des Winters sind wir gänzlich
Wie vergraben in dem Schnee.

Und ich bin ein banges Mädchen,
Und ich fürcht mich wie ein Kind
Vor den bösen Bergesgeistern,
Die des Nachts geschäftig sind.»

Plötzlich schweigt die liebe Kleine,
Wie vom eignen Wort erschreckt,
Und sie hat mit beiden Händchen
Ihre Äugelein bedeckt.

Lauter rauscht die Tanne draußen,
Und das Spinnrad schnarrt und brummt,
Und die Zither klingt dazwischen,
Und die alte Weise summt:

«Fürcht dich nicht, du liebes Kindchen,
Vor der bösen Geister Macht;
Tag und Nacht, du liebes Kindchen,
Halten Englein bei dir Wacht!»

Die Harzreise. Reisebilder. Erster Teil

Illustration zur «Harzreise» von J. P. Lyser; mit einem Porträt und einer eigenhändigen Abschrift Heines aus «Bergidylle» mit Widmung für Fanny Lewald.

Eine weitschallende Stimme. Reisebilder. Zweiter Teil

Beflügelt von seinem jungen Ruhm legt Heine den zweiten Teil der «Reisebilder» weit kämpferischer an als den ersten; polemischer im Ton und zeitkritischer in der Thematik, mit den sozialkritischen Passagen der «Nordsee» und dem Bekenntnis zu Napoleon im Memoirenwerk «Ideen. Das Buch Le Grand». «Etwas Gewaltiges» will Heine geben. Der zweite Teil entsteht unmittelbar nach dem Erscheinen des ersten, ab dem Sommer 1826, und kommt im April 1827 auf den Markt. Scharfe Reaktionen von Kritik und Zensurbehörden sind zu befürchten. Heine reist deshalb schon vor der Auslieferung des Buchs ins sichere England. Daß das Buch – trotz des Verbots in den preußischen Rheinprovinzen – überwiegend positiv aufgenommen wird, erleichtert ihn sehr: «Ich habe durch dieses Buch einen ungeheuren Anhang und Popularität in Deutschland gewonnen, wenn ich gesund werde kann ich jetzt viel thun; ich habe jetzt eine weitschallende Stimme».

Nordsee

Die Nordsee ist eines von Heines bevorzugten Reisezielen. Nordseeklima galt schon seinerzeit als gesundheitsfördernd, und so kamen sommerliche Badereisen ans Meer allmählich in Mode. Nicht wenig dazu beigetragen hat Georg Christoph Lichtenberg, als er sich schon vor der Jahrhundertwende für die Begründung eines großen deutschen Seebades einsetzte. Badereisen wurden durch ihn auch für Literaten attraktiv. Heine ist einer der ersten unter ihnen, der die Seebäder gebraucht. Er erhofft sich davon eine Besserung seiner seit längerem schon angegriffenen Gesundheit, vor allem seiner Migräneanfälle. Den Sommer 1823 verbringt er in Cuxhaven; 1825, 1826 und 1827 ist er auf Norderney; 1829 und 1830 auf Helgoland. In der französischen Zeit wird er diese Badeaufenthalte wieder aufnehmen.

[...] schon nach wenigen Tagen trat eines Morgens eine vierschrötige wandsbeckische Lütje-Maid (Kleinmagd), in mein Zimmer und brachte mir ein Billett von Heine mit der dringenden Einladung: ihn doch sobald als möglich in Wandsbeck zu besuchen, denn er sei unwohl und langweile sich wie der Mops der Frau Senatorin ***, wenn sie zarte Lieder sänge. [...]

Ich war früher noch nie in Wandsbeck gewesen, brauchte daher einige Zeit, um den Gasthof aufzufinden, wo Heine logirte. Wie gewöhnlich, hatte Heine sich für vieles Geld ein miserables Logis gemiethet: ein hohes, weites, dunkles Zimmer zu ebener Erde, wo man fror, wenn es draußen noch so heiß war, kahle Wände, zwei Stühle, ein altes Sofa, ein zerbrechliches Bett, dafür zahlte Freund Heine per Monat 30 Mark und war sehr verwundert, als ich ihn überzeugte, daß er für 10 Mark eine unendlich komfortablere und gesündere Wohnung in demselben Haus hätte erhalten können. – Er ließ es aber dabei bewenden, und begnügte sich damit: den Wirth, der ihn auf so unverschämte Weise geprellt hatte, einen Spitzbuben zu nennen, was dieser um so weniger übel nahm, als Heine noch zwei Monate lang den unerhörten Zins fortzahlte.

Johann Peter Lyser, Heine-Erinnerungen (1848)

Laufende № 140. № — des Bettes.
Fahrt mit dem Dampfschiffe
DE BEURS VAN AMSTERDAM
am Mittwoch den 1. July 1829.
Morgens präcise 5 Uhr
nach HELGOLAND und zurück
bezahlt mit Court.ℳ 16. —.

Bei derartigen Badereisen sind, nicht zuletzt wegen der hohen Kosten (an denen die zu gewärtigenden Spielverluste einen gewissen Anteil haben), die höheren Stände noch ganz unter sich. Das Badeleben in den Nordseebädern ist biedermeierlich familiär und geruhsam. Man trifft sich zu Unterhaltungen, Ausflügen und Glücksspiel im engsten Kreis und badet in Maßen.

Das Dampfschiff «De Beurs van Amsterdam» vor Helgoland.

Die Unverbindlichkeit der Badebekanntschaften macht diese für Heine besonders attraktiv. Für den Adel entwickelt er dabei eine ebenso große Schwäche wie dieser für ihn, und unter den Damen zieht er – eben wegen der Unverbindlichkeit – die Gesellschaft junger Ehefrauen vor. Da Heine sich Frauen gegenüber in der Wirklichkeit wohl wesentlich schüchterner und distanzierter verhielt als in seiner literarischen Phantasiewelt, dürften sich auch seine Kureroberungen, seine Werbungen und Komplimente mehrerenteils auf dem Papier abgespielt haben. «Wellengeräusch, schöne Frauen, gutes Essen und göttliche Ruhe», so jedenfalls charakterisiert er dieses Badeleben.

Die Insel Norderney ist in den 1820er Jahren ein aufstrebendes Seebad mit einer moderne Badeanstalt und einem eben gegründeten Spielcasino, dessen Hasardspiele es schon Blücher angetan haben sollen. Hier verkehrt Heine vor allem in Adelskreisen. Bei seinem zweiten Aufenthalt verläßt er die Insel allerdings schon Ende August fast fluchtartig und zieht sich nach Wangerooge zurück, wohl aus Angst vor den Nachstellungen des hannöverschen Adels und der Inselbevölkerung, die er in der «Nordsee» sehr kritisch unter die Lupe genommen hatte.

Die folgenden beiden Sommer zieht Heine das neugegründete Seebad Helgoland vor, das bald zum Modeort der Berliner und Hamburger Gesellschaft wird. Auch Heines Verleger Campe verbringt dort regelmäßig die Sommerferien. Das Helgoländer Badeleben gilt als besonders intim. In den Sommern, die Heine dort verlebt, halten sich nur rund 200 Badegäste hier auf. Heine verkehrt in Künstlerkreisen, aber auch unter alteingesessenen Helgoländern, mit denen er über Campe bis in die 1850er Jahre hinein in Verbindung bleibt.

Auf einem gewissen Standpunkte ist alles gleich groß und gleich klein, und an die großen europäischen Zeitverwandlungen werde ich erinnert, indem ich den kleinen Zustand unserer armen Insulaner betrachte. Auch diese stehen an der Grenze einer solchen neuen Zeit, und ihre alte Sinneseinheit und Einfalt wird gestört durch das Gedeihen des hiesigen Seebades, in dem sie dessen Gästen täglich etwas Neues ablauschen, was sie nicht mit ihrer altherkömmlichen Lebensweise zu vereinen wissen. Stehen sie des Abends vor den erleuchteten Fenstern des Konversationshauses, und betrachten dort die Verhandlungen der Herren und Damen, die verständlichen Blicke, die begehrlichen Grimassen, das lüsterne Tanzen, das vergnügte Schmausen, das habsüchtige Spielen usw., so bleibt das für diese Menschen nicht ohne schlimme Folgen, die von dem Geldgewinn, der ihnen durch die Badeanstalt zufließt, nimmermehr aufgewogen werden. Dieses Geld reicht nicht hin für die eindringenden, neuen Bedürfnisse; daher innere Lebensstörung, schlimmer Anreiz, großer Schmerz. Als ich ein Knabe war, fühlte ich immer eine brennende Sehnsucht, wenn schöngebackene Torten, wovon ich nichts bekommen sollte, duftig-offen, bei mir vorübergetragen wurden; späterhin stachelte mich dasselbe Gefühl, wenn ich modisch entblößte, schöne Damen vorbeispazieren sah; und ich denke jetzt, die armen Insulaner, die noch in einem Kindheitszustande leben, haben hier oft Gelegenheit zu ähnlichen Empfindungen, und es wäre gut, wenn die Eigentümer der schönen Torten und Frauen solche etwas mehr verdeckten. Diese vielen unbedeckten Delikatessen, woran jene Leute nur die Augen weiden können, müssen ihren Appetit sehr stark wecken, und wenn die armen Insulanerinnen, in ihrer Schwangerschaft, allerlei süßgebackene Gelüste bekommen, und am Ende sogar Kinder zur Welt bringen, die den Badegästen ähnlich sehen, so ist das leicht zu erklären. Ich will hier durchaus auf kein unsittliches Verhältnis anspielen. Die Tugend der Insulanerinnen wird durch ihre Häßlichkeit, und gar besonders durch ihren Fischgeruch, der mir wenigstens unerträglich war, vor der Hand geschützt. Ich würde, wenn ihre Kinder mit badegästlichen Gesichtern zur Welt kommen, vielmehr ein psychologisches Phänomen erkennen, und mir solches durch jene materialistisch-mystischen Gesetze erklären, die Goethe in den «Wahlverwandtschaften» so schön entwickelt. [...]

Die Badekutschen, die Droschken der Nordsee, werden hier nur bis ans Wasser geschoben, und bestehen meistens aus viereckigen Holzgestellen mit steifem Leinen überzogen. Jetzt, für die Winterzeit, stehen sie im Konversationssaale, und führen dort gewiß eben so hölzerne und steifleinene Gespräche, wie die vornehme Welt, die noch unlängst dort verkehrte.

Düne auf Norderney. Hier hielt Heine sich im Sommer 1825, 1826 und 1827 zur Kur auf.

Helgoland (zeitgenössischer kolorierter Stich).

Wenn ich aber sage, die vornehme Welt, so verstehe ich nicht darunter die guten Bürger Ostfrieslands, ein Volk, das flach und nüchtern ist, wie der Boden, den es bewohnt, das weder singen und pfeifen kann, aber dennoch ein Talent besitzt, das besser ist als alle Triller und Schnurrpfeifereien, ein Talent, das den Menschen adelt, und über jene windige Dienstseelen erhebt, die allein edel zu sein wähnen, ich meine das Talent der Freiheit. Schlägt das Herz für Freiheit, so ist ein solcher Schlag des Herzens eben so gut wie ein Ritterschlag, und das wissen die freien Friesen, und sie verdienen ihr Volksepitheton; die Häuptlingsperiode abgerechnet, war die Aristokratie in Ostfriesland niemals vorherrschend, nur sehr wenige adlige Familien haben dort gewohnt, und der Einfluß des hannövrischen Adels, durch Verwaltungs- und Militärstand, wie er sich jetzt über das Land hinzieht, betrübt manches freie Friesenherz, und überall zeigt sich die Vorliebe für die ehemalige preußische Regierung.

Reisebilder. Zweiter Teil. Die Nordsee. Dritte Abteilung

Heines enthusiastische Vorliebe für die Insel soll – so sahen es die Zeitgenossen – die literarische Helgoland-Mode der 1830er Jahre mitbegründet haben. Daß ihn die Nachricht von der französischen Julirevolution auf Helgoland erreicht, ist einer der Zufälle, denen man gern historische Bedeutung beimessen möchte. «Ich weiß jetzt wieder, was ich will, was ich soll, was ich muß. [...] Ich will selbst nach Paris gehen», so reagiert Heine spontan auf die Revolutionsnachricht. Der nächste Sommer sieht ihn nicht mehr auf Helgoland, sondern bereits in Paris.

Heine ist der erste, der die Kuraufenthalte an der See – nach Manier der Originalgenies – literarisch auswertet. Durch ihn wird die nördliche See zum literarischen Gegenstand, und – wichtiger noch – das Erlebnis des «wüsten, nächtlichen Meeres» erweitert seine lyrischen und prosaischen Ausdrucksmöglichkeiten um neue, in der deutschen Literatur bisher unbekannte Töne. Die Texte des «Nordsee»-Zyklus, zwei lyrische Teile und ein Prosastück, sind im Zusammenhang mit und teils direkt auf diesen Reisen 1825/1826 entstanden.

Die Badeaufenthalte bieten nur den äußeren Anlaß zum Schreiben, Heine selbst meint dazu, gemünzt auf die «Nordsee»-Prosa, noch während er daran arbeitet:

«Im Grunde ist es auch gleichgültig, was ich beschreibe; alles ist ja Gottes Welt und der Betrachtung wert; und was ich aus den Dingen nicht hinaussehe, das sehe ich hinein.» Und tatsächlich ist das Badeleben von Norderney, wo sich der Erzähler als letzter Kurgast der Saison aufzuhalten vorgibt, nur Ausgangspunkt für Überlegungen und Reflexionen, die, selbst wenn sie von den scheinbar romantischen «Seestücken» initiiert werden, immer auf die Gesellschaft der Gegenwart zielen.

Setzt Heine, ganz im Reiseführerstil, an zur Beschreibung der Insel, so landet er alsbald bei der sozialen Situation ihrer Bewohner, auf deren traditionale, vormoderne Lebenswelt sich die Anfänge des Badetourismus pervertierend auszuwirken beginnen. Schwärmt er aufs Empfindsamste von Natur und Meer, so endet dies in Patriotismus- und Wissenschaftskritik. Berichtet er vom Badeleben der verflossenen Saison, so assoziiert er unweigerlich die fatale gesellschaftliche Führungsrolle von Adel und Klerus. Seiner privaten Adelsvorliebe zum Trotz brandmarkt er dessen Vormachtstellung erstmals unverhüllt als Hemmschuh für den politischen Fortschritt.

Im Prosateil der «Nordsee» tritt, bezeichnend für die Schreibart der «Reisebilder», an die Stelle des chronologischen Reiseberichts erstmals ein assoziatives Erzählen, dessen kompositorische Dynamik sich im Hin- und Herschweifen ganz der Bewegung des Meeres anpaßt. Der Erzähler bemerkt ausdrücklich, «solche Abschweifungen» seien «sehr natürlich [...] wenn einem, wie auf dieser Insel, beständig das Meergeräusch in die Ohren dröhnt und den Geist nach Belieben bestimmt». «Denn das Meer ist meine Seele». Es wird in den «Seestücken» zum Bild für die Zerrissenheit der modernen Welt.

«Warum gebrauchte Münchhausen seine Frühlings-Cur nicht auf Helgoland, sondern auf dem Kuhstall?» wird die civilisirte und elegante Welt fragen. «Ist Helgoland nicht die neueste Mode für unsere neuesten Originalgenies? Gab nicht der selige H. Heine den Ton an, indem er auf Helgoland eine Kur versuchte und die Felseninsel in seiner Nordsee besang? dem seligen H. Heine folgten Ludolpf Wienbarg, Ernst Willkomm, Kühne, Ferdinand Stolle – ah! wer nennt alle Namen jener Hülf- und Auffrischungsbedürftigen Original-Genies unserer jungen Literatur?

«Warum also ging nicht auch Münchhausen, das Originalgenie, der berühmte, sublime Literat, warum ging nicht auch er nach Helgoland?» –

Darauf antwortete ich: «Lieben Freunde! ich bedurfte nicht sowohl der Auffrischung und der Abwaschung, um wieder neu und säuberlich zu erscheinen, als vielmehr nur einiger Ruhe, um mich zu erholen [...]

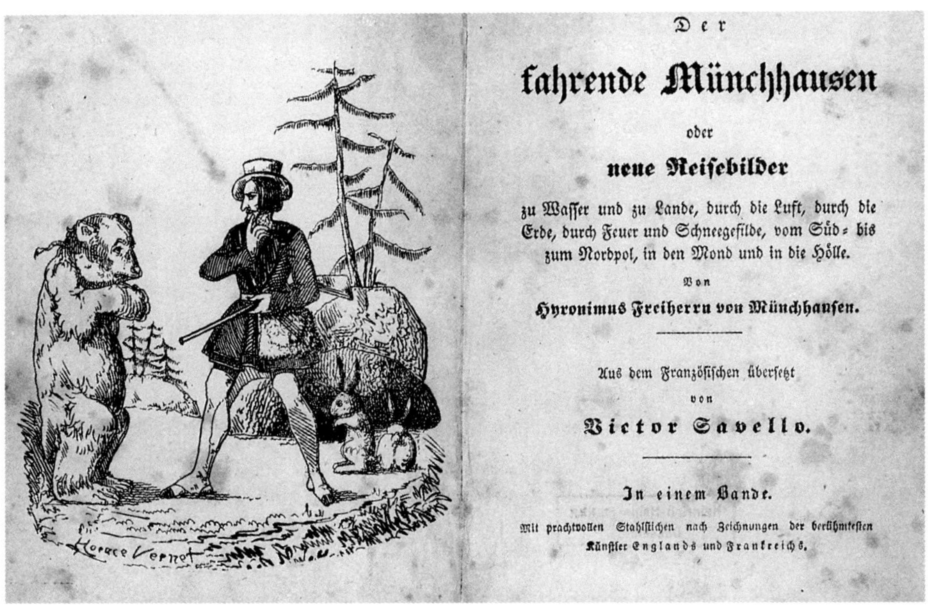

Titelblatt zu Victor Savello (d. i. J. P. Lyser): Der fahrende Münchhausen, eine Parodie auf die «Reisebilder»-Mode der 1830er Jahre.

Im Herrenbad auf Helgoland.

Dann: «Was zehntausend Narren oder deutsche Originalgenies einander nachmachen, ist das noch originel? – Ich glaube kaum!»

Vor Zeiten, als die Ansichten über gewisse Dinge noch nicht ganz so philosophisch waren, wie sie jetzt sind, war es herkömmlich, daß unverheirathete Damen, wenn sie sich in andern Umständen als das weiland heilige römische Reich – (nämlich in gesegneten), befanden, in ein Bad gingen, dort ein gewisses «Ereigniß» ruhig abwarteten und mit aufgefrischter hergestellter Jungfräulichkeit gegen das Ende der Curzeit in ihre Heimath zurückkehrten. – Dieses Herkommen ist unter den Damen abgekommen, seit, wie gesagt, unsere Ansichten über gewisse Dinge philosophischer und liberaler geworden sind.

Nun aber darf ich wohl kaum noch darauf aufmerksam machen, wie wenig originel es von unsern deutschen Originalgenies ist, wenn sie, nachdem ihr Ruhm oder ihre Ehre irgend eine schmähliche Niederlage erlitten, [...] in ein Bad gehen, um ihre literarische Jungfräulichkeit wieder herzustellen. [...]

Victor Savello [d. i. Johann Peter Lyser]: Der fahrende Münchhausen (1840)

Badeplatz auf Föhr.

Ideen. Das Buch Le Grand

«Ideen. Das Buch Le Grand», dieser für einen Reisebericht sehr abstrakte und verwirrende Titel benennt den Teil des zweiten «Reisebilder»-Bandes, der als Heines komplexestes und schwierigstes Werk gilt.

Über die Entstehungsgeschichte ist wenig mehr bekannt, als daß es im Winter 1827 in Lüneburg und Hamburg geschrieben wurde. Eine verwirrende Vielfalt von Themen ohne zeitliche, geographische oder inhaltliche Kontinuität wird angerissen, sprunghaft assoziiert, verlassen und wieder aufgenommen. Es dreht sich hauptsächlich um private Liebesbeziehungen, Autobiographie und Zeitgeschichte. An die Fiktion einer Reise sind diese «Ideen» nicht mehr gebunden. Den Rahmen bildet statt dessen das Gespräch zwischen dem Erzähler und einer verheirateten Dame. Man nimmt an, daß sich hinter «Madame» Friederike Robert verbirgt, die schöne Schwägerin Rahel Varnhagens, der Heine in Berlin seine unglückliche Liebe zu Amalie anvertraut hat. Dieses zentrale Erlebnis spiegelt auch das – dreimal ausgesprochene – Motto dieses Buchs: «Sie war liebenswürdig und Er liebte Sie; Er aber war nicht liebenswürdig und Sie liebte Ihn nicht.» – Ein «altes Stück», wie Heine im Stil des Chronisten vieldeutig anmerkt; eine alte Erfahrung des jungen Autors in jedem Fall. In ihr wird die schmerzliche Zurückweisung, die Heine mit Amalie erlebt hat, noch einmal lebendig; distanzierter nun in der immer rigoroseren Ironisierung der ursprünglich tragischen Erfahrung. Ob sie jemals ganz abgeschlossen ist, bleibt zu fragen. Aus der Tragödie mit Selbstmordabsicht aber ist immerhin eine Tragikomödie geworden.

«Was ist eine Idee? ‹Es liegen einige gute Ideen in diesem Rock›, sagte mein Schneider, indem er mit ernster Anerkennung den Oberrock betrachtete, der sich noch aus meinen berlinisch eleganten Tagen herschreibt, und woraus jetzt ein ehrsamer Schlafrock gemacht werden sollte. Meine Wäscherin klagt: ‹Der Pastor S. habe ihrer Tochter Ideen in den Kopf gesetzt, und sie sei dadurch unklug geworden und wollte keine Vernunft mehr annehmen›. Der Kutscher Pattensen brummt bei jeder Gelegenheit: ‹Das ist eine Idee! das ist eine Idee!› Gestern aber wurde er ordentlich verdrießlich, als ich ihn frug: was er sich unter einer Idee vorstelle? Und verdrießlich brummte er: ‹Nu, nu, eine Idee ist eine Idee! eine Idee ist alles dummes Zeug, was man sich einbildet.›»

Mit «Idee», dem Begriff, der diesem Teil der «Reisebilder» seinen Namen gab, verbindet sich dem gebildeten Leser der Heinezeit, die auch die Zeit des Idealismus ist, eine große, erhabene Vorstellung. Heine setzt dem eine bewußt untertreibend-banale entgegen. Dasselbe kontrastive Verfahren benutzt er, wenn er im Titel des Buchs seinen eigentlichen Helden, Napoleon, als «Idee» hinter Le Grand, dem Trommler Seiner Majestät, versteckt. Und so, wie er das Niedere mit dem Erhabenen, das Alltägliche mit dem Heroischen mischt, mischt er auch Autobiographie und Zeitgeschichte. Die Darstellung Napoleons wird verschränkt nicht nur mit der des Trommlers, sondern auch mit den Erinnerungen an Heines eigene Kindheit und Jugend. Zwei Themenkreise schneiden sich hier, die für das Leben des jungen Heine von entscheidender Bedeutung waren: die Begegnung mit Napoleon, bei dessen Einzug in Düsseldorf der dreizehnjährige Harry dabei war, ist sein politisches Urerlebnis. Sein erotisches Urerlebnis, die Begegnung mit Amalie, erscheint in den «Reisebildern» dazu als Pendant.

Napoleon

Mit keiner anderen politischen Figur hat Heine sich so intensiv auseinandergesetzt wie mit Napoleon. Er ist der Held des jungen Heine. In der Begegnung mit ihm erwacht sein Sinn für die Weltgeschichte. Als Repräsentanten und Vollstrecker der Französischen Revolution und Hoffnungsträger der politischen Emanzipation überhöht er Napoleon zum Mythos und zur heilsgeschichtlichen Figur. Wie Hegel, so sieht auch der junge Heine in Napoleon die Idee der Freiheit verkörpert, das geniale Individuum, das imstande sein wird, die politische Zerrissenheit der Gegenwart zu überwinden. Heine schafft damit als einer der ersten ein positives Gegenbild zur offiziellen Staatslehre der Restauration, die Napoleon zum revolutionären Schreckgespenst aufgebaut hatte. Daß diese Rehabilitation des offiziell verhaßten Tyrannen politischen Sprengstoff enthält, darüber ist sich Heine durchaus im klaren: «Das Buch wird viel Lerm machen, nicht durch den Privatskandal sondern durch die großen Weltinteressen, die es ausspricht. Napoleon und die französische Revolution stehen darin in Lebensgröße», äußert er schon vor Erscheinen gegenüber seinem Hamburger Freund Merckel.

Bonaparte, die Alpen überschreitend – in der Pose des Helden, als den der junge Heine ihn verehrte.

Die Grenadiere

Nach Frankreich zogen zwei Grenadier,
Die waren in Rußland gefangen.
Und als sie kamen ins deutsche Quartier,
Sie ließen die Köpfe hangen.

Da hörten sie beide die traurige Mär:
Daß Frankreich verloren gegangen,
Besiegt und zerschlagen das große Heer –
Und der Kaiser, der Kaiser gefangen.

Da weinten zusammen die Grenadier
Wohl ob der kläglichen Kunde.
Der eine sprach: Wie weh wird mir,
Wie brennt meine alte Wunde!

Der andre sprach: Das Lied ist aus,
Auch ich möcht mit dir sterben,
Doch hab ich Weib und Kind zu Haus,
Die ohne mich verderben.

Was schert mich Weib, was schert mich Kind,
Ich trage weit beßres Verlangen;
Laß sie betteln gehn, wenn sie hungrig sind –
Mein Kaiser, mein Kaiser gefangen!

Gewähr mir, Bruder, eine Bitt:
Wenn ich jetzt sterben werde,
So nimm meine Leiche nach Frankreich mit,
Begrab mich in Frankreichs Erde.

Das Ehrenkreuz am roten Band
Sollst du aufs Herz mir legen;
Die Flinte gib mir in die Hand,
Und gürt mir um den Degen.

So will ich liegen und horchen still,
Wie eine Schildwach, im Grabe,
Bis einst ich höre Kanonengebrüll
Und wiehernder Rosse Getrabe.

Dann reitet mein Kaiser wohl über mein Grab,
Viel Schwerter klirren und blitzen;
Dann steig ich gewaffnet hervor aus dem Grab –
Den Kaiser, den Kaiser zu schützen.

Buch der Lieder. Neue Leiden

Die Grenadiere. Titelblatt der Vertonung von Richard Wagner mit einer Zeichnung von E. B. Kietz. 1843.

Es gab zwar schon vor Heine vereinzelt prominente literarische Stimmen zum Lob des Kaisers, wie die Goethes, Wielands, Jean Pauls und Grabbes. Eine offene Mythisierung aber hatte bisher niemand gewagt. Heine hat damit den Napoleonkult seiner Zeit entscheidend befördert. Sein eigenes Napoleonbild allerdings ist durchaus kritisch. Heine war nie Bonapartist. Je länger er sich mit Napoleon beschäftigt, angefangen von der Romanze «Die Grenadiere», die ein Jahr nach Napoleons Tod erschien, über die Texte in den «Reisebildern» bis zu den Frankreich-Schriften der 1830er und 1840er Jahre, desto kritischer wird sein Bild. Napoleon ist ihm, trotz zeitweiser ironischer Identifikation, eine widersprüchliche Gestalt: Revolutionär und Despot, Befreier und Eroberer, Mythos der Freiheit und ihr Verräter. Trotz dieser Schwankungen aber bleibt er für Heine letztlich eine positive Erscheinung, mit der sich für ihn die Hoffnung auf politische Emanzipation dauerhaft verbindet, auch wenn er, enttäuscht vom Tod des Kaisers, diese erst einmal zurücknehmen muß. Das Erbe dieser politischen Zukunftshoffnung aber übernimmt Heine nicht von Napoleon selbst, sondern von seinem Soldaten, dem wiederauferstandenen Trommler Le Grand. So wie dieser versteht Heine sich zugleich als Kämpfer für den politischen Fortschritt und als Künstler.

Die Vorstellung von einer neuen, Leben und Kunst einenden Ästhetik hat sich im Trommelmotiv ihren adäquaten Ausdruck geschaffen. Die Gestalt des Tambourmajors und das Motiv des revolutionären «Trommelappells» werden in den «Neuen Gedichten» wieder aufgenommen.

Denke ich an den großen Kaiser, so wird es in meinem Gedächtnisse wieder recht sommergrün und goldig, eine lange Lindenallee taucht blühend empor, auf den laubigen Zweigen sitzen singende Nachtigallen, der Wasserfall rauscht, auf runden Beeten stehen Blumen und bewegen traumhaft ihre schönen Häupter – ich stand mit ihnen im wunderlichen Verkehr, die geschminkten Tulpen grüßten mich bettelstolz herablassend, die nervenkranken Lilien nickten wehmütig zärtlich, die trunkenroten Rosen lachten mir schon von weitem entgegen, die Nachtviolen seufzten – mit den Myrten und Lorbeeren hatte ich damals noch keine Bekanntschaft, denn sie lockten nicht durch schimmernde Blüte, aber mit den Reseden, womit ich jetzt so schlecht stehe, war ich ganz besonders intim – Ich spreche vom Hofgarten zu Düsseldorf, wo ich oft auf dem Rasen lag, und andächtig zuhörte, wenn mir Monsieur Le Grand von den Kriegstaten des großen Kaisers erzählte, und dabei die Märsche schlug, die während jener Taten getrommelt wurden, so daß ich alles lebendig sah und hörte. Ich sah den Zug über den Simplon – der Kaiser voran und hinterdrein klimmend die braven Grenadiere, während aufgescheuchtes Gevögel sein Krächzen erhebt und die Gletscher in der Ferne donnern – ich sah den Kaiser, die Fahne im Arm, auf der Brücke von Lodi – ich sah den Kaiser im grauen Mantel bei Marengo – ich sah den Kaiser zu Roß in der Schlacht bei den Pyramiden – nichts als Pulverdampf und Mamelucken – ich sah den Kaiser in der Schlacht bei Austerlitz – hui! wie pfiffen die Kugeln über die glatte Eisbahn! – ich sah, ich hörte die Schlacht bei Jena – dum, dum, dum – ich sah, ich hörte die Schlacht bei Eylau, Wagram – – – – nein, kaum konnt ich es aushalten! Monsieur Le Grand trommelte, daß fast mein eigenes Trommelfell dadurch zerrissen wurde.

Aber wie ward mir erst, als ich ihn selber sah, mit hochbegnadigten, eigenen Augen, ihn selber, Hosiannah! den Kaiser.

Es war eben in der Allee des Hofgartens zu Düsseldorf. Als ich mich durch das gaffende Volk drängte, dachte ich an die Taten und Schlachten, die mir Monsieur Le Grand vorgetrommelt hatte, mein Herz schlug den Generalmarsch – und dennoch dachte ich zu gleicher Zeit an die Polizeiverordnung, daß man bei fünf Taler Strafe nicht mitten durch die Allee reiten dürfe. Und der Kaiser mit seinem Gefolge ritt mitten durch die Allee, die schauernden Bäume beugten sich vorwärts, wo er vorbeikam, die Sonnenstrahlen zitterten furchtsam neugierig durch das grüne Laub, und am blauen Himmel oben schwamm sichtbar ein goldner Stern. Der Kaiser trug seine scheinlose grüne Uniform und das kleine, welthistorische Hütchen. Er ritt ein weißes Rößlein, und das ging so ruhig stolz, so sicher, so ausgezeichnet – wär ich damals Kronprinz von Preußen gewesen, ich hätte dieses Rößlein beneidet. Nachlässig, fast hängend, saß der Kaiser, die eine Hand hielt hoch den Zaum, die andere klopfte gutmütig den Hals des Pferdchens – Es war eine sonnigmarmorne Hand, eine mächtige Hand, eine von den beiden Händen, die das vielköpfige Ungeheuer der Anarchie gebändigt und den Völkerzweikampf geordnet hatten – und sie klopfte gutmütig den Hals des Pferdes. Auch das Gesicht hatte jene Farbe, die wir bei marmornen Griechen- und Römerköpfen finden, die Züge desselben waren ebenfalls edel gemessen, wie die der Antiken, und auf diesem Gesichte stand geschrieben: Du sollst keine Götter haben außer mir. Ein Lächeln, das jedes Herz erwärmte und beruhigte, schwebte um die Lippen – und doch wußte man, diese Lippen brauchten nur zu pfeifen, – et la Prusse n'existait plus – diese Lippen brauchten nur zu pfeifen – und die ganze Klerisei hatte ausgeklingelt – diese Lippen brauchten nur zu pfeifen – und das ganze heilige römische Reich tanzte. Und diese Lippen lächelten und auch das Auge lächelte – Es war ein Auge klar wie der Himmel, es konnte lesen im Herzen der Menschen, es sah rasch auf einmal die Dinge dieser Welt, während wir anderen sie nur nach einander und nur ihre gefärbten Schatten sehen. Die Stirne war nicht so klar, es nisteten darauf die Geister zukünftiger Schlachten, und es zuckte bisweilen über dieser Stirn, und das waren die schaffenden Gedanken, die großen Siebenmeilenstiefel-Gedanken, womit der Geist des Kaisers unsichtbar über die Welt hinschritt – und ich glaube, jeder dieser Gedanken hätte einem deutschen Schriftsteller, Zeit seines Lebens, vollauf Stoff zum Schreiben gegeben.

Der Kaiser ritt ruhig mitten durch die Allee, kein Polizeidiener widersetzte sich ihm, hinter ihm, stolz auf schnaubenden Rossen, und belastet mit Gold und Geschmeide, ritt sein Gefolge, die Trommeln wirbelten, die Trompeten erklangen, neben mir dreht sich der tolle Alouisius und schnarrte die Namen seiner Generale, unferne brüllte der besoffene Gumpertz, und das Volk rief tausendstimmig: es lebe der Kaiser!

Reisebilder Zweiter Teil. Ideen. Das Buch Le Grand.

Italienreise in die Gegenwart. Reisebilder. Dritter Teil

Mit Plänen zu einer Italienreise trug sich Heine seit längerem. Sie aktualisieren sich, angeregt durch Campe, 1828, in der Unklarheit von Heines Münchner Situation. Als er von hier aus in den Süden aufbricht, ist seine Stimmung äußerst zwiespältig. Zwar ist er nun eine literarische Berühmtheit, aber doch auch von vielen Seiten angegriffen. Das kränkt seine Eitelkeit und schmälert seine Aussichten auf die bürgerliche Karriere, die er sich noch immer erhofft. Am Ende der Münchner Zeit steht Heine da ohne berufliche und private Zukunftsperspektive: mit dem reichen, nicht länger zahlungswilligen Onkel Salomon zerstritten, stellungslos und ohne Geld, ohne Liebe – noch immer Paria und Außenseiter.

Heine wird Ihnen aus München geschrieben haben. Mit seiner Stellung ist er zufrieden und nun äußerst freundlich gegen mich; nie will er von mir gehen u[nd] was mehr. Er war kränklich und fürchtete sein Ende! Für den Fall sollte ich seine Papiere haben. Wenn das Clima ihm lästig werden will, geht er nach Italien. Ich habe 2 Jahre in diesem Lande zu Fuß herumgelaufen; oft mit Heine darüber gesprochen u[nd] den Wunsch dahin bei ihm belebt. Unendlich würde es mich ergötzen, *ihn* dort zu sehen, mit seinem plastischen Blick. Er würde uns Italien auf eine neue Weise eröffnen: des bin ich überzeugt.

Julius Campe an Karl Immermann (14. Januar 1828)

Nach Italien fährt er wohl eher aus Gesundheits- denn aus Bildungsgründen. Eine sommerliche Badereise mit Kuraufenthalt in Lucca ist vordergründig sein Ziel.

«Es war damals auch Winter in meiner Seele, Gedanken und Gefühle waren wie eingeschneit, es war mir so verdorrt und tot zumute, dazu kam die leidige Politik [...] und ein alter Nachärger und der Schnupfen.»

Am 4. August verläßt Heine München, folgt nur bis Verona mit Zwischenstationen in Innsbruck und Trient der klassischen Italienroute, besucht dann Mailand und Genua, wo er am 17. August ankommt. Über Livorno fährt er weiter nach Lucca und Bagni di Lucca, wo er sich vom 3. bis ca. 24. September zur Kur aufhält. Im Oktober und November schließt sich ein längerer Aufenthalt in Florenz an. Dort trifft ihn die Nachricht vom schlechten Gesundheitszustand seines Vaters und vom Scheitern seiner Hoffnung auf eine Professur in München. Heine kehrt um. Über Venedig fährt er Ende November zurück nach München und reist von hier aus weiter nach Hamburg. Ende Dezember, unterwegs in Würzburg erfährt er, daß sein Vater am 2. Dezember gestorben ist.

Heines einzige Italienreise endet also in der nördlichen Toskana, ohne daß er die klassischen Bildungsziele Rom und Neapel erreicht hätte. Der aktuelle Anlaß zur Umkehr mag die Todkrankheit des Vaters gewesen sein. Daß Heine Rom und Neapel auch später nie aufgesucht hat, zeigt aber, daß sein Interesse an einer «Bildungsreise» nur gering gewesen sein kann. Glaubt man seinem Schriftstellerkollegen und späteren Intimfeind Börne, so hatte Heine – aus aktuellem Anlaß – sogar Angst vor Rom. Börne behauptete nur wenige Jahre später, 1832: «... er hat mir offen gestanden, daß er in Italien mit Florenz seine Reise beschlossen, weil er sich gefürchtet, nach Rom zu gehen, denn er habe Feinde dort, die ihn gewiß hätten ermorden lassen (wahrscheinlich Graf Platen)».

Die Italienreise hat Heine zu vier Werken angeregt, von denen er drei im dritten und vierten Teil der «Reisebilder» publizierte: «Reise von München nach Genua», «Die Bäder von Lucca» und «Die Stadt Lucca». Das vierte ist der Novellenversuch «Florentinische Nächte» (1836).

«Verdrossnen Sinn im kalten Herzen hegend, Schau ich verdrießlich in die kalte Welt; u.s.w. H. Heine.» So kommentierte Heine das Porträt, das Ludwig Emil Grimm am 9. November 1827 von ihm anfertigte.

Nur das erste der drei italienischen Reisebilder kann man als Reisebericht bezeichnen. Die «Reise von München nach Genua» beschreibt, ähnlich wie die «Harzreise», in chronologischer Reihenfolge einen Teil von Heines realer Reise, deren erste fünfzehn Tage. Noch in Italien, in Lucca, schreibt Heine die erste Hälfte des Berichts. Er erscheint, als Heine sich auf der Rückreise befindet, im Dezember 1828 in vierzehn Folgen im «Morgenblatt für gebildete Stände» des Cotta-Verlags. Die zweite Hälfte schreibt Heine im Frühsommer 1829 in Potsdam. Sie erscheint im November 1829 ebenfalls im «Morgenblatt»; zu Heines Ärger und Enttäuschung aber unvollständig und durch redaktionelle Zensur verstümmelt. Die Buchausgabe des dritten Bands der «Reisebilder» folgt zu Weihnachten 1829. Sie enthält auch die «Bäder von Lucca», die im Sommer und Herbst in Berlin, auf Helgoland und in Hamburg entstanden sind. «Die Stadt Lucca» schließlich, etwa gleichzeitig geschrieben, faßt Heine mit den «Englischen Fragmenten» in den «Nachträgen» zu den «Reisebildern» zusammen.

Anspielung auf Tischbeins Gemälde «Goethe in der Campagna». Zeichnung von Günther Schöllkopf, 1975.

Es gibt nichts Langweiligeres auf dieser Erde, als die Lektüre einer italienischen Reisebeschreibung – außer etwa das Schreiben derselben – und nur dadurch kann der Verfasser sie einigermaßen erträglich machen, daß er von Italien selbst so wenig als möglich darin redet. Trotz dem, daß ich diesen Kunstkniff vollauf anwende, kann ich Dir, lieber Leser, in den nächsten Kapiteln nicht viel Unterhaltung versprechen. Wenn Du Dich bei dem ennuyanten Zeug, das darin vorkommen wird, langweilst, so tröste Dich mit mir, der all dieses Zeug sogar schreiben mußte. Ich rate Dir, überschlage dann und wann einige Seiten, dann kömmst Du mit dem Buch schneller zu Ende – ach, ich wollt, ich könnt es eben so machen! Glaub nur nicht, ich scherze; wenn ich Dir ganz ernsthaft meine Herzensmeinung über dieses Buch gestehen soll, so rate ich Dir, es jetzt zuzuschlagen, und gar nicht weiter darin zu lesen. Ich will Dir nächstens etwas Besseres schreiben.

Reisebilder. Dritter Teil. Die Bäder von Lucca

Heines Reise nach Italien ist keine Reise ins Arkadien der Klassiker auf der Suche nach der Einheit von Mensch, Kunst und Natur; es ist auch keine Reise in die Ideallandschaft romantischer Sehnsucht. Für bildende Kunst ist Heine, das wird sich wenige Jahre später auch in seinen Gemäldeberichten aus Paris zeigen, nahezu blind. Sein Interesse ist hier wie dort politisch-gesellschaftlich. Er sucht das Italien der Gegenwart und den Grad seiner Emanzipation. Und er findet ein zerrissenes, sich selbst und seiner Geschichte entfremdetes, unterdrücktes Land, in dem in den 1820er Jahren die Friedhofsruhe der Restauration herrscht. Diese Gegenwart sieht Heine in Italiens großer Vergangenheit, in antiken Ruinen, in Kunstwerken und in Menschen. Aus der Diskrepanz zwischen gegenwärtiger Dürftigkeit und historischer Größe bilden sich seine

Eindrücke. Hieran entzünden sich die poetischen und gesellschaftlichen Visionen, gehalten in einem eher elegischen als sarkastischen Ton. Heine sieht Italien aus einer dem deutschen Reisenden neuen Perspektive, der des Mitleids.

«Wenn die früheren Reisenden das Land theils durch die Naturbrille, theils durch die Kunstbrille angesehen haben, so betrachten Sie es zuerst mit dem innigen Blicke des Mitleids» (Immermann an Heine).

Heine weiß das und setzt sich mit seinem Italienerleben ganz bewußt von dem der Klassiker ab. Die bekannt ironisch-distanzierte Manier, in der er die deutsche Italienliteratur im allgemeinen und Goethes nur zwölf Jahre zurückliegende «Italienische Reise» im besonderen behandelt, zeigt das aufs Deutlichste.

Die Italienerfahrungen des Erzählers kreisen in vielfacher formaler und inhaltlicher Variation um ein zentrales Thema. Es ist der Konflikt zweier antithetischer Weltanschauungen, der zwischen asketischem Christentum und sinnenfrohem Hellenismus. Dieser Gegensatz wird figuriert in der ersten Szene auf italienischem Boden, «an den Marken Italiens», die der Reisende schildert. In einem zunächst arkadisch anmutenden Ambiente trifft er auf eine «schöne Spinnerin», deren Aussehen in ihm zugleich antike und spirituelle Assoziationen weckt. Ihr zur Seite steht ein hölzernes Kruzifix, von einem Weinstock gestützt, «so daß es fast schaurig heiter aussah, wie das Leben den Tod, die saftig grünen Reben den blutigen Leib und die gekreuzigten Arme und Beine des Heilands umrankten.»

Die Antithese zwischen Sensualismus und Spiritualismus, die sich in diesem christlich-heidnischen Tableau ankündigt, wird für die Heinesche Italienerfahrung Programm.

Bagni di Lucca, Heines eigentliches italienisches Reiseziel. Hier hielt er sich im September 1828 zur Kur auf.

Heines italienische Reiseroute.

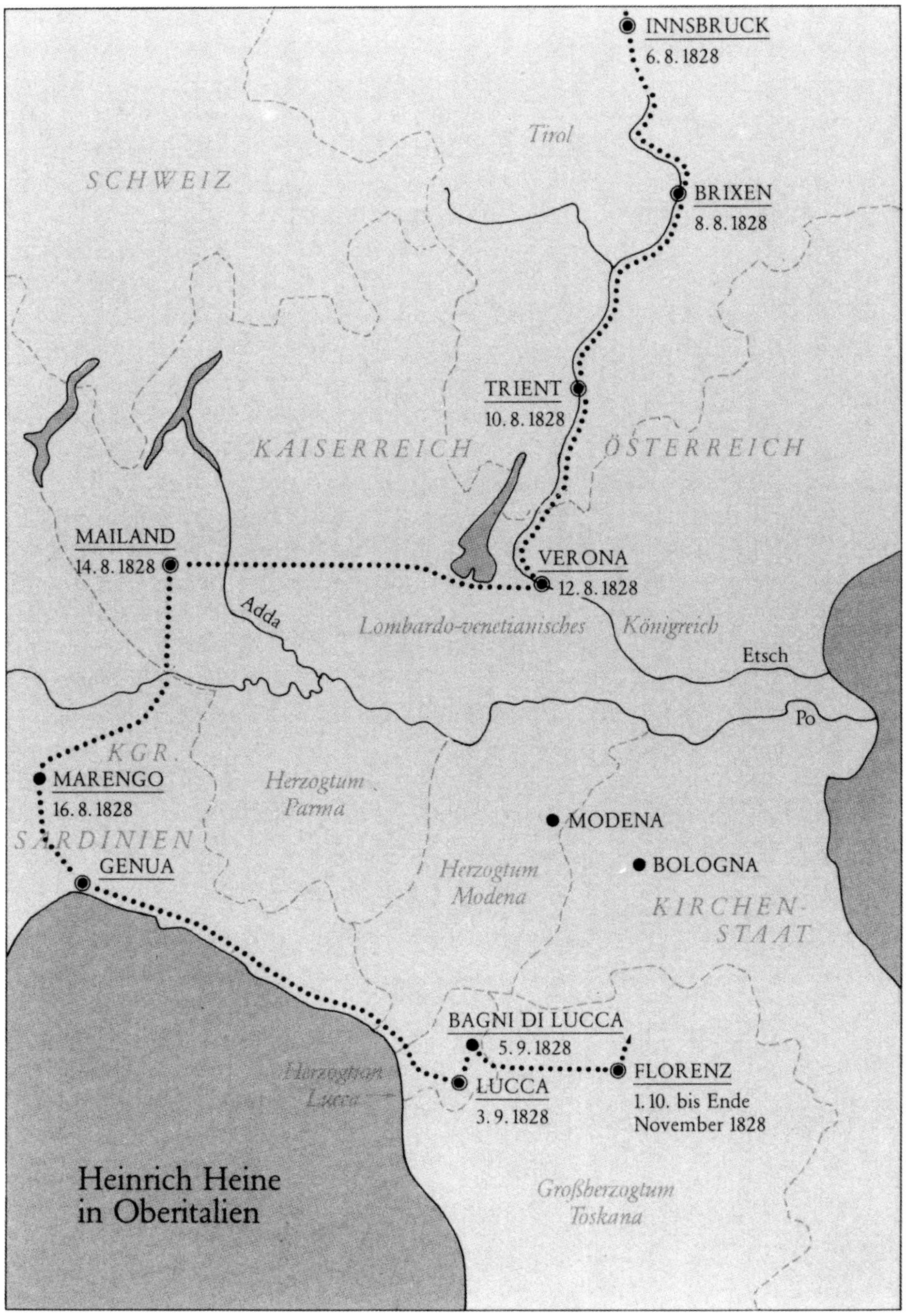

Aber Dich darf ich nicht vergessen, Du Schönste von allen, Du schöne Spinnerin an den Marken Italiens! O hättest Du mir, wie Ariadne dem Theseus, den Faden Deines Gespinstes gegeben, um mich zu leiten durch das Labyrinth dieses Lebens, jetzt wäre der Minotaurus schon besiegt, und ich würde Dich lieben und küssen und niemals verlassen!

«Es ist ein gutes Zeichen, wenn die Weiber lächeln», sagt ein chinesischer Schriftsteller, und ein deutscher Schriftsteller war eben dieser Meinung, als er in Südtirol, wo Italien beginnt, einem Berge vorbeikam, an dessen Fuße, auf einem nicht sehr hohen Steindamm, eines von jenen Häuschen stand, die mit ihrer traulichen Galerie und ihren naiven Malereien uns so lieblich ansehen. Auf der einen Seite stand ein großes hölzernes Kruzifix, das einem jungen Weinstock als Stütze diente, so daß es fast schaurig heiter aussah, wie das Leben den Tod, die saftig grünen Reben den blutigen Leib und die gekreuzigten Arme und Beine des Heilands umrankten. Auf der anderen Seite des Häuschens stand ein runder Taubenkofen, dessen gefiedertes Völkchen flog hin und her, und eine ganz besonders anmutig weiße Taube saß auf dem hübschen Spitzdächlein, das, wie die fromme Steinkrone einer Heiligennische, über dem Haupte der schönen Spinnerin hervorragte. Diese saß auf der kleinen Galerie und spann, nicht nach der deutschen Spinnradmethode, sondern nach jener uralten Weise, wo ein flachsumzogener Wocken unter dem Arme gehalten wird, und der abgesponnene Faden an der frei hängenden Spindel hinunterläuft. So spannen die Königstöchter in Griechenland, so spinnen noch jetzt die Parzen und alle Italienerinnen. Sie spann und lächelte, unbeweglich saß die Taube über ihrem Haupte, und über dem Hause selbst ragten hinten die hohen Berge, deren Schneegipfel die Sonne beschien, daß sie aussahen wie eine ernste Schutzwache von Riesen mit blanken Helmen auf den Häuptern. [...]

Während die Sonne immer schöner und herrlicher aus dem Himmel hervorblühte, und Berg und Burgen mit Goldschleiern umkleidete, wurde es auch in meinem Herzen immer heißer und leuchtender, ich hatte wieder die ganze Brust voll Blumen, und diese sproßten hervor und wuchsen mir gewaltig über den Kopf, und durch die eignen Herzblumen hindurch lächelte wieder himmlisch die schöne Spinnerin. Befangen in solchen Träumen, selbst ein Traum, kam ich nach Italien, und da ich während der Reise schon ziemlich vergessen hatte, daß ich dorthin reiste, so erschrak ich fast, als mich die großen italienischen Augen plötzlich ansahen, und das buntverwirrte italienische Leben mir leibhaftig, heiß und summend, entgegenströmte.

Reisebilder. Dritter Teil. Reise von München nach Genua.

Im zweiten und dritten italienischen Reisebild tritt das Reisen vollends in den Hintergrund. Die internationale Kurgesellschaft der «Bäder von Lucca» liefert ebenso wie die «Stadt Lucca» nur noch den Anlaß zu Reflexionen, die mit Ort und Land nur mehr wenig zu tun haben.

Ihr spektakulärstes Stück, das einen der größten öffentlichen Skandale seiner Zeit bewirkte, ist die Platen-Polemik. Unmittelbar ausgelöst wurde der Streit durch die «Xenien» des mit Heine befreundeten Immermann, knappe versifizierte Sprüche, in denen dieser die formverliebte Reimkunst des Grafen August von Platen-Hallermünde verspottete. Mehr als das verübelte der Angegriffene, daß Heine sich dies zunutze machte und die «Xenien» im zweiten Teil seiner «Reisebilder» publizierte. Mit seinem Lustspiel «Der romantische Ödipus» ging Platen zum Gegenangriff über. Ohne beider literarisches Werk näher zu kennen, kanzelte er Immermann als literarischen Versager ab und verunglimpfte Heine wegen seines Judentums. Das mußte diesen in einer Zeit persönlichen Leids und beruflicher Mißerfolge zutiefst treffen.

Nimmermann
Bin ich nicht ein großer Mensch?
Berlin vergöttert meine Kunst, und meiner Kunst
Kritiken stehn im Hegelischen Wochenblatt,
Als Pfand von seinem Werte. Dort erklärt' ich auch,
Weshalb der getaufte Heine, mein Mitstrebender,
Kein Byron bloß mir, aber ein Petrarca scheint.
Verstand
(Du ganz kompletter Gimpel!) Mir ein Pindarus!
Nimmermann
Ihn nennen hätt ich dürfen auch den Pindarus
Vom kleinen Stamme Benjamin; er nannte mich
Des jetzigen Zeitabschnittes ersten Tragiker!
[...]
Nimmermann
Dies sing ich dir, mein Heine, Samen Abrahams!
Chor
Er stirbt und wimmernd fleht er schon Freund Hein herbei!
Publikum
Du irrst, er ruft Freund Hein ja nicht, den herrlichen
Petrark des Lauberhüttenfests beschwört er bloß.
Nimmermann
Du bist der ersten Dichter einer, sagst du selbst!

Publikum
Wahr ists, in einem Liedelein behauptet ers;
Doch keiner glaubts, wies immer bei Propheten geht.
Nimmermann
Welch einen Anlauf nimmst du, Synagogenstolz!
Publikum
Gewiß, es ist dein Busenfreund des sterblichen
Geschlechts der Menschen Allerunverschämtester.
Nimmermann
Sein Freund, ich bins; doch möcht ich nicht sein Liebchen sein.
Denn seine Küsse sondern ab Knoblauchgeruch.
Publikum
Drum führt er sein Riechfläschchen auch beständig mit.
Nimmermann
Mein Heine! Sind wir beide nicht ein paar Genies?
Wer wagt zu stören, Süßer, uns den süßen Traum?

August Graf von Platen-Hallermünde, Der romantische Ödipus (1829).
Platens Komödie richtet sich hauptsächlich gegen den Schriftsteller Karl Immermann wegen dessen Literatursatire «Der im Irrgarten der Metrik umhertaumelnde Cavalier» (1829), deren Opfer Platen war. Die oben wiedergegebene Passage aus dem 5. Akt des «Ödipus» zielt besonders auf Heine.

Ich fürchte die Intriguen Heine's der [...] Wind bekommen hat, daß seiner im Oedipus Erwähnung geschieht. Er war vergangenen Sommer in Florenz, u[nd] versicherte einem meiner dortigen Bekannten, es würde ihm ein Leichtes seyn, mich bei dem Publicum als Aristokraten verdächtig zu machen. Es hätten sich von seinem letzten Werk in wenigen Monaten sechstausend Exemplare verkauft, ich hingegen wäre ein in Deutschland ganz unbekannter Schriftsteller, u[nd] blos in den Händen der Aristokraten. Gleichwohl hat der gute Mann sich gefürchtet, mit mir in Italien zusammen zu treffen, weil er glaubte, ich würde ihn wegen jenes Epigramms herausfordern. So weit geht die Eitelkeit dieses Dummkopfs. Auf der einen Seite soll ich ein Aristokrat seyn, u[nd] auf der andern soll ich mich wieder so weit herablassen, um mich wegen eines Epigramms mit einem Judenbuben zu schlagen!

August v. Platen an Prof. Schwenck (26. Dezember 1828)

August von Platen (1796–1835), Heines literarischer Widersacher. Die Platen-Polemik im dritten Teil der «Reisebilder» löste einen literarischen Skandal aus.

Er rächte sich mit der Platen-Polemik im dritten Teil der «Reisebilder».

Diese verletzt die geschriebenen und ungeschriebenen Anstandsregeln herkömmlicher literarischer Fehden, indem sie schonungslos aufs Persönliche zielt. Mit gnadenloser Deutlichkeit und Schärfe stellt Heine Platen wegen seiner Homosexualität bloß. Die Kritik entrüstet sich einhellig über die Rücksichtslosigkeit von Heines Angriffen.

Wer ist denn der Graf Platen, den wir im vorigen Kapitel als Dichter und warmen Freund kennen lernten? Ach, lieber Leser, diese Frage las ich schon lange auf Deinem Gesichte, und nur zaudernd gehe ich an die Beantwortung. [...]

Andere haben besser von dem armen Grafen gesprochen, und beklagten nur seine beschränkten Mittel, die ihn, bei seinem Ehrgeiz, sich wenigstens als ein Dichter auszuzeichnen, über die Gebühr zum Fleiße nötigten, und sie lobten besonders seine Zuvorkommenheit gegen Jüngere, bei denen er die Bescheidenheit selbst gewesen sei, in dem er mit der liebreichsten Demut ihre Erlaubnis erbeten, dann und wann zu ihnen aufs Zimmer kommen zu dürfen, und sogar die Gutmütigkeit so weit getrieben habe, immer wieder zu kommen, selbst wenn man ihn die Lästigkeit seiner Visiten aufs deutlichste merken lassen. Dergleichen Erzählungen haben mich gewissermaßen gerührt, obgleich ich diesen Mangel an Personalbeifall sehr natürlich fand. Vergebens klagte oft der Graf:

– «Deine blonde Jugend, süßer Knabe,
Verschmäht den melancholischen Genossen.
So will in Scherz ich mich ergehn, in Possen,
Anstatt ich jetzt mich bloß an Tränen labe,
Und um der Fröhlichkeit mir fremde Gabe
Hab ich den Himmel anzuflehn beschlossen.»

Vergebens versicherte der arme Graf, daß er einst der berühmteste Dichter werde, daß schon der Schatten eines Lorbeerblattes auf seiner Stirne sichtbar sei, daß er seine süßen Knaben ebenfalls unsterblich machen könne, durch unvergängliche Gedichte. Ach! eben diese Zelebrität war keinem lieb, und in der Tat, sie war keine beneidenswerte. Ich erinnere mich noch, mit welchem unterdrückten Lächeln ein Kandidat solcher Zelebrität von einigen lustigen Freun-

Karl Leberecht Immermann (1796–1840). Von ihm fühlte Heine sich in seinen literarischen Intentionen verstanden wie von keinem anderen seiner Zeitgenossen. Als «Nimmermann» verspottete Platen den Dichter in der öffentlichen Auseinandersetzung mit Heine.

den, unter den Arkaden zu München, betrachtet wurde. Ein scharfsichtiger Bösewicht meinte sogar, er sähe zwischen den Rockschößen desselben den Schatten eines Lorbeerblattes. Was mich betrifft, lieber Leser, so bin ich nicht so boshaft, wie Du denkst, ich bemitleide den armen Grafen, wenn ihn andere verhöhnen, ich zweifle, daß er sich an der verhaßten «Sitte» tätlich gerächt habe, obgleich er in seinen Liedern schmachtet, sich solcher Rache hinzugeben, ich glaube vielmehr an die verletzenden Kränkungen, beleidigenden Zurücksetzungen und Abweisungen, wovon er selbst so rührend singt. Ich bin überzeugt, er betrug sich gegen die Sitten überhaupt weit löblicher, als ihm selber lieb war, und er kann vielleicht, wie General Tilly, von sich rühmen: Ich war nie berauscht, ich habe nie ein Weib berührt und habe nie eine Schlacht verloren. [...] Noch weit schlimmer ergeht es dem «getauften Heine». Ja, ja, Du irrst dich nicht, lieber Leser, das bin Ich, den er meint, und im «König Ödipus» kannst Du lesen, wie ich ein wahrer Jude bin, wie ich, wenn ich einige Stunden Liebeslieder geschrieben, gleich darauf mich niedersetze und Dukaten beschneide, wie ich am Sabbat mit langbärtigen Mauscheln zusammenhocke und den Talmud singe, wie ich in der Osternacht einen unmündigen Christen schlachte und aus Malice immer einen unglücklichen Schriftsteller dazu wähle – Nein, lieber Leser, ich will Dich nicht belügen, solche gute, ausgemalte Bilder stehen nicht im «König Ödipus», und daß sie nicht darin stehen, das nur ist der Fehler, den ich tadele.

Reisebilder. Dritter Teil. Die Bäder von Lucca.

Der konservative Platen muß für Heine, den modernen Tagesschriftsteller mit gesellschaftlichem Anliegen, zum Feindbild werden. In der vollendeten Form der Platenschen Gedichte erkennt er den ihm – mit konträren künstlerischen Ausdrucksmitteln – Ebenbürtigen und damit den Konkurrenten. Und es muß Heine stacheln, daß gerade einer wie Platen, dessen Engagement sich in Formfragen erschöpft, der sich um Zeitprobleme nicht schert, es weiter gebracht hat als er. Platen nämlich ist anerkannt als literarische Autorität, Heine dagegen als literarisches enfant terrible; Platen ist Cotta-Autor, worum Heine sich zeitlebens vergebens bemühen wird; Platen ist Günstling des bayrischen Königs, der Heines Bewerbung zurückgewiesen hat.

All das macht Platen für Heine zum idealen Gegner. Gegen ihn will er, stellvertretend, sein Konzept von einer aktualitätsbezogenen, zeitkritischen Literatur durchsetzen und wertet das Konzept Platens als schwächlich, unnatürlich und unzeitgemäß ab. Zugleich will er, seine Briefe bezeugen es, in Platen den Münchner «Bund von Pfäffchen, Baronen und Pedrasten» treffen, die aristokratischen und kirchlichen Drahtzieher der konservativen bayerischen Kulturpolitik, die seine beruflichen Pläne vereitelt haben.

Und da Heine zwischen Leben und Schreiben keinen Unterschied zu machen gewillt ist, auch, was den einzelnen Schriftsteller angeht, so stellt er einen Zusammenhang her zwischen Platens Homosexualität, seinem Aristokratismus und seiner abgelebten Formkunst. Einer, dessen Gefühlswelt derart unnatürlich und deshalb unterdrückt ist, kann – argumentiert Heine – kein «wahrer Dichter» sein.

Die Polemik hat seinerzeit einen literarischen Skandal erster Ordnung ausgelöst. Warum verbündet sich Heine, der sein eigenes Außenseitertum so leidvoll erlebt, mit der Normalität ausgerechnet gegen den Außenseiter Platen? Mit der literarischen Konkurrenzsituation allein läßt sich dieser Widerspruch nicht erklären. Dem Problem näher kommt es wahrscheinlich, die Ursache dieses literarischen Streits in der gereizten Überreaktion zweier Außenseiter zu vermuten. Durch die Konkurrenz zwischen den Schriftstellern mag sie zusätzlich angeheizt worden sein.

Schöne Wiege meiner Leiden. Das Buch der Lieder

Aus meinen großen Schmerzen
Mach ich die kleinen Lieder
Intermezzo XXXVI

«Gedichte, wer kauft schon Gedichte» – mit diesem verlegerischen Dauerlamento sieht sich auch Heine konfrontiert, als er Campe 1826 den Plan einer Lyriksammlung unterbreitet. «Jährlich bekomme ich 2 bis 300 Gedichtsammlungen und noch mehr eingesandt. Sie können sich nicht denken, welches Grauen mich beim Anblick von Versen überläuft...»

Heine-Porträt von Gottlieb Gassen; München, April 1828.

«Den Gärtner nährt sein Spaten,
Den Bettler sein lahmes Bein,
Den Wechsler seine Dukaten,
Mich meine Liebespein.

Drum bin ich dir sehr verbunden,
Mein Kind, für dein treulos Herz;
Viel Gold hab' ich gefunden
Und Ruhm im Liebesschmerz.

Nun sing' ich bei nächt'ger Lampe
Den Jammer, der mich traf;
Er kommt bei Hoffmann und Campe
Heraus in Klein-Oktav.»

Wilhelm Neumann

Heines Wunsch, in einem Liederbuch sein lyrisches Jugendwerk in neuer Ordnung und strenger Auswahl herauszubringen und damit nach dem großen Erfolg seiner «Reisebilder» auch als Lyriker den Durchbruch zu versuchen, stößt bei Campe auf wenig Gegenliebe. Sein Desinteresse entspringt der Kalkulation des Geschäftsmannes, der den literarischen Zeitgeist kennt und den Verkaufserfolg einzuschätzen weiß. Der geplante Band soll fast nichts Neues enthalten. Die meisten der Gedichte sind seit 1817 mehrfach veröffentlicht worden. Was an dieser Sammlung also soll die Erwartung des Autors rechtfertigen, damit werde er sein «Hauptbuch» schaffen, das ebenso populär werden würde wie die Gedichtsammlungen von Goethe, Bürger und Uhland? Und das zu einem Zeitpunkt, da der Lesergeschmack Gedichte nicht eben favorisiert?

Aber nicht nur die Leser, auch die Autoren der jungen Generation selbst sind, was Verse anbelangt, skeptisch. «Seit einiger Zeit sträubt sich etwas in mir gegen alle gebundene Rede [...] Es will mich bedünken, als sei in schönen Versen allzuviel gelogen worden, und die Wahrheit scheut sich in metrischen Gewanden zu erscheinen», so wird Heine selbst die zweite Auflage des «Buchs der Lieder» einleiten. Lyrik hat keine Konjunktur in nachromantischer Zeit. Die Prosa ist es, die, vor allem in der jungen Literatur, als zukunfts- und damit erfolgsträchtig gilt.

In dieser Situation ist Heine in singulärer Großzügigkeit sogar bereit, auf ein Honorar zu verzichten, um dem Verleger das Projekt schmackhaft zu machen und seinem «Buch der Lieder» zu einem guten Start zu verhelfen. Eine folgenschwere Entscheidung, die – wie sich noch herausstellen wird – auch durch ein nachträglich gezahltes Pauschalhonorar nicht zu revidieren ist. Zwar scheint der geringe Anfangserfolg dem Verleger recht zu geben; zehn Jahre lang ist das «Buch der Lieder» ein Ladenhüter. Keine 2000 Exemplare werden verkauft. Es scheint wirklich im Schatten der weit erfolgreicheren «Reisebilder»-Bände, wie Heine selbst nun fürchtet, «ins Meer der Vergessenheit hinabzusegeln». Doch dann, ab 1837, beginnt das «Buch der Lieder» alle anderen Heine-Werke zu überholen. Es erlebt zu Heines Lebzeiten zwölf Auflagen, an denen, Heine lebenslang ein Ärgernis, allein sein Verleger verdient.

Heine betrachtete das «Buch der Lieder» stets als die erste der drei «Säulen» seines «poetischen Ruhms». Sie überragt bis heute die beiden folgenden, «Neue Gedichte» (1844) und «Romanzero» (1851), und blieb Heines bekanntestes und beliebtestes Werk. Auf ihm gründet auch heute noch sein Weltruhm.

Das «Buch der Lieder» enthält, in fünf Zyklen chronologisch geordnet, 237 Gedichte, das Fazit von Heines «lyrischem Jugendleben». Dieses wurde – bei aller Originalität – angeregt von unterschiedlichen literarischen Traditionen. Deren wichtigste, auch im Selbstverständnis des Autors, ist die des Volkslieds. Heine versteht darunter, ganz im Einklang mit seiner Zeit, die von den Romantikern gesammelten mündlich überlieferten, aber auch nachgedichtete Lieder im Volkston; Gedichte also, die sich, nachempfindend oder in bewußt satirischer Brechung, in Versmaß, Stil, Sprache oder Thematik am authentischen Volkslied orientieren. Der Titel eines der Zyklen, «Junge Leiden», weist hin auf weitere Traditionen: die auf Petrarca zurückgehende höfische Dichtung des Liebesschmerzes, den mit Byrons Gedichten in Mode gekommenen Weltschmerz und auch die von Goethes «Leiden des jungen Werthers» ausgelösten Nachwehen des «Wertherfiebers». Heine variiert diese Traditionen vielfältig, bildet sie souverän um und weiter.

Das Hauptthema seiner Jugendlyrik aber, die unglückliche Liebe, ist aus literarischen Traditionen und Moden allein nicht zu erklären. Hier gestaltet sich eine existentielle Erfahrung des jungen Heine. Es wäre jedoch der Artistik dieser Lyrik wenig angemessen, wollte man die thematische Konstanz der immer gleichen «erotischen Passion» biographisch deuten. Heines unerwiderte Liebe zu Amalie und anderen Hamburger Cousinen ist zweifellos Erlebnishintergrund für die Entstehung seiner Jugendgedichte, aber nicht mehr. Die vielfachen Brechungen, gleich, ob ins Schaurig-Romanzenhafte, ins Sentimentale, Frivole oder Ironische zeigen den Abstand zum Erlebten. Diese Lyrik ist nicht Konfession, sondern Rollenspiel, nicht Erlebnislyrik, sondern Fiktion, Wunsch und Traum. Das, was ihr lange Zeit als Gefühlskälte ausgelegt worden ist, erweist sich als bewußte Distanz zwischen dem lyrischen Ich und dem Ich des Autors.

[...] Ich dichte viel; denn ich habe Zeit genug, und die ungeheure Handelsspekulationen machen mir nicht viel zu schaffen; – Ob meine jetzigen Poesien besser sind als die frühere weiß ich nicht; nur das ist gewiß, daß sie viel sanfter und süßer sind; wie in Honig getauchter Schmerz [...]

An Christian Sethe (27. Oktober 1816)

Schade ist es um Heine, daß seine schönste dichterische Begeisterung ihm aus dem Tranke sinnlicher Liebe kömmt, und ich habe ihm das gestern selbst gesagt. Zehen Jahre reifern Alters werden ihm viel von seinem Werte nehmen. Zwar sind Heines erotische Poesien mehr Eingebungen einer nach- und vorschwelgenden Phantasie als eines gegenwärtigen Genusses, mehr Papiergeld als bare Münze der Liebe; aber mit den reifern Jahren verliert man zugleich mit dem Kredit auch die Kraft zu heucheln, und dann wird Heines poetischer Strom seichter und niedriger fließen. Mir fiel das ein bei seinen Betrachtungen, die er über ein Gemälde von Judith und Holofernes macht und die er mit den Worten endigt: «Ihr Götter, soll ich sterben, laßt mich wie Holofernes endigen.»

Ludwig Börne an Jeanette Wohl (8. Dezember 1831)

«Nur etwas kann mich aufs schmerzlichste verletzen», schreibt Heine schon 1823 an den Freund und Dichterkollegen Immermann, «wenn man den Geist meiner Dichtungen [...] aus der Geschichte des Verfassers erklären will. [...] wie wenig ist oft das äußere Gerüste unserer Geschichte zusammenpassend! Bei mir wenigstens paßte es nie.»

Immermann war der erste, der hinter dem «äußeren Gerüste», dem Motiv der unerfüllten Liebe, als «innere Geschichte» die von Heines Außenseitertum vermutete. Nicht die verschmähte Liebe erweist sich als Grunderlebnis dieser Lyrik, sondern das des Ausgeschlossenseins. Die Ablehnung und Demütigung durch Amalie muß, damit sie so tief treffen konnte, eine ältere Wunde aufgerissen haben. Das Amalien-Erlebnis ließ dem jungen Heine, auf der Suche nach seinem Platz in der Welt, sein Nichtdazugehören schmerzlich bewußt werden. Er gehörte auf die Seite des «roten Sefchen», des armen geächteten Scharfrichterkinds aus Düsseldorf und nicht auf die der Hamburger Großbürgertochter; er gehörte auf die Seite der Juden und nicht auf die der deutschnationalen Studenten, die ihn in Bonn und Göttingen aus ihren Reihen ausgeschlossen hatten; er gehörte auf die Seite der armen Schreiberlinge und nicht auf die der etablierten Bankiers.

Hinter dieser individuellen Erfahrung wird eine allgemeine, zeitsymptomatische sichtbar: die Vereinzelung, in die der moderne Dichter mit seiner Freiheit gerät. Für ihn gibt es problemlose Harmonie nicht mehr und sei sie noch so sehnsuchtsvoll begehrt:

«Aber wo der wahre Dichter auch sey, er wird gehaßt und angefeindet, die Pfennigmenschen verzeihen es ihm nicht, daß er etwas mehr seyn will als sie, und das höchste was er erreichen kann ist doch nur ein Martyrthum.»

Loreley

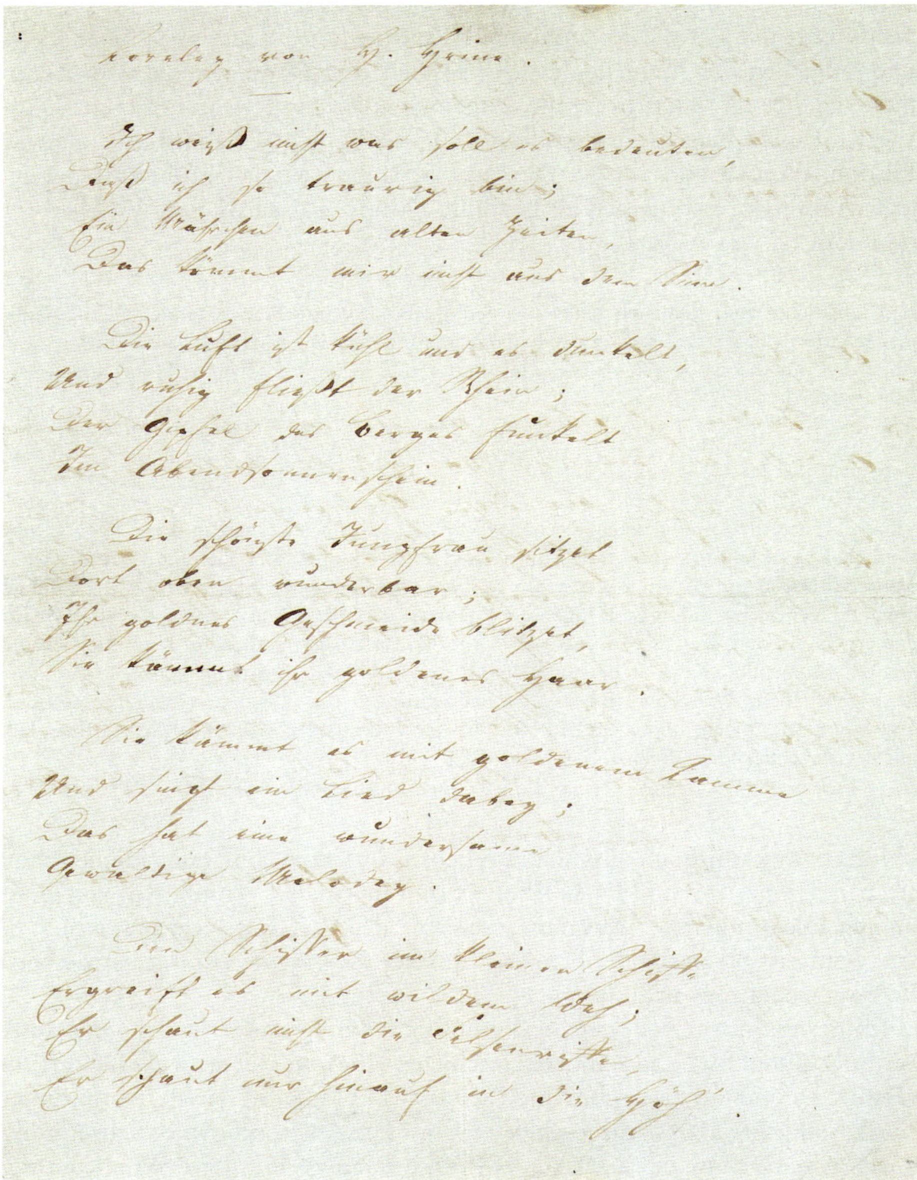
Loreley von H. Heine.

Ich weiß nicht was soll es bedeuten,
Daß ich so traurig bin;
Ein Märchen aus alten Zeiten,
Das kommt mir nicht aus dem Sinn.

Die Luft ist kühl und es dunkelt,
Und ruhig fließt der Rhein;
Der Gipfel des Berges funkelt
Im Abendsonnenschein.

Die schönste Jungfrau sitzet
Dort oben wunderbar;
Ihr goldnes Geschmeide blitzet,
Sie kämmt ihr goldenes Haar.

Sie kämmt es mit goldenem Kamme
Und singt ein Lied dabey;
Das hat eine wundersame
Gewaltige Melodey.

Den Schiffer im kleinen Schiffe
Ergreift es mit wildem Weh;
Er schaut nicht die Felsenriffe
Er schaut nur hinauf in die Höh'.

Das «Loreley»-Gedicht in einer eigenhändigen Abschrift Heines von 1838, als es in Silchers Vertonung populär zu werden begann.

Ich weiß nicht was soll es bedeuten,
Daß ich so traurig bin;
Ein Märchen aus alten Zeiten,
Das kommt mir nicht aus dem Sinn.

Die Luft ist kühl und es dunkelt,
Und ruhig fließt der Rhein;
Der Gipfel des Berges funkelt
Im Abendsonnenschein.

Die schönste Jungfrau sitzet
Dort oben wunderbar;
Ihr goldnes Geschmeide blitzet,
Sie kämmt ihr goldenes Haar.

Sie kämmt es mit goldenem Kamme
Und singt ein Lied dabei;
Das hat eine wundersame,
Gewaltige Melodei.

Den Schiffer im kleinen Schiffe
Ergreift es mit wildem Weh;
Er schaut nicht die Felsenriffe,
Er schaut nur hinauf in die Höh.

Ich glaube, die Wellen verschlingen
Am Ende Schiffer und Kahn;
Und das hat mit ihrem Singen
Die Lore-Ley getan.

Buch der Lieder. Die Heimkehr

Das «Märchen» von der verführerischen Loreley ist noch immer Heines bekanntestes Gedicht. Die Vertonung Friedrich Silchers von 1838 machte es überaus populär und bewirkte, zusammen mit dem sagenhaften Ursprung «aus uralten Zeiten», daß es schon im 19. Jahrhundert als Volkslied gesungen wurde. Selbst in nationalsozialistischen Liederbüchern mochte man auf die «Loreley» nicht verzichten. Das Problem, daß dieser Inbegriff deutschen Volksgutes Kunstprodukt aus der Feder eines als dekadent gebrandmarkten Juden war, löste man, indem man das Lied kurzerhand anonymisierte; es firmierte nun unter «Dichter unbekannt».

Das im Stil einer sentimentalen Ballade gehaltene Gedicht zeigt beispielhaft Heines Umgang mit der Volksliedtradition. Sie wird aufgenommen im bewußt schlicht gehaltenen, jedoch artistisch durchgeformten Volkston, im Versmaß, vor allem aber im romantischen Märchenmotiv von der sirenen- und nixenhaften Zauberin. Zugleich aber distanziert Heine sich von der Volksliedtradition mit der kunstvollen, ja gelegentlich übersteigerten Ausformung dieser Schlichtheit, vor allem aber mit der Einführung eines Handlungsrahmens. Ein Sprecher schiebt sich mit seiner subjektiven Schilderung der Loreley-Sage zwischen das Geschehen und den Leser oder Hörer. Damit wird das Sagengeschehen dem unmittelbaren Gefühl entrückt. Diese Distanzierung macht die «Loreley» zu einer für das «Buch der Lieder» prototypischen Figur: anziehend, aber unerreichbar, todbringend dem, der ihrem rätselhaften Zauber erliegt.

Der Loreleyfelsen bei St. Goarshausen am Rhein, sagenumwobener Mittelpunkt der Rheinromantik.

Ich steh auf des Berges Spitze

Ich steh auf des Berges Spitze,
Und werde sentimental.
»Wenn ich ein Vöglein wäre!«
Seufz ich viel tausendmal.

Wenn ich eine Schwalbe wäre,
So flög ich zu dir, mein Kind,
Und baute mir mein Nestchen,
Wo deine Fenster sind.

Wenn ich eine Nachtigall wäre,
So flög ich zu dir, mein Kind,
Und sänge dir Nachts meine Lieder
Herab von der grünen Lind.

Wenn ich ein Gimpel wäre,
So flög ich gleich an dein Herz;
Du bist ja hold den Gimpeln,
Und heilest Gimpelschmerz.

Buch der Lieder. Lyrisches Intermezzo

Titelillustration zur Erstausgabe der Liedersammlung «Des Knaben Wunderhorn», 2. Band, 1808, entworfen von Clemens Brentano.

Ich steh auf des Berges Spitze

Als «absichtsvoll falsches Volkslied» bezeichnete Adorno in seiner kritischen Abrechnung mit Heines Lyrik einen für das «Buch der Lieder» charakteristischen Gedichttypus, der von der inneren Spannung zwischen Gefühl und seiner Zersetzung, zwischen Traum und Desillusionierung lebt. Zu diesem Typus gehört auch dieses Gedicht.

Heine parodiert hier eines der bekanntesten Volkslieder aus «Des Knaben Wunderhorn», «Wenn ich ein Vöglein wär». Dieses in der ersten Strophe zitierte Vöglein wird zum Ausgangspunkt für Heines parodistisches Verfah-

ren. In sarkastischen Begriffsspielereien setzt er immer neue, volksliedträchtige Vogelnamen, gebunden an stereotype Situationen, ein, um schließlich am Doppelsinn von «Gimpel» seine Pointe aufzuhängen: die Darstellung des unglücklichen Liebhabers als sentimentalem Tropf.

Zwar wertet dieser seine Sehnsucht nach einfachem Glück in Volksliedmanier aus der Überlegenheit seines Bewußtseins heraus ironisch als falsches Gefühl. Und doch schmerzt es ihn, aus dem Paradies einfachen Lebens ausgeschlossen zu sein auf immer. Das zeigt die Aggressivität, mit der Heine die Zersetzung der Gefühle in dieser Parodie betreibt.

Belsatzar

Balladen und Romanzen wie «Belsatzar», «Don Ramiro», aber auch «Die Grenadiere» machen den zweiten eigenständigen Gedichttypus des «Buchs der Lieder» aus. In «Belsatzar» greift Heine einen alttestamentarischen Stoff

Belsatzar

Die Mitternacht zog näher schon;
In stummer Ruh lag Babylon.

Nur oben in des Königs Schloß,
Da flackerts, da lärmt des Königs Troß.

Dort oben in dem Königssaal
Belsatzar hielt sein Königsmahl.

Die Knechte saßen in schimmernden Reihn,
Und leerten die Becher mit funkelndem Wein.

Es klirrten die Becher, es jauchzten die Knecht;
So klang es dem störrigen Könige recht.

Des Königs Wangen leuchten Glut;
Im Wein erwuchs ihm kecker Mut.

Und blindlings reißt der Mut ihn fort;
Und er lästert die Gottheit mit sündigem Wort.

Und er brüstet sich frech, und lästert wild;
Der Knechtenschar ihm Beifall brüllt.

Der König rief mit stolzem Blick;
Der Diener eilt und kehrt zurück.

Er trug viel gülden Gerät auf dem Haupt;
Das war aus dem Tempel Jehovahs geraubt.

Und der König ergriff mit frevler Hand
Einen heiligen Becher, gefüllt bis zum Rand.

Und er leert ihn hastig bis auf den Grund,
Und rufet laut mit schäumendem Mund:

Jehovah! dir künd ich auf ewig Hohn –
Ich bin der König von Babylon!

Doch kaum das grause Wort verklang,
Dem König wards heimlich im Busen bang.

Das gellende Lachen verstummte zumal;
Es wurde leichenstill im Saal.

Und sieh! und sieh! an weißer Wand
Da kams hervor wie Menschenhand;

Und schrieb, und schrieb an weißer Wand
Buchstaben von Feuer, und schrieb und schwand.

Der König stieren Blicks da saß,
Mit schlotternden Knien und totenblaß.

Die Knechtenschar saß kalt durchgraut,
Und saß gar still, gab keinen Laut.

Die Magier kamen, doch keiner verstand
Zu deuten die Flammenschrift an der Wand.

Belsatzar ward aber in selbiger Nacht
Von seinen Knechten umgebracht.

Buch der Lieder. Junge Leiden. Romanzen

auf, die Geschichte des gotteslästerlichen Königs, den eine rätselhafte Flammenschrift in seine Grenzen weist und der seine Hybris mit dem Tod bezahlen muß.

In der alttestamentarischen Fassung nimmt die Interpretation der Flammenschrift durch die Propheten breiten Raum ein. Heine dagegen läßt sie ungedeutet und verlegt den thematischen Schwerpunkt auf das Verhältnis zwischen Herrscher und Gefolgschaft. In seiner Version wird Belsatzar von seinen eigenen Knechten umgebracht, wovon in der Bibel nicht die Rede ist. Das macht den Inhalt aktuell. Die scheinbar zeitlose Romanze wird zum gesellschaftpolitischen Probefall über Autorität, Machtmißbrauch und Revolution. Die Zeitgenossen, geübt im Lesen zwischen den Zeilen, konnten in der biblischen Geschichte eine Warnung an die deutschen Fürsten leicht entdekken.

Eine aktuelle politische oder gesellschaftliche Problematik, im historischen Stoff versteckt anzusprechen, «Wein, verhüllt in Novellenstroh» zu verkaufen, wie Gutzkow es Büchner gegenüber formulierte, das war in politisch repressiven Zeiten wie der Metternichschen Restauration ein beliebtes literarisches Verfahren. Heine hat es im Lauf seines Schriftstellerlebens vor allem in Schreibweise und Stil zur Meisterschaft verfeinert. «Belsatzar» zeigt die Anfänge davon.

Die Götter Griechenlands

Die Gedichte des «Nordsee»-Zyklus bilden einen dritten, ganz eigenständigen Gedichttypus, mit dem der junge Heine sich – seiner eigenen Aussage nach – befreit aus der «lyrisch maliziösen zweistrophigen Manier». Es sind lyrische Improvisationen in freien Rhythmen mit einem neuen Themenkreis, der Mythologie.

Angeregt wurden diese Gedichte durch Heines Aufenthalte an der Nordsee. Das Reizklima der See stärkte nicht nur seine körperliche Konstitution; es aktivierte auch seine Empfindungsfähigkeit und literarische Produktivität. Aus dem Zusammenspiel von grandiosem See-Erlebnis und Homerlektüre des Norderneyaufenthalts entsteht eine in der deutschen Literatur neue Form von Naturdichtung. Sie lebt aus der Beziehung zwischen unmittelbarer Anschauung und subjektiver Erfahrung, gefiltert durch das Bewußtsein historischer Distanz. Die sprachliche Form der Gedichte, ihre freien Rhythmen, verarbeiten weitreichende literarische Traditionen, die antiken Versformen Homers, den hymnischen Ton Klopstocks und des jungen Goethe, weisen aber zugleich darüber hinaus. Heine verfügt frei über diese Traditionen. Er zitiert sie spielerisch.

Ähnlich verfährt er mit dem neuen Thema. Der literarische Rückgriff auf die Mythologie ist nichts Ungewöhnliches für eine Zeit, die mit der Antike, deren Sprachen, Bildern und Symbolen als selbstverständlichem Bildungsgut lebte. Dem entsprechend ist der mythologische Themenkreis für Heine nicht eigentlich Gegenstand seiner Gedichte, sondern vielmehr neues Ausdrucksmittel innerhalb der bestehenden Grundstruktur seiner frühen Lyrik. Im Heineschen Gesamtwerk, vor allem in seinen späteren Schriften aber nimmt die Mythenrezeption einen wichtigen Platz ein.

Im Gedicht «Die Götter Griechenlands», das hier nur auszugsweise wiedergegeben ist, greift Heine ein in Klassik und Romantik oft behandeltes Thema

auf, den Vergleich zwischen Antike und Christentum. Auch Heine beklagt den Verlust der heiteren heidnischen Götterwelt, die Entzauberung der Natur durch die monotheistische Religion. Ähnlich wie bei den Spätromantikern, sind auch für ihn die antiken Götter nicht tot. Sie leben weiter in den mondbleichen Wolkenbildern des mitternächtlichen Himmels, Bildern der Vergänglichkeit, der Ohnmacht und des Grauens. Nur solchermaßen entstellt allerdings haben die sinnenfrohen, heiteren heidnischen Götter im Christentum überleben können und in ihrem Bild das Glücksverlangen und die Sinnenlust der Menschen. Daß sie in ihr «gutes, ambrosianisches Recht» wiedereingesetzt werden, das ersehnt Heine in den «Göttern Griechenlands».

Die Götter Griechenlands

Vollblühender Mond! In deinem Licht,
Wie fließendes Gold, erglänzt das Meer;
Wie Tagesklarheit, doch dämmrig verzaubert,
Liegts über der weiten Strandesfläche;
Und am hellblaun, sternlosen Himmel
Schweben die weißen Wolken,
Wie kolossale Götterbilder
Von leuchtendem Marmor.

Nein, nimmermehr, das sind keine Wolken!
Das sind sie selber, die Götter von Hellas,
Die einst so freudig die Welt beherrschten,
Doch jetzt, verdrängt und verstorben,
Als ungeheure Gespenster dahinziehn
Am mitternächtlichen Himmel.

[...]

Ich hab euch niemals geliebt, ihr Götter!
Denn widerwärtig sind mir die Griechen,
Und gar die Römer sind mir verhaßt.
Doch heilges Erbarmen und schauriges Mitleid
Durchströmt mein Herz,
Wenn ich euch jetzt da droben schaue,
Verlassene Götter,
Tote, nachtwandelnde Schatten,
Nebelschwache, die der Wind verscheucht –
Und wenn ich bedenke, wie feig und windig
Die Götter sind, die euch besiegten,
Die neuen, herrschenden, tristen Götter,
Die schadenfrohen im Schafspelz der Demut –
O, da faßt mich ein düsterer Groll,
Und brechen möcht ich die neuen Tempel,
Und kämpfen für euch, ihr alten Götter,
Für euch und eur gutes, ambrosisches Recht,
Und vor euren hohen Altären,
Den wiedergebauten, den opferdampfenden,
Möcht ich selber knieen und beten,
Und flehend die Arme erheben –

Denn immerhin, ihr alten Götter,
Habt ihrs auch ehmals, in Kämpfen der
Menschen,
Stets mit der Partei der Sieger gehalten,
So ist doch der Mensch großmütiger als ihr,
Und in Götterkämpfen halt ich es jetzt
Mit der Partei der besiegten Götter.

Also sprach ich, und sichtbar erröteten
Droben die blassen Wolkengestalten,
Und schauten mich an wie Sterbende,
Schmerzenverklärt, und schwanden plötzlich.
Der Mond verbarg sich eben
Hinter Gewölk, das dunkler heranzog;
Hochaufrauschte das Meer,
Und siegreich traten hervor am Himmel
Die ewigen Sterne.

Buch der Lieder. Die Nordsee. Zweiter Zyklus

Wolkenbilder mit Götterfiguren, aus einer romantischen Loreleylandschaft.

Dreifrontenkampf. Der freie Schriftsteller und die Zensur

»[...] zu schreiben, während das Censurschwert an einem Haare über meinem Kopfe hängt – das ist um wahnsinnig zu werden.«

An Campe. 1836

Kotzebues Ermordung. Das Attentat des Burschenschaftlers Karl Sand auf den Schriftsteller und russischen Staatsrat August von Kotzebue am 23. März 1819 bot Metternich den spektakulären Anlaß, um die Karlsbader Beschlüsse endgültig durchzusetzen.

Zensur – die vielfältigen Eingriffe in sein literarisches Werk, die das Metternichsche System der Öffentlichkeitskontrolle bewirkt – spielt eine entscheidende Rolle bei Heines Entschluß, Deutschland zu verlassen. Seit der Veröffentlichung des ersten «Reisebilder»-Bandes, 1826, hat Heine immer wieder unter der Zensur zu leiden. Seine journalistischen Arbeiten wie seine Buchpublikationen unterliegen ständiger, strenger staatlicher Kontrolle. Der zweite und der vierte Teil der «Reisebilder» werden in Preußen und im Rheinland verboten; die «Vorrede zu H. Heines Französischen Zuständen» (1833) wird gerichtlich verfolgt. Der zweite Band des «Salon» erhält von den preußischen Zensurbehörden keine Druckerlaubnis; in der darin enthaltenen «Geschichte der Religion und Philosophie in Deutschland» nämlich sieht Metternich «die Quintessenz der Absichten und Hoffnungen der Bagage», womit er die literarische Opposition meint. «Deutschland. Ein Wintermärchen» trägt 1844, im unmittelbaren Vormärz, entscheidend zur Verschärfung der Literaturkontrolle bei, und noch 1851, nachdem die Vorzensur bereits abgeschafft ist, wird «Romanzero» in Österreich, Preußen und Bayern verboten.

Mehr noch als durch diese staatlichen Verbote fühlt sich Heine eingeengt durch die Angst, die diese bei all denen auslösen, die an der Publikation seiner Werke beteiligt sind, gleich, ob als Setzer, Drucker, Korrektor oder Buchbinder, als Redakteur, Herausgeber, Verleger oder Buchhändler – und nicht zuletzt bei ihm selbst. Denn diese Angst schränkt seine Schreib- und Veröffentlichungsmöglichkeiten ein und bewirkt schon vor dem staatlichen Eingriff Streichungen, Kürzungen und Veränderungen in der Gestalt seiner Texte. Die Freiheit der Meinungsäußerung aber, das erkennt Heine früh, ist unabdingbare Voraussetzung für eine Existenz als Journalist und Schriftsteller. Er zieht die Konsequenz und emigriert ins politisch liberale Frankreich.

Damit hat Heine zwar seine Person dem Zugriff der Metternichschen Polizei entzogen, nicht aber sein Werk. Denn alles, was er in Deutschland veröffentlichen will, unterliegt weiterhin den Zensurbestimmungen des Deutschen Bundes. Diese waren 1819, mit der politischen Neuordnung Europas nach Napoleon, in den «Karlsbader Beschlüssen» festgelegt worden und enttäuschten die Erwartungen des liberalen Bürgertums zutiefst. Denn das neue Preßgesetz, von Metternich unter staatsstreichartigen Umständen durchgesetzt, codifizierte nicht, wie versprochen, Meinungsfreiheit. Es sorgte vielmehr dafür, daß die Preßfreiheit, Kernstück aller liberalen Forderungen nach politischer Partizipation, wie sie durch Aufklärung und Französische Revolution auch in Deutschland immer lauter geworden waren, erneut rigide eingeschränkt wurden. Die Friedhofsruhe neoabsolutistischer Herrschaft kehrt in

Die Auferstehung der Zensur. Lithographie von Grandville, 1832.

Deutschland wieder ein. Der politische Diskurs findet weiterhin unter Ausschluß der Öffentlichkeit statt.

Alle Schriften, die weniger als 320 Seiten umfassen, von Umfang und Preis her also eine breitere Leserschaft hätten erreichen können, müssen vor der Veröffentlichung der Zensur vorgelegt werden. Bücher von mehr als 320 Seiten unterliegen zwar nur der Nachzensur. Ein nachträgliches Verbot und die Beschlagnahmung dieser in der Herstellung teuren Bücher aber bedeuten für die Verleger ein finanzielles Risiko, das hoch genug ist, um die Einsatzbereitschaft der meisten für Verlag und Verkauf solch politisch mißliebiger Literatur zu dämpfen.

Daß die Zensur alles Gedruckte nicht zuvörderst nach seinem Inhalt unterscheidet, sondern nach seinem Umfang, zeigt, wo die Schwerpunkte der Öffentlichkeitskontrolle liegen. Sie zielt letztendlich auf die Lesermassen. Der Gärungsstoff politischer Literatur, der in den schmalen Broschüren, in Flugblättern, Zeitungen und Zeitschriften weit schneller, aktueller und zahlreicher unters Volk zu bringen ist als in dickleibigen Folianten, soll dort um seine Wirkung gebracht werden, wo man zurecht fürchtet, daß diese am größten sein würde, beim «unmündigen» Leser aus der breiten Mittel- oder gar Unterschicht. Die Gefahr des «Revolutionären», die man hinter jeder Form politischer Öffentlichkeit fürchtet, glaubt man nur mit Hilfe einer repressiven Pressepolitik bannen zu können.

Das Karlsbader Pressegesetz gilt, mehrfach verlängert, modifiziert, ergänzt und in einzelnen Ländern des Deutschen Bundes je nach Herrschaftsinteresse und sich wandelnder politischer Situation abgeändert, bis 1848. Die Unterdrückungsmaßnahmen gegen die «junge» Literatur verschärfen sich, als Heine Deutschland schon den Rücken gekehrt hat, in den 1830er und 1840er Jahren. Sie kulminieren im Verbot des «Jungen Deutschland» 1835/36. Es gilt nicht nur den bereits veröffentlichten, sondern auch allen zukünftigen Schriften fünf junger Autoren, allen voran Heine, die man als literarisch agierende oppositionelle Gruppe einstuft, eine Vereinigung, die de facto nie bestand.

Die Karlsbader Konferenz vom September 1819; König Friedrich Wilhelm III. von Preußen in Beratung.

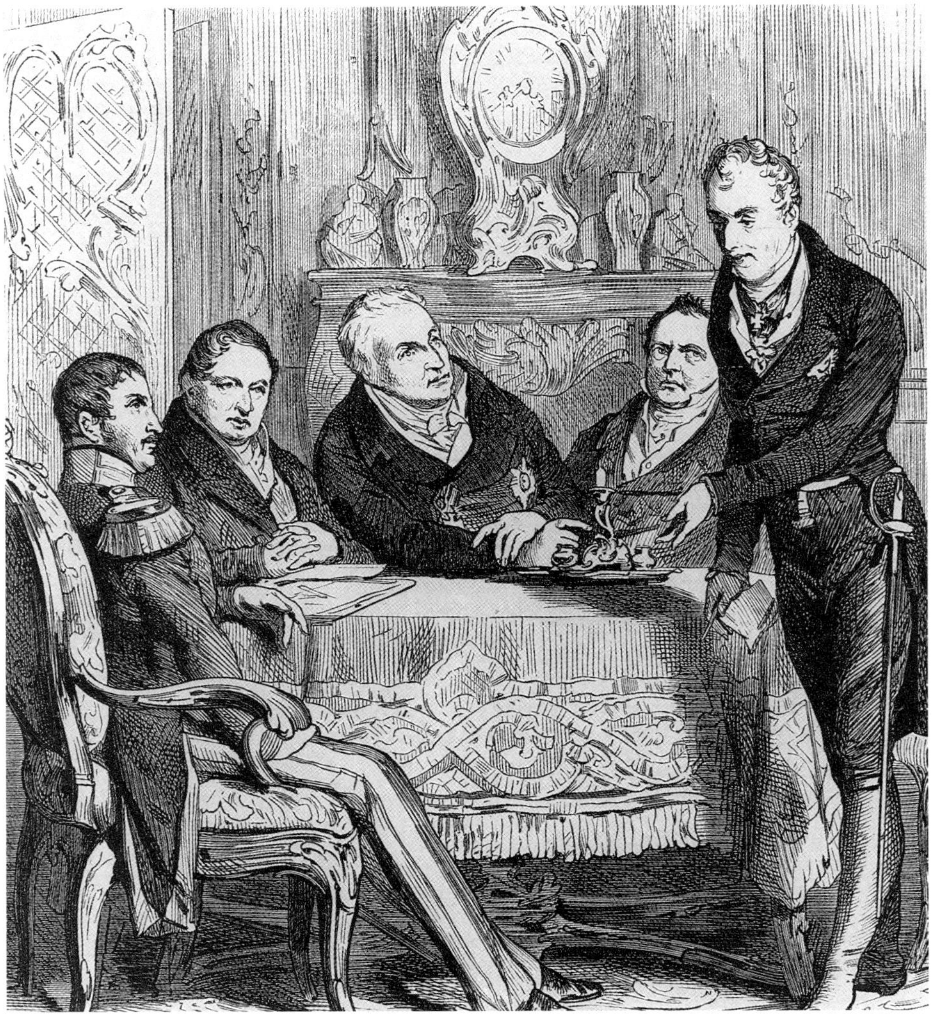

Paris, 26. Februar 1840.

Die Flüchtlinge hatten bis gegen September hin keinen anderen Zentralpunkt als in dem von Savone gestifteten Lesekabinett bei Brockhaus und Avenarius. Diese Stiftung ist indessen mit Mangel an Beiträgen eingegangen. Savone beeilte sich, einen neuen Vereinigungspunkt zu stiften und zwar im Café Valois, galerie vitrée du palais royal. Hier werden aus gemeinsamen Kosten zwölf deutsche politische und literarische Blätter gehalten. Alle Flüchtlinge versammeln sich hier. Nebenbei kommen auch andere Deutsche dahin. Namentlich Sprachlehrer, Literaten und Handelskommis. Es ist ein gewisses Feld der Beobachtung, was aber nur sparsam Früchte abwirft. Heine spielt eine große Rolle daselbst. Diese Zusammenkunft fängt schon an sich aufzulösen, da nur der kleinere Teil die eingegangenen pekuniären Verpflichtungen hält. Die Versammlung hat täglich abends von 7 bis 10 Uhr statt.

Anonymer Geheimbericht für Metternich

Nachdem sich in Deutschland in neuerer Zeit, und zuletzt unter der Benennung «das junge Deutschland» oder «die junge Literatur», eine literarische Schule gebildet hat, deren Bemühungen unverholen dahin gehen, in belletristischen, für alle Classen von Lesern zugänglichen Schriften die christliche Religion auf die frechste Weise anzugreifen, die bestehenden socialen Verhältnisse herabzuwürdigen und alle Zucht und Sittlichkeit zu zerstören: so hat die deutsche Bundesversammlung – in Erwägung, daß es dringend notwendig sey, diesen verderblichen, die Grundpfeiler aller gesetzlichen Ordnung untergrabenden Bestrebungen durch Zusammenwirken aller Bundesregierungen sofort Einhalt zu thun, und unbeschadet weiterer vom Bunde oder von den einzelnen Regierungen zur Erreichung des Zweckes nach Umständen zu ergreifenden Maaßregeln – sich zu nachstehenden Bestimmungen vereiniget:

1. Sämmtliche deutschen Regierungen übernehmen die Verpflichtung, gegen die Verfasser, Verleger, Drucker und Verbreiter der Schriften aus der unter der Bezeichnung «das junge

Deutschland» oder «die junge Literatur» bekannten literarischen Schule, zu welcher namentlich Heinr. Heine, Carl Gutzkow, Heinr. Laube, Ludolph Wienbarg und Theodor Mundt gehören, die Straf- und Polizei-Gesetze ihres Landes, so wie die gegen den Mißbrauch der Presse bestehenden Vorschriften, nach ihrer vollen Strenge in Anwendung zu bringen, auch die Verbreitung dieser Schriften, sey es durch den Buchhandel, durch Leihbibliotheken oder auf sonstige Weise, mit allen ihnen gesetzlich zu Gebot stehenden Mitteln zu verhindern.

Aus dem Verbot der Schriften des Jungen Deutschland, Bundesbeschluß vom 10. Dezember 1835

Heine-Porträt von Gassen 1828.

An die Hohe Bundesversammlung
Mit tiefer Betrübnis erfüllt mich der Beschluß, den Sie in Ihrer einunddreißigsten Sitzung von 1835 gefaßt haben. Ich gestehe Ihnen, meine Herren, zu dieser Betrübnis gesellt sich auch die höchste Verwunderung. Sie haben mich angeklagt, gerichtet und verurteilt, ohne daß Sie mich weder mündlich noch schriftlich vernommen, ohne daß jemand mit meiner Verteidigung beauftragt worden, ohne daß irgend eine Ladung an mich ergangen.
[...]
Wenn Sie, meine Herren, mir nicht freies Geleit bewilligen wollen, mich vor Ihnen in Person zu verteidigen, so bewilligen Sie mir wenigstens freies Wort in der deutschen Druckwelt und nehmen Sie das Interdikt zurück, welches Sie gegen alles, was ich schreibe, verhängt haben. Diese Worte sind keine Protestation, sondern eine Bitte. Wenn ich mich gegen etwas verwahre, so ist es allenfalls gegen die Meinung des Publikums, welches mein erzwungenes Stillschweigen für ein Eingeständnis strafwürdiger Tendenzen oder gar für ein Verleugnen meiner Schriften ansehen könnte. Sobald mir das freie Wort vergönnt ist, hoffe ich bündigst zu erweisen, daß meine Schriften nicht aus irreligiöser und immoralischer Laune, sondern aus einer wahrhaft religiösen und moralischen Synthese hervorgegangen sind, einer Synthese, welcher nicht bloß eine neue literarische Schule, benamset das *junge Deutschland,* sondern unsere gefeiertsten

Karikatur auf die vormärzliche Zensur.

Schriftsteller, sowohl Dichter als Philosophen, seit langer Zeit gehuldigt haben. Wie aber auch, meine Herren, Ihre Entscheidung über meine Bitte ausfalle, so seien Sie doch überzeugt, daß ich immer den Gesetzen meines Vaterlandes gehorchen werde. Der Zufall, daß ich mich außer dem Bereich Ihrer Macht befinde, wird mich nie verleiten, die Sprache des Haders zu führen; ich ehre in Ihnen die höchsten Autoritäten einer geliebten Heimat. Die persönliche Sicherheit, die mir der Aufenthalt im Auslande gewährt, erlaubt mir glücklicherweise, ohne Besorgnis vor Mißdeutung, Ihnen, meine Herren, in geziemender Untertänigkeit, die Versicherungen meiner tiefsten Ehrfurcht darzubringen.
Paris, Cité Bergère Nr. 3, den 28. Jan. 1836.

Heinrich Heine,
beider Rechte Doktor
Offener Brief, mit dem Heine auf das Verbot seiner Schriften im Territorium des Deutschen Bundes reagiert (Auszug)

«Heute war ich mit allen hiesigen Buchhändlern und Büchertrödlern auf die Polizei vorgeladen. Meine Rivale durften in Corpore in das Allerheiligste treten; für mich war aber noch ein besonderes Riechfläschchen eingerührt; ich mußte also zurück bleiben und warten, bis diese abtraten, worauf ich Solo zum Handkuß gelaßen wurde.

Man theilte mir einen Bundes Beschluß mit, der die sämmtlichen Schriften von Heinrich Heine, Carl Gutzkow, Heinrich Laube, Theod Mundt und Ludolf Wienbarg die bis jetzt erschienen sind, und künftig erscheinen werden, verbietet. Und § 3 thut mir die Ehre an, mir das Verlegen jeglicher Schriften dieser und anderer zum jungen Deutschland gehörigen Autoren zu untersagen und das Vorhandene: auf das Strengste zu verbieten. [...].

Noch ist mir der Gedanke an ein solches Verfahren nicht ernsthaft, wie Sie sehen; ich scherze noch darüber, weil die Sache an sich komisch ist, komisch, weil ich ein solches Verfahren nicht faßen kann, daß so wenig Gerechtigkeit als Mitgabe bringt, daß ich es mehr für eine Laune; – für einen in die Irre gegangenen Vapeur halten mögte. –

Doch das Gesetz ist ernsthaft und liebt weder den Humor noch den Spaß; wir müßen uns

Süße heilige Zensur
Laß uns gehn auf deiner Spur,
Leite uns an deiner Hand
Kindern gleich am Gängelband.

Die gute Presse am Gängelband der Zensur.

also an den Buchstaben halten und wenigstens zum alten Deutschland desertieren, wenn wir nicht Spießruthen laufen wollen, auf die es hier ernstlich abgesehen ist. Quid faciamus nos? [...]

Ich will Sie zu nichts verführen, nur ehe Sie Schritte thun: sondieren Sie Ihre Berliner Freunde oder wo Sie sonst deren haben, welche in die Eingeweide des Getriebes Blicken und Ihnen Rathen, wo Sie die Leitern *an* setzen können – [Thun Sie keine Schritte ietzt, wenn Sie nicht die Gewißheit zu reußieren haben. Einen Refus, eine lange Nase sich zu holen, wäre der Mühe werth! – die Zeit wird der beste Arzt seyn so glaube ich. Denn nur ein Toller kann eine solche Masregel ersonnen haben; die Vernunft muß den Sieg darüber erlangen.–]»

Campe an Heine (12. Januar 1836) nach dem Verbot der Schriften des Jungen Deutschland

«Sie wißen, daß ich alles druckte und drucken konnte, und stets drucken kann: wenn ich will. Doch thun Sie beßer, es hübsch mäßig zu treiben. Wäre die Vorrede nach Preußen gekommen, was wäre die Folge? – Ein für alle Mal wären alle Ihre Erzeugniße im Umfange der Monarchie verboten; – und Preußen zählt 13 Millionen Einwohner! [...]

Campe an Heine (5. November 1833)

Ich bitte den lieben Gott inständigst, Ihnen langes Leben, Gesundheit, Generosität und Reichthum zu schenken, auch bitte ich ihn Ihren Muth zu renoviren, nicht den persönlichen, woran ich nie zu zweifeln hatte, sondern den buchhändlerischen. Welch ein kühner Jüngling waren Sie einst, Sie sahen mit unerschrockenem Blick in die schwarzen Höhlen wo die Preßbengel in fürchterlicher Bewegung... Ich lasse Sie jetzt abmalen mit einer Schlafmütze von Correkturbogen, worauf jedes kühne Wort mit Röthel ausgestrichen!

An Campe (23. Januar 1837)

Preußische Zensurakte vom 1. Oktober 1833, mit der die im selben Jahr in Leipzig erschienene Ausgabe der «Vorrede zu Heinrich Heines Französischen Zuständen» verboten wurde.

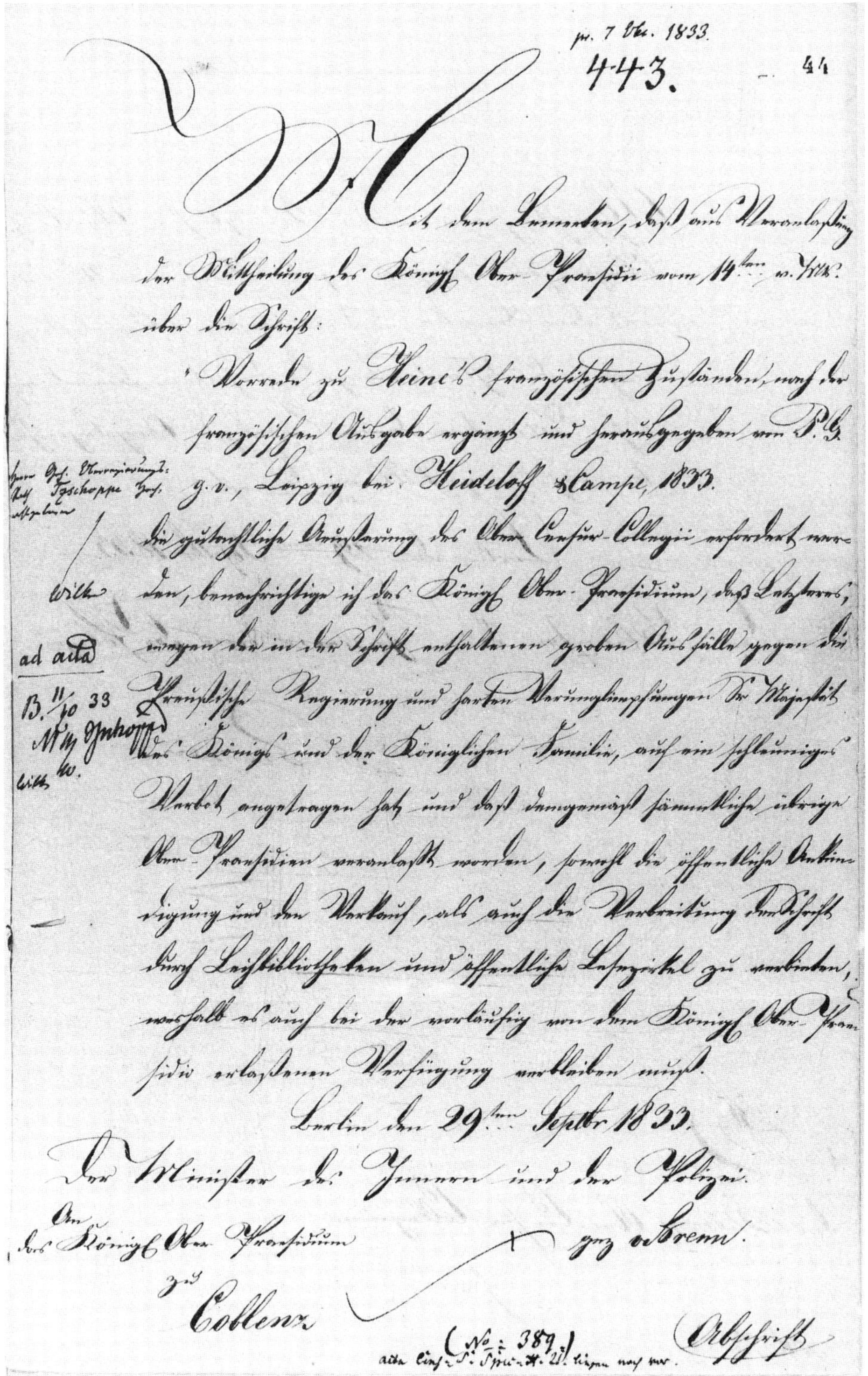

pr. 7 Oct. 1833
443. 44

Mit dem Bemerken, daß auf Veranlassung der Mittheilung des Königl. Ober-Präsidii vom 14ten v. Mts. über die Schrift:

„Vorrede zu Heine's französischen Zuständen, nach der französischen Ausgabe ergänzt und herausgegeben von P. G. g. v., Leipzig bei Heideloff & Campe, 1833.

die gutachtliche Aeußerung des Ober-Censur-Collegii erfordert worden, benachrichtige ich das Königl. Ober-Präsidium, daß Letzteres, wegen der in der Schrift enthaltenen groben Ausfälle gegen die Preußische Regierung und harten Verunglimpfungen Sr. Majestät des Königs und der Königlichen Familie, auf ein schleuniges Verbot angetragen hat und daß demgemäß sämmtliche übrige Ober-Präsidien veranlaßt worden, sowohl die öffentliche Ankündigung und den Verkauf, als auch die Verbreitung der Schrift durch Leihbibliotheken und öffentliche Lesezirkel zu verbieten, weshalb es auch bei der vorläufig von dem Königl. Ober-Präsidio erlassenen Verfügung verbleiben muß.

Berlin den 29ten Septbr 1833.

Der Minister des Innern und der Polizei.

gez. v. Brenn.

An das Königl. Ober-Präsidium zu Coblenz

(No. 387)

Abschrift

Maßnahmen wie der Bundesbeschluß gegen das «Junge Deutschland» können zwar letztlich nicht durchgesetzt werden. Weder Heine noch sein Verleger halten sich an das Publikationsverbot. Campe ignoriert auch das Totalverbot, das Preußen 1841/42 über seinen Verlag verhängt, büßt diese Widersetzlichkeit allerdings auch mit Geld- und Haftstrafen. Die Wirkung solch spektakulärer Staatsaktionen reicht tiefer. Sie liegt im öffentlichen Abschreckungseffekt.

Heine hat die Folgen aus leidvoller eigener Erfahrung heraus erkannt und benannt wie keiner vor ihm. Vielfach beschreibt er den «Dreifrontenkampf»,

Erklärung.

„Der Schwabenspiegel," ein mit meinem Namen unterzeichneter und im „Jahrbuch der Literatur" von Hoffmann und Campe abgedruckter Aufsatz, ist, im Interesse der darin besprochenen Personagen, durch die heimliche Betriebsamkeit ihrer Wahlverwandten, dergestalt verstümmelt worden, daß ich die Autorschaft desselben ablehnen muß.

Paris, d. 21. Januar 1839.

Heinrich Heine.

Mit der «Öffentlichen Erklärung» in der «Zeitung für die elegante Welt» lehnte Heine die Autorschaft an seinem Aufsatz «Der Schwabenspiegel» wegen der Zensureingriffe in seinen Text ab. Diese aber gingen nicht, wie Heine vermutete, zurück auf den Einfluß seines Konkurrenten Gutzkow, sondern stammten von der sächsischen Zensur.

in den ihn die Auseinandersetzung mit der Zensur zwingt. Denn Zensur üben nicht nur die staatlichen Instanzen, sondern unter deren Druck auch um den Absatz ihrer Bücher besorgte Verleger, die Schriftstellerkollegen in der Funktion von Redakteuren, Herausgebern oder literarischen Beratern. Sie reagieren auf einen solcherart eingeengten Markt nicht mit Solidarität, sondern mit verschärftem Konkurrenzverhalten. Heine entwickelt in diesem Kampf eigene Widerstandsstrategien. In offenen Briefen setzt er sich mit der preußischen Regierung auseinander, greift aber auch die Kollegen an und nicht zuletzt seinen Verleger Campe. Ihm wirft er fehlenden «Druckmut» vor, literaturpolitischen Opportunismus und Verrat an die literarische Konkurrenz.

Movens dieser mit scharfer Zunge geführten Wortkämpfe ist die Überlebensangst des freien Schriftstellers. Sie und die Distanz des Pariser Exils aber trüben Heines Blick auf die sich verändernde deutsche Wirklichkeit. So schätzt er die Haltung seiner Widersacher nicht immer richtig ein. Er wähnt sich häufig grundlos Opfer von Feindschaften und Intrigen, grundlos vor allem, was seinen Verleger angeht. Denn Campe wird sich im Kampf gegen die Zensur als mutigster und erfolgreichster aller Verleger erweisen; mit allen Wassern gewaschen, wenn es darum geht, die Grenzen der staatlich gewährten Freiheit auszuloten oder, diese durch geschickte Wahl des Druckorts, phantasievolle Druckgestaltung und kluge Auslieferungsmanöver notfalls auch zu unterlaufen. Heine übersieht, daß dieser zensurpolitische Kurs hart am Rande der Legalität die Gewähr dafür bietet, daß sein Werk auch in Zeiten höchster Bedrängnis auf dem literarischen Markt präsent bleibt und ihn bewahrt vor Isolation und Wirkungslosigkeit.

Neben dieser offensivsten Form des literarischen Protests entwickelt Heine, reagierend auf die häufigen Verstümmelungen, denen seine Texte ausgesetzt sind, neue operative Schreib- und Stilformen. Dazu gehört die neue Art des Reiseberichts in den «Reisebildern», aber auch die Einkleidung in «harmlose Märchen», ein «stilles Buch», «reine Phantasiearbeiten», wo die gesellschaftskritischen Themen, assoziativ, anekdotisch, ironisch verschlüsselt und sublimiert, dem Zugriff der Zensur unfaßbar bleiben. Heine selbst analysiert dieses Verfahren, wenn er nachträglich über sich und das Verbot des «Jungen Deutschland» – durchaus unbescheiden – schreibt:

«Nicht der gefährlichen Ideen wegen, welche das Junge Deutschland zu Markte brachte, sondern der popularen Form wegen, worin diese Ideen

Konfiskationsanzeige der Buchhandlung S. Anhuth in Danzig vom 15. Oktober 1844. Sie betrifft die Beschlagnahmung von sechs Exemplaren von Heines «Neuen Gedichten», hier «Buch der Lieder. 2. Theil» genannt.

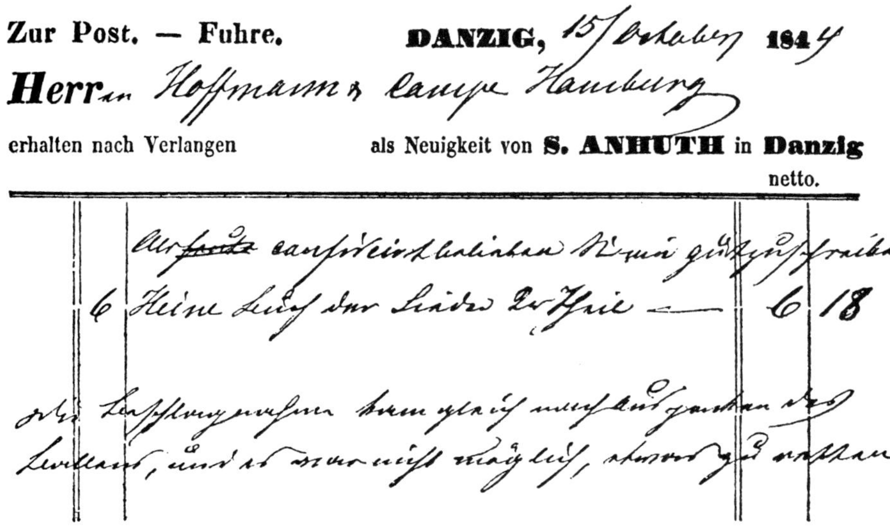
Zur Post. — Fuhre. DANZIG, 15/October 1844

Herr Hoffmann & Campe Hamburg

erhalten nach Verlangen als Neuigkeit von S. ANHUTH in Danzig

netto.

6 Heine Buch der Lieder 2r Theil — 6 18

gekleidet waren, dekredierte man das berühmte Anathem über die böse Brut und namentlich über ihren Rädelsführer, den Meister der Sprache, in welchem man nicht eigentlich den Denker, sondern den Stilisten verfolgte. Nein, ich gestehe bescheiden, mein Verbrechen war nicht der Gedanke, sondern die Schreibart, der Stil.» (Die Götter im Exil. 1854)

Erst vor einigen Tagen entdeckte ich sein bereits im Jahr 1827 gedrucktes, mir aber bisher unbekannt gebliebenes «Buch der Lieder», worin ein Abschnitt Ihnen gewidmet ist; und früher schon hatte mir jemand – ich weiß wirklich nicht mehr wer? – gesagt, oder geschrieben, daß Heine bei Ihnen in besonderer Gnade stehe. Ich entschloß mich daher gleich, diese Lieder zu lesen. [...] Mehrere mißfielen mir. [...] Aber eine gewisse Anzahl wirkte auf mich mit einem unbeschreiblichen Zauber; und an diesem ergötze ich mich fortdauernd. Morgens und abends sind sie meiner heutigen Gemütsstimmung dergestalt homogen, daß ich mich ganz darein vertiefen und versenken kann... Ich bewundre in diesem Augenblicke den Mut, der dazu gehörte, um Ihnen eine solche Reihe gewiß höchst unerwarteter Bekenntnisse abzulegen, um Ihnen zu sagen: daß ich mich verjüngt fühle – daß ich liebe – daß ich eine Tänzerin anbete – und daß ich mit *Heine* sympathisiere! Sie sind aber auch die einzige Person in der Welt, gegen welche ich das wagen würde; und, wenn dieser Brief nicht durch einen österreichischen Kurier nach Berlin ginge, hätte ich es auch gegen Sie nicht gewagt.

Friedrich von Gentz an Rahel Varnhagen (30. Sept. 1830)

Ein Wunder dagegen habe ich Ihnen zu melden, ein wundervolles Wunder, wie es vielleicht nicht nochmals vernommen wird. Unser Freund Gentz, der berühmte Herr von Gentz, dessen politische Farbe Sie kennen, der aber in der That, bei allen sonstigen Abweichungen, unser lieber Freund ist, hat unaufhörlich Ihre Lieder auf dem Tische, vor Augen, auf den Lippen, im Gedächtniß, und ist ganz von Ihnen bezaubert, ohne doch im geringsten Ihre politischen Töne gutheißen zu können.

Karl August Varnhagen an Heine (5. November 1830)

Die tiefgreifendste Wirkung staatlicher Öffentlichkeitskontrolle aber zeigt sich in der Selbstzensur. «Die Angst vor dem eigenen Wort» erschien Heine als «Zensur der schlimmsten Art». Er setzt den Vorgang einem Mord gleich: «Ach! diese Geisteshenker machen uns selbst zu Verbrechern, und der Schriftsteller, der wie eine Gebärerin während des Schreibens gar bedenklich aufgeregt ist, begeht in diesem Zustande sehr oft einen Gedankenkindermord, eben aus wahnsinniger Angst vor dem Richtschwerte des Zensors. Ich selbst unterdrücke in diesem Augenblick einige neugeborene unschuldige Betrachtungen über die Geduld und Seelenruhe, womit meine lieben Landsleute schon seit so vielen Jahren ein Geistesmordgesetz ertragen, das Polignac in Frankreich nur zu promulgieren brauchte, um eine Revolution hervorzubringen.» (Einleitung zu «Kahldorf über den Adel». 1831)

Aber Heine spielt auch mit der Selbstzensur. Er bezieht sie ein in seine literarischen Abwehrstrategien. So, wenn er im Zusammenhang mit dem Geheimnismotiv vorgibt, er unterdrücke aus Angst vor der staatlichen Verfolgung gewisse Pikanterien oder Frechheiten, nach denen der zensurgewitzte Leser lechze. Das Spiel geht so weit, daß nicht nur Inhalt, sondern sogar Satzzeichen, wie der Gedankenstrich, einbezogen werden. Die genialste dieser Spielereien mit der Selbstzensur ist wohl die Parodie auf eine Dokumentation der «Zensurlücken» im «Buch Le Grand».

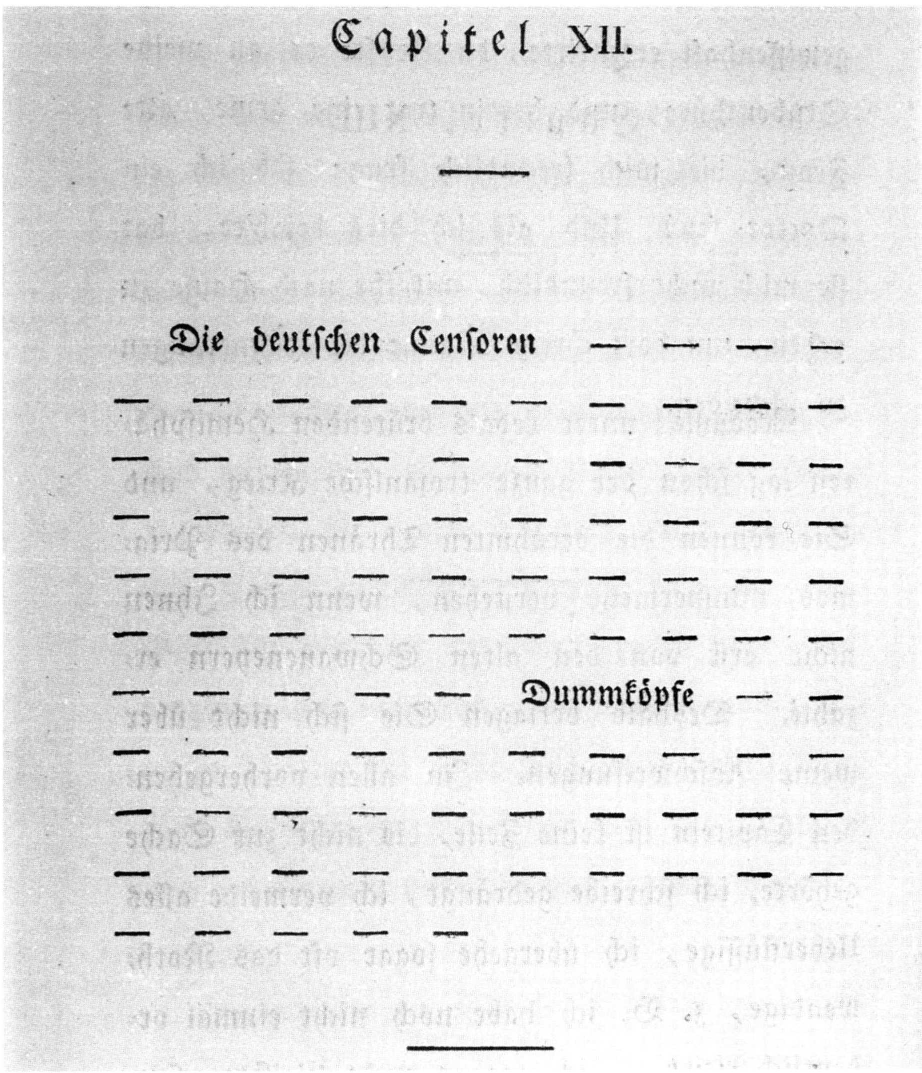

Capitel XII.

Die deutschen Censoren — — — —
— — — — — — — — — —
— — — — — — — — — —
— — — — — — — — — —
— — — — — — — — — —
— — — — — — — — — —
— — — — — Dummköpfe — —
— — — — — — — — — —
— — — — — — — — — —
— — — — — — — — — —
— — — — —

Zensurparodie aus «Reisebilder». Zweiter Teil.

Am Schauplatz der Weltgeschichte. Heine in Paris

Fragt Sie jemand, wie ich mich hier befinde, so sagen Sie: wie ein Fisch im Wasser. Oder vielmehr, sagen Sie den Leuten: daß, wenn im Meere ein Fisch den anderen nach seinem Befinden fragt, so antworte dieser: ich befinde mich wie Heine in Paris

An Ferdinand Hiller. 1832

Am 19. Mai 1831 war Heine, aus Hamburg kommend, in Paris eingetroffen. Hier beginnt seine zweite große Lebens- und Schaffensperiode. Sie erstreckt sich vom Beginn der Julimonarchie über die Revolution von 1848 und die Zweite Republik bis ins Zweite Kaiserreich.

Biographisch bedeutet die Übersiedlung nach Paris einen tiefen Einschnitt. Nach Jahren der Müdigkeit, Unlust und Hypochondrie fühlt Heine sich, sobald er Pariser Boden betreten hat, wie neugeboren – ein Gefühl, das die deutschen Emigranten des Vormärz offenbar kollektiv befiel, sobald sie in Frankreich ankamen. Heine fühlt sich wie befreit, und das, obwohl er Deutschland nicht aus einer unmittelbaren Zwangssituation heraus verlassen hat und obwohl ihn in Paris keine konkreten Aufgaben erwarten.

Ich hatte viel getan und gelitten, und als die Sonne der Juliusrevolution in Frankreich aufging, war ich nachgerade sehr müde geworden und bedurfte einiger Erholung. Auch ward mir die heimatliche Luft täglich ungesunder, und ich mußte ernstlich an eine Veränderung des Klimas denken. Ich hatte Visionen; die Wolkenzüge ängstigten mich und schnitten mir allerlei fatale Fratzen. Es kam mir manchmal vor, als sei die Sonne eine preußische Kokarde; des Nachts träumte ich von einem häßlichen schwarzen Geier, der mir die Leber fraß, und ich ward sehr melancholisch. Dazu hatte ich einen alten Berliner Justizrat kennengelernt, der viele Jahre auf der Festung Spandau zugebracht und mir erzählte, wie es unangenehm sei, wenn man im Winter die Eisen tragen müsse. Ich fand es in der Tat sehr unchristlich, daß man den Menschen die Eisen nicht ein bißchen wärme. Wenn man uns die Ketten ein wenig wärmte, würden sie keinen so unangenehmen Eindruck machen, und selbst fröstelnde Naturen könnten sie dann gut ertragen; man sollte auch die Vorsicht anwenden, die Ketten mit Essenzen von Rosen und Lorbeeren zu parfümieren, wie es hierzulande geschieht. Ich frug meinen Justizrat, ob er zu Spandau oft Austern zu essen bekommen? Er sagte nein, Spandau sei zu weit vom Meere entfernt. Auch das Fleisch, sagte er, sei dort rar, und es gebe dort kein anderes Geflügel als die Fliegen, die einem in die Suppe fielen. Zu gleicher Zeit lernte ich einen französischen commis voyageur kennen, der für eine Weinhandlung reiste und mir nicht genug zu rühmen wußte, wie lustig man jetzt in Paris lebe, wie der Himmel dort voller Geigen hänge, wie man dort von morgens bis abends die Marseillaise und En avant marchons und Lafayette aux cheveux blancs singe, und Freiheit, Gleichheit und Brüderschaft an allen Straßenecken geschrieben stehe; dabei lobte er auch den Champagner seines Hauses, von dessen Adresse er mir eine große Anzahl Exemplare gab, und er versprach mir Empfehlungsbriefe für die besten Pariser Restaurants, im Fall ich die Hauptstadt zu meiner Erheiterung besuchen wollte. Da ich nun wirklich einer Aufheiterung bedurfte, und Spandau zu zu weit vom Meere entfernt ist, um dort Austern zu essen, und mich die Spandauer Geflügelsuppen nicht sehr lockten, und auch obendrein die preußischen Ketten im Winter sehr kalt sind und meiner Gesundheit nicht zuträglich sein konnten, so entschloß ich mich, nach Paris zu reisen und im Vaterland des Champagners und der Marseil-

Heine auf der Reise nach Paris, im Mai 1831. Bei einer Zwischenstation in Frankfurt porträtierte ihn Moritz Oppenheim.

laise jenen zu trinken und diese letztere, nebst En avant marchons und Lafayette aux cheveux blancs, singen zu hören. Den 1. Mai 1831 fuhr ich über den Rhein. Den alten Flußgott, den Vater Rhein, sah ich nicht, und ich begnügte mich, ihm meine Visitenkarte ins Wasser zu werfen. Er saß, wie man mir sagte, in der Tiefe und studierte wieder die französische Grammatik von Meidinger, weil er nämlich während der preußischen Herrschaft große Rückschritte im Französischen gemacht hatte, und sich jetzt eventualiter aufs neue einüben wollte. Ich glaubte, ihn unten konjugieren zu hören: j'aime, tu aimes, il aime, nous aimons – Was liebt er aber? In keinem Fall die Preußen. Den Straßburger Münster sah ich nur von fern; er wackelte mit dem Kopf, wie der alte getreue Eckart, wenn er einen jungen Fant erblickt, der nach dem Venusberge zieht.

Zu Saint-Denis erwachte ich aus einem süßen Morgenschlafe, und hörte zum ersten Male den Ruf der Coucouführer; Paris! Paris! [...] In zwanzig Minuten war ich in Paris, und zog ein durch die Triumphpforte des Boulevard Saint-Denis, die ursprünglich zu Ehren Ludwigs XIV. errichtet worden, jetzt aber zur Verherrlichung meines Einzugs in Paris diente. Wahrhaft überraschte mich die Menge von geputzten Leuten, die sehr geschmackvoll gekleidet waren wie Bilder eines Modejournals. Dann imponierte mir, daß sie alle französisch sprachen, was bei uns ein Kennzeichen der vornehmen Welt; hier ist also das ganze Volk so vornehm wie bei uns der Adel. Die Männer waren alle so höflich, und die schönen Frauen so lächelnd. Gab mir jemand unversehens einen Stoß, ohne gleich um Verzeihung zu bitten, so konnte ich darauf wetten, daß es ein Landsmann war; und wenn irgendeine Schöne etwas allzu säuerlich aussah, so hatte sie entweder Sauerkraut gegessen, oder sie konnte Klopstock im Original lesen. Ich fand alles so amüsant, und der Himmel war so blau und die Luft so liebenswürdig, so generös, und dabei flimmerten noch hie und da die Lichter der Julisonne; die Wangen der schönen Lutetia waren noch rot von den Flammenküssen dieser Sonne, und an ihrer Brust war noch nicht ganz verwelkt der bräutliche Blumenstrauß. An den Straßenecken waren freilich hie und da die liberté, égalité, fraternité schon wieder abgewischt. Ich besuchte sogleich die Restaurants, denen ich empfohlen war; diese Speisewirte versicherten mir, daß sie mich auch ohne Empfehlungsschreiben gut aufgenommen hätten, da ich ein so honettes und distinguiertes Äußeres besäße, das sich von selbst empfehle. Nie hat mir ein deutscher Garkoch dergleichen gesagt, wenn er auch ebenso dachte; so ein Flegel meint, er müsse uns das Angenehme verschweigen, und seine deutsche Offenheit verpflichte ihn, nur widerwärtige Dinge uns ins Gesicht zu sagen. In den Sitten und sogar in der Sprache der Franzosen ist so viel köstliche Schmeichelei, die so wenig kostet, und doch so wohltätig und erquickend. Meine Seele, die arme Sensitive, welche die Scheu vor vaterländischer Grobheit so sehr zusammengezogen hatte, erschloß sich wieder jenen schmeichlerischen Lauten der französischen Urbanität. Gott hat uns die Zunge gegeben, damit wir unsern Mitmenschen etwas Angenehmes sagen.

Geständnisse (1854)

Freudenausbruch beim ersten Anblick von Paris.

Blick auf Paris, von Charlott aus.

Was hat Heine dazu bewogen, nach Paris zu gehen? Entsprechende Überlegungen reichen bis in die Berliner Zeit zurück. Schon 1823 äußert er den Wunsch, in Paris als Journalist zu leben und dort «für Verbreitung der deutschen Literatur [...] thätig zu seyn». Diese Pläne verfestigen sich, je schwieriger sich seine private und je aussichtsloser sich seine berufliche Situation in Deutschland gestaltet. 1826 scheint er sicher: «Es ist aber ganz bestimmt, daß es mich drängt, dem deutschen Vaterland Valet zu sagen. Minder die Lust des Wanderns als die Qual persönlicher Verhältnisse (z. B. der nie abzuwaschende Jude) treibt mich von hinnen.»

Ziel und Ausweg aus dieser Misere bietet in Heines Vorstellung Frankreich, das Land, mit dem er seit seiner rheinischen Kindheit positive Ideen verbindet, ausgelöst von der Erscheinung Napoleons als dem Garanten jüdischer Emanzipation. Eine Verfügung von 1814 gab allen zwischen 1791 und 1801 in Düsseldorf Geborenen Wohnrecht in Frankreich, sicherte Heine also zeitlebens vor einer Ausweisung. Ein Grund mehr, um aus tieferen als rational politischen Erwägungen in Frankreich eine Alternative zu sehen zum Leben in Deutschland.

Erst die Julirevolution von 1830 bringt, nach Jahren des Zögerns und eines sich steigernden Lebensüberdrusses, die Entscheidung. Paris konkretisiert sich zu Heines neuem Lebensziel. Ich «träume jede Nacht ich packe meinen Koffer und reise nach Paris, um frische Luft zu schöpfen ...» – frische Luft in vielfacher Hinsicht.

Paris 1831, im Jahr von Heines Übersiedlung.

Paris ist für Heine zum einen «Schauplatz der Weltgeschichte», Stadt der Revolution, von der er sich den Beginn einer umfassenden Emanzipationsbewegung mit der Freiheit als «neuer Religion» erhofft. Paris ist ihm zum anderen «Foyer der europäischen Gesellschaft», «Hauptstadt der ganzen zivilisierten Welt» – es ist ihm Mittelpunkt des politischen und geistigen Europa und Ort überschäumender Lebensfreude. Von Paris erhofft Heine sich literarische Freiheit, umfassende geistige Anregung und eine Zukunft als Berufsschriftsteller.

Soweit seine Idealvorstellung. Zu ihrer Verwirklichung hat er zunächst wenig Konkretes in der Hand; nicht mehr, als den Ruf, ein vielversprechender junger Autor zu sein, und die Aussicht, für die Cottaschen Blätter, die einflußreichsten in ganz Deutschland, aus Paris berichten zu dürfen. Und so beginnt Heine seine literarische Laufbahn in Frankreich als Journalist. Fünfzehn Jahre lang wird er als ständiger Korrespondent für Cottas Zeitungen und Zeitschriften schreiben, über Pariser «Kunst, Politik und Volksleben»; so der Titel, unter dem er die Artikel später in den «Lutezia»-Bänden publizieren wird. Bald schon avanciert er auch zum Mitarbeiter renommierter französischer Literaturjournale, in denen er – im Gegenzug – das französische Publikum mit den deutschen Verhältnissen bekannt macht.

Paris ist nicht bloß die Hauptstadt von Frankreich, sondern der ganzen zivilisierten Welt, und ist ein Sammelplatz ihrer geistigen Notabilitäten. Versammelt ist hier alles, was groß ist durch Liebe oder Haß, durch Fühlen oder Denken, durch Wissen oder Können, durch Glück oder Unglück, durch Zukunft oder Vergangenheit. Betrachtet man den Verein von berühmten oder ausgezeichneten Männern, die hier zusammentreffen, so hält man Paris für ein Pantheon der Lebenden. Eine neue Kunst, eine neue Religion, ein neues Leben wird hier geschaffen, und lustig tummeln sich hier die Schöpfer einer neuen Welt. Die Gewalthaber gebärden sich kleinlich, aber das Volk ist groß und fühlt seine schauerlich erhabene Bestimmung. Die Söhne wollen wetteifern mit den Vätern, die so ruhmvoll und heilig ins Grab gestiegen. Es dämmern gewaltige Taten, und unbekannte Götter wollen sich offenbaren. Und dabei lacht und tanzt man überall, überall blüht der leichte Scherz, die heiterste Mokerie, und da jetzt Karneval ist, so maskieren sich viele als Doktrinäre, und schneiden possierlich-pedantische Gesichter, und behaupten, sie hätten Furcht vor den Preußen.

Französische Zustände (Artikel III, 10. Februar 1832)

Sprachliche Schwierigkeiten hat Heine in Paris nicht, da ihm das Französische aus seiner Kindheit als Sprache der napoleonischen Besatzung und aus dem Schulunterricht vertraut ist. Zur literarischen Sprache aber wird es ihm nie. Zeit seines Lebens hat er, auch für sein französisches Publikum, fast ausschließlich deutsch geschrieben und seine Texte übersetzen lassen.

Mit diesen Artikelserien wird Heine in Paris zur literarischen Institution, als Mittler zwischen Deutschland und Frankreich, mit dem Blick auf Europa. Sein europäischer Ruf aber, dessen ist Heine sich bewußt, ist nicht von Deutschland aus zu begründen, sondern allein aus Paris.

Stadt der Revolution

«Der Gallische Hahn hat jetzt zum zweiten Mal gekräht, und auch in Deutschland wird es Tag» – so kommentiert Heine im März 1831, kurz vor seiner Abreise nach Paris, die Julirevolution von 1830. Nicht nur ihm galt sie als ein neues Signal von Paris an Europa, die mit der Revolution von 1789 begonnene politische und soziale Umgestaltung Europas erneut in Angriff zu nehmen.

Auch diese Revolution wird sich bald nur als ein Zwischenspiel im sozialen Wandlungsprozeß erweisen. Zwar stürzt der letzte Bourbonenkönig; die liberale Bourgeoisie aber, die den Adel in den entscheidenden politischen Positionen abgelöst hat, setzt ihre in Industrie, Handel und Finanzgeschäften gewonnene Macht daran, die revolutionären Energien bald wieder zu binden. Die konstitutionelle Monarchie mit einem König, der bereit ist, die politischen Interessen der Großbourgeoisie zu vertreten, scheint dazu die beste Lösung. So wird der legitime Herrscher abgelöst durch Louis Philippe von Orleans, den Bürgerkönig, einen König der Bourgeoisie.

Die neuen politischen Verhältnisse stabilisieren sich nach 1830 langsam und verschieben sich bald ins Konservative, zur Politik des «juste milieu». Die liberalen Kräfte verlieren bald an Einfluß, es dominieren der Monarch und konservative Premierminister wie Périer und Guizot. Die breite Bevölkerung aber, die Masse der an der Armutsgrenze lebenden Arbeiter, Dienstboten und unselbständigen Handwerker, die ebenfalls ständig von Armut bedrohten kleinen Beamten, Angestellten, selbständigen Handwerker und Händler, zusammen rund 90% der Pariser, sie, die die Revolution getragen und erlitten haben, gehen leer aus.

«Nicht für sich, seit undenklicher Zeit, nicht für sich hat das Volk geblutet und gelitten, sondern für andere», so wird Heine zehn Jahre später die Situation beschreiben. «Im Juli 1830 erfocht es den Sieg für jene Bourgeoisie, die ebenso wenig taugt wie jene Noblesse, an deren Stelle sie trat, mit demselben

Claude Henri Comte de Saint-Simon (1760–1825), der Begründer der saint-simonistischen Gemeinschaft. Ihrer Idee eines ganz auf das Diesseits hin orientierten Sensualismus stand Heine sehr nahe.

Szenen der europäischen Julirevolution von 1830, mit Paris als Ursprung und Zentrum. Für Heine wurde die Stadt damit zum neuen Lebensziel.

Egoismus [...] Das Volk hat nichts gewonnen durch seinen Sieg, als Reue und größere Not.»

Diese Not verschärft sich durch den ständigen Bevölkerungsanstieg, das Entstehen des Industrieproletariats, steigende Lebenshaltungskosten und sinkende Löhne. Die sozialen Spannungen zwischen der pauperisierten Masse und einer Bourgeoisie, deren Wohlstand stetig wächst, verstärken sich. Als 1847 eine Phase wirtschaftlicher Depression dazukommt, eskaliert die brisante Situation. Im Februar 1848 erhebt sich die Pariser Bevölkerung ein weiteres Mal, diesmal gegen die Julimonarchie. Die bürgerliche Nationalgarde, die bisher alle Unruhen niedergeschlagen hatte, verweigert dem Bürgerkönig den Gehorsam und stellt sich auf die Seite der Aufständischen. König und Parlament werden entmachtet. Eine neue Phase der Revolution, mit vom Politischen aufs Soziale verlagerten Zielen, bricht an. Mit der Revolution von 1848 endet auch die glückliche Phase von Heines Pariser Zeit. Ein massiver Krankheitsschub zwingt ihn zum Rückzug aus der Öffentlichkeit. Die letzten acht Jahre seines Lebens kann er Paris nur mehr aus der Ferne des Krankenbetts wahrnehmen.

Straßenkämpfe während der Julirevolution an der Porte St. Denis, durch die Heine im Mai 1831 in Paris eingefahren war.

Pariser Alltag

Als Heine 1831 nach Paris kommt, trifft er auf eine Stadt im Umbruch. Ihre bauliche Gestalt wird sich in den Jahren nach der Julirevolution radikal verändern. Heine kommt nicht nur ins geistige und politische Zentrum Europas, sondern auch in die größte Metropole des Kontinents, deren Einwohnerzahl während seiner Lebenszeit dort von 800 000 (um 1830) auf fast 1,2 Millionen anwachsen wird. Noch aber ist es eine im Kern mittelalterliche Stadt mit äußerst beengten Wohnverhältnissen; ohne Kanalisation, die Gassen schmal und winklig, häufig ohne Straßenbeleuchtung und sichere Trottoirs, mit dem Wasserträger als charakteristischer Figur, denn die Häuser sind meist ohne fließendes Wasser, beleuchtet nur von Talglicht oder Kerzen, in besseren Verhältnissen von Öllampen; eine drangvoll enge, durch ständigen Zuzug überfüllte Stadt, deren unhygienische Verhältnisse sich in Seuchen niederschlagen. Die Choleraepidemie von 1832 wird mehr als 18 000 Opfer fordern, darunter auch Ministerpräsident Périer und den Revolutionsgeneral Lamarque. Die

Der Windmühlenhügel auf dem Montmartre, Heines bevorzugtem Pariser Wohnquartier. Die zeitgenössische Aufnahme läßt erkennen, welch ländlichen Charakter Montmartre zu Heines Zeit noch hatte.

Casimir Périer wird von der Cholera überwältigt. Daß der Ministerpräsident der Epidemie von 1832 zum Opfer fiel, wurde von kritischen Zeitgenossen als Zeichen für die Krankheit des gesamten politischen Systems verstanden.

alten Wohnviertel im Stadtinnern, deren gesellschaftlicher Standard ständig sinkt, und die proletarischen östlichen Stadtviertel sind es auch, von denen die sozialen Unruhen ausgehen. Diese Bezirke gelten als die Brutstätten des Aufruhrs, der in der unübersichtlichen mittelalterlichen Stadtanlage ideale topographische Bedingungen findet. Nicht zuletzt, um die immer wieder aufflammenden Revolutionen zu bannen, wird die Stadterneuerung, ohnehin längst überfällig, während der Julimonarchie in Angriff genommen und nach der Revolution von 1848 im Zweiten Kaiserreich massiv vorangetrieben. Durch eine rigorose bauliche Umgestaltung soll die Stadt erklärtermaßen nach außen und innen verteidigungsbereit gemacht werden.

So verschwindet das mittelalterliche Paris während Heines Zeit unwiederbringlich. Den Kahlschlag, der sich mit dieser Neuordnung auch verbinden wird, hat Heine wohl noch erlebt, von seinem Krankenlager aus jedoch kaum registriert. Ihr Beginn unter Louis Philippe in den 1840er Jahren fällt in die Jahre von Heines aktivstem gesellschaftlichen Leben. Die großen Boulevards zwischen der Kirche Ste Madeleine und der Porte Saint-Martin werden damals an Stelle der alten Stadtwälle angelegt und avancieren bald zum gesellschaftlichen Mittelpunkt neben dem Palais Royal. In ihrer Nähe entstehen neue bürgerliche Wohnviertel. Zur Sicherheit der Bürger im Verkehrsgewühl werden erste Gaslaternen installiert und Trottoirs gebaut. Man hofft, mit dieser baulichen Neuorganisation zugleich auch das brisante soziale Konfliktpotential zu entschärfen, das sich in der Stadt angesammelt hat.

Heines Wohnverhältnisse sind eher bescheiden. Auf Repräsentation legt er wenig Wert, ein «Haus» hat er nie geführt. Vielmehr ist er ungewöhnlich oft umgezogen; häufig schon nach wenigen Wochen, selten später als nach zwei Jahren. Sechzehn verschiedene Pariser Wohnadressen sind bekannt. Die jeweilige Wohnsituation ist bestimmt von Heines gleichbleibendem Bedürfnis nach Ruhe und ungestörter Arbeitsmöglichkeit, aber auch von den sehr wechselhaften finanziellen Verhältnissen. Denn das Leben in Paris ist teuer, und Heine beschreibt es entsprechend ambivalent als «Galeere des Vergnügens».

Heine 1842, auf dem Höhepunkt seines Lebens.

Er wohnt teils in Hinterhöfen und Rückgebäuden, drei oder gar vier Treppen hoch – damals ein Zeichen für bescheidene Umstände – und nur selten in der Beletage. Die Lage seiner Wohnungen entspricht in etwa dem Zug des Pariser Bürgertums in die neuen westlichen Viertel. Vom linken Seine-Ufer aus zieht Heine über das Stadtzentrum nach dem Norden und landet schließlich in der Nähe der Champs Elysées. Bevorzugt hat er, wie viele Künstler und Intellektuelle der Zeit, den Faubourg Montmartre, nördlich der neuen Boulevards. Hier hat er, so das Testament vom September 1846, «sein liebstes Leben gelebt».

Heines Wohnadressen in Paris

Mai 1831–Febr. 1832:
a) Postadresse: bei Dr. Donndorf, Hôtel de Hollande, rue neuve des bons enfants (heute: rue Radziwill; das Hotel befand sich auf der Höhe der Nr. 33)
b) 54, rue de Vaugirard (Die Hausnummer stimmt nicht mehr mit der heutigen Numerierung überein)
Febr. 1832–ca. März 1833: 38, rue de l'Echiquier
März 1833–Juni 1835: 4, rue des Petits Augustins (heute: rue Bonaparte)
Dez. 1835–Jan. 1836: Postadresse: bei E. von Breza, Hôtel de Bristol, 22, rue Traversière (heute: rue Molière)
Jan. 1836–Juli 1838: 3, cité Bergère, außerdem (Adresse Mathildes): 18, rue Cadet
Juli 1838–Sept. 1840: 23, rue des Martyrs
Sept. 1840–Sept. 1841: 25, rue Bleue
Die Heiratsurkunde verzeichnet außerdem die Adresse 25, rue des Grands Augustins; Heine machte diese Angabe nur, um Mathildes Wunsch gemäß die Trauung in der Kirche Saint-Sulpice vornehmen zu lassen.
Sept. 1841–April 1846: 46, rue du Faubourg Poissonnière (heute: Nr. 72)
April 1846–Okt. 1847: 41, rue du Faubourg Poissonnière (heute: Nr. 65)
Okt. 1847–Jan. 1848: 21, rue de la Victoire
Jan. 1848–Sept. 1848: offiziell 9, rue de Berlin (heute: rue de Liège)
Außerdem Jan.–Mai 1848: Krankenhaus Faultrier, rue de l'Oursine (heute: rue Broca)
Mai 1848–Sept. 1848: Passy, 64, grande rue (heute: rue de Passy)
Sept. 1848–Aug. 1854: 50, rue d'Amsterdam (heute: Nr. 54)
Sept. 1854–Okt. 1854: Batignolles, 51, grande rue (heute: avenue de Clichy)
Nov. 1854–Febr. 1856: 3, rue Matignon (heute: avenue Matignon)

Nach: Heine in Paris, 173

Saint-Sulpice, die Kirche, in der sich Heine 1841 mit Mathilde trauen ließ.

Seine Liebe für Ruhe und Stille in seiner Umgebung hat mich [...] oft seinetwegen in Sorgen gesetzt. In Paris wählt er lange bis er eine Wohnung findet, die ihn in der bezeichneten Hinsicht zufriedenstellt. Die einsamsten, entlegensten Straßen sind ihm die liebsten; und nun wählt er wieder einen einsamen, stillen Hof, oft den zweiten, dritten, wenn es seyn kann, weit weg vom Geräusche und Treiben des Lebens; kein Stall, kein Waschhaus, kein Handwerker darf in der Nähe seyn. Dann erst fühlt er sich wohl. Nun weiß man aber, daß solche Quartiere eben nicht in Paris zu den sichersten gehören, bei der Unzahl von Verbrechen die man dort täglich verübt.

Kurz vorher ehe ich Paris verließ, bezog Heine eine neue Wohnung in der rue de l'Echiquier, au second, die er von einer alten Dame gemiethet hatte; sie lag im zweiten Hofe eines geräumigen Hotels, in welchem Gras wuchs, und eine Todtenstille lagerte. Hier installirte sich Heine und machte sich's im eigentlichen Sinne des Worts bequem;

August Lewald, Heine-Erinnerungen (1836)

Paris, 26. April 1836

Gieng Heine aufzusuchen. Madame Rothschild hatte mir eine falsche Adresse *z4, rue des Petits Augustins]* gegeben. Er war ausgezogen.

Paris, 27. April 1836

Hatte endlich die Wohnung Heine erfragt, gieng heute zwölf Uhr zu ihm, cité Bergère N° 3. Als ich schellte, öffnete mir ein hübscher, runder junger Mann im Schlafrock, der mir wie einem alten Bekannten die Hand reichte. Es war Heine selbst, der mich für den Markis de Cüstine hielt. Er zeigte große Freude als ich mich nannte und führte mich in seine tolle Wirthschaft hinein. Tolle Wirthschaft. Denn er wohnt da in ein paar der kleinstmöglichen Stuben mit einer oder zwei Grisetten, denn zwei waren eben da, die in den Betten herumstöberten, und von denen er mir eine, eben nicht zu hübsche, als seine petite bezeichnete. Er selbst sieht aber auch wie die Lebenslust und, mit seinem breiten Nacken, wie die Lebenskraft aus.

Franz Grillparzer, Tagebuch

[...] ich weiß nicht, wie ich dieses Jahr auch finanziell zu Ende leben kann. Denken Sie darüber nach, wie Sie mir einen Zuschuß von etwa 1000 Mark Banko einleiten könnten, ohne daß ich dadurch meine Lage aggravire. Mein Vetter hat unter den obwaltenden Verhältnissen genug gethan, und von dieser Seite kann und will ich nichts mehr in Anspruch nehmen. Betteln ist eine sehr unangenehme Sache, betteln aber und nichts bekommen ist noch unangenehmer, und völliges Mangelleiden wäre solcher Unannehmlichkeit vorzuziehen; ich habe daher auf solcherley Ressource ein für allemal resignirt. Die Kosten meiner Agonie, liebster Campe, dürften Ihnen fabelhaft erscheinen. Es ist schon theuer genug, in Paris zu leben; aber in Paris sterben ist noch unendlich theurer. Und dennoch könnte ich jetzt daheim in Deutschland oder in Ungarn so wohlfeil gehenkt werden!

An Campe (16. November 1849)

Diese Vorliebe für die Künstlergegend, das geringe Interesse an Repräsentation und bürgerlicher Wohlanständigkeit, die durchaus «schlampigen» Verhältnisse – all dies zeigt, daß Heines Lebensstil in Paris auch bohèmehafte Züge trug. So erscheint es fast konsequent, daß von seinem persönlichen Besitz, seien es Möbel, Bilder, Kleidung oder Erinnerungsstücke, nichts erhalten ist als seine Bücher; wohl aber die Prunk- und Schaustücke von Mathildes Kleinbürgerehrgeiz: ihr Album in grünem Samt, ihr Opernglas und das Bild jenes ausgestopften Papageis, Cocotte, der, als er noch lebendig war, Mathilde sogar auf der Deutschlandreise von 1844 begleitet hat und dessentwegen sich das Paar in heftige Eifersuchtsszenen gestürzt haben soll.

Mathildes Album, bezogen mit Samt, bestickt mit Arabesken und den Initialen M. H.

In Mathildens Stammbuch

Hier, auf gewalkten Lumpen, soll ich
Mit einer Spule von der Gans
Hinkritzeln ernsthaft halb, halb drollig,
Versifizierten Firlefanz –

Ich, der gewohnt mich auszusprechen
Auf deinem schönen Rosenmund,
Mit Küssen, die wie Flammen brechen
Hervor aus tiefstem Herzensgrund!

O Modewut! Ist man ein Dichter,
Quält uns die eigne Frau zuletzt,
Bis man, wie andre Sangeslichter,
Ihr einen Reim ins Album setzt.

Romanzero, Lamentationen

Foyer der europäischen Gesellschaft

Gartenansicht des Palais Royal. Seit der Französischen Revolution war es mit seinen Gärten und Galerien, Cafés und Restaurants, Lesekabinetten und Geschäften Zentrum des geselligen Pariser Lebens.

Spaziergang im Palais Royal. Karikatur auf die Selbstdarstellung der Feudal- und Finanzaristokratie des «juste milieu».

Im Paris der 1830er und 40er Jahre steht Heine auf dem Höhepunkt seines Lebens. Er ist gesellschaftlich angesehen; als Schriftsteller – zumindest in Frankreich, trotz des Verbots seiner Schriften aber auch in Deutschland – zunehmend erfolgreich und getragen vom privaten Glück der ersten und einzigen dauerhaften Gemeinschaft mit einer Frau.

In dieser von einer heiteren Grundstimmung erfüllten Zeit lebt Heine mehr in Gesellschaft als zu Hause; eine Daseinsform, die er mit vielen Intellektuellen des juste milieu teilt. Man flaniert auf den Boulevards und den neuen Prachtstraßen, promeniert in Parks und beliebten Ausflugszielen, besucht Ausstellungen und Konzerte, Oper und Theater, amüsiert sich auf Soireen und Bällen und trifft sich immer wieder in den Gärten, den Cafés und Restaurants des Palais Royal. Diese werden für viele der Journalisten und Schriftsteller – und nicht nur die Emigranten unter ihnen – zum zweiten Wohnsitz, sind Informationsbörse, Klatschboutique, Arbeitsplatz und, da das Palais Royal auch Treffpunkt der demi monde ist, zugleich Raum eines lockeren gesellschaftlichen Verkehrs.

Wie könnte ein Franzose ein Gespenst sein, oder gar wie könnten in Paris Gespenster existieren! In Paris, im Foyer der europäischen Gesellschaft! Zwischen zwölf und ein Uhr, der Stunde, die nun einmal von jeher den Gespenstern zum Spuken angewiesen ist, rauscht noch das lebendigste Leben in den Gassen von Paris, in der Oper klingt eben dann das brausendste Finale, aus den Variétés und dem Gymnase strömen die heitersten Gruppen, und das wimmelt und tänzelt und lacht und schäkert auf den Boulevards, und man geht in die Soiree. Wie müßte sich ein armes spukendes Gespenst unglücklich fühlen in dieser heiteren Menschenbewegung!

Konzert im Cirque Olympique, 1845.

Und wie könnte ein Franzose, selbst wenn er tot ist, den zum Spuken nötigen Ernst beibehalten, wenn ihn von allen Seiten die bunteste Volkslust umjauchzt! Ich selbst, obgleich ein Deutscher, im Fall ich tot wäre und hier in Paris des Nachts spuken sollte, ich könnte meine Gespensterwürde gewiß nicht behaupten, wenn mir etwa an einer Straßenecke irgend eine jener Göttinnen des Leichtsinns entgegenrennte, die einem dann so köstlich ins Gesicht zu lachen wissen. Gäbe es wirklich in Paris Gespenster, so bin ich überzeugt, gesellig wie die Franzosen sind, sie würden sich sogar als Gespenster einander anschließen, sie würden Gespensterreunions bilden, sie würden ein Totenkaffeehaus stiften, eine Totenzeitung herausgeben, eine Pariser Totenrevue, und es gäbe bald Totensoirees, où l'on fera de la musique. Ich bin überzeugt, die Gespenster würden sich hier in Paris weit mehr amüsieren als bei uns die Lebenden. Was mich betrifft, wüßte ich, daß man solcherweise in Paris als Gespenst existieren könnte, ich würde den Tod nicht mehr fürchten. Ich würde nur Maßregeln treffen, daß ich am Ende auf dem Père-Lachaise beerdigt werde und in Paris spuken kann, zwischen zwölf und ein Uhr.

Die romantische Schule. Drittes Buch (1836)

Restaurant Fashionable, 1833.

Le Conseil des Ministres aux Tuileries le 15 août 1842. Vor dem König Ministerpräsident Soult, l. vorn links Guizot.

Zur Zeit, als Heine für französische Zeitschriften schrieb, die ihn übrigens sehr gut bezahlten – 1 franc die Zeile, ein für damalige Verhältnisse märchenhaftes Honorar – veranstalteten einige seiner Freunde und Mitarbeiter ein großes Essen, an welchem u. a. Théophile Gautier, Gérard de Nerval und Lassailly (inzwischen verstorben) teilnahmen. Man hatte verabredet, daß das Essen im «Rocher de Cancale» stattfinden solle, und 50 francs pro Kopf angesetzt.

Das Essen verlief sehr heiter, so heiter, daß die meisten Gäste mehr als fröhlich waren, als sie vom Tisch aufstanden. An der Türe des Restaurants trifft Heine einen Bekannten.

«Es will mir scheinen», sagt dieser, «als hätten Sie sehr gut gespeist.»

«Wir haben jeder fünfzig Zeilen verzehrt, mein Bester!»

Alexander Weill, Pressenotiz vom 26. April 1846

Dieses öffentliche Leben mit seinen Ereignissen, Begegnungen und Gesprächen wird für Heine Teil seiner schriftstellerischen Arbeit; es regt Phantasie und Reflexion an und enthält den Stoff für die Berichte und Betrachtungen des kritischen Publizisten.

Den Einstand in Paris bereiten Heine die Saint-Simonisten. Ihre Zeitschrift «Le Globe» kündigt seine Ankunft enthusiastisch an. Der saint-simonistischen Idee eines lebensbejahenden Sensualismus, die mit der Jenseitsorientierung der christlichen und der jüdischen Religion bricht, fühlt Heine sich sehr nahe. Er schließt Freundschaft mit führenden Mitgliedern der Gemeinschaft, mit deren Führer Prosper Enfantin und mit Michel Chevalier, dem Redakteur des «Globe», nimmt an Versammlungen der Gruppe teil, auch an deren letzter vor dem Verbot der Saint-Simonisten im März 1832.

Vorlesestunde. Das Foto von 1855 mit den schlafenden Zuhörern dokumentiert das ambivalente Verhältnis der Gesellschaft des Zweiten Kaiserreichs zur Literatur.

Cristina Principessa Belgiojoso.

Théophile Gautier.

Franz Grillparzer.

In Literatenkreisen wird Heine ebenfalls wohlwollend aufgenommen, vor allem von den französischen Romantikern. Obwohl sein Ruf als scharfer Gesellschaftskritiker und Gegner des Metternichschen Regimes ihm nach Paris vorausgeeilt ist, schätzt man ihn hier vor allem als Erben der deutschen Romantik. Mit Théophile Gautier, der später Heine-Werke übersetzen wird, schließt er erste Freundschaft; Balzac widmet ihm eine Erzählung. Er macht die Bekanntschaft von Victor Hugo, Alexandre Dumas, Nerval, Musset und Vigny; zu George Sand, der bekanntesten und wegen ihres emanzipierten Lebensstils auch berüchtigten französischen Schriftstellerin ihrer Generation entwickelt sich zeitweise eine engere Beziehung.

Heine verkehrt in ihren Salons und auf ihren Landsitzen und verehrt sie in seinen ersten Pariser Jahren. Später hat sich das Verhältnis abgekühlt.

Am kulturellen Leben der Stadt nimmt Heine regen Anteil und berichtet darüber nach Deutschland in den Artikelserien «Französische Maler» (1831), «Über die französische Bühne» (1837) und «Musikalische Saison in Paris» (1841–1844). Neben Ausstellungen und Schauspiel besucht Heine auch Opern und Konzerte, obwohl sein musikalischer Sachverstand durchaus begrenzt ist, wie von den Zeitgenossen vielfach bezeugt. Daß Heine schon zu Lebzeiten der wohl meistvertonte Lyriker ist, hat er nicht gewußt und von den Kompositionen seiner Gedichte nur die wenigsten gekannt.

Heine saß in Hillers Konzert neben mir. Der ist so unwissend in Musik, daß er die 4 Teile der großen Symphonie für ganz verschiedene Stücke hielt und ihnen die Nummern des Konzertzettels beilegte, wie sie da aufeinander folgen. So nahm er den 2ten Teil der Symphonie für das angekündigte Alt-Solo; den 3ten Teil für ein Violoncello-Solo und den 4ten für die Ouvertüre zum Faust! Da er sich sehr langweilte, war er froh, daß alles so schnell ging, und ward wie vom Blitz gerührt, als er von mir erfuhr, daß erst Nr. 1 vorbei sei, wo er dachte, schon 4 Nummern wären ausgestanden.»

Ludwig Börne an Jeanette Wohl (8. Dezember 1831)

Diese mangelhaften musikalischen Kenntnisse hindern Heine weder daran, über Musik zu schreiben, noch, mit Musikern befreundet zu sein. Zu seinem Bekanntenkreis gehören außer Chopin und Liszt auch Berlioz, Hiller, Rossini und vor allem Giacomo Meyerbeer. Ihn kennt Heine schon aus Berlin, wo

Alexandre Dumas père.

Honoré de Balzac.

François Guizot.

er im Haus des Bankiers Beer öfter zu Gast war. Der junge Jakob Beer, der sich auf Wunsch seines Großvaters Meyer-Beer nennt, geht etwa zur gleichen Zeit wie Heine nach Paris. Dort vertieft sich beider Bekanntschaft. Heines enthusiastische Kritik über Meyerbeers «Hugenotten» steigert dessen Popularität merklich. Er wiederum wird sich 1844–46 im Erbschaftsstreit intensiv für Heine einsetzen und ihn finanziell vielfach unterstützen, auch, als beide sich aus persönlichen wie politischen Gründen schon voneinander distanziert haben.

In den Salons der Pariser Gesellschaft, deren Atmosphäre während des juste milieu vom etablierten liberalen Bürgertum geprägt ist, wird Heine wegen seines Witzes und seiner geistreichen Unterhaltungskunst ein gesuchter, wegen seiner Scharfzüngigkeit aber auch gefürchteter Gast. Er verkehrt bei der Hochfinanz, den Bankiers James de Rothschild und Fould ebenso wie in Politikerkreisen, z. B. bei den Ministern Guizot, Thiers und Périer. Er ist Gast in den berühmten Salons, etwa bei Caroline Jaubert, auch wenn ihm deren Goethe-, Byron- und Hugo-Verehrung ein Ärgernis ist, und bei der italienischen Fürstin Cristina Belgiojoso, die an den Freiheitskämpfen in ihrer Heimat beteiligt war und nun im Pariser Exil lebt. Mit ihr wird Heine lebenslang eine vertraute Freundschaft verbinden.

Bunt und vielfältig sind Heines Beziehungen zu den Fremden in Paris, darunter vielen Deutschen. Seien es Emigranten wie er, Börne z. B., aber auch Marx, Ruge und Lassalle; Globetrotter wie Alexander von Humboldt und Fürst Pückler-Muskau; hier Ansässige, wie das Ehepaar Strauß-Wohl, oder Paris-Reisende, für die ein Besuch bei Heine zum Reiseprogramm gehört. Neben vielen ungebetenen Gästen, darunter Spitzel Metternichs, machen bei Heine Musiker und Komponisten Visite wie Mendelssohn Bartholdy und Richard Wagner; der Maler Peter Cornelius; Schriftsteller wie Friedrich Hebbel, Franz Grillparzer und Hans Christian Andersen; Journalisten und Literaten jeglicher Couleur, oft in Geschäften, einige als Abgesandte und Unterhändler seines Verlegers Campe, Lewald etwa, Wihl, Laube und Weill. Sie schlachten ihre Begegnung mit Heine in der Presse weidlich aus; oft mit dessen Einverständnis, denn Heine muß nach mehrjähriger Abwesenheit aus Deutschland daran liegen, im Gedächtnis der deutschen Leser präsent zu blei-

George Sand.

Frédéric Chopin, ihr Geliebter.

Giacomo Meyerbeer.

ben. Nicht immer aber fällt diese Berichterstattung zu seiner Zufriedenheit aus. In der Auseinandersetzung um sein literarisches Image und die Wirkung seines Worts verwickelt sich Heine in viele Fehden. Er soll mehrfach in Duellaffären verstrickt gewesen sein. Die einzig nachgewiesene, das Duell mit dem Frankfurter Kaufmann Salomon Strauß, dem Mann von Jeanette Wohl, der langjährigen Lebensgefährtin Börnes, entzündet sich an der Darstellung, die Heine in seinem Börnebuch von dieser Beziehung gab.

Heines gesellschaftliches Verhalten scheint, folgt man den Berichten der Zeitgenossen, von einer gleichbleibenden Struktur geprägt. Im ersten Kontakt zu Freunden, Bekannten und Kollegen tritt er offen, zugewandt und unkonventionell auf und provoziert so die Erwartung auf ein näheres, intimeres Kennenlernen. Diesem aber entzieht er sich, für die Partner durchweg überraschend, und die Beziehungen kühlen sich ab. Die Scheu, sich anderen auf Dauer unverstellt zu zeigen, hat ihre Kehrseite in Heines Spitzzüngigkeit und verbaler Aggressivität und wird entsprechend mißverstanden; die Verletzlichkeit als Eitelkeit, das Beharren auf Distanz als Gefühlskälte. So begnügt sich Heine, zum Befremden seiner Besucher, denen die durchschnittliche Kleinbürgerlichkeit seiner Lebensumstände immer wieder auffällt, häufig mit mediokren Beziehungen, zu Menschen, die seinen Rang zwar nicht gefährden, aber auch nicht erkennen – ebenso wenig allerdings auch die problematischen Züge dieses Außenseitertums.

Zu meinen interessantesten hiesigen Bekanntschaften gehören Dr. Koreff und Heine. [...] Heine ist einer der liebenswürdigsten, aber zugleich characterlosesten Menschen, die es gibt, von außerordentlicher Feinheit und Durchdringlichkeit des Geistes und Gefühls, aber ebendaher auch von großer Reizbarkeit und Empfindlichkeit; das unbedeutendste, noch so unbefangen und sorglos ausgesprochene Wort, wenn es nur von ferne eine ihm nicht ganz zusagende Deutung zuläßt, wird er tagelang mit sich herumtragen und in sich verarbeiten. [...] Seine Schattenseite und zugleich sein Unglück ist seine Umgebung, ein schauerliches Mischmasch von politischen Flüchtlingen, Dichterlingen, verunglückten Handelscommis', Pflastertretern und Abenteurern aller Art, meistens Juden, so daß ich immer in große Verlegenheit komme, wenn ich Diesen fragen will, ob Jener ein Jude sei, da Dieser höchst wahrscheinlich selbst einer ist.

Anton Alexander v. Auersperg (Anastasius Grün) an Eduard v. Bauernfeld (4. Dezember 1837)

Rechte Seite
Salon im Haus der Mademoiselle Rachel, einer der bekanntesten Schauspielerinnen der 1840er Jahre. Heine hat Elisa Rachel Félix (1820–1858), hier im Kostüm der Roxane aus Racines «Bajazet», persönlich gekannt und ihre Kunst wegen des «großen, strengen, sehr ernsten Ernstes» hochverehrt.

Ein vielbesuchter Treffpunkt der Emigranten sind die deutschen Buchhandlungen und Lesekabinette, in denen die Neuerscheinungen des deutschsprachigen Buchmarkts und vor allem deutsche Zeitungen und Zeitschriften Gelegenheit bieten, das Informationsdefizit gegenüber heimischen Verhältnissen aufzufüllen. Heine hat diese Möglichkeit häufig genutzt; daß er dabei zur Befriedigung seiner schriftstellerischen Eitelkeit vorzugsweise an Berichten über sich selbst interessiert gewesen sei, dürfte zu den Übertreibungen mißgünstiger Kollegen gehören. Unbestritten bleibt, daß er in den deutschen Blättern nach der Resonanz auf sein Leben und Wirken in Paris suchte. Denn bei aller Hingabe an das neue gesellige und produktive Pariser Leben hat Heine auch Heimweh nach Deutschland. Er vermißt das literarische Umfeld, den Umgang mit seinem Verleger, die Sprache, die ihm zeitlebens literarische Heimat geblieben ist und – nicht zuletzt – die unmittelbare Nähe zu dem Land, dem er sich durch eine kritische, nur selten erwiderte Zuneigung verbunden fühlt wie keinem anderen.

Wenn man bei Galignani in der rue Vivienne, oder in einem der Lese-Institute des Palais royal einen etwas untersetzten Deutschen sieht, mit dunklem Haare, langem Überrocke, sehr nachlässiger Cravatte, listigem, stechendem, aber ziemlich gutmüthigem Auge, der hastig eintritt, von einem Stuhle und aus einem Zimmer zu dem andern eilt, so viel deutsche Zeitungen, wie möglich, auf diesen Hin- und Herzügen zusammenrafft, die Pariser Privatcorrespondenz in ihnen durchfliegt, und, wenn Alles durchgesucht und durchgelesen ist, die neuen Gesichter fixirt, ob vielleicht ein bekanntes deutsches darunter sey – ich sage, wenn man einen solchen Menschen dort umherkreisen sieht, so kann man Hundert gegen Eins wetten, es ist Heinrich *Heine.* […]

Eduard Beurmann, Artikel über Heine (April 1837)

Mathilde

Über Mathilde, Heines Lebensgefährtin und spätere Frau, ist wenig bekannt. Heine soll die neunzehnjährige Crescentia Eugénie Mirat (1815–1883), die er Mathilde nannte, im Oktober 1834 als Verkäuferin in einem Schuhgeschäft kennengelernt haben und lebte schon bald mit ihr zusammen. Nach dem Duell mit Salomon Strauß hat er sich mit ihr verheiratet – sogar kirchlich, nach katholischem Ritus, um die naive Religiosität seiner Frau nicht zu verletzen. Mathildes Bildungslücken hat Heine zu füllen versucht, indem er sie mehrere Monate in ein Pensionat schickte; wohl auch, um ihr Grundkenntnisse seiner Muttersprache zu vermitteln und so ein besseres Fundament für die Verständigung zwischen den Partnern zu schaffen. Vergeblich; Mathilde hat nie deutsch gelernt und schon allein deshalb wohl wenig erfassen können vom literarischen Rang dessen, mit dem sie lebte.

Liebster Campe!

Heute melde ich Ihnen ein Begebniß, welches ich Ihnen bereits mehre Tage vorenthielt – nemlich meine Vermählung mit dem schönen und reinen Wesen, das bereits seit Jahren unter dem Namen Mathilde Heine an meiner Seite weilte, immer als meine Gattin geehrt und betrachtet ward und nur von einigen klatschsüchtigen Deutschen aus der Frankfurter Clique mit schnöden Epitheten eklabussirt ward. Diese Ehrenrettung durch gesetzliche und kirchliche Autorität betrieb ich gleichzeitig mit der Angelegenheit meiner eignen Ehre, die, wenig gefährdet durch die alleinige Aussage eines Lumps wie Strauß sehr in Noth gerieth.

An Julius Campe (5. September 1841)

Das meiste von dem, was wir von Heines Lebensgefährtin wissen, entstammt subjektiven Eindrücken; den Berichten von Freunden, Bekannten und Journalisten, die während ihrer Besuche bei Heine auch Mathilde begegneten; vor allem aber dem Bild, das er selbst in Briefen und autobiographischen Äußerungen von ihr zeichnet. In den Schilderungen der Besucher erscheint Mathilde in sehr unterschiedlicher Gestalt; den einen als mondäne Salondame, umgeben vom bürgerlichen Luxus des «juste milieu»; den anderen als Grisette, leichtfertig, putzsüchtig und unordentlich; unfähig, einen Haushalt zu führen, Heines sauer erschriebenes Geld verschleudernd und untreu obendrein.

«Ich werde Sie meiner Frau vorstellen», sagte er und führte mich zu einem kleinen, eleganten Salon, wo Madame Heine auf den schwellenden Polstern eines Divans saß und eine Tapisserie zwischen den niedlichen Fingern hielt. Ich will, um vorhinein breitem Geträtsche zu begegnen, hier erinnern, daß in Paris bekanntlich ein Gang zum Maire genügt, um eine giltige Ehe zu schließen, daß sich aber Niemand in der Gesellschaft darum kümmert, ob man die Formalität bereits befolgt habe, oder sie zu befolgen sich noch vorsetze. Die Frau, welche in Gemeinschaft mit einem Manne lebt, wird nie anders als Madame titulirt, und Monsieur Heine führte Madame Heine als solche in die anständigsten Cirkel.

Eine hübsche Brünette mit Feueraugen, aus denen Geist blitzt. Er lernte sie vor sechs Jahren, gleich nach seiner Ankunft kennen, und nach mannigfachen Abenteuern und Schwebungen auf- und abwärts gestaltete sich denn dieses angenehme Verhältniß daraus, das Heine in jenem Augenblicke sehr beglückend zu erfüllen schien.

«Es ist als ein Hauptvorzug an Mathilde zu rühmen», sagte er scherzend, «daß sie von der deutschen Literatur nicht das Geringste weiß, und von mir und meinen Freunden und Feinden kein Wort gelesen hat.»

«Die Leute sagen», fügte Mathilde dann hinzu, «daß Heinrich ein sehr geistreicher Mann sei und schöne Bücher geschrieben haben soll, ich merke aber nichts davon und muß mich begnügen, es auf's Wort zu glauben.»

August Lewald, Heine-Erinnerungen (1836)

Heine und Mathilde im Doppelporträt von E. B. Kietz, 1851.

Wie war ich überrascht, in Heines Wohnung Alles so überaus einfach zu finden! Mir schwebte die bekannte Schilderung Lewalds vor. Ich malte mir einen reich ausgeschmückten Pariser Salon mit Meubeln im Geschmack der Renaissance aus. Ich sah hohe, breite Spiegel wie im neuen Café de la Banque, blauseidne Divans lehnten an den tapetengeschmückten Wänden, auf dem größten und weichsten derselben saß eine nach neuester Mode gekleidete Dame. Weit gefehlt. Ich glaubte mich zu irren, und Heine, meine Verwunderung merkend, leitete von da aus das Gespräch ein. Wenn der Abstand zwischen der Lewaldschen Schilderung und der Wirklichkeit Heines vielfachen Gegnern leicht Gelegenheit zu Spott und Hohn in manchen Correspondenzartikeln geboten hat, wenn sie mit der Hand des Bamboccio statt mit der des Carlo Dolce gemalt haben, so fühlte ich mich auf das Unangenehmste berührt, daß ein Dichter wie Heine, ein Verbannter aus dem Vaterlande, gefeiert wie Wenige, in so knapper unangemessener Lage sich befinden muß. Beim unbedeutendsten Feuilletonisten in Paris sieht es behaglicher und glücklicher aus. [...]

Ludwig Wihl (Juli 1838)

Mathilde Heine, ca. 1845.

Heine selbst scheint in den frühen Jahren der Beziehung von Charme, Temperament und der ungebrochenen Sinnlichkeit seiner jungen Frau sehr angezogen gewesen zu sein. Ihre Unausgeglichenheit, Eifersucht und Verschwendungssucht nahm er, stets humorvoll und ganz Patriarch, hin als die Launen eines liebenswerten Kindes. Heine war stets fürsorglich bemüht, seine Frau ökonomisch zu sichern; zum einen durch die Eheschließung, vor allem aber durch finanzielle Maßnahmen, wie die Vereinbarungen mit seinem Verleger und die Schaffung von Rücklagen. Sie sicherten Mathilde über die gesetzlichen Maßgaben hinaus feste und reichliche Einnahmen bis an ihr Ende. 27 Jahre hat sie Heine überlebt.

Die Beziehung zwischen beiden ist stark asymmetrisch. Intellektuelle Überlegenheit, gesellschaftliches Ansehen, gehobener Lebensstandard und der Altersvorsprung von achtzehn Jahren auf Seiten Heines werden auf Seiten

Als Verkäuferin in einem Schuhgeschäft hat Heine Mathilde 1834 kennengelernt. Hier das Magazin de Chaussures de M. Herber in der Rue Richelieu.

Mathildes aufgewogen von einer unverstellten Sinnenlust, Vitalität und Daseinsfreude, die Heine hochgeschätzt und in seinen Schriften propagiert hat, selbst aber wohl nicht zu leben vermochte. So glaubt er sich zwar «verdammt, nur das niedrigste und thörichtste zu lieben», die Verbindung mit einer Frau, die ihm scheinbar so unterlegen ist, aber sichert ihn auch vor der Gefahr, noch einmal das «alte Stück», das Amalien-Erlebnis, zu wiederholen; noch einmal Verlust und Zurückweisung durch eine ihm gesellschaftlich adäquate oder überlegene Frau erfahren zu müssen. Dies mag der Grund dafür sein, daß Heine sich Frauen aus seinem eigenen intellektuellen oder sozialen Umkreis wohl als Seelenfreund, jedoch nicht noch einmal als Liebender nähert.

Sie war liebenswürdig, und Er liebte Sie; Er aber war nicht liebenswürdig, und Sie liebte Ihn nicht.

(Altes Stück)

Madame, kennen Sie das alte Stück? Es ist ein ganz außerordentliches Stück, nur etwas zu sehr melancholisch. Ich hab mal die Hauptrolle darin gespielt, und da weinten alle Damen, nur eine Einzige weinte nicht, nicht eine einzige Träne weinte sie, und das war eben die Pointe des Stücks, die eigentliche Katastrophe.
O diese einzige Träne! sie quält mich noch immer in Gedanken; der Satan, wenn er meine Seele verderben will, flüstert mir ins Ohr ein Lied von dieser ungeweinten Träne, ein fatales Lied mit einer noch fataleren Melodie – ach, nur in der Hölle hört man diese Melodie! – – – – – –
– –
– –
– –
– – – –

Reisebilder. Zweiter Teil. Ideen. Das Buch Le Grand

Mathildes Papagei «Cocotte», Anlaß zahlreicher Eifersuchtsszenen.

Mathilde war schon verheiratet und wohnte in der Rue Bleue, als Heine, voll Eifersucht über die abgöttische Liebe seiner Frau zu ihrem Papagei, mir eines Tages sagte: «Ich werde ihn vergiften, aber sagen Sie ihr um Gottes willen nichts, ich hätte für immer bei ihr verspielt.» Ich kaufte also Schierling und gab ihn ihm heimlich. An diesem Tag aßen wir zusammen außerhalb in einem Restaurant und gingen dann gemeinsam wieder heim; in Erwartung einer Szene hatte Heine mich gebeten mitzukommen. Als Mathilde sah, daß ihr Papagei tot war, stieß sie einen schrecklichen Schrei aus, einen wahren Herzensschrei; sie wurde fast ohnmächtig und wälzte sich, ohne Rücksicht auf Heine und mich, auf dem Boden umher, schluchzte und schrie: «Nun bin ich ganz allein auf der Welt!» Wir mußten lachen. «Was!» rief Heine, «ich bin dir also nichts?» Da sprang sie mit einem Satz auf, und in der Pose Alicens vor Bertram rief sie: «Gar nichts! Gar nichts!» [...]

Alexandre Weill, Heine-Erinnerungen (1883)

Mathilde aber bindet er an sich, macht sie vielleicht sogar von sich abhängig, indem er sie materiell versorgt. Das läßt sie auch die schweren Jahre seiner Krankheit bei ihm ausharren. So entsteht ein Gleichgewicht innerhalb der Beziehung, das sie stabil macht, auch wenn der Ehealltag mit seiner häuslichen Schlamperei, seinen Szenen und seinem ewigen Geldgezänk sich von Heines Humanitäts- und Emanzipationsidee so weit unterschieden haben mag wie die beiden Partner voneinander.

Finanzen

Ich brauche dieses Jahr noch 2000 Mark Banko, ich will sie von Ihnen haben.

An Campe (1835)

Geldnot, die Sorge um die Sicherung seiner materiellen Existenz, gehört zu den Dauerbelastungen in Heines Leben. «Geldschwindsucht», wie er das Leiden nennt, befällt manchmal schleichend, manchmal galoppierend, Heine schon in Deutschland; sie wird chronisch, seit er sich in Paris niedergelassen hat.

Dabei sind Heines Einnahmen, vergleicht man sie mit denen anderer deutscher Berufsschriftsteller seiner Generation, beträchtlich. Sie reichen – aufs Ganze gesehen – aus, um damit eine gehobene bürgerliche Existenz zu finanzieren.

Seine Einkünfte bezieht Heine aus verschiedenen Quellen, literarischen und außerliterarischen. Ganz freier Unternehmer, ist er sehr einfallsreich im Auffinden und Ausschöpfen solcher Quellen und entwickelt sich zum Profi in der Maximierung speziell seiner literarischen Einnahmen. Deren Löwenanteil machen die Honorare aus, die er für seine Publikationen auf dem deutschen Literaturmarkt bezieht; die Zeitungs- und Zeitschriftenhonorare meist aus dem Cotta-Verlag, die Buchhonorare fast ausschließlich von Hoffmann und Campe.

Ich brauche [...] enorm viel, unmenschlich viel, wenn ich in meinem jetzigen Zustande dieses Jahr aufs Land ziehn will, was ich seit vier Jahren aus Ökonomie nicht thun konnte. Sie haben recht, lieber Campe, wenn Sie sagen, daß man sich nach der Decke strecken müsse. Das habe ich auch bis jetzt gethan; nur möchte ich mir jetzt eine längere Decke anschaffen, und deßhalb suchte ich Rath bei Ihnen, den ich aber in Ihrer Antwort vergebens suchte, so daß ich nun selber Rath schaffen muß und will. Sie sagen, daß Sie glaubten, ich wäre durch das Honorar des Romanzero ganz aus meinen Sorgen gerissen. Dieses glaubte ich auch im ersten Augenblick zu sein, aber Personen, die mich eben jenes großen Honorars wegen, welches vielleicht Famas Trompete noch vergrößert für einen Crösus halten, haben mir seitdem mehr Geld entzogen, als ich billig erwarten konnte, und überhaupt, wie Sie wissen und aus eigener Erfahrung wissen, bin ich ein schlechter Rechner. Ich weiß Ihnen gewiß Dank, daß Sie mich einmal anständig honorirten, daß Sie einmal mich des fatalen Feilschens überhoben. [...] Aber ich weiß auch, daß ich meine Ansprüche auch diesmal nicht unbescheiden gestellt hatte [...].

An Campe (14. April 1852)

Speziell in den Verhandlungen mit Campe, seinem getreuen «typographischen Julius», geht Heine äußerst versiert vor. 1837, in einer Zeit akuter «Geldschwindsucht», lanciert er seinen größten Coup. Er verkauft seinem eigenen Verleger die Rechte an einer künftigen Gesamtausgabe seiner Werke für den stolzen Betrag von 20 000 Francs und eine jährliche Rentenzahlung ab 1848; dies zu einem Zeitpunkt, da Heines Werk in Deutschland offiziell ver-

Carl Heine (1810–1865), Sohn und Universalerbe Salomons, weigerte sich zunächst, Heine die Rente weiterzuzahlen, die der Onkel ihm ausgesetzt hatte. «Er hat ein gutes Herz», schreibt Heine dazu 1850, «aber von seinem Herzen bis zur Tasche geht keine Eisenbahn.»

boten ist, und für ein Projekt, das erst nach seinem Tod verwirklicht werden wird. Damit hat Heine sich und seiner Witwe ein festes Einkommen verschafft, das ihn sichert auch gegen aktuelle Schwankungen seines künftigen literarischen Marktwertes.

Zur optimalen Verwertung seiner literarischen Produktion entwickelt er als einer der ersten Autoren die Technik der Mehrfachpublikation, d. h. der Nutzung von Nebenrechten. Er veröffentlicht seine Texte zunächst als Artikel in Zeitungen und Zeitschriften, dann in Buchform, beides auf dem deutschen wie auf dem französischen Markt. Die Bemühungen um das französische Publikum sind jedoch wenig ertragreich, ja, sie entfremden ihn zeitweise den deutschen Lesern, was sich Ende der 1830er Jahre im Rückgang der literarischen Einnahmen empfindlich bemerkbar macht. Wenig einträglich gestalten sich Heines Versuche, eine weitere literarische Goldader auch für sich anzuzapfen, die Bühne. Weder eine Aufführung seiner dramatischen Frühwerke

«William Ratcliff» und «Almansor», noch die seines «Faust»-Balletts kommt zustande.

Ebenso wenig erfolgreich sind die Zeitschriftenprojekte, die Heine mehrfach plant, auch, um als Herausgeber und Autor finanziellen Gewinn daraus zu ziehen.

Aus den zahlreichen Vertonungen seiner Lieder, teils von so hochrangigen Komponisten wie Schubert, Schumann, Brahms und Wagner, läßt sich ebenso wenig Kapital schlagen. Sie sind zwar Renner im internationalen Musikbetrieb; für den Textdichter aber fallen, da entsprechende urheberrechtliche Bestimmungen fehlen, keine Tantiemen ab.

Ich höre, daß Sie die Heineschen Grenadiere componirt haben, u[nd] daß zum Schluß die *Marseillaise* darin vorkommt. Vorigen Winter habe ich sie auch componirt, u[nd] zum Schluß auch die *Marseillaise* angebracht. Das hat etwas zu bedeuten! Meine Grenadiere habe ich sogleich auf eine französische Übersetzung componirt, die ich mir hier machen ließ u[nd] mit der Heine zufrieden war. Sie wurden hie u[nd] da gesungen, u[nd] haben mir den Orden der Ehrenlegion u[nd] 20,000 fr[ancs] jährliche Pension eingebracht, die ich direkt aus *Louis Philippe's* Privat-Casse beziehe.

Richard Wagner an Robert Schumann (29. Dezember 1840)

Dennoch hat Heine mit seinen literarischen Arbeiten für die Verhältnisse seiner Zeit gut verdient. Die rund 140 000 Francs, die er insgesamt daraus erlöst hat, entsprechen einem Jahreseinkommen von durchschnittlich etwa 4000 Francs und damit dem Jahresverdienst der bestverdienenden acht Prozent unter den Hamburger Erwerbstätigen.

Für Heines Bedarf aber reicht diese Summe nicht aus. Er braucht – nach seinen eigenen Angaben – wesentlich mehr, ca. 12 000 Francs im Jahr. Ob das am teuren Pariser Pflaster liegt, an den Kosten seiner Krankheit, daran, daß Heine selbst «ein schlechter Rechner» ist oder an Mathildes «Verbrengerei», wie er die leichte Hand seiner Gefährtin im Geldausgeben nennt, bleibt zu fragen. Jedenfalls ist Heine darauf angewiesen, sich außerliterarische Geldquellen zu erschließen.

Deren ertragreichste ist zweifellos Onkel Salomon, der Hamburger Millionär. Er hat den mittellosen Neffen seit dem Bankerott seines Vaters immer wieder unterstützt. Nach dem Studium kamen die Zuschüsse jedoch unregelmäßig, und sie setzten ein gewisses Wohlverhalten des unbotmäßigen jungen Mannes stillschweigend voraus. In den ersten Pariser Jahren erbringt Heine die entsprechenden Vorleistungen. Er unterhält ein freundschaftliches Verhältnis zu Salomons Sohn Carl, der ebenfalls dort lebt, pflegt ihn, als er während der Epidemie von 1832 an der Cholera erkrankt, und betätigt sich erfolgreich als Heiratsvermittler, als Carl sich 1837 um die Hand der reichen Bankierstochter Cécile Furtado bewirbt. So macht Heine sich den Onkel gewogen und erreicht erstmals 1839 regelmäßige Zahlungen, zunächst 4000 Francs, nach der Heirat mit Mathilde 4800 Francs pro Jahr, mehr als das, was ihm die Schriftstellerei jemals einbringen wird.

Cécile Heine, geb. Furtado (1821–1898). Bei der Verbindung der reichen Pariser Bankierstochter aus dem Hause Fould mit seinem Vetter Carl hat Heine sich als Vermittler betätigt.

Hat Dein Schwiegervater *[Salomon Heine]* Dich darüber im Unklaren gelassen, daß er mir den formellen Auftrag gegeben hat, die Pension des Dichters (Heine) von 100 auf 50 francs pro Woche zu ermäßigen? Ich mußte Heine gerade selbst davon Mitteilung machen, denn da er sein Geld immer im voraus abholt, kam er trotz der Festtage sein Geld für Januar entgegenzunehmen, und er war von dieser Nachricht nicht wenig überrascht; er ist wütend auf Herrn Heine und auf mich weggelaufen und entschlossen, wie er sagte, seine kranke Frau ins Hospital zu bringen, da er nun nicht die Mittel dafür habe, sie zuhause pflegen zu lassen; aber das ist nur eine leere Drohung, die er nicht in die Tat umsetzen wird – Du brauchst es also Deinem Schwiegervater gegenüber nicht zu erwähnen.

Elie Furtado an Cécile Heine-Furtado (Paris, Anfang Januar 1841)

Fürst Pückler-Muskau, der sich im Erbschaftsstreit für Heine einsetzte.

Heines Existenz ist damit materiell gesichert, denn die Summe, die ihm ab 1839 jährlich als Fixum zur Verfügung steht, ermöglicht es ihm, von den Zinsen seines Kapitals bequem zu leben. Er hat endlich das regelmäßige Einkommen erreicht, das ihn unabhängig macht von den Schwankungen der eigenen Arbeitskraft, den Launen des Markts und den Empfindlichkeiten der Familie. So soll es auch nach des Onkels Tod bleiben – zumindest glaubt Heine, dies erwarten zu können.

Diese Erwartung aber trügt. Als Salomon Heine im Dezember 1844 stirbt, hat er im Testament die Fortzahlung der Pension an seinen Neffen nicht gesichert, sondern ihn mit bescheidenen 8000 Mark Banco, d. i. 0,05 % der gesamten Erbmasse, abgefunden. Das trifft Heine hart. Er läßt nichts unversucht, um Carl, den Haupterben, zur Weiterzahlung der Pension zu bewegen. Er droht mit der Publikation familienrufschädigender Enthüllungen. Er droht sogar mit einem Prozeß. Carl zahlt die von seinem Vater festgesetzte Summe zwar vorerst weiter, läßt sich für die Zukunft jedoch nicht festlegen. Erst nach langem Hin und Her und vielen Vermittlungsversuchen öffentlicher Personen wie Campe, Fürst Pückler-Muskau, Meyerbeer und des jungen Lassalle, sichert der Cousin die Fortzahlung der Pension bis zu Heines Tod schließlich zu. Allerdings unter einer Bedingung, die der Schriftsteller als einen empfindlichen Eingriff in seine ohnehin teuer erkaufte Publikationsfreiheit empfinden muß. Heine muß sich verpflichten, nichts Ehrenrühriges über den verstorbenen Familienpatriarchen zu veröffentlichen, und er muß Carl zudem die Kontrolle über diese Enthaltsamkeit seiner Feder einräumen. Die prekäre gesundheitliche Situation zwingt ihn dazu, diese Familienzensur zu akzeptieren.

Ein Freund Ihres berühmten Verwandten H. H[eine] auf dessen hohen wundervollen wenn auch zuweilen auf Abwege gerathenen Genius Sie mit ganz Deutschland stolz zu sein Ursache haben, dessen Blutsverwandtschaft Sie daher ehrt [...] benachrichtigte mich, und mehrere gleichgesinnte und zugleich einflußreiche Männer, deren Namen einen guten zum Theil hohen Klang im Vaterlande, ja in der Welt hat, daß in diesem Augenblick der geniale Dichter, dessen tiefe Innigkeit uns so oft eine süße Thräne ins Auge gelockt, dessen unnachahmlicher Witz uns so oft ein frohes, und selbst wo wir ihn nicht billigen konnten ein unwiderstehliches Lächeln abgezwungen – jetzt von körperlichen Schmerzen niedergebeugt, mit Erblindung bedroht ist, und in dieser traurigen Lage noch dem gräßlichsten aller Übel, dem vollständigen Mangel, entgegensieht, weil, wir können es kaum glauben, Ew. Hochwohlgeboren, der Sohn und Universalerbe Ihres Vaters, der doppelte Millionär, Ihrem Vetter die unbedeutende Pension von einigen Tausend Franken, welche Ihr Herr Vater ihm so lange er lebte gab, seit dessen Tode verweigern, sich darauf stützend, daß Ihr Vetter nicht im Testamente ausdrücklich erwähnt sey, obwohl ich im gleichen Falle mich befindend der Meinung sein würde, daß bey Leuten von Ehre so etwas sich von selbst verstehe,

Hermann v. Pückler-Muskau an Carl Heine (28. Januar 1846)

Anderthalb Jahre dauert dieser Erbschaftsstreit. Er lähmt Heines literarische Produktionskraft, und er lähmt seinen Körper. In dieser Zeit treten verstärkt die Lähmungserscheinungen auf, die das Ende der heiteren Pariser Jahre ankündigen – Anzeichen dafür, wie tief Heine der Verlust des erwarteten Erbes trifft. Symptom auch dafür, daß, nach Heines eigenen Worten, «die verletzten Geldinteressen, um die es sich zu handeln schien, nicht die Hauptursache waren, und daß mein Ärger weit tiefere und ältere Wunden zum Grunde hatte». Noch einmal ist die tiefste aller Wunden aufgerissen, der Schmerz darüber, ausgeschlossen zu sein, und sei es, wie hier, aus der Gemeinschaft des Geldes.

Zusätzlich zur Unterstützung durch die Familie bezieht Heine von 1840 bis 1848 eine französische Staatspension von insgesamt 37 600 Francs, das sind weitere 4700 Francs jährlich, was etwa dem Jahresgehalt eines gut verdienenden Professors entsprach. Über diese Zuwendungen aus einem Geheimfonds der französischen Regierung ist viel spekuliert worden, denn sie wurden gemeinhin nicht aus rein humanitären Gründen, nicht ohne Gegenleistung gewährt, und es ist anzunehmen, daß die Rothschilds ihre Hände im Beziehungsspiel hatten. Folglich warfen die Zeitgenossen, als die Pensionszahlungen mit der Februarrevolution ruchbar wurden, Heine Bestechlichkeit vor. Der Verdacht liegt nahe, wenn man bedenkt, daß die französische Regierung nicht den notleidenden Emigranten und Neuankömmling von 1831 unterstützte, sondern den arrivierten Schriftsteller und Berichterstatter der einflußreichen «Allgemeinen Zeitung», von dem sie wirksame publizistische Schützenhilfe erwarten konnte.

Heine hat auf den Vorwurf, ein «bezahlter Schuft» zu sein, sehr empfindlich und mit wenig überzeugenden öffentlichen Erklärungen reagiert. Ob seine Artikel über die politischen Zustände in Frankreich, so wie der Autor selbst sie sieht, mit nichts als «mit unabhängiger Wahrheitsliebe» berichten, ist eine Frage der Lesart.

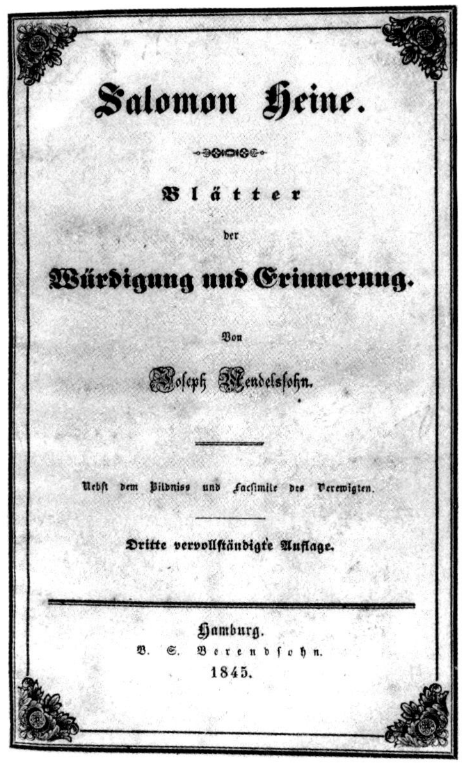
Salomon Heine.

Blätter der Würdigung und Erinnerung.

Von Joseph Mendelssohn.

Nebst dem Bildniss und Facsimile des Verewigten.

Dritte vervollständigte Auflage.

Hamburg.
B. S. Berendsohn.
1845.

Denkschrift zum Tod Salomon Heines, 1843.

Die «Revue rétrospective» erfreut seit einiger Zeit die republikanische Welt mit der Publikation von Papieren aus den Archiven der vorigen Regierung, und unter andern veröffentlichte sie auch die Rechnungen des Ministeriums der auswärtigen Angelegenheiten während der Geschäftsführung Guizots. Der Umstand, daß der Name des Unterzeichneten hier mit namhaften Summen angeführt war, lieferte einen weiten Spielraum für Verdächtigungen der gehässigsten Art, und perfide Zusammenstellungen, wozu keinerlei Berechtigung durch die «Revue rétrospective» vorlag, dienten einem Korrespondenten der «Allgemeinen Zeitung» zur Folie einer Anklage, die unumwunden dahin lautet, als habe das Ministerium Guizot für bestimmte Summen meine Feder erkauft, um seine Regierungsakte zu verteidigen. Die Redaktion der «Allgemeinen Zeitung» begleitet jene Korrespondenz mit einer Note, worin sie vielmehr die Mitteilung ausspricht, daß ich nicht für das, was ich schrieb, jene Unterstützung empfangen haben möge, «sondern für das, was ich *nicht* schrieb». Die Redaktion der «Allgemeinen Zeitung», die seit zwanzig Jahren nicht sowohl durch das, was sie von mir druckte, als vielmehr durch das, was sie *nicht* druckte, hinlänglich Gelegenheit hatte zu merken, daß ich nicht der servile Schriftsteller bin, der sich sein Stillschweigen bezahlen läßt – besagte Redaktion hätte mich wohl mit jener levis nota verschonen können. Nicht dem Korrespondenzartikel, sondern der Redaktionsnote widme ich diese Zeilen, worin ich mich so bestimmt als möglich über mein Verhältnis zum Guizotschen Ministerium erklären will. Höhere Interessen bestimmen mich dazu, nicht die kleinen Interessen der persönlichen Sicherheit, nicht einmal die der Ehre. Meine Ehre ist nicht in der Hand des ersten, besten Zeitungskorrespondenten; nicht das erste, beste Tagesblatt ist ihr Tribunal; nur von den Assisen der Literaturgeschichte kann ich gerichtet werden. Dann auch will ich nicht zugeben, daß Großmut als Furcht interpretiert und verunglimpft werde. Nein, die Unterstützung, welche ich von dem Ministerium Guizot empfing, war kein Tribut; sie war eben nur eine Unterstützung, sie war – ich nenne die Sache bei ihrem Namen – das große Almosen, welches das französische Volk an so viele Tausende von Fremden spendete, die sich durch ihren Eifer für die Sache der Revolution in ihrer Heimat mehr oder weniger glorreich kompromittiert hatten und an dem gastlichen Herde Frankreichs eine Freistätte suchten. [...]

Öffentliche Erklärung in der «Allgemeinen Zeitung», mit der Heine auf das Bekanntwerden seiner französischen Staatspension reagiert. Der Text ist vordatiert auf den 15. Mai 1848; Heine hat ihn wohl unmittelbar vor Ausbruch seiner Krankheit geschrieben.

Als die Pensionszahlungen mit der 1848er Revolution aufhören, erschließt Heine sich eine neue Geldquelle aus seinen Beziehungen zur französischen Hochfinanz. Heines Mäzene sind ausnahmslos jüdischer Herkunft; die Brüder Péreire ebenso wie der steinreiche Komponist Meyerbeer und Heines Hauptgönner, die Rothschilds, Eigentümer eines europaweiten Finanzimperiums. In ihnen sieht Heine wohl, wie Raddatz treffend formuliert, einen «größeren Onkel Salomon» und verhält sich ähnlich ambivalent. Er bewun-

James de Rothschild (1792–1868); die Bankiersfamilie Rothschild, in der Heine häufig zu Gast war, gehörte zu seinen großzügigsten Gönnern.

dert ihr Geld und ihre Macht, verachtet aber die intellektuelle Beschränktheit besonders des Barons James de Rothschild. Heine schätzt zwar die Diners im Renaissance-Palais in der Rue Lafitte, zögert aber nicht, dabei auf die Frage des Barons, warum der kostbare alte Wein, der eben serviert wird, «Lacrimae Christi» heiße, zu antworten: «Übersetzen Sie nur ‹Christus weint›, wenn reiche Juden solchen Wein trinken, während so viele arme Menschen Hunger und Durst leiden.»

Einerseits kann Heine sich ihnen gegenüber, ebenso wie bei Salomon, auf traditionelle jüdische Prinzipien berufen; die Solidarität der jüdischen Schicksalsgemeinschaft und die Verpflichtung der reichen Handelsjuden für die Entfaltung des Geistes. Andererseits aber funktionieren diese Grundsätze in der Phase jüdischer Assimilation und Emanzipation nicht mehr ungefragt. Heine hat sich nur in Zeiten akuten Geldmangels zu entsprechenden «Erinnerungen» verstanden. Er ist dabei weniger bittend als fordernd aufgetreten. Nachweislich hat er auf diese Weise Beträge zwischen 1000 und 4000 Francs erhalten, insgesamt mindestens 15 000 Francs.

Herr Baron!
Die älteren Juden, welche sehr gefühlvolle Menschen waren, hegten den Glauben, daß man in Gegenwart eines Kindes nicht etwas Gutes essen dürfe, ohne demselben einen Bissen davon mitzutheilen, aus Furcht, das Kind würde dadurch einen Blutstropfen verlieren, oder wie sie sich ausdrückten, aus Zaar lechajim, was noch mehr sagen will, als das Wort Rachmones. Ihr edles Herz, Herr Baron scheint auch diesem großmüthigen Aberglauben treu geblieben zu sein und jedesmal, wenn das Glück Sie in Ihren kolossalen Geschäften ganz besonders begünstigte, haben nicht bloß Ihre nächsten Hausfreunde, sondern auch der Dichter, das große Kind, etwas zu schlucken bekommen. In diesem Augenblicke, wo Sie wieder bei einem ungeheuren Unternehmen vorherrschend betheiligt sind, und überhaupt siegreich und millionärer als je aus den Revolutionsstürmen hervorgehen, jetzt erlaube ich mir Ihnen wissen zu lassen, daß ich noch nicht gestorben bin, obgleich mein Zustand nicht eben den Namen Leben verdient.

An James de Rothschild (15. Januar 1852)

Damit nicht genug, spekuliert der Schriftsteller, unterstützt vom Know-how der Hochfinanz, seit Mitte der 1840er Jahre auch an der Börse. Bemerkenswert daran ist weniger der recht bescheidene Gewinn, als die Tatsache der Börsenspekulation an sich. Sie war zu Heines Zeiten als Geldanlage unüblich schon für den Normalbürger, wie erst für den Schriftsteller. Es ist, als wolle Heine, spekulierend noch auf dem Totenbett, seiner Familie beweisen, daß er entgegen allem bisherigen Anschein doch einer der ihren sei.

Aufs Ganze gesehen, hat Heine aus nichtliterarischen Einkünften rund doppelt so viel gewonnen wie mit seiner Schriftstellerei. Er stirbt als wohlhabender Mann, hinterläßt seiner Witwe die beträchtliche Summe von 45 000 Francs und eine gesicherte Existenz.

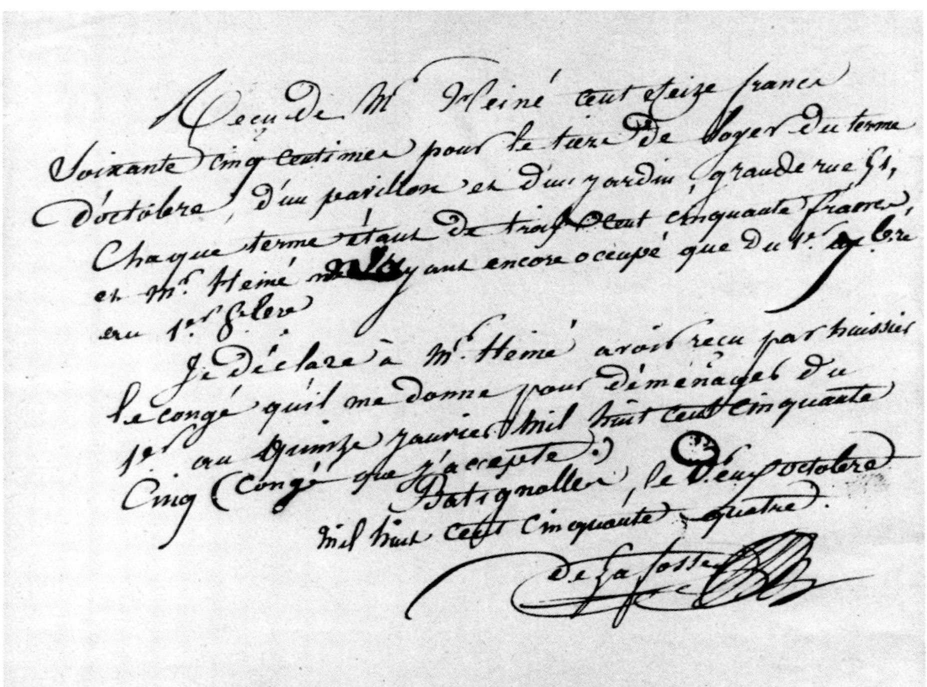
Reçu de Mr Heine cent seize francs
soixante cinq centimes pour le taxe de loyer du terme
d'octobre, d'un pavillon et d'un jardin, grande rue 51,
chaque terme étant de trois cent cinquante francs,
et Mr Heine ayant encore occupé que du 1er 8bre
au 1er 8bre
Je déclare à Mr Heine avoir reçu par huissier
le congé qu'il m'a donné pour déménager du
1er au quinze janvier mil huit cent cinquante
cinq (congé que j'accepte.)
Batignolles, le deux octobre
mil huit cent cinquante quatre.
De La Fosse

Mietquittung für die Wohnung in Batignolles, 1854.
«Die Kosten meiner Agonie [...] dürften Ihnen fabelhaft erscheinen. Es ist schon theuer genug, in Paris zu leben; aber in Paris zu sterben ist noch unendlich theurer.»
An Campe, 16. November 1849.

Reisen

Auch von Paris aus unternimmt Heine nahezu jährlich sommerliche Bade- und Erholungsreisen. Er hofft, damit seinem labilen Gesundheitszustand wieder aufzuhelfen. Heine reist jetzt meist an die französische Nord- und Westküste, in die Bretagne und die Normandie. In den 30er Jahren bevorzugt er Badekuren in Boulogne-sur-mer, besucht aber auch die Bäder in Le Havre, Dieppe, Amiens und Rouen. Später fährt er am liebsten nach Granville. Im Herbst 1837 unternimmt er seine einzige Reise in Frankreichs Süden, nach Marseille, Aix-en-Provence und Lyon. Im Sommer 1841 sucht er die Lähmungserscheinungen im Pyrenäenbad Cauterets zu heilen. Nur zweimal, im Herbst 1843 und von Juli bis Oktober 1844, fährt er nach Deutschland. Der Kuraufenthalt in Montmorency, Mai bis September 1847, ist die letzte von Heines Reisen. Danach fesselt ihn die ausbrechende Krankheit an Paris.

MM. les Voyageurs doivent se rendre au bureau une demi-heure avant celle du départ; il est accordé à chaque Voyageur le port gratis de 15 kilo. sur les bagages.

Pour faciliter le chargement des voitures, les Paquets, Marchandises et Finances doivent être apportés deux heures avant le départ, sans quoi ils seront remis au départ suivant.

On ne répond point des événemens de force majeure ni des vols faits à main armée.

Tous les objets déclarés valeur doivent être ficelés et cachetés pour la sûreté des déclarations. Le prix en est perçu au prix fixé par les tarifs. Ce port ne pourra être inférieur à celui qui serait perçu, en raison du poids, comme bagages et articles ordinaires inscrits sans déclaration.

L'Administration n'est pas responsable des objets non enregistrés; les expéditeurs et Voyageurs sont prévenus que c'est à eux qu'incombe l'obligation de les faire enregistrer. Elle rembourse, en cas de perte des objets, la valeur qui aura été déclarée lors de l'enregistrement; faute de déclaration de valeur, elle tiendra compte de 50 francs pour un Sac de nuit, Porte-Manteau ou autres objets d'un poids de 60 kilo. et au dessous, et de 150 francs pour Malle, Vache et autres objets d'un poids au dessus de 60 kilo.

MM. les Voyageurs sont instamment priés de signaler à l'Administration tout acte d'impolitesse de la part de ses Agens, et notamment de ses Conducteurs.

N°

MESSAGERIES GÉNÉR

Laffitte, Caillard et Cie

Rue St-Honoré, n. 130, et rue de Grenelle-St-Honoré, n.

Départ du 11 Sept. 1842, *à* 4 *heure*

de Boulogne *pour* Paris *par*

M Haine a payé tre

pour arrhes de cinq place N°

retenue dans l'Intérieur

Faute de se trouver à ladite heure les arrhes seror

A *le*

Il est expressément défendu de fumer dans les v

Postfahrschein für eine Fahrt von Boulogne nach Paris am 11. August 1842, den Heine als Lesezeichen benutzt hat. Das Billet zeigt eine der französischen Schreibweisen von Heines Namen, über die er in den «Memoiren» klagt.

Zwischen Deutschland und Frankreich: Heine als Journalist

Es ist die Zeit des Ideenschmuggels und Journale sind unsere Festungen.
An Gustav Kolb. 1828

Die Übersiedlung nach Paris bedeutete einen tiefen Einschnitt in Heines Leben – nicht jedoch in seiner literarischen Arbeit. Hier führt er fort, was er im Frühwerk begonnen hat. Sein Programm eines zeitkritisch-politischen Journalismus als effektivste literarische Waffe in der ideellen Auseinandersetzung um politische Veränderung und Emanzipation des Geistes prägt schon die «Reisebilder»-Prosa. In Frankreich kommt eine neue Aufgabe hinzu: die literarische Vermittlung zwischen Deutschland und Frankreich, zwischen zwei Literaturen und zwei Kulturen. In den anderthalb Jahrzehnten zwischen 1830 und 1848, dem Höhepunkt des europäischen Ideenkampfs, wird Heine als Journalist von dieser Entwicklung berichten. In der Pariser Prosa, in der er sich mit Fragen des aktuellen politischen Geschehens auseinandersetzt, erreicht auch Heines zeitkritischer Journalismus seinen Höhepunkt.

Heine publiziert diese Arbeiten zunächst fast alle in Zeitungen und Zeitschriften; die für den deutschen Leser bestimmten Berichte über Frankreich, «Französische Maler», «Französische Zustände» und «Lutezia. Berichte über Politik, Kunst und Volksleben» meist in Cottas Blättern, der «Allgemeinen Zeitung» oder dem «Morgenblatt für gebildete Stände»; die ans französische Publikum gerichteten beiden großen Abhandlungen über Deutschland, «Die romantische Schule» und «Zur Geschichte der Religion und Philosophie in Deutschland» in den renommierten Journalen «L'Europe littéraire» und «Revue des deux mondes», anderes in «Le Globe», der Zeitschrift der Saint-Simonisten.

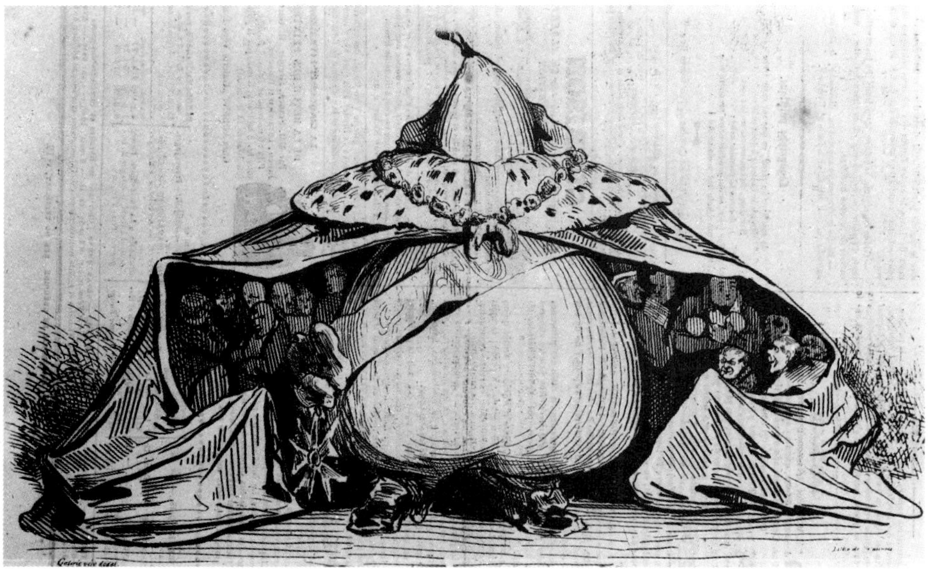

Der Bürgerkönig Louis-Philippe als Birne; Karikatur auf die Pressefreiheit der Julimonarchie.

Die französische Julimonarchie, in der Tradition der Birnenkarikaturen.

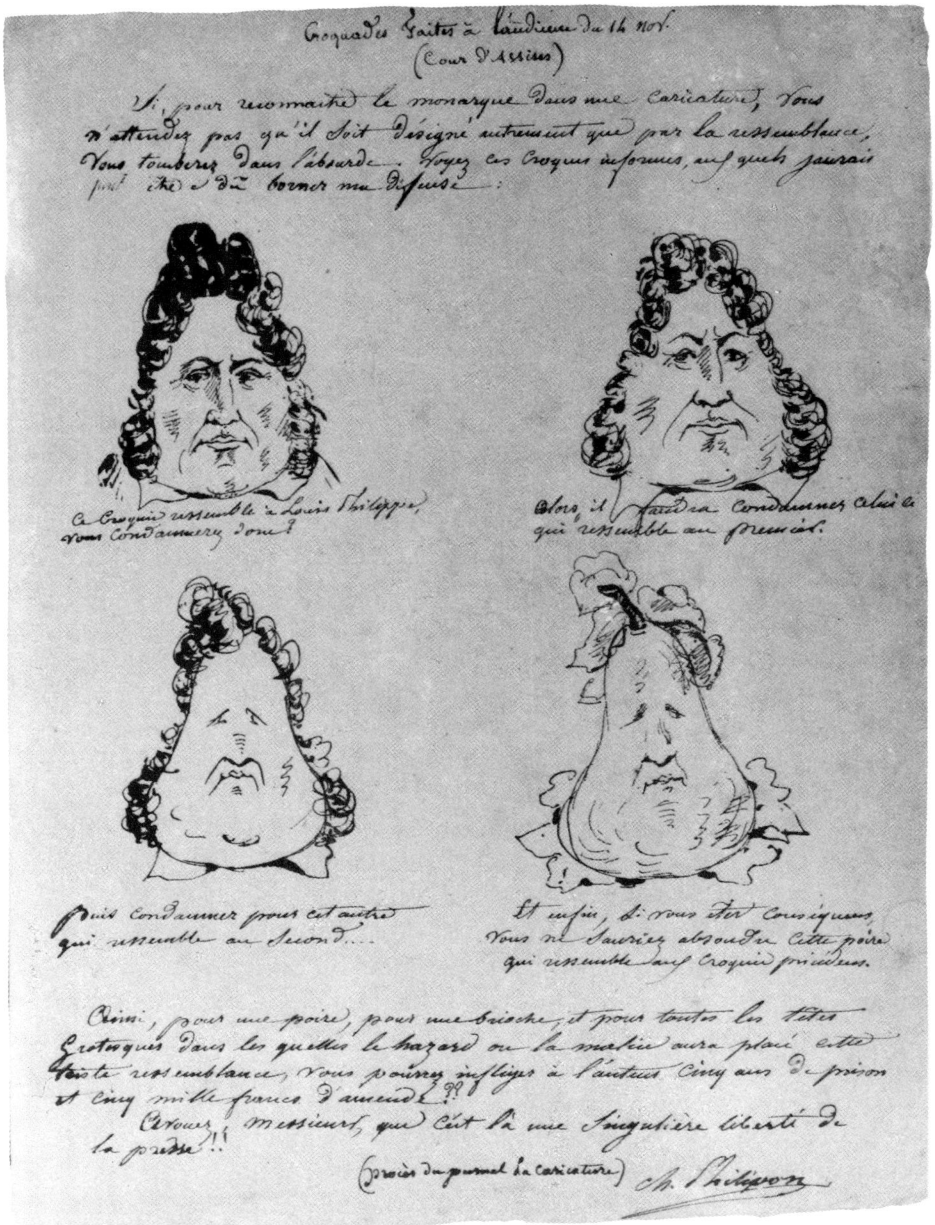

Alle diese Artikel wird Heine auch in Buchform publizieren; in Deutschland in «Die romantische Schule», den vier Bänden des «Salon» sowie den beiden Bänden der «Lutezia», Sammelwerken, die, nach schon bewährter Manier, die zeitkritische Prosa mit Erzählfragmenten und Gedichten mischen; in Frankreich in den Sammelbänden «De l'Allemagne» und «De la France». Hinzu kommt als weiteres Dokument von Heines Auseinandersetzung mit Deutschland «Ludwig Börne. Eine Denkschrift».

Die zeitkritische Prosa ist als Einheit aufzufassen. Sie ist verbunden durch die Intention des Autors, mitzuschreiben an der Geschichte der europäischen Revolution und als Kosmopolit zu vermitteln zwischen den unterschiedlichen politischen Entwicklungszuständen in Deutschland und Frankreich; verbunden auch durch den Zeitraum des Entstehens zwischen 1830 und 1848. Mit dem Niedergang des Bürgerkönigtums tritt die zeitkritische Prosa in Heines Werk zurück.

Der Salon

«Französische Maler»

Mit der Artikelserie über den Pariser Gemäldesalon von 1831 beginnt Heine seine Berichterstattung aus Paris. Die Artikel erscheinen im Herbst des Jahres in Cottas «Morgenblatt für gebildete Stände» und 1834 im ersten Band des «Salon».

Bedenkt man die brisante gesellschaftliche Gesamtsituation kurz nach der Julirevolution und die hohen politischen Erwartungen, mit denen Heine nach Paris gekommen ist, so erscheint das Sujet dieser ersten Berichte für den deutschen Leser nebensächlich und wenig aktuell. Ihre gesellschaftliche Bedeutung erschließt sich erst im nachhinein. Der «Salon» von 1831, eine periodische Gemäldeausstellung im «Salon carré» des Louvre, ist das erste große Kulturereignis nach der Julirevolution. Heine, der sich für die bildende Kunst in Frankreich sehr interessiert – sein erster und sein letzter Ausgang in Paris galt dem Louvre – nimmt die Gelegenheit wahr, um aus der Entwicklung der neuesten Malerei eine Parallele zur politischen Entwicklung zu prognostizieren. Zwar findet die vorausgesagte malerische Revolution nicht statt; sie wird erst in den 1840er Jahren mit den Impressionisten einsetzen; und von den 3000 im «Salon» von 1831 ausgestellten Gemälden wird nur Delacroix' «Liberté» kunsthistorische Bedeutung behalten. Der Irrtum aber zeigt um so deutlicher, wie Heine die französische Gegenwartsmalerei auffaßt und was ihn an ihr interessiert. Es sind nicht die malerischen Qualitäten, sondern Thema und Aussage.

Der Salon bietet Heine, darin seinen Reiseberichten sehr ähnlich, Eindrücke, an denen sich seine Assoziationen und Kommentare entzünden können. Die Gemälde, samt Betrachtern und Kritikern, geben ihm den Anlaß, dem deutschen Leser in seiner fernen biedermeierlichen Welt zu berichten aus dem Zentrum Europas, von Frankreich und seinen Revolutionen und ihm so die rückschrittliche Enge deutscher Lebensverhältnisse ein weiteres Mal bildhaft vor Augen zu führen.

Die Gemäldeberichte – insgesamt 23, über Bilder von Ary Scheffer, Horace Vernet, Eugène Delacroix, A. G. Dechamps, E.-A. Lessore, J. V. Schnetz, Léopold Robert und Paul Delaroche – sind, wie die «Reisebilder», letztlich «Denkbilder». Zwar beschreibt Heine auch Komposition, Farbgebung und Kolorit, doch im Mittelpunkt seines Interesses steht der Gehalt der Bilder und, in Wechselwirkung dazu, ihre Aufnahme durch das Pariser Publikum. Heine verläßt sich weniger auf den visuellen Eindruck als auf die Wirkung, die er bei den Betrachtern beobachtet. Das öffentliche Ansehen des Malers, die Äußerungen der Ausstellungsbesucher, die Meinungen der Kritiker spielen in seiner Wahrnehmung eine größere Rolle als die Bildbetrachtung selbst. So werden Heines Bildbeschreibungen zum Instrument sozialer Verständigung.

Beispielhaft für dieses Verfahren ist Heines Interpretation von Delacroix' Monumentalgemälde «La Liberté» oder, genauer, «Die Freiheit auf den Barrikaden» (heute im Louvre). Heine bezeichnet es als den «Höhepunkt» des Salons. Dabei sieht er nicht etwa auf die malerischen Qualitäten, ja, man hat ihm vorgeworfen, daß er Delacroix' Bedeutung völlig verkannt habe. Heine bezieht sich in seinem Urteil vielmehr auf die Reaktion des Publikums, auf den «großen Volkshaufen», der sich ständig vor dem Bild versammle. Sein Untertitel «La Liberté guidant le peuple» (Die Freiheit führt das Volk an) wird nicht zufällig an exponierter Stelle genannt, weist er doch die Richtung von Heines

Delacroix: Die Freiheit führt das Volk an. Die Sensation des Pariser Salon von 1831.

Erstausgabe des «Salon». Erster Band. 1834.

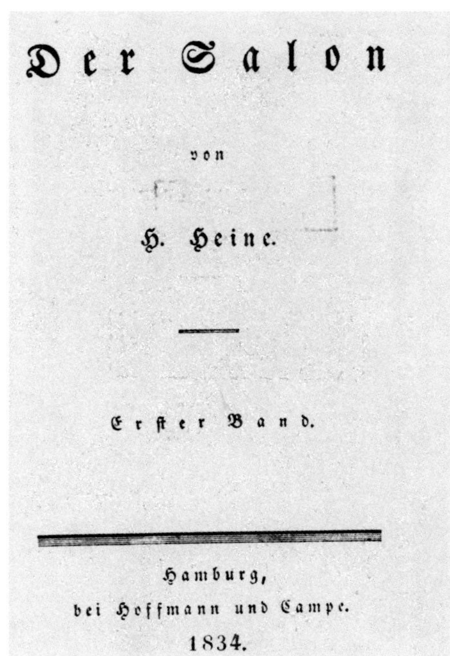

Der Salon

von

H. Heine.

Erster Band.

Hamburg,
bei Hoffmann und Campe.
1834.

Auffassung. Die Freiheit gilt ihm als Signatur der Julirevolution, freilich in der provokativen Auffassung Delacroix'. Denn in seinem Gemälde ist aus der traditionellerweise zur Göttin idealisierten Freiheitsallegorie eine Dirne geworden und aus den Amoretten der «Gassenpöbel».

Delacroix malt die überlebensgroße Figur der «Liberté» während des revolutionären Barrikadenkampfes; er malt sie nicht mit den Protagonisten des Bürgertums, das letztlich zum Gewinner der Julirevolution werden sollte, sondern, historisch überzeugend, mit dem Volk, das die Revolution ausgetragen und dennoch verloren hat. In Delacroix' Gemälde sieht Heine das zum Bild geworden, was ihm als die entscheidende Aufgabe der sich emanzipierenden Gesellschaft gilt: die «Volkwerdung» der Freiheit.

Sein großes Meisterwerk, «die Schnitter», ist gleichsam die Apotheose des Lebens; bei dem Anblick desselben vergißt man, daß es ein Schattenreich gibt, und man zweifelt, ob es irgendwo herrlicher und lichter sei, als auf dieser Erde. «Die Erde ist der Himmel und die Menschen sind heilig durchgöttert», das ist die große Offenbarung, die mit seligen Farben aus diesem Bilde leuchtet. Das Pariser Publikum hat dieses gemalte Evangelium besser aufgenommen, als wenn der heilige Lukas es geliefert hätte. Die Pariser haben jetzt gegen letztern sogar ein allzuungünstiges Vorurteil.

Französische Maler. Gemäldeausstellung in Paris 1831. Der Salon. Erster Band.

L. Robert: Ankunft der Schnitter in den Pontinischen Sümpfen; Rom 1830, ausgestellt im Salon von 1831. Das Gemälde war eines von Heines Lieblingsbildern. Noch in seinem Krankenzimmer hing davon ein Stich.

Publikum einer Kunstausstellung in Berlin, 1831, gezeichnet von Gottfried Schadow.

Ich wende mich zu

Delacroix,

der ein Bild geliefert, vor welchem ich immer einen großen Volkshaufen stehen sah, und das ich also zu denjenigen Gemälden zähle, denen die meiste Aufmerksamkeit zu Teil worden. Die Heiligkeit des Sujets erlaubt keine strenge Kritik des Kolorits, welche vielleicht mißlich ausfallen könnte. Aber trotz etwaniger Kunstmängel, atmet in dem Bilde ein großer Gedanke, der uns wunderbar entgegenweht. Eine Volksgruppe während den Juliustagen ist dargestellt, und in der Mitte, beinahe wie eine allegorische Figur, ragt hervor ein jugendliches Weib, mit einer roten phrygischen Mütze auf dem Haupte, eine Flinte in der einen Hand und in der andern eine dreifarbige Fahne. Sie schreitet dahin über Leichen, zum Kampfe auffordernd, entblößt bis zur Hüfte, ein schöner, ungestümer Leib, das Gesicht ein kühnes Profil, frecher Schmerz in den Zügen, eine seltsame Mischung von Phryne, Poissarde und Freiheitsgöttin. Daß sie eigentlich letztere bedeuten solle, ist nicht ganz bestimmt ausgedrückt, diese Figur scheint vielmehr die wilde Volkskraft, die eine fatale Bürde abwirft, darzustellen. Ich kann nicht umhin, zu gestehen, diese Figur erinnert mich an jene peripatetischen Philosophinnen, an jene Schnelläuferinnen der Liebe oder Schnelliebende, die des Abends auf den Boulevards umherschwärmen; ich gestehe, daß der kleine Schornsteinkupido, der, mit einer Pistole in jeder Hand, neben dieser Gassenvenus steht, vielleicht nicht allein von Ruß beschmutzt ist; [...]

Heilige Julitage von Paris! ihr werdet ewig Zeugnis geben von dem Uradel der Menschen, der nie ganz zerstört werden kann. Wer euch erlebt hat, der jammert nicht mehr auf den alten Gräbern, sondern freudig glaubt er jetzt an die Auferstehung der Völker. Heilige Julitage! wie schön war die Sonne und wie groß war das Volk von Paris! [...]

Unter den Beschauern waren so manche, die damals entweder mitgestritten oder doch wenigstens zugesehen hatten, und diese konnten das Bild nicht genug rühmen. «Mâtin», rief ein Epicier, «diese Gamins haben sich wie Riesen geschlagen!» Eine junge Dame meinte, auf dem Bilde fehle der polytechnische Schüler, wie man ihn sehe auf allen andern Darstellungen der Julirevolution, deren sehr viele, über vierzig Gemälde, ausgestellt waren.

«Papa!» rief eine kleine Karlistin, «wer ist die schmutzige Frau mit der roten Mütze?» – «Nun freilich», spöttelte der noble Papa mit einem süßlich zerquetschten Lächeln, «nun freilich, liebes Kind, mit der Reinheit der Lilien hat sie nichts zu schaffen. Es ist die Freiheitsgöttin.» «Papa, sie hat auch nicht einmal ein Hemd an.» – «Eine wahre Freiheitsgöttin, liebes Kind, hat gewöhnlich kein Hemd, und ist daher sehr erbittert auf alle Leute, die weiße Wäsche tragen.»

Französische Maler. Gemäldeausstellung in Paris 1831. Der Salon. Erster Band.

Ich besuchte den Salon *[die jährliche Kunstausstellung im «Louvre»].* [...]

Von den gemalten Köpfen wandte ich mich jetzt weg zu zwei lebenden, lachenden Gesichtern, nicht eben den schönsten beizuzählen nach dem Sinne der Maler, aber würdige Gegenstände ihrer Kunst. Es war Heine, der die Bilder mit aufgesetzter Brille musterte und einen kleinen Menschen am Arm führte, der viel sprach, viel lachte und dabei stets auf so seltsame Weise sein Gesicht verzog, daß es während des Lachens zu einem ganz andern wurde.

«Ich habe Sie schon lange mit Ste. Beuve bekannt machen wollen», rief mir Heine zu, «allein das ist schwer zu bewerkstelligen. Er hat zwar wie jeder ordentliche Mensch seine Wohnung, dort ist er aber nie anzutreffen, und wo er eben ist, weiß kein Mensch der Schöpfung; weder sein Verleger noch sonst Jemand!»

Ste. Beuve mag ungefähr dreißig Jahre alt sein; er ist vielleicht der erste Kritiker Frankreichs in diesem Augenblick und steht im größten Ansehen.

August Lewald, Bericht über Parisaufenthalt (2. Mai 1836)

Bacharach am Rhein, Schauplatz von Heines Erzählfragment «Der Rabbi von Bacherach», in einer Zeichnung von 1834.

Der Rabbi von Bacherach und andere Fragmente

Die «Salon»-Bände enthalten auch die wenigen Erzählungen, die Heine schrieb. Die Erzählprosa ist das Stiefkind unter seinen literarischen Geschöpfen, vernachlässigt von den Lesern, vernachlässigt, so möchte man meinen, auch vom Autor. Zwar hat er sich mit Erzählversuchen, in «Aus den Memoiren des Herren von Schnabelewopski», «Florentinische Nächte» und «Der Rabbi von Bacherach» von früh an beschäftigt, und Campe hat ihn darin sehr unterstützt, denn Novellen, Romane und ähnlich konventionelle Textformen waren bei den Lesern beliebt. Aber Heines Sache war solches Erzählen nicht, und so sind alle seine Versuche Fragmente geblieben; Zeugnis, so die Kritiker, seiner «erzählerischen Impotenz».

Symptomatisch für Heines Schwierigkeiten mit der Erzählprosa ist die Entstehung des «Rabbi». Zu «einer großen Novelle» über das Schicksal des jüdi-

Illustration zu «Der Rabbi von Bacherach» von Max Liebermann, 1923.

schen Volkes in der Verbannung wurde Heine schon in der Berliner Zeit, 1824/25 angeregt. Im Kreis jüdischer Intellektueller hat er sich damals besonders intensiv mit seiner Identität als «jüdischer Dichter» auseinandergesetzt. Auch der Entschluß, sich taufen zu lassen, bereitet sich in dieser Zeit vor. In Göttingen beginnt Heine mit der Niederschrift; doch das Schreiben wird ihm – nach eigenen Worten – «sehr sauer». Er weiß selbst nicht, ob es der komplexe und auch emotional überwältigende Stoff ist, der ihn hindert, oder sein mangelndes Erzähltalent. Jedenfalls läßt er das Manuskript liegen. Erst als das Thema sich durch die Ritualmordaffäre von Damaskus, die ein Judenpogrom auslöst, erneut aktualisiert, nimmt er das Werk 1840 wieder auf. Welche Teile der ersten, welche der zweiten Arbeitsphase angehören, ist ungeklärt. Das Fragment wird im vierten Band des «Salon» publiziert.

Heine versucht, das große Thema in der mittelalterlichen Geschichte von Rabbi Abraham aus Bacharach im Jahr 1489 zu konzentrieren. Der Rabbi gerät in eine für die damaligen Judenverfolgungen typische Situation. Während des Passahfestes wird der in seinem Haus versammelten Gemeinde ein blutiger Kinderleichnam untergeschoben, um so die Juden ritueller Christenmorde beschuldigen und vernichten zu können. Der Rabbi flieht in Lebensgefahr mit Sara, seiner schönen Frau, nach Frankfurt. Im heiteren Leben der reichen, geschäftigen Handelsstadt erfährt das Paar den Gegensatz zu seiner bisherigen Existenz im orthodoxen Judentum des uralt-düsteren rheinischen Städtchens. Doch auch in Frankfurt ist für Juden ein Überleben nur im Schutz des Ghettos möglich. Dieses allerdings erscheint bei der Wiederbegegnung des Rabbi mit einem Freund aus spanischer Zeit zumindest vorerst als ein hoffnungsvoll-heiterer Ort. Im weltoffenen Sohn eines berühmten portugiesischen Rabbi, der konvertiert ist und als Ritter lebt, eröffnet sich den Flüchtlingen eine lebenszugewandtere Möglichkeit jüdischer Existenz. Hier bricht das Fragment ab.

Der Bruch, der es stilistisch wie konzeptionell durchzieht, zeigt, neben großer emotionaler Anteilnahme am Schicksal seines Volkes, auch Heines gewandelte Haltung zum Judentum. 1840, auf der Höhe seines Lebens, scheint es, als habe er das erreicht, was er mit der Taufe anstrebte: sich zu lösen vom märtyrerhaft-asketischen Lebensentwurf orthodox rituellen Judentums und frei zu werden für die sinnenhafte Diesseitsfreude durch die Assimilation.

Heine in Napoleon-Pose, 1847.

Ein Talent und ein Charakter. Die Auseinandersetzung mit Börne

«Heinrich Heine über Ludwig Börne» – unter diesem von Campe eigenmächtig, ohne Einverständnis des Autors gewählten Titel erscheint im August 1840 das Börnebuch. Es leitet den dramatischen letzten Akt im Entfremdungsprozeß zwischen den beiden bedeutendsten politischen Schriftstellern Deutschlands ein. Beider Biographie läßt zunächst mehr auf Gemeinsamkeit schließen denn auf Konflikt. Börne ist – wie Heine – deutscher Jude; geboren 1786 als Juda Baruch Löw im Frankfurter Ghetto. Er hat sich – wie Heine – in jungen Jahren durch Konversion zum Protestantismus zu assimilieren versucht. Er lebt – wie Heine – als freier Schriftsteller, und Heine hat den Älteren und schon Berühmten zunächst sehr verehrt.

Nachdem beide im revolutionären Enthusiasmus von 1830 nach Paris emigriert sind, hören die Gemeinsamkeiten auf; zum einen aus politischen Gründen, zum anderen aus Gründen der literarischen Konkurrenz. Börne wird

Die Erstausgabe von Heines Denkschrift über Börne aus der Bibliothek des Autors.

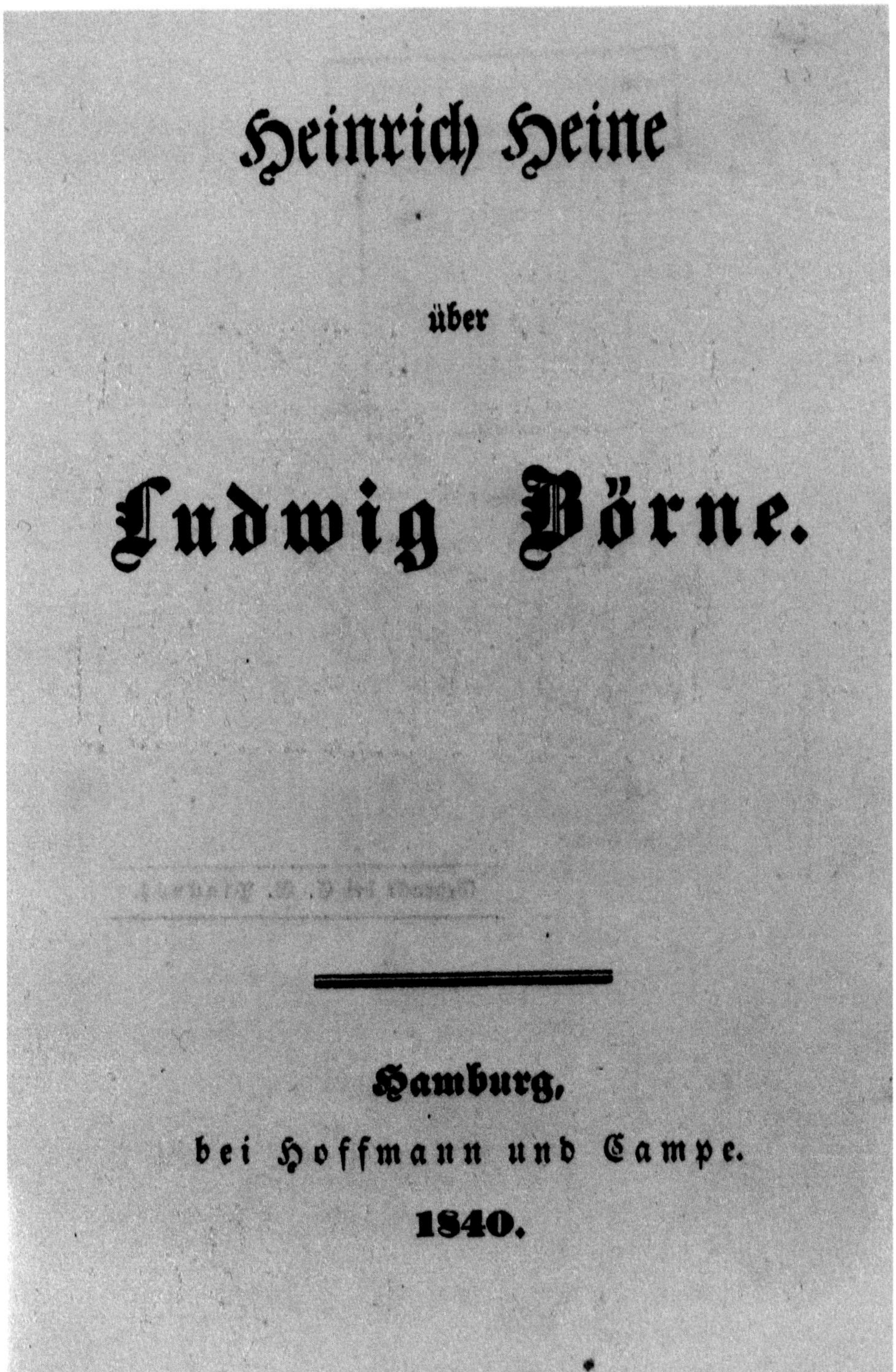
Heinrich Heine

über

Ludwig Börne.

Hamburg,

bei Hoffmann und Campe.

1840.

zum Führer der deutschen Emigranten, der Liberalen und Republikaner, und wandelt sich vom Verfechter der Julimonarchie zum radikalen Demokraten. Heine geht den entgegengesetzten Weg. Sein Bekenntnis zu einem gemäßigten Royalismus stößt bei den deutschen Republikanern auf Unverständnis. Börne und seine Anhänger werfen Heine in öffentlichen Angriffen Opportunismus und ein gesinnungsloses Ästhetentum vor. Börnes öffentliche Polemik gegen Heine gipfelt in dem bekannten, von Heine später im «Atta Troll» ebenso polemisch umgekehrten Wort, Heine sei «ein Talent, doch kein Charakter» – eine Formulierung, die ins Zentrum des Konflikts trifft. Sie führt nach jahrelangen Auseinandersetzungen den Bruch herbei.

25. Februar 1833 [1834].

Soll ich über Heines *französische Zustände* ein vernünftig Wort versuchen? Ich wage es nicht. Das Fliegenartige Misbehagen, das mir beim Lesen des Buches um den Kopf summte, und sich bald auf diese bald auf jene Empfindung setzte, hat mich so ärgerlich gestimmt, daß ich mich nicht verbürgen kann – ich sage nicht für die Richtigkeit meines Urtheils, denn solche anmaßliche Bürgschaft übernehme ich nie – sondern nicht einmal für die Aufrichtigkeit meines Urtheils. Dabei bin ich aber besonnen genug geblieben, um zu vermuthen, daß diese Verstimmung meine, nicht Heines Schuld ist. Wer so große Geheimnisse wie er besitzt, als wie: in der dreihundertjährigen Unmenschlichkeit der Österreichischen Politik eine erhabene Ausdauer zu finden, und in dem Könige von Baiern einen der *edelsten und geistreichsten Fürsten die je einen Thron geziert;* den König der Franzosen, als hätte er das kalte Fieber, an dem einen Tage für gut, an dem andern für schlecht, am dritten Tage wieder für gut, am vierten wieder für schlecht zu erklären; wer es *kühn und großartig* findet, daß die Herren von Rothschild, während der Cholera ruhig in Paris geblieben, aber die unbezahlten Mühen der deutschen Patrioten lächerlich findet; und wer bei aller dieser Weichmüthigkeit sich selbst noch für einen *gefesteten* Mann hält – Wer so große Geheimnisse besitzt, der mag noch größere haben, die das Räthselhafte seines Buches erklären; ich aber kenne sie nicht. [...] Heine ist ein Künstler, ein Dichter, und zur allgemeinsten Anerkennung fehlt ihm nur noch seine eigne. Weil er oft noch etwas Anders seyn will als ein Dichter, verliert er sich oft. Wem wie ihm, die Form das höchste ist, dem muß sie auch das einzige bleiben; denn sobald er den Rand übersteigt fließt er in's Schrankenlose hinab, und es trinkt ihn der Sand. Wer die Kunst als seine Gottheit verehrt und je nach Laune auch manches Gebet an die Natur richtet, der frevelt gegen Kunst und Natur zugleich. Heine bettelt der Natur ihren Nektar und Blüthenstaub ab, und bauet mit bildendem Wachse der Kunst ihre Zellen. Aber er bildet die Zelle nicht, daß sie den Honig bewahre, sondern sammelt den Honig, damit die Zelle auszufüllen. Darum rührt er auch nicht wenn er weint; denn man weiß, daß er mit den Thränen nur seine Nelkenbeete begießt. Darum überzeugt er nicht, wenn er auch die Wahrheit spricht, denn man weiß daß er an der Wahrheit nur das Schöne liebt. Aber die Wahrheit ist nicht immer schön, sie bleibt es nicht immer. Es dauert lange bis sie in Blüthe kömmt, und sie muß verblühen ehe sie Früchte trägt. Heine würde die deutsche Freiheit anbeten, wenn sie in voller Blüthe stände; da sie aber wegen des rauhen Winters, mit Mist bedeckt ist, erkennt er sie nicht und verachtet sie. [...]

Ludwig Börne, Briefe aus Paris 1833 [1834]

Der Heine ist ein verlorener Mensch. Ich kenne keinen, der verächtlicher wäre. Nicht die Verachtung, die sich mit dem Hasse paart, kann man gegen ihn hegen, sondern die Verachtung, die sich mit Bedauern verbindet. Meine Briefe aus Paris haben ihn zugrunde gerichtet. Von nichts getrieben als von der Eitelkeit, von nichts angezogen als von der Hoffnung, Aufsehen zu machen, haben ihm meine Briefe die liberale Schriftstellerei ganz verleidet, weil er verzweifelt, mehr Lärm zu machen als ich. Er hat den schlechten Judencharakter, ist ganz ohne Gemüt und liebt nichts und glaubt nichts. Seine Feigheit würde man keinem Weibe verzeihen. [...] Es ist ihm nur wohl, wenn er mit Menschen zusammen ist, die er unter sich fühlt; meine Gegenwart drückt ihn ganz zu Boden. Auch meidet er mich, so viel er kann. Er hängt sich an das schlechteste Volk, geht mit bekannten Spionen um, macht den Zuträger und das ganz gewiß für Geld! Er ist so lüderlich, daß er nur ein einziges Paar Stiefel hat, wie er mir gestern selbst sagte, die jetzt zerrissen sind, so daß er nicht weiß, was er machen soll. Neulich schrieb er einen zweiten Artikel in der *Allgemeinen Zeitung,* worin er sagte: er sei *aus Neigung ein guter Royalist.* Und so ist es auch. Seine ganze Natur und Geistesrichtung, seine Lüderlichkeit, seine Nervenschwäche und weibische Eitelkeit macht ihn zum gebornen Aristokraten. [...]

Ludwig Börne an Jeanette Wohl (13. Februar 1832)

Heine reagiert auf die Provokation zunächst nicht, zumindest nicht öffentlich. Daß er sich dennoch tief getroffen fühlt, zeigen seine Briefe. Erst nach Börnes Tod, 1837, scheint ihm die Zeit für eine öffentliche Erwiderung reif. Der Zeitpunkt wird mitbestimmt von Entwicklungen auf dem deutschen Literaturmarkt, ja im eigenen Verlag, die für Heine nicht günstig sind und denen entgegenzuwirken sich empfiehlt. Immer deutlicher wird spürbar, daß Heine sich dem deutschen Publikum entfremdet hat. Börne dagegen, mit seinen «Briefen aus Paris» in unmittelbarer Konkurrenz zu Heines «Französischen Zuständen», steigt unaufhaltsam in der Lesergunst. Campe, beider

Heine-Porträt von Isidor Popper; Hamburg 1843.

Verleger, forciert die Konkurrenz noch, indem er Börnes Werk besonders fördert, eine mehrbändige Börne-Gesamtausgabe publiziert und Gutzkow, den dritten unter den führenden oppositionellen Autoren, zu einer Börne-Biographie anregt. Da Gutzkow ebenfalls Hausautor bei Hoffmann und Campe und als Redakteur einer vielgelesenen hauseigenen Literaturzeitschrift zudem einflußreicher Vermittler öffentlicher Meinung ist, gerät Heine unter Zugzwang. Er tritt an die Öffentlichkeit mit seiner «Denkschrift» über Ludwig Börne.

Sie wird zum Höhepunkt nicht nur der Auseinandersetzung zwischen den beiden Schriftstellern, sondern auch von Heines literarischer Auseinandersetzung mit Deutschland insgesamt. Wirkungsgeschichtlich jedoch gerät sie zum absoluten Tief. Ein Sturm der Entrüstung bricht über Heine herein. Die Zeitgenossen lesen sein Buch vor allem biographisch. Sie werfen ihm Frivolität, Gesinnungslosigkeit, Eitelkeit und Rachsucht vor und empören sich über die Arroganz der Abrechnung mit dem toten Börne. Das Börnebuch gilt als Leichenschändung am Nationalheiligen der deutschen Opposition.

Ludwig Börne (1786–1837), Porträt von Moritz Oppenheim, 1827.

[...] Wenn sich in Briefen nicht bloß der Charakter des Schreibers, sondern auch des Empfängers abspiegelt, so ist Madame Wohl eine höchst respektable Person, die für Freyheit und Menschenrechte glüht, ein Wesen voll Gemüth, voll Begeisterung... Und in der That, wir müssen dieser Ansicht Glauben schenken, wenn wir vernehmen, mit welcher Hingebung die Dame in bitterer Zeit an Börne festhielt, wie sie ihm ihr ganzes Leben weihte, und wie sie jetzt, nach seinem Tode, in trostlosem Kummer verharrt, sich in der Einsamkeit nur noch mit dem Verstorbenen beschäftigend. Unstreitbar herrschte zwischen beiden die innigste Zuneigung, aber während das Publikum zweifelhaft war, welche sinnliche Thatsachen daraus entsprungen seyn möchten, überraschte uns einst die plötzliche Nachricht, daß Madame Wohl sich nicht mit Börne, sondern mit einem jungen Kaufmann aus Frankfurt vermählt habe... Die Verwunderung hierüber ward noch dadurch gesteigert, daß die Neuvermählte nebst ihrem Gatten hierherkam, mit Börne ein und dieselbe Wohnung bezog, und alle drey einen einzigen Haushalt bildeten. Ja, es hieß, der junge Gatte habe die Frau nur deßhalb geheurathet, um mit Börne in nähere Berührung zu kommen, er habe sich ausbedungen, daß zwischen beiden das frühere Verhältniß unverändert fortwalte. Wie man mir sagt, spielte er im Hause nur die dienende Person, verrichtete die roheren Geschäfte und ward ein sehr nützlicher Laufbursche für Börne, mit dessen Ruhm er hausiren ging und gegen dessen Gegner er unerbittlich Gift und Galle geiferte.

In der That, jener Gatte der Madame Wohl gehört nicht zu der guten Sorte, die mit der Toleranz in der Ehe eine gewisse Harmlosigkeit verbindet, und dadurch allen Spott entwaffnet. Nein, er erinnerte vielmehr an jene böse Gattung, wovon in den indischen Geschichten des Ktesias Erwähnung geschieht. Dieser Autor berichtet nemlich: in Indien gäbe es gehörnte Esel, und während alle andere Esel gar keine Galle haben, hätten jene gehörnten Esel einen solchen Überfluß an Galle, daß ihr Fleisch dadurch ganz bitter schmecke.

Ich hoffe, es wird niemand mißdeuten, weßhalb ich obige Particularitäten aus Börnes Privatleben hervorhebe. Sie sollen nur zeigen, daß es noch ganz besondere Mißstände gab, die mir geboten mich von ihm entfernt zu halten. Das ganze Reinlichkeitsgefühl meiner Seele sträubte sich in mir bey dem Gedanken, mit seiner nächsten Umgebung in die mindeste Berührung zu gerathen. Soll ich die Wahrheit gestehen, so sah ich in Börnes Haushalt eine Immoralität, die mich anwiderte. Dieses Geständniß mag befremdlich klingen im Munde eines Mannes, der nie im Zelotengeschrey sogenannter Sittenprediger einstimmte und selber hinlänglich von ihnen verketzert wurde. Verdiente ich wirklich diese Verketzerungen? Nach tiefster Selbstprüfung kann ich mir das Zeugniß geben, daß niemals meine Gedanken und Handlungen in Widerspruch gerathen mit der Moral, mit jener Moral, die meiner Seele eingeboren, die vielleicht meine Seele selbst ist, die beseelende Seele meines Lebens. Ich gehorche fast passiv einer sittlichen Nothwendigkeit, und mache deßhalb keine Ansprüche auf Lorbeerkränze und sonstige Tugendpreise. [...] Was aber unseren Ludwig Börne betrifft, so dürfen wir kühn behaupten, daß es keineswegs die Begeisterung für Schönheit war, die ihn zu seiner Madame Wohl hinzog. Ebenso wenig findet das Verhältniß dieser beiden Personen seine moralische Rechtfertigung in der großen Passion. Beherrscht von der großen Passion, würden beide keinen Anstand genommen haben, selbst ohne den Seegen der Kirche und der Mairie, bey einander zu wohnen; das kleine Bedenken über das Kopfschütteln der Welt hätte sie nicht davon abgehalten... Und die Welt ist am Ende gerecht und sie verzeiht die Flamme, wenn nur der Brand stark und ächt ist, und schön lodert und lange... Gegen eitel verpuffendes Strohfeuer ist sie hart und sie verspottet jede ängstliche Halbgluth... Die Welt achtet und ehrt jede Leidenschaft, sobald sie sich als eine wahre erprobt, und die Zeit erzeugt auch in diesem Falle eine gewisse Legitimität... Aber Madame Wohl that sich mit Börne zusammen unter dem Deckmantel der Ehe mit einem lächerlichen Dritten, dessen bitteres Fleisch ihr vielleicht manchmal mundete, während ihr Geist sich weidete am süßen Geiste Börnes... Selbst in diesem anständigsten Falle, selbst im Fall dem idealischen Freunde nur das reine, schöne Gemüth, und dem rohen Gatten die nicht sehr schöne und nicht sehr reinliche Hülle gewidmet ward, beruhte der ganze Haushalt auf der schmutzigsten Lüge, auf entweihter Ehe und Heucheley, auf Immoralität.

Zu dem Ekel, der mich bey dem Zusammentreffen mit Börne von Seiten seiner Umgebung bedrohte, gesellte sich auch das Mißbehagen, womit mich sein beständiges Kannengießern erfüllte. Immer politisches Raisonniren und wieder Raisonniren, und sogar beim Essen, wo er mich aufzusuchen wußte. Bey Tische, wo ich so gern alle Misere der Welt vergesse, verdarb er mir die besten Gerichte, durch seine patriotische Galle, die er gleichsam wie eine bittre Sauce darüber hinschwatzte. Kalbsfüße *à la Maître d'Hôtel,* damals meine harmlose Lieblingsspeise, er verleidete sie mir durch Hiobsposten aus der Heimath, die er aus den unzuverläßigsten Zeitungen zusammengegabelt hatte. Und dann seine verfluchten Bemerkungen, die einem den Appetit verdarben. So z. B. kroch er mir mahl nach in den Restaurant de Rüe Lepelletièr, wo damals nur politische Flüchtlinge aus Italien, Spanien, Portugal und Polen zu Mittag speisten. Börne, welcher sie alle kannte, bemerkt mit freudigem Händereiben: wir beide seyen von der ganzen Gesellschaft die einzigen, die nicht von ihrer respektiven Regierung zum Tode verurtheilt worden. «Aber ich habe, setzte er hinzu, noch nicht alle Hoffnung aufgegeben, es eben so weit zu bringen. Wir werden am Ende alle gehenkt, und Sie eben so gut wie ich.» Ich äußerte bey dieser Gelegenheit, daß es in der That für die Sache der deutschen Revoluzion sehr fördersam wäre, wenn unsere Regierungen etwas rascher verführen und einige Revoluzionäre wirklich aufhingen, damit die übrigen sähen, daß die Sache gar kein Spaß und Alles an Alles gesetzt werden müsse... «Sie wollen gewiß, fiel mir Börne in die Rede, daß wir nach dem Alphabeth gehenkt werden und da wäre ich einer der ersten und käme schon in Buchstab B, man mag mich nun als Börne oder als Baruch hängen; und es hätte dann noch eine gute Weile bis man an Sie käme, tief ins H.»

Das waren nun Tischgespräche, die mich nicht sehr erquickten, und ich rächte mich dafür, indem ich für die Gegenstände des Börneschen Enthusiasmus eine übertriebene, fast leidenschaftliche Gleichgültigkeit affektirte. [...]

Ludwig Börne. Eine Denkschrift (1840). Aus dem Vierten Buch.

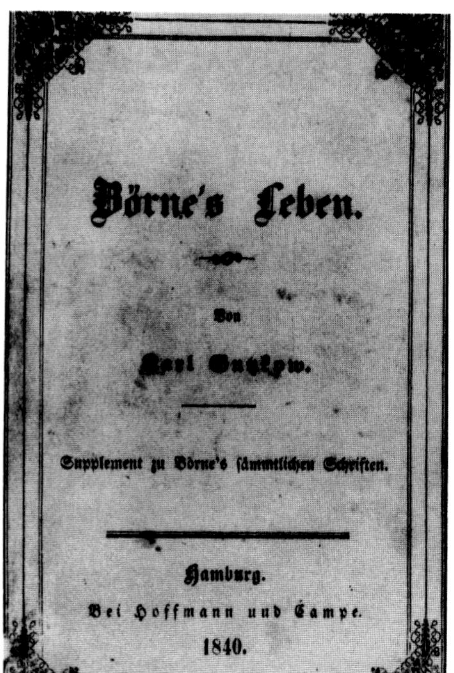
Börne's Leben.

Von

Karl Gutzkow.

Supplement zu Börne's sämmtlichen Schriften.

Hamburg.

Bei Hoffmann und Campe.

1840.

Die öffentliche Meinung wird von der Börne-Partei dominiert. Heines Freunde schweigen, peinlich berührt. Heine steht völlig allein im Sturm der Entrüstung. Zur politischen und moralischen Isolation kommt das finanzielle Fiasko. Das Buch findet kaum Käufer. Der Versuch, die deutschen Leser zurückzugewinnen, ist, zumindest vorerst, gescheitert.

Am Sonnabend habe ich Ihr Buch ausgegeben. Auch in Leipzig kam es an denselben Tage ins Publikum. Was soll ich darüber berichten? – Soll ich Ihnen die *Wahrheit* sagen? –

Ich habe mich mit dem Buche abgefunden; habe Ihnen gesagt, daß ich es beklage, daß Sie Sich mit Börne verglichen, alles das war mir fatal und sagte ich Ihnen: Sie würden *dafür* aushalten müssen! – Wie gesagt, *ich* bin darüber schon hinaus, und bin ein «Lettore Benevole –»; aber wie sind die Leser, die das Buch zum ersten Male durchlaufen! –

Sie sind wie die Weiber, die einen schön gestrickten Strumpf sehen; sie begaffen ihn von allen Seiten und finden, daß einige Maschen fallen laßen sind; – nun taugt er nichts.

Börne, hat eine unbeschreibliche Popularität in Deutschland gewonnen; alle sehen in ihm einen seltenen Charakter, – man *liebt* und *verehrt* ihn – *allgemein*! –

Nun kommen Sie, greifen den Haus-Götzen an. Schänden ihn, setzen ihn herunter! – Er, ist todt; kann sich nicht wehren. – Es ist ein allgemeiner Schrei *gegen Sie* und noch sprach ich, außer Ihrer Mutter, keinen Menschen der sich dieser Gedanken erwehren konnte. Die allgemeine Indignation haben Sie geweckt. Die Sentimentalität geht weit. – [...]

So steht es in Deutschland.

Ihr Buch wird gehen, das ist richtig; aber ich fürchte: daß die Fäden der Freundschaft, bei vielen – sehr vielen – damit zerschnitten sind, und Sie bis zum Erbarmen werden, unisono werden, abgemuckt werden. Gutzkow & Co sind vergnügt! – Alle Differenzen wurden suspendiert; – schnell den Börne in die Preße! Am Montag begann der Satz, in 3 Wochen ist er fertig. Wienbarg war heute Abend bei mir, er läßt Ihnen alle Gerechtigkeit wiederfahren; aber er ist ergrimmt, trotz dem: daß *er*, das Künstlerische an dem Buche achtet! – «Wer hat für Heine als Dichter noch Glauben, nachdem er einen so schnöden Streich gegen einen *Todten* geführt hat?» Das waren seine Worte. Wenn ich Ihnen als ehrlicher Mann sage: *keiner* hat das Buch gelobt, jeder, Jeder hat sein Misfallen dick und derb zum besten gegeben; so berichte ich Ihnen die Wahrheit – die Sie von mir verlangt haben. Machen Sie sich auf das gefaßt, das Sie treffen muß [...] Den Wunden Fleck haben Sie am deutschen Charakter mit Pfeffer und Salz bestrichen; das brennt und schreit! und wird eine fatale Nachwirkung haben, Für Sie und Ihre Zukunft als *deutscher* Schriftsteller.

[...] Doch leugne ich nicht, daß ich davon überrascht und verdutzt bin, – daß die Menschen nur an diesem Theile kleben; von den vielen, herrlichen und Schönen das in dem Buche wirklich ist, keine Notiz nehmen, keine nehmen *wollen*, nur an der Schattenseite des Buches weilen sie, und das ist ein böses Ding! Für Sie – für immer. Nimmer hätte ich es in dem Maaße erwartet, wie es sich herausstellt. Merken Sie, wie man den Deutschen nicht kommen soll –, *nicht darf.* Die Leute haben Gemüth!

Campe an Heine (14. August 1840)

Die eigentliche Intention Heines, wie er sie Campe gegenüber benennt, wird verkannt. Das Buch sei «keine Biographie», «sondern nur die Schilderung persönlicher Berührungen in Sturm und Noth, und eigentlich ein Bild dieser Sturm- und Nothzeiten». Es geht Heine darum, im Spiegel seiner «Selbsterlebnisse» eine Zeitanalyse zu geben, Selbst- und Zeitbiographie miteinander zu verknüpfen. Darin entspricht das Börnebuch den Memoirenplänen, die Heine gleichzeitig beschäftigen und in denen er, nach dem großen Vorbild aller Autobiographie, Goethes «Dichtung und Wahrheit», ebenfalls eine Verschränkung von Ich- und Zeitanalyse geben will.

Ludwig Börnes Grab auf dem Friedhof Père Lachaise in Paris, gezeichnet von Jacob Burckhardt.

Die Struktur der «Denkschrift» entspricht dieser Grundidee. In jedem ihrer fünf Teile wird politische Zeiterfahrung gespiegelt in persönlichem Erleben. Das Werk endet, abgelöst von der Börne-Thematik, mit der Selbstdeutung Heines als «Dichter im Exil». Sie ist – inhaltlich wie formal – der Höhepunkt auch von Heines Auseinandersetzung mit Deutschland. Hier kommt das verborgene Grundthema seines gesamten bisherigen Werks ans Licht: sein Leiden an Deutschland und seine Heimatlosigkeit; die Zerrissenheit zwischen der Helle des «französisch heitren Tageslichts» und den «Nachtgedanken» an Deutschland, wie er es im gleichnamigen Gedicht nennt; ein Bild, das Heines Werk der französischen Periode als durchgängiges Stilprinzip begleitet, ob in den «Zeitgedichten», in «Deutschland. Ein Wintermärchen» oder in der kritischen Prosa.

Jeanette Strauß-Wohl (1783–1861), die Adressatin von Börnes «Briefen aus Paris». Heines anspielungsreiche Darstellung der Beziehung zwischen Börne und seiner Freundin gab den Anlaß zum Duell mit Salomon Strauß.

Im Börnebuch wird das Bild vom «Dichter im Exil» zweifach in tieferen Erfahrungsschichten verankert. Heines eigene leidvolle Erfahrung als jüdischer Bürger wird projiziert auf die jahrhundertealte Leidensgeschichte des jüdischen Volkes. Sein individuelles Erlebnis der «Zerrissenheit» wird nun verstanden als Grunderfahrung modernen Dichtertums, als die «Höllenfahrt der Selbsterkenntnis», als die sie schon Dante beschrieb.

In dieser Auseinandersetzung mit Deutschland sieht man heute den Kern des Börnebuchs, nicht mehr im Zerwürfnis der beiden literarischen Dioskuren. Gegenüber dem Trennenden von beider Position rückt heute das Gemeinsame in den Vordergrund. Ja, die Auseinandersetzung wird als ein Identitätskonflikt Heines verstanden, in dem er widersprüchliche, nicht gelebte und nicht geliebte Züge seines eigenen Charakters auf den Kontrahenten projiziert. So gesehen wäre Heine utopischer Denker der sozialen Emanzipation und tatkräftiger Kämpfer für politische Nahziele, Dichter und Publizist, Künstler und Volkstribun zugleich. Börne erschiene dann als Heines «alter ego».

«Aber ist's nicht schön ausgedrückt?» so soll Heine, ganz Ästhet, die moralischen Vorwürfe wegen seiner schonungslosen Angriffe auf Börnes Privatleben pariert haben. Am Ende seines Lebens hat er sie bereut. Die entsprechenden Passagen des Börnebuchs allerdings hat er unverändert stehen lassen. Heute gilt es als literarisches Meisterwerk, als Glanzstück von Heines Prosa- und Porträtkunst. Thomas Mann hat es hochgerühmt als «die genialste deutsche Prosa bis Nietzsche».

Dramatischer noch als der literarische Konflikt verläuft dessen Nachspiel. Der öffentliche Skandal kulminiert in einem Duell. Der «Ehrenhandel» hatte seine Ursache in Heines Spott über Börnes «ménage à trois», dem, wie Heine unterstellte, intimen Zusammenleben Börnes mit Jeanette Wohl, seiner früheren Geliebten, und deren Ehemann Salomon Strauß. Dieser hatte Heine, um die Ehre seiner Frau wiederherzustellen, im Juni 1841 auf offener Straße in einen heftigen Wortwechsel verwickelt, wohl in provokativer Absicht. Die deutschen Zeitungen griffen den Vorfall begierig auf und machten aus dem

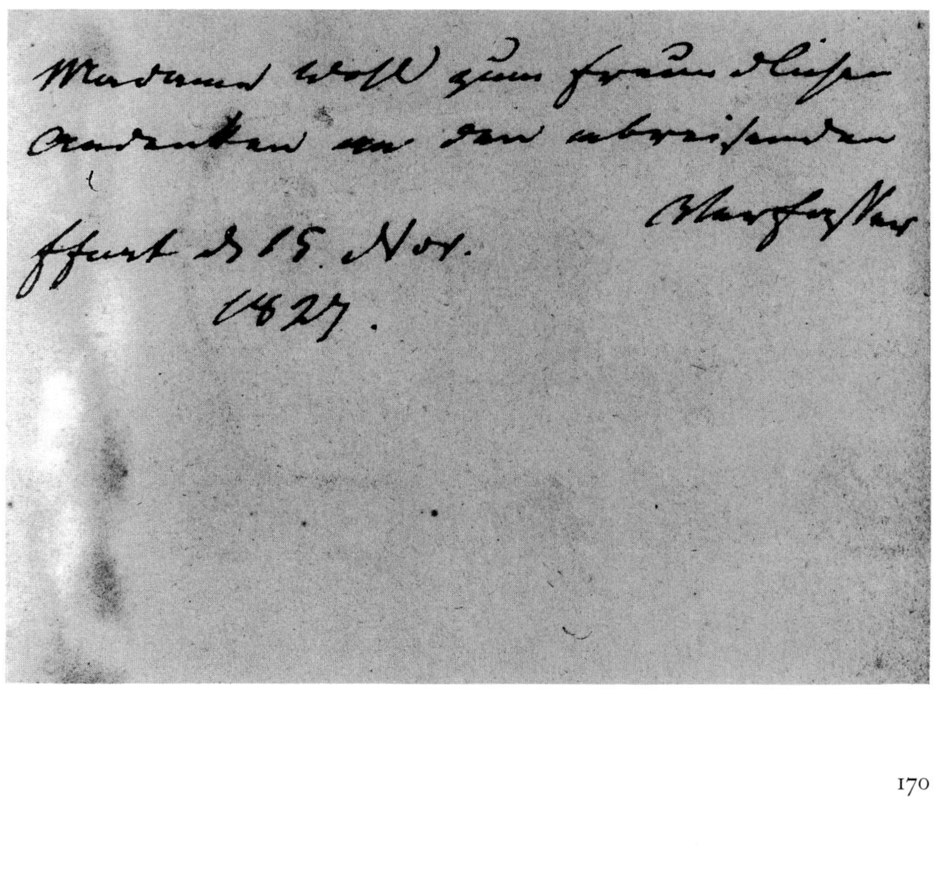

Widmungstext Heines für Jeanette Wohl in einem Exemplar des «Buchs der Lieder».

Disput eine «weitschallende Ohrfeige». Heine versuchte in mehreren öffentlichen Erklärungen vergeblich, zu dementieren. Schließlich nahm er die Provokation auf und forderte Strauß zum Duell auf Pistolen. Es fand am 7. September statt. Heine wurde durch einen Hüftstreifschuß leicht verletzt.

Nur mit Widerstreben kann ich mich entschließen, brieflich auf eine Angelegenheit zurückzukommen, die mir schon so traurige Nothwendigkeit auferlegt; aber ich halte es für Pflicht, den Ehrenmännern in Deutschland, die die Glaubwürdigkeit meiner Aussage im Voraus verbürgen, genauen Bericht über das Vorgefallene zu geben. [...] So kann ich Ihnen denn auf Ehre versichern, daß der Vorfall mit Heine völlig wahr, so wie es in den Zeitungen berichtet. Ich begegnete ihm am 14. Juni Nachmittags in der Rue Richelieu; erst als er einige Schritte an mir vorüber war, erkannte ich im Umdrehen Heine, und er wohl gleichzeitig mich, denn er bog schnell in die Straße St. Marc. Ich ihm nach, und unter Ausstoßen einiger nicht sehr höflichen Epitheten gab ich ihm die wohlverdiente Züchtigung: eine Ohrfeige. Er reichte mir seine Karte und ich rief ihm meine Wohnung zu, da ich keine Karte bei mir hatte; er erwiederte: «Ich werde Sie schon finden.» Ich that ihm nun die unverdiente Ehre an, zu glauben, daß er Genugthuung von mir fordern würde, aber in den nachfolgenden Tagen schon war er nach den Pyrenäen abgereist. Von dort aus beginnen seine neuen Schändlichkeiten; aber was selbst die überraschen mußte, die die geringste Meinung von seinem Charakter hatten, war das freche Läugnen. Es widerstrebte meinem Gefühle, nun in den Zeitungen sofort, so zu sagen, zu bescheinigen, daß ich wirklich die Ohrfeige gegeben; seitdem sind ja auch, wie Sie wohl wissen, Männer aufgetreten, die die Wahrheit des Vorfalls in deutschen Zeitungen verbürgen.

Salomon Strauss an die Redaktion des «Telegraphen» (K. Gutzkow) (August 1841)

Salomon Strauß (1795–1866), Jeanette Wohls Ehemann, von Heine in der Börne-Denkschrift wegen der «ménage à trois» zwischen dem Ehepaar und Börne verlästert.

Im Gefolge einer Polemik in den deutschen Zeitungen fand soeben in Saint-Germain ein Duell zwischen Heinrich Heine und Herrn Strauß, einem seiner Landsleute, statt. Die Angelegenheit hatte keine andere Folge als eine starke Prellung an der Hüfte Heines, die von einer abgeprallten Kugel hervorgerufen wurde.

Anonyme Pressenotiz (8. September 1841)

Folgenreich sind die Nachwirkungen. Heines Heirat hat hier zumindest ihren Anlaß. Zudem löst das Duell einen Umschwung der öffentlichen Meinung aus. Die Angriffe auf Heine lassen zumindest vorübergehend nach. Nicht mit der literarischen Waffe, seiner spitzen Feder, hat Heine sich vor den Zeitgenossen rehabilitieren können, sondern mit Pistolen; nicht durch das Wort, sondern durch die Tat.

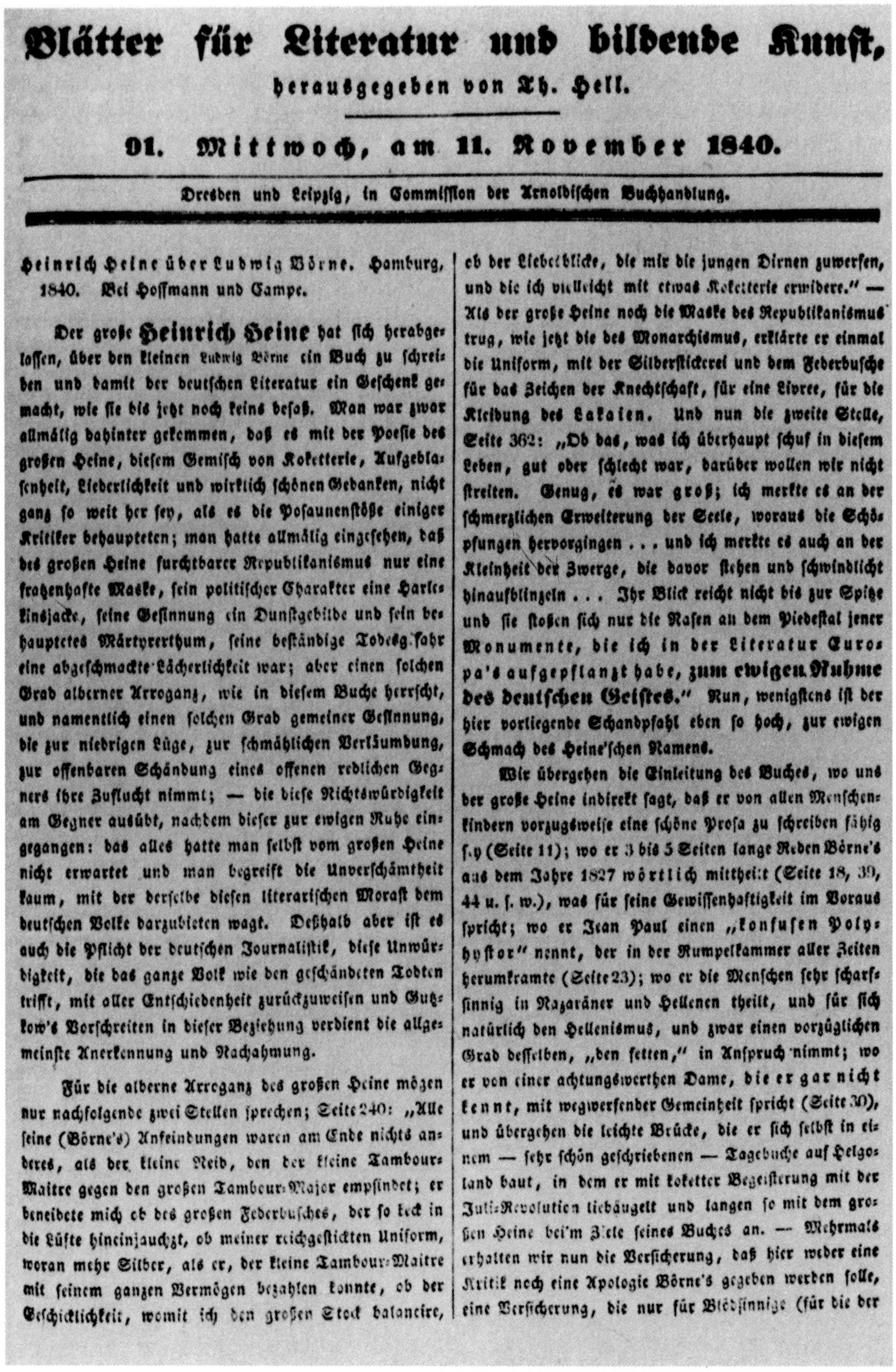

Blätter für Literatur und bildende Kunst,

herausgegeben von Th. Hell.

91. Mittwoch, am 11. November 1840.

Dresden und Leipzig, in Commission der Arnoldischen Buchhandlung.

Heinrich Heine über Ludwig Börne. Hamburg, 1840. Bei Hoffmann und Campe.

Der große **Heinrich Heine** hat sich herabgelassen, über den kleinen Ludwig Börne ein Buch zu schreiben und damit der deutschen Literatur ein Geschenk gemacht, wie sie bis jetzt noch keins besaß. Man war zwar allmälig dahinter gekommen, daß es mit der Poesie des großen Heine, diesem Gemisch von Koketterie, Aufgeblasenheit, Liederlichkeit und wirklich schönen Gedanken, nicht ganz so weit her sey, als es die Posaunenstöße einiger Kritiker behaupteten; man hatte allmälig eingesehen, daß des großen Heine furchtbarer Republikanismus nur eine fratzenhafte Maske, sein politischer Charakter eine Harlekinsjacke, seine Gesinnung ein Dunstgebilde und sein behauptetes Märtyrerthum, seine beständige Todesgefahr eine abgeschmackte Lächerlichkeit war; aber einen solchen Grad alberner Arroganz, wie in diesem Buche herrscht, und namentlich einen solchen Grad gemeiner Gesinnung, die zur niedrigen Lüge, zur schmählichen Verläumdung, zur offenbaren Schändung eines offenen redlichen Gegners ihre Zuflucht nimmt; — die diese Nichtswürdigkeit am Gegner ausübt, nachdem dieser zur ewigen Ruhe eingegangen: das alles hatte man selbst vom großen Heine nicht erwartet und man begreift die Unverschämtheit kaum, mit der derselbe diesen literarischen Morast dem deutschen Volke darzubieten wagt. Deßhalb aber ist es auch die Pflicht der deutschen Journalistik, diese Unwürdigkeit, die das ganze Volk wie den geschändeten Todten trifft, mit aller Entschiedenheit zurückzuweisen und Gutzkow's Vorschreiten in dieser Beziehung verdient die allgemeinste Anerkennung und Nachahmung.

Für die alberne Arroganz des großen Heine mögen nur nachfolgende zwei Stellen sprechen; Seite 240: „Alle seine (Börne's) Anfeindungen waren am Ende nichts anderes, als der kleine Neid, den der kleine Tambour-Maitre gegen den großen Tambour-Major empfindet; er beneidete mich ob des großen Federbusches, der so keck in die Lüfte hineinjauchzt, ob meiner reichgestickten Uniform, woran mehr Silber, als er, der kleine Tambour-Maitre mit seinem ganzen Vermögen bezahlen konnte, ob der Geschicklichkeit, womit ich den großen Stock balancire, ob der Liebesblicke, die mir die jungen Dirnen zuwerfen, und die ich vielleicht mit etwas Koketterie erwidere." — Als der große Heine noch die Maske des Republikanismus trug, wie jetzt die des Monarchismus, erklärte er einmal die Uniform, mit der Silberstickerei und dem Federbusche für das Zeichen der Knechtschaft, für eine Livree, für die Kleidung des Lakaien. Und nun die zweite Stelle, Seite 362: „Ob das, was ich überhaupt schuf in diesem Leben, gut oder schlecht war, darüber wollen wir nicht streiten. Genug, es war groß; ich merkte es an der schmerzlichen Erweiterung der Seele, woraus die Schöpfungen hervorgingen . . . und ich merkte es auch an der Kleinheit der Zwerge, die davor stehen und schwindlicht hinaufblinzeln . . . Ihr Blick reicht nicht bis zur Spitze und sie stoßen sich nur die Nasen an dem Piedestal jener Monumente, die ich in der Literatur Europa's aufgepflanzt habe, **zum ewigen Ruhme des deutschen Geistes.**" Nun, wenigstens ist der hier vorliegende Schandpfahl eben so hoch, zur ewigen Schmach des Heine'schen Namens.

Wir übergehen die Einleitung des Buches, wo uns der große Heine indirekt sagt, daß er von allen Menschenkindern vorzugsweise eine schöne Prosa zu schreiben fähig sey (Seite 11); wo er 3 bis 5 Seiten lange Reden Börne's aus dem Jahre 1827 wörtlich mittheilt (Seite 18, 39, 44 u. s. w.), was für seine Gewissenhaftigkeit im Voraus spricht; wo er Jean Paul einen „konfusen Polyhystor" nennt, der in der Rumpelkammer aller Zeiten herumkramte (Seite 23); wo er die Menschen sehr scharfsinnig in Nazaräner und Hellenen theilt, und für sich natürlich den Hellenismus, und zwar einen vorzüglichen Grad desselben, „den fetten," in Anspruch nimmt; wo er von einer achtungswerthen Dame, die er gar nicht kennt, mit wegwerfender Gemeinheit spricht (Seite 30), und übergehen die leichte Brücke, die er sich selbst in einem — sehr schön geschriebenen — Tagebuche auf Helgoland baut, in dem er mit koketter Begeisterung mit der Juli-Revolution liebäugelt und langen so mit dem großen Heine bei'm Ziele seines Buches an. — Mehrmals erhalten wir nun die Versicherung, daß hier weder eine Kritik noch eine Apologie Börne's gegeben werden solle, eine Versicherung, die nur für Blödsinnige (für die der

Besprechung von Heines Börne-Buch in den «Blättern für Literatur und bildende Kunst».

Zeitgedichte

Ja, in guter Prosa wollen
Wir das Joch der Knechtschaft brechen –
Doch in Versen, doch im Liede
Blüht uns längst die höchste Freiheit.
Atta Troll, Caput III

«Zeitgedichte» nennt Heine diejenigen seiner neuen lyrischen Arbeiten, in denen er sich mit aktuellen politischen Themen auseinandersetzt, sei es mit einer Person, wie dem vielgeschmähten Ludwig I. von Bayern, sei es mit einem Ereignis, wie der Julirevolution, oder einer Situation, wie der Haltung der deutschen Opposition. «Zeitgedichte» könnten – in einem erweiterten Verständnis – alle poetischen Arbeiten der 1840er Jahre heißen. Sie alle vereinen Poesie mit Zeitkritik und führen so Heines Auseinandersetzung mit Deutschland in politisch aktualisierter Form fort.

Mit diesen Dichtungen reagiert Heine auf das Desaster, das er mit dem Börnebuch erlebt und das ihm drastisch vor Augen geführt hat, wie tief die Kluft zwischen ihm und seinem deutschen Publikum ist. Erstmals seit der Übersiedlung nach Paris kehrt Heine zurück zur Poesie, auf das Gebiet, dem er seinen ersten großen Erfolg verdankt.

Politische Lyrik hat in den 1840er Jahren Konjunktur. Ausgelöst wird der neue Trend von zwei Ereignissen: der Thronbesteigung Friedrich Wilhelms IV. von Preußen 1840, an die sich die schnell wieder enttäuschten Hoffnungen der Opposition klammern, und der zwischen Deutschland und Frankreich aufbrechenden «Rheinkrise». Sie findet ihren populären Ausdruck in einem Gedicht, Niklas Beckers «Rheinlied» mit den bald zum Schlagwort avancierten Zeilen «Sie sollen ihn nicht haben / Den freien deutschen Rhein». Das «Rheinlied» wird zum Signal für die politische Dichtung des Vormärz und diese zum Publikumserfolg. Gedichtsammlungen wie Hoffmann von Fallerslebens «Unpolitische Lieder», Dingelstedts «Lieder eines cosmopolitischen Nachtwächters», Herweghs «Gedichte eines Lebendigen» oder Freiligraths «Glaubensbekenntnis» werden zu Rennern mit für damalige Zeiten ungeahnten Auflagenhöhen.

Politische Lyrik versteht sich – im bewußten Gegensatz zum Überzeitlichkeitsstandpunkt der Klassik – als «Tendenzpoesie», die Partei nimmt und konkreten gesellschaftlichen Zwecken dient. Sie artikuliert die Ziele der literarisch-politischen Opposition; die Forderung nach politischer Teilhabe des Bürgertums und Vertreibung von Adel und Klerus aus den öffentlichen Machtpositionen, die Forderung nach einer Verfassung, nach Gleichheit vor dem Gesetz und nach Pressefreiheit.

Heine teilt diese Anliegen zwar prinzipiell, nicht aber die distanzlose Begeisterung, mit der die Tendenzpoesie sie vertritt. Sein Verhältnis zur politischen Lyrik der 1840er Jahre ist ambivalent. Doch als literarischer Trend bietet ihm ihr Erfolg die Möglichkeit, seine eigenen Interpretationen

Friedrich Wilhelm IV. von Preußen, auf dessen Regierung die politische Opposition große, jedoch bald enttäuschte Hoffnungen setzte. Heine publizierte 1844 im Pariser «Vorwärts» sein Spottgedicht auf ihn, «Der neue Alexander».

Ferdinand Freiligrath (1810–1875) und Georg Herwegh (1817–1884) (links), zwei der bekanntesten politischen Lyriker des Vormärz. Heine setzte sich mit ihrer Form der Tendenzpoesie kritisch-ironisch auseinander.

des politischen Geschehens im Mantel der Lyrik unters Lesevolk zu bringen und es erneut für sich zu gewinnen. Campe, als Verleger der erfolgreichsten politischen Lyriker am neuen Trend unmittelbar beteiligt, fördert die neuerliche Hinwendung seines berühmtesten Autors zum Gedicht. So entstehen zwischen 1841 und 1847 drei neue lyrische Werke: die «Neuen Gedichte», in denen auch die «Zeitgedichte» enthalten sind, sowie die beiden Versepen «Atta Troll. Ein Sommernachtstraum» und «Deutschland. Ein Wintermärchen».

Atta Troll – das letzte freie Waldlied der Romantik und die Tendenzpoesie

Im Sommer 1841, dem Sommer der Duellaffäre um das Börnebuch und noch mitten in den Nachwehen seines Erscheinens, hält sich Heine mit Mathilde zur Kur in Cauterets auf. Das Schwefelbad in den Hautes Pyrénées war damals sehr beliebt; ein Aufenthalt dort gehörte in der Pariser Gesellschaft fast zum guten Ton.

Die pittoreske, einsame Gebirgslandschaft, die Heine bei Ausflügen, z. B. ins spanische Roncevalles kennenlernte, gibt den Erlebnishintergrund für die sagenhaften Geschichte Atta Trolls, des Tanzbären und Weltverbesserers. Erste Pläne entstehen noch während des Aufenthalts; niedergeschrieben hat Heine die erste Fassung wohl im Februar bis Mai des darauffolgenden Jahres. Insgesamt hat er, mit Unterbrechungen, bis 1847 an diesem Werk gearbeitet. Erstmals erschienen ist es Anfang 1843 in Fortsetzungen in der «Zeitung für die elegante Welt». Die Buchfassung erscheint 1847, stark überarbeitet und erweitert, auch ergänzt durch eine Vorrede und den Untertitel «Ein Sommer-

Blick auf Cauterets in den Pyrenäen, wo Heine sich 1841 zur Kur aufhielt. Die pittoreske Berglandschaft regte ihn an zur Geschichte Atta Trolls.

nachtstraum». Durch ihn wird «Atta Troll» mit dem zweiten, inzwischen erschienenen Versepos «Deutschland. Ein Wintermärchen» in der gemeinsamen Anspielung auf Shakespeare verknüpft.

Atta Troll, ein Tanzbär, befreit sich während einer Vorführung in Cauterets von seiner «Sklavenfessel», verläßt seine Gattin, die «schwarze Mumma», und kehrt zurück in die Bergeinsamkeit. Dort agitiert er vor seinen Jungen als Tendenzredner. Die sechs Bärenreden machen den ersten Hauptteil des Epos aus. Im zweiten Teil, dessen Handlung der des ersten parallel läuft, bricht der Erzähler mit Laskaro, dem Bärenjäger, zu einer Gebirgswanderung auf. In einer wilden Hatz gelingt es ihm, mit Hilfe der Hexe Uraka, Atta Troll zu töten. Als Bettvorleger im Schlafzimmer der Pariserin Juliette findet er ein unrühmliches Ende.

Mit der Figur des Tanz- und Tendenzbären greift Heine eine reiche literarische Tradition auf, die der aufklärerischen Fabel, der volkstümlichen Tierepen und der humoristisch-satirischen Tierdichtung der Romantik mit so populären Gestalten wie Hoffmanns «Kater Murr» und Tiecks «Gestiefeltem Kater». Ein zweiter Traditionsstrang ist der des komischen Versepos, das im Biedermeier hoch im Kurs stand und sich auf so berühmte Vorbilder wie Goethes «Reineke Fuchs» oder Herders «Cid» berief.

Ihnen allen gemeinsam ist das gesellschaftskritische Anliegen, das in politisch repressiven Zeiten mit Vorliebe in tierisch fabelhaftem Gewand versteckt wird. Aktuell war diese satirische Tradition vor allem in Frankreich. Dort erschien seit Januar 1841 ein Sammelwerk, in dem Tiere als Revolutionsredner auftraten und auf diese Weise die Revolution karikierten. Aufsehen erregte

Rings umragt von dunklen Bergen,
Die sich trotzig übergipfeln,
Und von wilden Wasserstürzen
Eingelullet, wie ein Traumbild,

Liegt im Tal das elegante
Cauterets. Die weißen Häuschen
Mit Balkonen; schöne Damen
Stehn darauf und lachen herzlich.

Herzlich lachend schaun sie nieder
Auf den wimmelnd bunten Marktplatz,
Wo da tanzen Bär und Bärin
Bei des Dudelsackes Klängen.

Atta Troll und seine Gattin,
Die geheißen schwarze Mumma,
Sind die Tänzer, und es jubeln
Vor Bewundrung die Baskesen.

Steif und ernsthaft, mit Grandezza,
Tanzt der edle Atta Troll,
Doch der zottgen Ehehälfte
Fehlt die Würde, fehlt der Anstand.

Ja, es will mich schier bedünken,
Daß sie manchmal cancaniere,
Und gemütlos frechen Steißwurfs
An die Grand'-Chaumière erinnre.

Auch der wackre Bärenführer,
Der sie an der Kette leitet,
Scheint die Immoralität
Ihres Tanzes zu bemerken.

Atta Troll. Aus Caput I

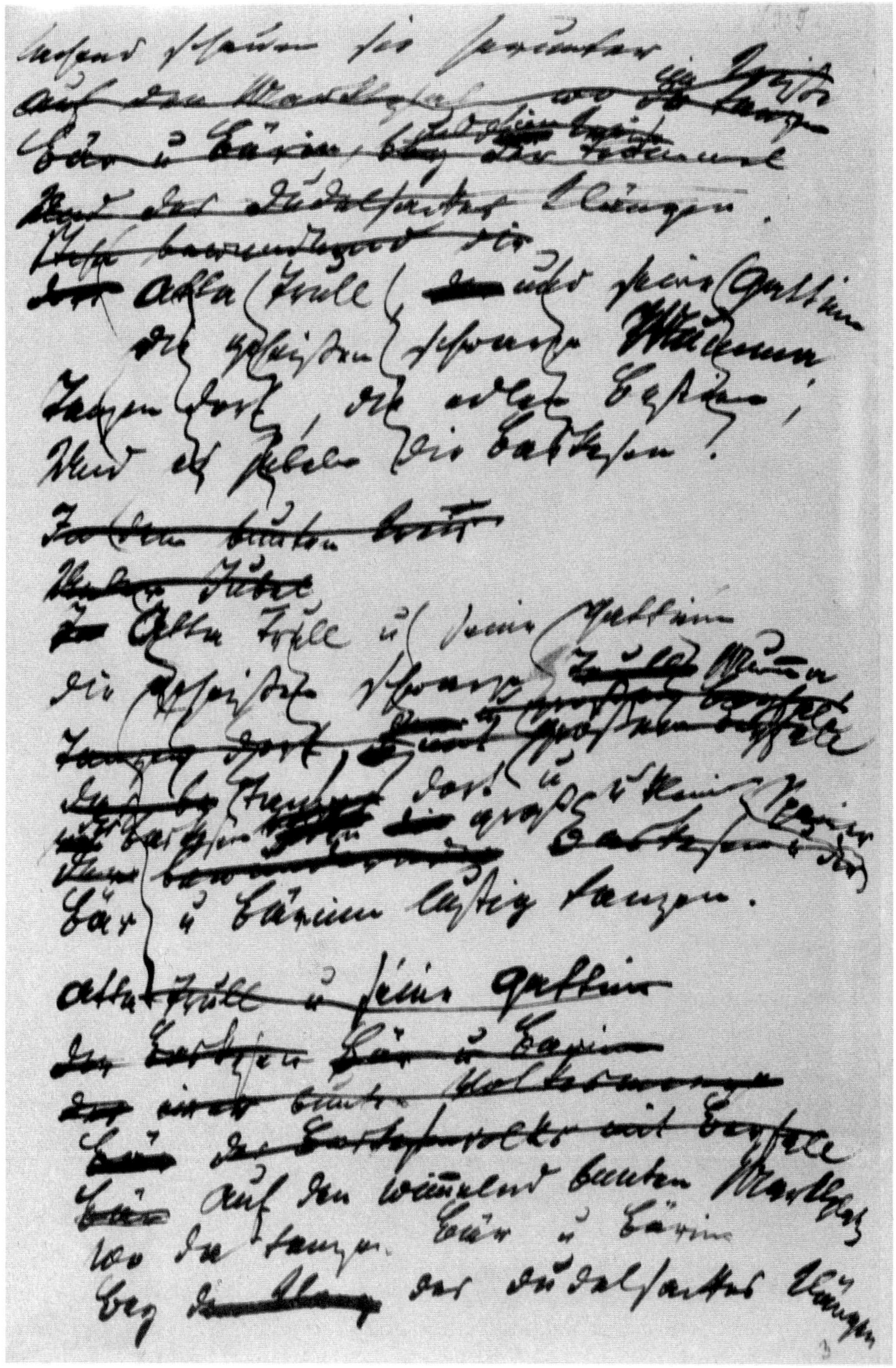

Eigenhändiger Entwurf Heines zu Caput I des «Atta Troll».

das Werk, das Heine zweifellos gekannt hat, vor allem durch die Illustrationen des berühmtem Satirikers Grandville, seine Tiermenschen, darunter ein Bär.

Unter Atta Trolls Bärenhaut versteckt Heine seine Auseinandersetzung mit der literarisch-politischen Opposition der 1840er Jahre. Im Bild des Tendenzbären gibt er ihre ideologisch widersprüchlichen und politisch unreifen Ideen der Lächerlichkeit preis, ohne daß seine Kritik an einer bestimmten Gruppierung oder Strömung festzumachen wäre. Im Bild des Tanzbären zielt er auf die ästhetische Rohheit und plumpe Demagogie der Tendenzkunst. Stellvertretend für die ganze Richtung konzentriert Heine seinen Spott auf Her-

Der Bär als Revolutionsredner; aus Grandvilles satirischem Werk «Animaux», 1841, in dem die Revolution in der Gestalt von Tieren karikiert wird. Heine hat Grandvilles Werk gekannt und sich davon möglicherweise zur Figur des Tendenzbären Atta Troll anregen lassen.

«Kinder» – grommelt Atta Troll,
Und er wälzt sich hin und her
Auf dem teppichlosen Lager –
«Kinder, uns gehört die Zukunft!

Dächte jeder Bär, und dächten
Alle Tiere so wie ich,
Mit vereinten Kräften würden
Wir bekämpfen die Tyrannen.
[...]

Einheit! Einheit! Und wir siegen
Und es stürzt das Regiment
Schnöden Monopols! Wir stiften
Ein gerechtes Animalreich.

Grundgesetz sei volle Gleichheit
Aller Gotteskreaturen,
Ohne Unterschied des Glaubens
Und des Fells und des Geruches.

Strenge Gleichheit! Jeder Esel
Sei befugt zum höchsten Staatsamt,
Und der Löwe soll dagegen
Mit dem Sack zur Mühle traben.

Was den Hund betrifft, so ist er
Freilich ein serviler Köter,
Weil Jahrtausende hindurch
Ihn der Mensch wie'n Hund behandelt;

Doch in unserm Freistaat geben
Wir ihm wieder seine alten
Unveräußerlichen Rechte,
Und er wird sich bald veredeln.

Ja, sogar die Juden sollen
Volles Bürgerrecht genießen
Und gesetzlich gleichgestellt sein
Allen andern Säugetieren.

Nur das Tanzen auf den Märkten
Sei den Juden nicht gestattet;
Dies Amendement, ich mach es
Im Intresse meiner Kunst.

Atta Troll. Aus Caput VI

wegh und Freiligrath. Sein Gedicht vom «Mohrenfürsten» nimmt er besonders aufs Korn. Vom Motto, das er daraus wählt, bis zum vorletzten Caput parodiert er das Gedicht wegen seines Pathos und seiner unfreiwilligen Komik.

Heines Umgang mit dem «schwarzen Freiligräthschen Mohrenfürsten» ist zugleich das beste Beispiel dafür, wie sehr auch die ästhetische Form des Epos von der Kritik an der Tendenzpoesie geprägt ist. Ihrer Eingleisigkeit und Eindeutigkeit setzt er Anspielungsreichtum und Vieldeutigkeit als durchgängiges Erzählprinzip entgegen. Geeint wird das arabeskenhafte Werk durch das Versmaß, den spanischen Romanzenvers, in dem sich auch das Lokalkolorit

Illustration zu «Atta Troll» von Willy Pogány auf dem Vorsatzblatt der englischen Ausgabe, 1913.

Titelblatt der englischen Ausgabe, London 1913.

des Stoffes vergegenwärtigt; außerdem durch die ständige Wiederkehr bestimmter Motive, wie z. B. des Tanzes und schließlich durch die subtil wechselnde Tonart. Mit diesen strukturellen und stilistischen Mitteln will Heine Anklänge an die Romantik und romantische Ironie evozieren: «Atta Troll»

soll, nach dem Wunsch seines Schöpfers, «das letzte freie Waldlied der Romantik» sein.

Literaturtheoretische Reflexionen wie diese sind vielfach in den Text eingearbeitet. In ihnen wird Heines Intention, mit «Atta Troll» das «absichtliche Gegenteil von aller Tendenzpoesie» zu schaffen, Bestandteil des Werkes selbst. Im Bestreben, sein eigenes zeitkritisches Engagement gegen den «nutzlose(n) Enthusiasmusdunst» und die «gereimten Zeitungsartikel» der Tendenzpoeten abzugrenzen, erhebt Heine die «Zweckfreiheit» der Poesie zum neuen ästhetischen Credo. Er, der sich als Zeitschriftsteller für eine gegenwartsbezogene Literatur eingesetzt hat, plädiert nun gegen politische Abhängigkeit und gesellschaftliche Instrumentalisierung der Kunst, für ihre ästhetische Autonomie. Das heißt für Heine nicht, auf gesellschaftliche Wirkung zu verzichten. Doch er erwartet diese von einer «höhere(n) Politik» als den «bekannte(n) Stänkerreimen», nämlich von der freien Wechselbeziehung zwischen ästhetischem Erlebnis und Bewußtseinsbildung, die sich im Leser selbst entfalten soll.

Die zeitgenössischen Leser haben sich diesem Anspruch nicht gewachsen gezeigt. Sie lasen «Atta Troll» meist noch unter dem Eindruck des Börnestreits und damit als einen weiteren, nun poetisch-satirisch verbrämten Tiefschlag gegen die politische Opposition.

In der Forschung wird das Epos bis heute sehr unterschiedlich gewertet. Die Interpretationen reichen vom «Rückzugsgefecht» ins Romantische über «L'art pour l'art» bis zur bildhaft verschlüsselten Tendenzpoesie. Es bleibt das

Titelblatt der Erstausgabe von 1847, von der ein Teil unter der Deckfirma Ludwig Giese erschien.

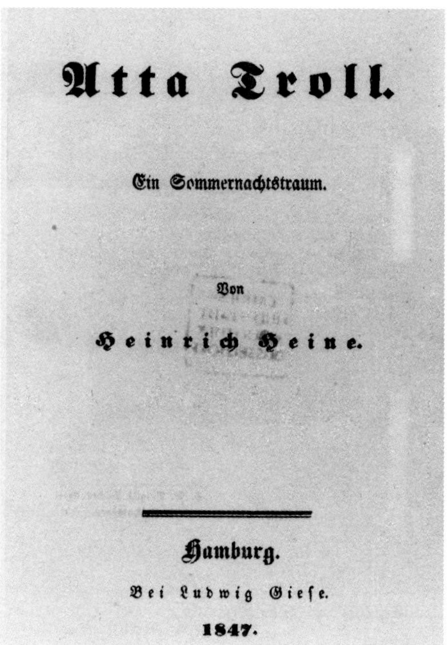

Atta Troll.

Ein Sommernachtstraum.

Von

Heinrich Heine.

Hamburg.

Bei Ludwig Giese.

1847.

Epitaph, das Heine seinem Tendenz- und Tanzbären in deutlicher verbaler Anspielung auf Börne gesetzt hat:

«Atta Troll, Tendenzbär; sittlich
Religiös; als Gatte brünstig;
Durch Verführtsein von dem Zeitgeist,
Waldursprünglich Sansküllotte;

Sehr schlecht tanzend, doch Gesinnung
Tragend in der zottgen Hochbrust;
Manchmal auch gestunken habend;
Kein Talent, doch ein Charakter!»

Neue Gedichte

Die «Neuen Gedichte» sind Heines zweite große Lyriksammlung, geplant seit 1832 als Fortsetzung oder Erweiterung des «Buchs der Lieder», erschienen 1844. Sie enthalten, in vier Zyklen geordnet, Gedichte, die zwischen 1822 und 1844 entstanden und zum Teil schon in anderem Zusammenhang erschienen sind. Der lange zeitliche Abstand zum «Buch der Lieder» hat verschiedene Gründe. Zum einen hat Heine zwischenzeitlich stark daran gezweifelt, ob Lyrik noch adäquate Ausdrucksform für zeitkritische Anliegen sein könne. Zum anderen scheint es, als ob die Exilsituation seiner lyrischen Produktivität zunächst nicht günstig gewesen sei. Im September 1844 schließlich erscheinen die «Neuen Gedichte» in einem Band mit «Deutschland. Ein Wintermärchen», und sie erleben noch im selben Jahr zwei weitere Auflagen. Insgesamt werden ca. 4500 Exemplare gedruckt. Sofort setzen allerdings Verbote und Beschlagnahmungen im gesamten Bundesgebiet ein. 1852, kurz nach «Romanzero», Heines dritter Gedichtsammlung, erscheint das Buch in einer veränderten Neuausgabe.

Schon der Titel zeigt an, daß es sich um ein Werk mit sehr gemischtem Inhalt handelt. Dementsprechend hat es als zyklische Komposition nicht die Geschlossenheit, die das «Buch der Lieder» auszeichnete und die «Romanzero» noch einmal erreichen wird. Zu unterschiedlich nach Entstehungszeit, Thematik und lyrischer Form ist das Gedichtmaterial, das hier zusammenkommt.

Prolog

In Gemäldegalerieen
Siehst du oft das Bild des Manns,
Der zum Kampfe wollte ziehen,
Wohlbewehrt mit Schild und Lanz.

Doch ihn necken Amoretten,
Rauben Lanze ihm und Schwert,
Binden ihn mit Blumenketten,
Wie er auch sich mürrisch wehrt.

So, in holden Hindernissen,
Wind ich mich in Lust und Leid,
Während Andre kämpfen müssen
In dem großen Kampf der Zeit.

Neue Gedichte. Neuer Frühling

Das Bild des von der Zauberin Armida entführten Ritters Rinaldo ist Teilstück einer 16 Meter breiten, farbigen Panoramatapete, die unter dem Titel «Renaud et Armide» Szenen aus Tassos «Befreitem Jerusalem» darstellt. Die Tapete aus einer Pariser Manufaktur war seit 1828/29 als Attraktion ausgestellt und seit 1831 im Handel (heute im Deutschen Tapetenmuseum in Kassel). – In einer Vorstufe von Heines «Prolog» heißt es:

«Manchmal siehst du auf Tapete[n]
Einen blanken Rittersmann
Der verstrickt in süßen Nöthen
Nicht vom Platze kommen kann.»

Es wäre deshalb denkbar, daß Heine von einem Bericht über diese Panoramatapete zu seinem Gedicht angeregt worden ist (Hinweis von Jan-Christoph Hauschild, Düsseldorf).

Die Liebesgedichte des ersten Zyklus «Neuer Frühling» schließen eng an Heines früheste Lyrik an. Der zweite Zyklus «Verschiedene», dessen Liebeslieder heute als «erste typisierende Großstadtdichtung» gelten, wurde von den Zeitgenossen durchweg abgelehnt. Konservative wie Liberale empörten sich einhellig über die vulgäre Grisettenlyrik, die «Poesie der Hurerei» eines zum Sklaven seiner Sinnlichkeit gewordenen Dichters. Im dritten Zyklus, den «Romanzen», versammelt Heine sehr verschiedenartige Gedichte. Dem Typus der Romanze entsprechen am ehesten «Die Nixen», «Frau Mette» oder «König Harald Harfagar», vor allem aber die meisterhafte Ballade vom «Ritter Olaf». Doch auch hier kümmert sich Heine wenig um Gattungsnormen und nutzt die Romanzenstoffe, um darin seine individuellen Anliegen auszudrücken, sei es nun Zeitkritik oder die Macht des Eros.

In den «Zeitgedichten», dem letzten Zyklus, wird diese persönliche Sicht ganz von der gesellschaftlichen abgelöst. Sie greifen ein in den «großen Kampf» um Freiheit, Gleichheit und Emanzipation, der durch die politische Entwicklung ab 1840 in eine neue Phase getreten ist. Heine macht das «Sündenregister» deutscher Rückständigkeit auf am Vergleich zwischen deutschen und französischen Verhältnissen, beispielhaft im Lied «Bei des Nachtwächters Ankunft zu Paris», das, schon als es erschien, heftig diskutiert wurde. Abgerechnet wird nicht nur mit neoabsolutistischer Herrscherwillkür, mit deutschem Nationalismus, nicht eingelösten Verfassungsversprechen und Zensur; auch von der falschen Vertretung der oppositionellen Ziele durch die Tendenzpoesie distanziert sich Heine.

Bei des Nachtwächters Ankunft zu Paris

«Nachtwächter mit langen Fortschrittsbeinen,
Du kommst so verstört einhergerannt!
Wie geht es daheim den lieben Meinen,
Ist schon befreit das Vaterland?»

Vortrefflich geht es, der stille Segen,
Er wuchert im sittlich gehüteten Haus,
Und ruhig und sicher, auf friedlichen Wegen,
Entwickelt sich Deutschland von innen heraus.

Nicht oberflächlich wie Frankreich blüht es,
Wo Freiheit das äußere Leben bewegt;
Nur in der Tiefe des Gemütes
Ein deutscher Mann die Freiheit trägt.

Der Dom zu Cöllen wird vollendet,
Den Hohenzollern verdanken wir das;
Habsburg hat auch dazu gespendet,
Ein Wittelsbach schickt Fensterglas.

Die Konstitution, die Freiheitsgesetze,
Sie sind uns versprochen, wir haben das Wort,
Und Königsworte, das sind Schätze,
Wie tief im Rhein der Niblungshort.

Neue Gedichte. Zeitgedichte

Sein Ziel ist nicht die unmittelbare politische Agitation. Er will das Bewußtsein der zukunftstragenden bürgerlichen Schicht verändern. Das literarische Mittel dazu ist nun auch in der Lyrik die Verschränkung politischer Anliegen mit subjektiver Erfahrung, sind Spott, Satire, Witz und Ironie. Als zentrale Metapher verwendet Heine die von Tag und Nacht, von Schlaf und Erwachen, eines der wichtigsten Bilder politischer Lyrik seit der Französischen Revolution.

Mit dem «Prolog»-Gedicht «Doktrin» setzt der Zyklus schlagartig ein. Der Trommler und Tambourmajor, verwandt mit dem Revolutionssoldaten Le Grand aus den «Reisebildern», marschiert den «Zeitgedichten» voran. Er veranschaulicht die kämpferische Auffassung von Heines neuer Lyrik; kämpferisch wie der Trommler der Truppe, geht der Dichter der kommenden Revolution voran. Sein Lied bereitet die politische Tat vor, indem es am Wandel des Bewußtseins arbeitet. Der Kern der «Botschaft», der «Doktrin», ist die Hegelsche Philosophie. Sie hat Heine schon in seinem Essay über «Religion und Philosophie in Deutschland» verbreitet; mit seinen politischen Gedichten versucht er nun, sie weiter zu popularisieren. Und wie stets, geht es Heine auch hier nicht nur um die Veränderung der Gedanken, sondern auch um die der Sinne. Dieses in den Deutschland-Schriften entwickelte sozial-revolutionäre Programm verfolgen auch die «Neuen Gedichte»: Die erotisch-frivole Liebeslyrik zur Revolutionierung der Körper ergänzt die politische Lyrik, die die Köpfe revolutioniert; beides dient einer umfassenden Veränderung der gesellschaftlichen Verhältnisse. «Viel Zoten», so kommentiert Heine diesen Zusammenhang. «Es war politische Absicht. Ich wollte der öffentlichen Meinung eine gewisse Wendung geben.»

Doktrin

Schlage die Trommel und fürchte dich nicht,
Und küsse die Marketenderin!
Das ist die ganze Wissenschaft,
Das ist der Bücher tiefster Sinn.

Trommle die Leute aus dem Schlaf,
Trommle Reveille mit Jugendkraft,
Marschiere trommelnd immer voran,
Das ist die ganze Wissenschaft.

Das ist die Hegelsche Philosophie,
Das ist der Bücher tiefster Sinn!
Ich hab sie begriffen, weil ich gescheit,
Und weil ich ein guter Tambour bin.

Neue Gedichte. Zeitgedichte

Diana

Diese schönen Gliedermassen
Kolossaler Weiblichkeit
Sind jetzt, ohne Widerstreit,
Meinen Wünschen überlassen.

Wär ich, leidenschaftentzügelt,
Eigenkräftig ihr genaht,
Ich bereute solche Tat!
Ja, sie hätte mich geprügelt.

Welcher Busen, Hals und Kehle!
(Höher seh ich nicht genau.)
Eh ich ihr mich anvertrau,
Gott empfehl ich meine Seele.

Neue Gedichte. Verschiedene

Eine andere Spielart der Verschränkung von Emotionalität und gesellschaftlicher Verantwortung kennzeichnet den Epilog des Zyklus, Heines wohl bekanntestes politisches Gedicht «Nachtgedanken». Die fast sprichtwörtlich gewordenen Anfangszeilen «Denk ich an Deutschland in der Nacht, / Dann bin ich um den Schlaf gebracht» zeigen, daß dieses Gedicht heute als politisches Gedicht gelesen und zitiert wird. Heine dagegen hat es ursprünglich konzipiert als Liebesgedicht an seine Mutter. Doch selbst in diese individuelle Sphäre drängt sich ihm das Allgemeine und, damit verbunden, eine Brechung der heilen Gefühlswelt. In Sorge und Sehnsucht um die ferne Mutter mischen sich Sorge und Sehnsucht um Deutschland, die ferne Heimat. Stilbrüche, wie das unpassende Wort «behext» und die aufdringliche Reimwiederholung «die alte / Die alte Frau, die Gott erhalte / Die alte [...]» in der dritten Strophe oder auch die abgebrauchte Symbolik der «Eichen» und «Linden» in der sechsten Strophe, signalisieren die ironische Distanz, die auch dieses Gedicht kontrastiv durchzieht. Kontrast beherrscht auch seine Metaphorik. Das zentrale Bild von Tag und Nacht deckt sich mit dem politischen Kontrast zwischen Frankreich und Deutschland und beides mit der individuellen emotionalen Erfahrung des lyrischen Ich. Aus dieser Identität entsteht eine Wahrhaftigkeit des Gefühlsausdrucks, die in der politischen Lyrik ihresgleichen sucht und die auch von der breiten Resonanz bestätigt wird, die die «Nachtgedanken» bis heute hervorrufen.

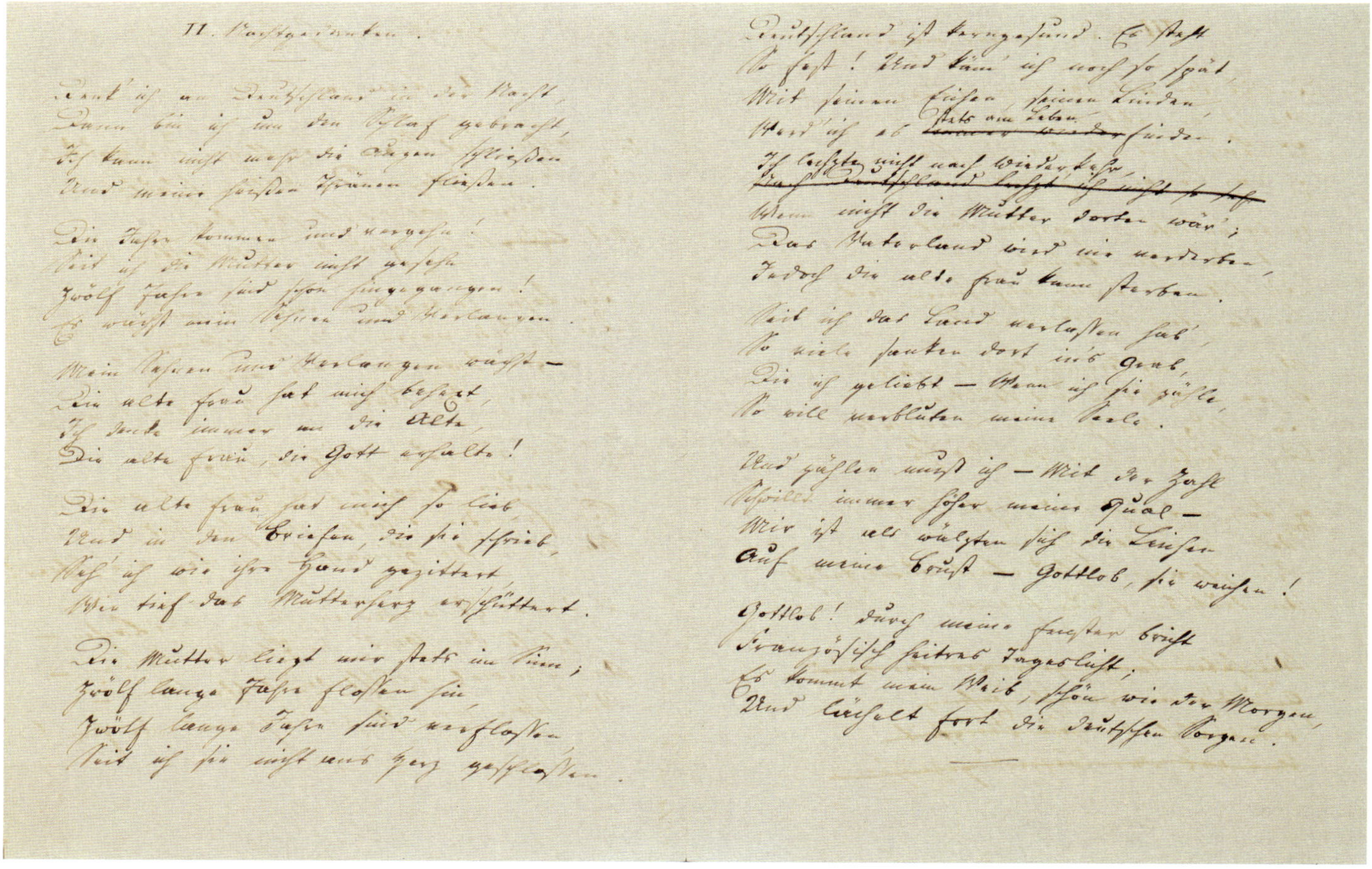

«Nachtgedanken», Manuskriptblatt von Heines Hand.

Nachtgedanken

Denk ich an Deutschland in der Nacht,
Dann bin ich um den Schlaf gebracht,
Ich kann nicht mehr die Augen schließen,
Und meine heißen Tränen fließen.

Die Jahre kommen und vergehn!
Seit ich die Mutter nicht gesehn,
Zwölf Jahre sind schon hingegangen;
Es wächst mein Sehnen und Verlangen.

Mein Sehnen und Verlangen wächst.
Die alte Frau hat mich behext,
Ich denke immer an die alte,
Die alte Frau, die Gott erhalte!

Die alte Frau hat mich so lieb,
Und in den Briefen, die sie schrieb,
Seh ich, wie ihre Hand gezittert,
Wie tief das Mutterherz erschüttert.

Die Mutter liegt mir stets im Sinn.
Zwölf lange Jahre flossen hin,
Zwölf lange Jahre sind verflossen,
Seit ich sie nicht ans Herz geschlossen.

Deutschland hat ewigen Bestand,
Es ist ein kerngesundes Land,
Mit seinen Eichen, seinen Linden,
Werd ich es immer wiederfinden.

Nach Deutschland lechzt ich nicht so sehr,
Wenn nicht die Mutter dorten wär;
Das Vaterland wird nie verderben,
Jedoch die alte Frau kann sterben.

Seit ich das Land verlassen hab,
So viele sanken dort ins Grab,
Die ich geliebt – wenn ich sie zähle,
So will verbluten meine Seele.

Und zählen muß ich – Mit der Zahl
Schwillt immer höher meine Qual;
Mir ist, als wälzten sich die Leichen,
Auf meine Brust – Gottlob! sie weichen!

Gottlob! durch meine Fenster bricht
Französisch heitres Tageslicht;
Es kommt mein Weib, schön wie der Morgen,
Und lächelt fort die deutschen Sorgen.

Neue Gedichte. Zeitgedichte

Einen Sonderfall unter Heines Zeitgedichten stellt das Weberlied dar. Es ist das einzige, mit dem er ganz unmittelbar auf ein aktuelles Zeitereignis reagiert, den Weberaufstand vom Juni 1844. Das Gedicht erscheint wenig später im «Vorwärts!», der Pariser Exilzeitschrift und wirkt so stark, daß es in zehn verschiedenen Flugschriften weiterverbreitet wird. Eine zweite, erweiterte und veränderte, die endgültige Fassung publiziert Heine 1847 wiederum in einer den Sozialisten nahestehenden Zeitschrift. In die «Neuen Gedichte» hat er das Weberlied ursprünglich nicht aufgenommen.

Die schlesischen Weber

Im düstern Auge keine Träne,
Sie sitzen am Webstuhl und fletschen die Zähne;
Deutschland, wir weben dein Leichentuch,
Wir weben hinein den dreifachen Fluch –
Wir weben, wir weben!

Ein Fluch dem Gotte, zu dem wir gebeten
In Winterskälte und Hungersnöten;
Wir haben vergebens gehofft und geharrt,
Er hat uns geäfft und gefoppt und genarrt –
Wir weben, wir weben!

Ein Fluch dem König, dem König der Reichen,
Den unser Elend nicht konnte erweichen,
Der den letzten Groschen von uns erpreßt
Und uns wie Hunde erschießen läßt –
Wir weben, wir weben!

Ein Fluch dem falschen Vaterlande,
Wo nur gedeihen Schmach und Schande,
Wo jede Blume früh geknickt,
Wo Fäulnis und Moder den Wurm erquickt –
Wir weben, wir weben!

Das Schiffchen fliegt, der Webstuhl kracht,
Wir weben emsig Tag und Nacht –
Altdeutschland, wir weben dein Leichentuch,
Wir weben hinein den dreifachen Fluch,
Wir weben, wir weben!

Neue Gedichte. Zeitgedichte

Vom Aufstand im schlesischen Peterswaldau und Langenbielau erfuhr Heine aus Presseberichten. Die völlig verelendeten Weber, die ärmsten aller ausgebeuteten Industriearbeiter, hatten die Häuser ihrer Fabrikanten und Händler gestürmt. Polizei und Militär schlugen die Revolte brutal nieder. Es gab Tote und Verletzte; die Aufständischen wurden drakonisch bestraft. Und dennoch setzte der schlesische Aufstand ein Signal. Aus ihm wächst den Webern und mit ihnen dem gesamten Industrieproletariat neues Selbstbewußtsein zu.

Heine hat diese epochale Wirkung erkannt. Das Weberlied ist das einzige seiner politischen Gedichte, das sich in Ton und Thema nicht an das typisch intellektuelle Heine-Publikum wendet, sondern die Solidarität mit dem vierten Stand sucht. Nicht auf kritische, reflexive Distanz ist es angelegt, sondern auf Agitation durch unmittelbare emotionale Wirkung. Sie geht aus vom ebenso einfachen wie kunstvollen Bau des Gedichts. Es verbindet die erzählende Ausgangssituation mit dem dreifachen Fluch der Weber; äußerst einprägsam durch die rhythmische Wiederholung des Refrains, der die mechanische Bewegung des Webens als leeren, entmenschlichten Vorgang kennzeichnet. Das Produkt dieses entmenschlichten Tuns aber soll Deutschlands Leichentuch sein. Die Arbeit der Weber erhält damit ein neues Ziel: die politische Veränderung. Ihre Arbeit wird in Heines Interpretation zur revolutionären Tat.

Unter den Weberdichtungen von 1844 ist die Heines die erste und einzige, die die Zukunftsdimension des Ereignisses zeigt. Die Weber erscheinen ihm als das revolutionäre Proletariat, das letztlich die alte Gesellschaftsordnung stürzen wird.

Heines «Weberlied» in einem Flugblatt von 1844. Der Name des Druckers ist – wohl aus Angst vor den Zensurbehörden – getilgt.

Weberlied.

Im düstern Auge keine Thräne,
Sie sitzen am Web'stuhl und fletschen die Zähne;
Alt-Deutschland, wir weben dein Leichentuch,
Wir weben hinein den dreifachen Fluch.
Wir weben, wir weben!

Ein Fluch dem Gotte, dem blinden, dem tauben,
Zu dem wir gebetet mit kindlichem Glauben.
Wir haben vergeblich gehofft und geharrt,
Er hat uns geäfft und gefoppt und genarrt.
Wir weben, wir weben!

Ein Fluch dem König, dem König der Reichen,
Den unser Elend nicht konnte erweichen,
Der uns den letzten Groschen erpreßt
Und uns, wie die Hunde, erschießen läßt.
Wir weben, wir weben!

Ein Fluch dem falschen Vaterlande,
Wo nur gedeihen Trug und Schande,
Wo nur Verwesung und Todtengeruch;
Alt-Deutschland, wir weben dein Leichentuch.
Wir weben, wir weben!

Heinrich Heine.

Druck von.

Deutschland. Ein Wintermärchen

«Hab auch auf meiner Reise mancherley Verse gemacht, die mir mit größerer Leichtigkeit gelingen, wenn ich deutsche Luft athme.» Es ist «Deutschland. Ein Wintermärchen», von dessen Entstehung Heine seinem Verleger im Dezember 1843 berichtet. Von Heines Deutschlandreise im Herbst des Jahres wird das Werk angeregt.

Erstmals seit er in Paris lebt, besucht Heine nach zwölfjähriger Abwesenheit die Heimat. Sein Ziel ist die Familie in Hamburg, vor allem das Wiedersehen mit der Mutter. Zudem will er mit Campe über einen neuen Vertrag verhandeln. Dieser drängte seit langem auf eine Wiederbegegnung mit Deutschland, damit Heine den Kontakt zu den dortigen Verhältnissen nicht verliere.

«Ehe Du Dich [...] versiehst, eines frühen Morgens stehe ich in Lebensgröße vor Dir. Das ist aber ein großes Geheimnis und Du darfst keiner Seele ein Wort davon sagen: denn ich reise nicht zu Wasser, sondern gradewegs durch Deutschland und da ich auch hier niemanden spreche und auch schnell reisen werde, ist von den Regierungen nichts zu fürchten.»

An Betty Heine (18. Oktober 1843)

Heine finde ich fast ganz unverändert, *ohne* dicken Bauch u[nd] alle die Betisen welche man über ihn in den Cours gesetzt hat. Verändert ist er allerdings, 13 Jahre ist er älter, besonnener, männlicher u[nd] anspruchsloser, kurz nett u[nd] durchaus liebenswürdig ist er geworden.

Julius Campe an Karl Gutzkow (23. November 1843)

«Im traurigen Monat November», so wie er seine literarische Reise im «Wintermärchen» beginnen läßt, kommt Heine nach Deutschland. Am 21. 10. fährt er von Paris mit Postkutsche, Eisenbahn und Schiff über Brüssel, Aachen, Köln, Hagen, Unna, Münster, Osnabrück und Bremen nach Hamburg. Bereits am 29. Oktober mittags trifft er dort ein. Getrieben haben dürfte ihn die Furcht vor staatlicher Repression; im Jahre 1843, auf dem Höhepunkt vormärzlicher Literaturverfolgung ein naheliegender Grund.

Der Dom zu Köln, 1824, bevor man im Zeichen der Restauration begann, den Bau zu vollenden.

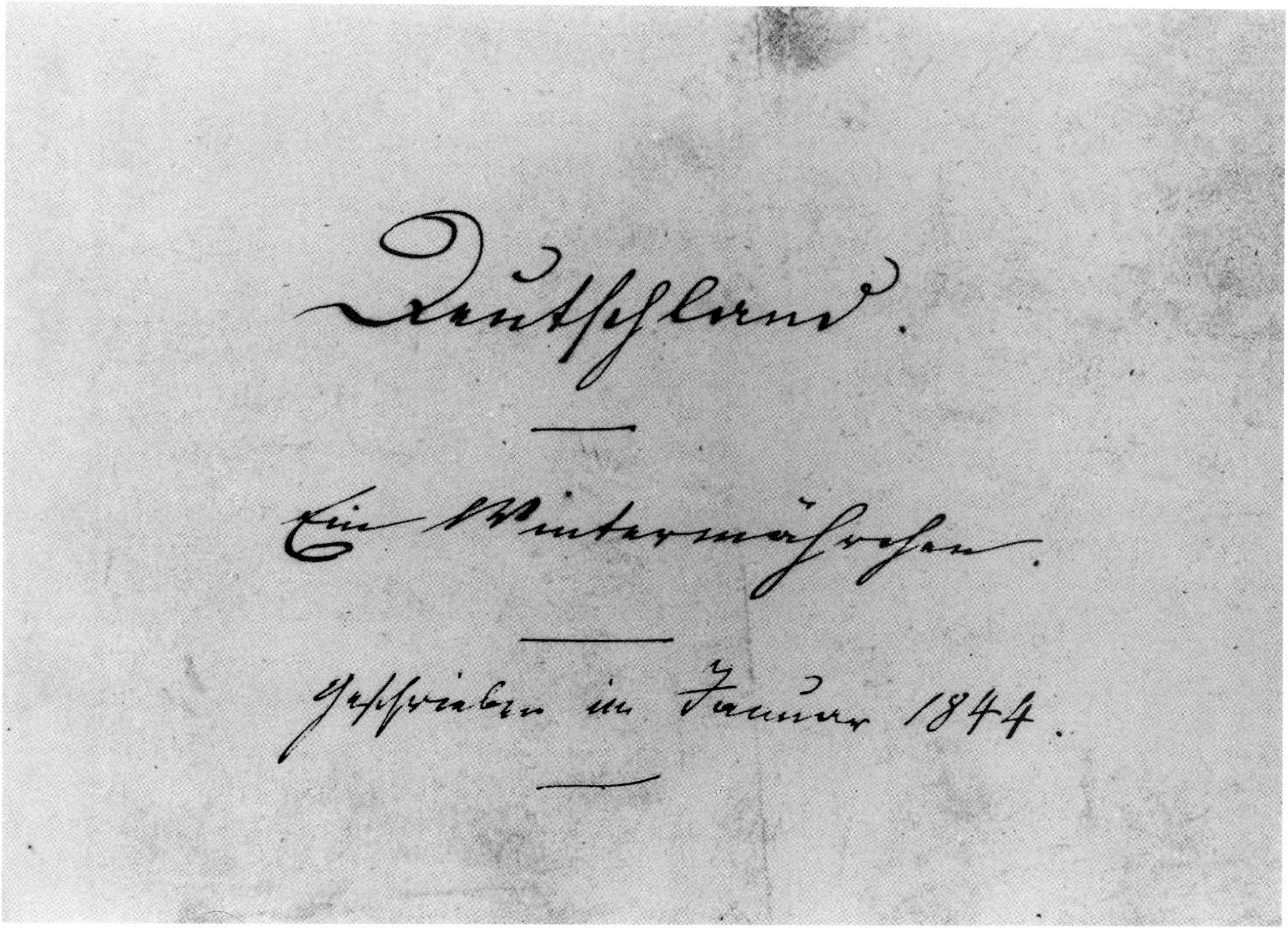

Deutschland.

Ein Wintermährchen.

Geschrieben im Januar 1844.

Titelblatt des «Wintermärchen», Manuskript von Heines Hand.

Gestern habe ich auch Heine gesprochen. Er war im Lesecabinet *Montpensier.* Du glaubst nicht, wie radical der Fuchs unter 4 Augen ist, grade wie Schelling in Carlsbad. Diese Lumpen! Und das Komische, daß er sich fürchtet, nach Deutschland zu gehn. Er bildet sich ein, man würde ihm die Ehre anthun, ihn ins Gefängnis zu setzen, und so witzig er über andre judicirt, über sich selbst hat er weder Witz noch Judicium. Aber es ist gut mit ihm zu verkehren, denn er jagt immer nach Späßen und trifft's oft sehr gut.

Arnold Ruge an Ludwig Ruge (28. August 1843)

Heine hält sich, da die Verhandlungen mit Campe länger dauern als erwartet, mehr als fünf Wochen in Hamburg auf. Am 7. Dezember tritt er die Rückreise an. Sie führt ihn über Celle, Hannover, Minden, Bückeburg, Münster, Hagen, Köln und Brüssel in zehn Tagen zurück nach Paris. Im Sommer des folgenden Jahres wird er, diesmal mit Mathilde, eine zweite Deutschlandreise unternehmen. Es wird seine letzte sein.

Mit dem Postwagen (hier vor der Silhouette Hamburgs) reiste Heine im Herbst 1843 nach Hamburg.

Nach langer Tren[n]ung, sah ich meinen Bruder im Jahre 43 wieder, und das in Hamburg, nach dem großen Brande. Er schrieb vorher: ich komme mit Familie, nemlich Frau und Cocotte den Papagei. Seine Frau wollte sich nicht von ihrem Liebling trennen, und machte wirklich die Reise von Paris über Haver *[!]* nach Hamburg mit ihrem Cocotte. Das erste Wort was Mad. Heine mit mir sprach, war, daß der arme Vogel Seekrank war, sie schien in dem Augenblick auch nur Sinn für ihren gefiederten Liebling zu haben. Sie trug den kleinen Vogel in einem hölzernen Kasten, und vertraute ihn Niemand an, sein schöner messing Käfig wurde nach geschlep[p]t. Mein Mann, der sehr höflich, und vorzüglich galant gegen Damen war, empfing seine Gäste am Hafen, er erbot sich den kleinen Kasten zu tragen, ohne zu wis-

Das zerstörte Hamburg nach dem großen Brand vom Mai 1842; Daguerreotypie von C. F. Stolz.

sen was er enthält; aber nein, er wurde ihm nicht anvertraut. Als aber Md. Heine die ein ziemliches en bon point hatte im Wagen steigen wollte, konnte es mit dem Kasten nicht glükken, sie war also gezwungen die Galanterie meines Mannes in Anspruch zu nehmen ihm den Kasten so lange anzuvertrauen bis sie es sich bequem gemacht hätte; aber o Himmel, der kleine Gefangene steckte das Köpfchen heraus, und biß meinen Mann in den Finger. Da er nur Augen für die schöne Frau hatte, und nicht ahnte daß der Kasten etwas lebendiges enthielt, schleuderte er ihn vor Schreck weit weg. Das zetergeschrei der Mad. Heine, das Lachen meines Bruders, das HülfeGeschrei des Papageis, und die Erstarrung meines Mannes, war eine der komischsten S[c]enen. Mad. Heine weinte, mein Mann entschuldigte sich, und mein Bruder kam von einem Lachen ins Andere. Glücklicherweise war der Vogel unbeschädigt geblieben.

Charlotte Embden, Heine-Erinnerungen (ca. 1866)

Heines Reiseroute von 1843 ist mit den Reisestationen des «Wintermärchens» zwar nicht identisch; doch sind sie an den Stationen der realen Rückreise orientiert. Die Grotenburg, wo damals das Hermannsdenkmal als Gedenkstätte deutschen Nationalstolzes entstand, und den Kyffhäuser, als Ort der Barbarossasage ebenfalls eine Art Nationalheiligtum, Plätze, die im «Wintermärchen» eine wichtige Rolle spielen, hat Heine auf seiner Reise allerdings nicht besucht.

Schon auf der Rückfahrt beginnt er mit Notizen für das neue Werk. Im Mai 1844 ist es abgeschlossen. Der Titel geht, wie schon im Zusammenhang mit «Atta Troll» erwähnt, auf Shakespeares «Wintermärchen» zurück.

Hab seitdem ich zurück viel gearbeitet z. B. ein höchst humoristisches Reise-Epos, meine Fahrt nach Deutschland, ein Cyklus von 20 Gedichten, gereimt, alles gottlob fertig; Sie werden sehr mit mir zufrieden seyn und das Publikum wird mich in meiner wahren Gestalt sehen. Meine Gedichte, die neuen, sind ein ganz neues Genre, versifizirte Reisebilder, und werden eine höhere Politik athmen als die bekannten politischen Stänkerreime.

An Campe (20. Februar 1844)

Schon in der Entstehungsphase beginnen die Auseinandersetzungen mit Campe um einen zensurfreien Druck. Heine besteht darauf, weil er sich für das neue Werk einen dauerhaften Erfolg aus dessen aktuellen Zeitbezügen

Das Hermannsdenkmal im Teutoburger Wald, das zur Zeit von Heines Deutschlandreisen errichtet wurde. Im «Wintermärchen» wird es gedeutet als Symbol engstirnigen deutschen Nationalismus.

erhofft. Er erwartet, daß es «mehr Furore machen wird als die populärste Broschüre» und «dennoch den bleibenden Werth einer klassischen Dichtung haben wird». Für Campe dagegen steht, nach dem kaum drei Jahre zurückliegenden Verbot seines Verlags und in Anbetracht der brisanten politischen Situation, fest: «Censur muß seyn.» Heine zeigt sich kompromißbereit und überarbeitet das Werk mehrfach selbstzensorisch. Er mildert allzu direkte politische Anspielungen, wie z. B. die Satire auf den preußischen Adler in Caput III, und tilgt erotische Anzüglichkeiten wie den «Dirnenkatalog» in den Hamburg-Kapiteln. Schließlich einigen sich Autor und Verleger auf eine Publikationsform, mit der die Zensur teilweise zu umgehen ist. Das «Wintermärchen» erscheint zusammen mit den «Neuen Gedichten» in einem Band

Im traurigen Monat November wars,
Die Tage wurden trüber,
Der Wind riß von den Bäumen das Laub,
Da reist ich nach Deutschland hinüber.

Und als ich an die Grenze kam,
Da fühlt ich ein stärkeres Klopfen
In meiner Brust, ich glaube sogar
Die Augen begunnen zu tropfen.

Und als ich die deutsche Sprache vernahm,
Da ward mir seltsam zu Mute;
Ich meinte nicht anders, als ob das Herz
Recht angenehm verblute.

Ein kleines Harfenmädchen sang.
Sie sang mit wahrem Gefühle
Und falscher Stimme, doch ward ich sehr
Gerühret von ihrem Spiele.

Sie sang von Liebe und Liebesgram,
Aufopfrung und Wiederfinden
Dort oben, in jener besseren Welt,
Wo alle Leiden schwinden.

Sie sang vom irdischen Jammertal,
Von Freuden, die bald zerronnen,
Vom Jenseits, wo die Seele schwelgt
Verklärt in ewgen Wonnen.

Sie sang das alte Entsagungslied,
Das Eiapopeia vom Himmel,
Womit man einlullt, wenn es greint,
Das Volk, den großen Lümmel.

Ich kenne die Weise, ich kenne den Text,
Ich kenn auch die Herren Verfasser;
Ich weiß, sie tranken heimlich Wein
Und predigten öffentlich Wasser.

Ein neues Lied, ein besseres Lied,
O Freunde, will ich Euch dichten!
Wir wollen hier auf Erden schon
Das Himmelreich errichten.

Wir wollen auf Erden glücklich sein,
Und wollen nicht mehr darben;
Verschlemmen soll nicht der faule Bauch
Was fleißige Hände erwarben.

Es wächst hienieden Brot genug
Für alle Menschenkinder,
Auch Rosen und Myrten, Schönheit und Lust,
Und Zuckererbsen nicht minder.

Ja, Zuckererbsen für jedermann,
Sobald die Schoten platzen!
Den Himmel überlassen wir
Den Engeln und den Spatzen.

Deutschland. Ein Wintermärchen. Aus Caput I

von mehr als 320 Seiten Umfang und unterliegt damit zumindest nicht der Vorzensur.

Das Buch kommt im September 1844 auf den Markt und erlebt schon im Oktober eine zweite Auflage. Fast gleichzeitig erscheint ein Separatdruck ohne die «Neuen Gedichte». Im November des Jahres wird das «Wintermärchen» im Pariser «Vorwärts!» abgedruckt, im Dezember in französischer Übersetzung in der «Revue de Paris». Eine zweite Übersetzung erscheint in der französischen Gesamtausgabe.

Eine Menschheitskomödie als politisches Ärgernis

Bei der Lektüre des «Wintermärchens» sei er «fast unter den Tisch gefallen vor Lachen», bekennt Freiligrath – und dies, obwohl er als Tendenzpoet zu den Hauptopfern von Heines Spott gehörte. Nicht alle, die gemeint waren, haben so souverän reagiert. Denn Heines politische Satire, die wohl bedeutendste deutsche Satire überhaupt, trifft den Nerv der Zeit. Kaum eines seiner Werke ist von den Zeitgenossen so lebhaft rezipiert und so kontrovers diskutiert worden. Von den Frühsozialisten wird es hochgelobt als «revolutionäre Komödie» vom Rang eines Aristophanes, in der Arbeiterbewegung dann intensiv gelesen, öffentlich zitiert und schließlich zum politischen Kanon erhoben. Die Liberalen heißen es willkommen als unerwartete politische Schützenhilfe. Die Konservativen und die Hamburger Lokalpatrioten beschimpfen es als «Misthaufen»; vom Restaurationsstaat wird es unterdrückt, verboten und verfolgt wegen seiner krassen Religionskritik und der Schärfe seiner politischen Satire.

Ein literarisches Ärgernis ist das «Wintermärchen» geblieben und deshalb bis heute lebendig; nicht zuletzt wegen der vielen Nachdichtungen und Adaptionen, die sich, sei es bei J. R. Becher, bei Brecht oder Biermann, meist sehr kritisch mit den deutschen Verhältnissen auseinandersetzen, kritisch wie ihr unerreichtes Vorbild.

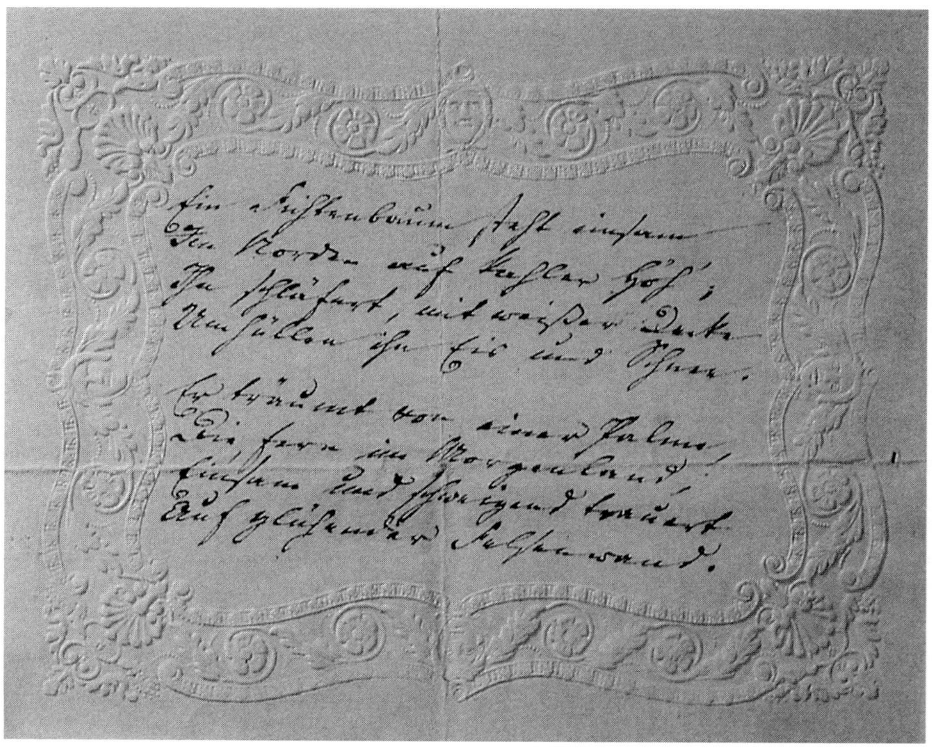

Stammbuch Heines für Anna Embden zum Abschied bei seinem letzten Deutschland Besuch im Oktober 1844, mit dem Gedicht «Ein Fichtenbaum steht einsam» aus dem «Buch der Lieder».

«Versifizierte Reisebilder»

Die Stationen von Heines Deutschlandreise bestimmen nicht nur den literarischen Ort des «Wintermärchens», sondern auch seine Struktur, Kapitelfolge und Thematik – in ganz ähnlicher Weise, wie in den «Reisebildern». Wie dort erlebt ein Ich-Erzähler reisend die Gegenwart. Wie dort wirkt seine subjektive Sicht einheitsstiftend für die heterogenen Teile aus Fakten und Fiktion, Märchen und Träumen, Bildern und Gedanken. Die Volksliedstrophe liefert dazu die einheitliche metrische Gestalt. Diesen Zusammenhang spricht Heine an, wenn er das Werk als «versifizierte Reisebilder» beschreibt, als ein «ganz neues Genre», das mit der konventionellen Gattung des Versepos nur mehr äußerliche Gemeinsamkeiten hat.

Im «Wintermärchen» steigert sich Heines Auseinandersetzung mit Deutschland, die mit den «Reisebildern» begann und in der Prosa des Exils fortgesetzt wurde, zur Generalabrechnung. Seine Erwartung, das Vaterland könne sich in den Jahren seiner Abwesenheit politisch erneuert haben, erweist sich schon bei der ersten Wiederbegegnung an der Aachener Grenzstation als hinfällig. Heine hoffte auf «Ein neues Lied, ein besseres Lied» und hörte statt dessen «das alte Entsagungslied / Das Eiapopeia vom Himmel». Statt politischer Erneuerung sieht er sich allüberall auf seiner Reise konfrontiert mit den Zeichen der Restauration. Die wiedererstarkte Macht der Kirche erlebt er im Projekt, den Kölner Dom, Symbol mittelalterlicher Jenseitsgläubigkeit, zu vollenden; die politische Restauration in der Idee, eine Einigung der zerrissenen Nation könne durch die Wiederkehr mittelalterlicher Kaiserherrlichkeit in Gestalt eines Barbarossa bewirkt werden. Solche Vergangenheitsträume und Jenseitserwartungen werden im «Wintermärchen» als Illusionen entlarvt, die Deutschland keinen gangbaren Weg in die Zukunft weisen können. Heine setzt ihnen in Caput I seine Idee von einer glücklichen Gegenwart entgegen. Offen bleibt allerdings auch hier das Verhältnis zwischen Gedanke und Tat. Wie der utopische Entwurf von einem neuen, besseren Deutschland verwirklicht werden kann, das erscheint nicht als Sache des Schriftstellers.

Abgerechnet wird im «Wintermärchen» auch mit Hamburg, der deutschen Stadt, zu der Heine die lebendigste Beziehung hat. Diese Auseinandersetzung ist nur scheinbar privater. In der fiktiven Begegnung mit der Stadtgöttin Hammonia, die dem Heimkehrer als Mischung aus Überweib, Germania und Hure erscheint und sich ihn als Bräutigam erwählt, erreicht Heines Deutschlandsatire ihren bildlich und strukturell konsequent vorbereiteten Höhepunkt. Zur Schlüsselszene wird das vorletzte Kapitel, in dem noch einmal der mittelalterliche Kaiserstuhl Karls des Großen aus Caput III auftaucht, verwandelt in einen Nachtstuhl. Aus seinem stinkenden Inhalt will Hammonia ihren Liebsten die Zukunft Deutschlands lesen lassen, sofern er sich verpflichtet, darüber zu schweigen; ganz so, wie der Staat es vom Schriftsteller des Vormärz, der sich selbst ja als Auserwählter und Seher verstand, auch realiter erwartete. Der Erzähler fühlt sich vom Dunstkreis deutscher Vergangenheits- und Gegenwartsgerüche derart überwältigt, daß er in Ohnmacht fällt und anschließend auch noch von der Schere des Zensors kastriert wird. Diese Szene enttarnt die scheinbar privaten Hamburgerlebnisse als groteskes Bild deutscher Zustände. Man hat sie Heine nicht nur in Hamburg lange nicht verziehen. Den tiefgründigen Pessimismus, mit dem die deutsche Zukunft hier hellsichtig-düster dargestellt wird, hat man vor lauter Entrüstung übersehen.

Heine in einer Bleistiftskizze von 1847.

Die Wangen der Göttin glühten so rot,
(Ich glaube, in die Krone
Stieg ihr der Rum) und sie sprach zu mir
In sehr wehmütigem Tone:

«Ich werde alt. Geboren bin ich
Am Tage von Hamburgs Begründung.
Die Mutter war Schellfischkönigin
Hier an der Elbe Mündung.

Mein Vater war ein großer Monarch,
Carolus Magnus geheißen,
Er war noch mächt'ger und klüger sogar
Als Friedrich der Große von Preußen.

Der Stuhl ist zu Aachen, auf welchem er
Am Tage der Krönung ruhte;
Den Stuhl, worauf er saß in der Nacht,
Den erbte die Mutter, die gute.

Die Mutter hinterließ ihn mir,
Ein Möbel von scheinlosem Äußern,
Doch böte mir Rothschild all sein Geld,
Ich würde ihn nicht veräußern.

Siehst du, dort in dem Winkel steht
Ein alter Sessel, zerrissen
Das Leder der Lehne, vom Mottenfraß
Zernagt das Polsterkissen.

Doch gehe hin und hebe auf
Das Kissen von dem Sessel,
Du schaust eine runde Öffnung dann,
Darunter einen Kessel –

Das ist ein Zauberkessel, worin
Die magischen Kräfte brauen,
Und steckst du in die Ründung den Kopf,
So wirst du die Zukunft schauen –

Die Zukunft Deutschlands erblickst du hier,
Gleich wogenden Phantasmen,
Doch schaudre nicht, wenn aus dem Wust
Aufsteigen die Miasmen!»

Sie sprach's und lachte sonderbar,
Ich aber ließ mich nicht schrecken,
Neugierig eilte ich, den Kopf
In die furchtbare Ründung zu stecken.

Was ich gesehn, verrate ich nicht,
Ich habe zu schweigen versprochen,
Erlaubt ist mir zu sagen kaum,
O Gott! was ich gerochen! – – –

Ich denke mit Widerwillen noch
An jene schnöden, verfluchten
Vorspielgerüche, das schien ein Gemisch
Von altem Kohl und Juchten.

Entsetzlich waren die Düfte, o Gott!
Die sich nachher erhuben;
Es war, als fegte man den Mist
Aus sechsunddreißig Gruben. – – –

Ich weiß wohl, was Saint-Just gesagt
Weiland im Wohlfahrtsausschuß:
Man heile die große Krankheit nicht
Mit Rosenöl und Moschus –

Doch dieser deutsche Zukunftsduft
Mocht' alles überragen,
Was meine Nase je geahnt –
Ich konnt' es nicht länger ertragen – – –

Heine und Marx: eine politische Legende

Es ist oft gefragt worden, ob das «Wintermärchen», ob Heines politische Theorie insgesamt von seiner Beziehung zu Marx beeinflußt worden ist. Die Frage liegt nahe, denn beide verband während der gemeinsamen Pariser Exilzeit ein intensiver Kontakt.

Unmittelbar nach seiner Rückkehr von der ersten Deutschlandreise lernt Heine den jungen, eben 25jährigen Publizisten und Wissenschaftler kennen. Heine schließt schnell mit ihm Freundschaft und publiziert in den Marx nahestehenden Zeitschriften, in «Vorwärts!» und den «Deutsch-französischen Jahrbüchern». Es ist die Zeit, in der das «Wintermärchen» entsteht. Marx' Tochter Eleanor berichtet davon in ihren Erinnerungen:

«Es gab eine Zeit, wo Heine tagaus tagein bei Marxens vorsprach, um ihnen seine Verse vorzulesen und das Urtheil der beiden jungen Leute einzuholen. Ein Gedichtchen von acht Zeilen konnten Heine und Marx zusammen unzählige Male durchgehen, beständig das eine oder andere Wort diskutierend und so lange arbeitend und feilend, bis alles glatt und jede Spur von Arbeit und Feile aus dem Gedicht beseitigt war.»

Marx vermittelt dann auch die Veröffentlichung des «Wintermärchens» im «Vorwärts!» und verteidigt Heine öffentlich, als sein Werk angegriffen wird.

Die Beziehung wird abrupt unterbrochen, als Marx Paris am 1. Februar 1845 auf Betreiben der preußischen Regierung verlassen muß. Als beide sich bei Parisreisen von Marx im März 1848 und im Sommer 1849 wiederbegegnen, hat sich ihre Lebenssituation stark verändert. Die alte Vertrautheit stellt sich nicht wieder her. Mit dem gemeinsamen Wohn- und Publikationsort in einem Moment intensiver Berührung der literarischen und philosophischen Interessen hat die Freundschaft ihren Nährboden verloren.

Das Jahr 1844, Heines politisch aktionistischste Zeit, ist zweifellos mitbestimmt von dem regen Austausch mit Marx. Dieser Phase entstammen seine radikalsten Zeitgedichte, und im «Vorwärts!», nicht in den «Neuen Gedichten» werden sie veröffentlicht. So bietet es sich an, einen Zusammenhang zu sehen zwischen dem «Manifest von 1844», wie das «Wintermärchen» oft genannt worden ist, und dem «Kommunistischen Manifest» von 1848, zumal beide Autoren der Hegelschen Schule nahestehen. Für einen politischen Einfluß auf das «Wintermärchen» selbst aber gibt es kaum Anhaltspunkte, denn es enthält gegenüber den politischen Standpunkten in Heines vorangehenden Werken keine entscheidenden Neuerungen. Zu unterschiedlich ist zudem der theoretische Entwicklungsstand zwischen dem berühmten, zwanzig Jahre älteren Dichter auf der Höhe seines Schaffens und dem jungen Wissenschaftler, dessen Theoriebildung sich noch zu sehr im Umbruch befindet, als daß Heine bei dem Jüngeren in die politische Schule hätte gehen können. Marx' spätere Entwicklung zum historisch-dialektischen Materialismus hat Heine nicht mitvollzogen. Bei der Lektüre von dessen erster grundlegender theoretischer Schrift «Die Heilige Familie» ist er über die ersten 40 Seiten nicht hinausgekommen.

Mir schwanden die Sinne, und als ich aufschlug
Die Augen, saß ich an der Seite
Der Göttin noch immer, es lehnte mein Haupt
An ihre Brust, die breite.

Es blitzte ihr Blick, es glühte ihr Mund,
Es zuckten die Nüstern der Nase,
Bacchantisch umschlang sie den Dichter und sang
Mit schauerlich wilder Ekstase:

«Bleib bei mir in Hamburg, ich liebe dich,
Wir wollen trinken und essen
Den Wein und die Austern der Gegenwart,
Und die dunkle Zukunft vergessen.

Den Deckel darauf! damit uns nicht
Der Mißduft die Freude vertrübet –
Ich liebe dich, wie je ein Weib
Einen deutschen Poeten geliebet!

Ich küsse dich, und ich fühle, wie mich
Dein Genius begeistert;
Es hat ein wunderbarer Rausch
Sich meiner Seele bemeistert.

Mir ist, als ob ich auf der Straß'
Die Nachtwächter singen hörte –
Es sind Hymenäen, Hochzeitsmusik,
Mein süßer Lustgefährte!

Es kommt die geistliche Deputation,
Rabbiner und Pastöre –
Doch ach! da kommt der Hoffmann auch
Mit seiner Zensorschere!

Die Schere klirrt in seiner Hand,
Es rückt der wilde Geselle
Dir auf den Leib – er schneidet ins Fleisch –
Es war die beste Stelle.»

Deutschland. Ein Wintermärchen. Aus Caput XXVI

Hamburger Zensoren; Karikatur von Theodor Hosemann, 1833.

Heine zu Besuch bei Karl und Jenny Marx, Paris 1844.

Der späte Heine

...kein grünes Blatt rauscht herein in meine Matratzengruft zu Paris. [...] Ein Grab ohne Ruhe, der Tod ohne die Privilegien der Verstorbenen, die kein Geld auszugeben und keine Briefe oder gar Bücher zu schreiben brauchen – das ist ein trauriger Zustand.

Nachwort zu «Romanzero» (1851)

Die Matratzengruft

Es war im Mai 1848, an dem Tage, wo ich zum letzten Male ausging, als ich Abschied nahm von den holden Idolen, die ich angebetet in den Zeiten meines Glücks. Nur mit Mühe schleppte ich mich bis zum Louvre, und ich brach fast zusammen, als ich in den erhabenen Saal trat, wo die hochgebenedeite Göttin der Schönheit, Unsere liebe Frau von Milo, auf ihrem Postamente steht. Zu ihren Füßen lag ich lange, und ich weinte so heftig, daß sich dessen ein Stein erbarmen mußte. Auch schaute die Göttin mitleidig auf mich herab, doch zugleich so trostlos, als wollte sie sagen: siehst du denn nicht, daß ich keine Arme habe und also nicht helfen kann?

Nachwort zu «Romanzero» (1851)

Ob Heines körperlicher Zusammenbruch sich wirklich so spektakulär vollzog, wie er es hier schildert, sei dahingestellt. Daß der Schauplatz seines Abschieds vom tätigen, dem Diesseits zugewandten Leben ausgerechnet die Statue der Venus von Milo gewesen sein soll, denkmalgewordene Verkörperung aller abendländischen Schönheit und Sinnenfreude – ein in seiner Symbolkraft echt Heinesches Szenario. Schon der Zeitpunkt, zu dem die Krankheit ihn überwältigte, das Revolutionsjahr 1848, ist symbolträchtig genug. Heine hat ihn als Übereinstimmung zwischen politischer und persönlicher Geschichte verstanden und seinen körperlichen Zusammenbruch als Ausdruck für den Zusammenbruch aller Hoffnungen auf die Revolution interpretiert. Der Ausbruch der Revolution nämlich hat Heine tief erschüttert, ihr Ergebnis tief enttäuscht. Von seiner Position als «Stimmführer», als Sprachrohr der politischen Opposition tritt er nun zurück, wenn auch nur erzwungenermaßen.

Es ist schlimm, an die Matratze gefesselt zu sein, wenn alle Welt auf den Beinen ist und die Dinge in Bewegung kommen. Die Nachrichten, die ich aus meiner Heimat erhalte, vermehren meine Tortur. Jetzt, wo ich mit der größten Aktivität mein Lebenswerk verfolgen sollte, bin ich zur Bewegungslosigkeit verdammt, ich kann nicht einmal die verzweifelten Rufe meiner Freunde beantworten, die mich um die übliche Unterstützung bitten.

An Jacques-Julien Dubochet (29. August 1848)

Heines Gesundheitszustand hatte sich seit den 1830er Jahren kontinuierlich verschlechtert. Zu Migräne und nervösen Spannungszuständen, die ihm seit seiner Studienzeit zu schaffen machten, kamen Durchblutungsstörungen, Sehstörungen, erste Lähmungserscheinungen an Hand, Auge, Mund. Schon 1846 wird Heine erstmals öffentlich totgesagt. Nachrufe auf ihn erscheinen.

Als Fünfzigjähriger ist er nun nahezu völlig gelähmt und bettlägerig für immer. Vom Leben abgeschieden und auf ständige Hilfe angewiesen, verbringt er die letzten langen acht Jahre in Schmerzen und Einsamkeit, wohl wissend, daß er seine Matratzengruft nicht mehr lebend verlassen wird.

In Ary Scheffers Bildnis (ca. 1847) erscheint Heine bereits von der Krankheit gezeichnet.

Seit 12 Tagen lebe ich hier auf dem Lande, elend und unglücklich über alle Maßen. Meine Krankheit hat zugenommen in einem fürchterlichen Grade. Seit 8 Tagen bin ich ganz und gar gelähmt, so daß ich nur im Lehnsessel und auf dem Bette seyn kann; meine Beine wie Baumwolle und werde wie ein Kind getragen. Die schrecklichsten Krämpfe. Auch meine rechte Hand fängt an zu sterben und Gott weiß ob ich Ihnen noch schreiben kann. Diktiren peinigend wegen der gelähmten Kinnladen. Meine Blindheit ist noch mein geringstes Übel.

An Campe (7. Juni 1848)

Dieses Kopfnervenleiden ist von Vielen in Zweifel gezogen worden; man sagt er kokettire damit, und sein: «Ach! ich bin sehr krank!» womit er jedes Gespräch anfängt, habe eigentlich nichts zu bedeuten. Damen wollen sogar behaupten, es geschähe blos um dabei mit der Hand an die Stirne zu fahren, und so diese feine, weiße Hand bemerken zu lassen, worauf sich der Dichter nicht wenig einbilde. [...]

Ich glaube an Heine's Kopfleiden. Seine Konstitution ist schwächlich; er wird oft plötzlich glühend roth, ohne äußere Veranlassung; er ist fast immer in einem gereizten Zustande; seine Art zu leben kann eben nicht für Leute, die ihre Gesundheit sehr in Acht zu nehmen haben, zur Nachahmung empfohlen werden. Heine schlief mehrmals bei mir, und nicht nur die Uhr in seinem Schlafzimmer mußte dann entfernt, sondern selbst die im Nebenzimmer gänzlich zum Schweigen gebracht werden. Dies Tiktak und Schlagen hätte ihn so stark angegriffen, wie er versicherte, daß er am andern Morgen das stärkste Kopfweh gehabt haben würde. [...]

August Lewald, Heine-Erinnerungen (1836)

Karikatur auf die deutsche Revolution von 1848 und das Paulskirchen-Parlament. Den Zusammenbruch aller revolutionären Hoffnungen und seinen körperlichen Zusammenbruch hat Heine als symbolträchtige Einheit verstanden.

«Heine ist gestorben!» schallte es jüngstens durch unsere Zeitungsblätter. Es ist rührend, wie sie ihn successiv immer schwächer, immer kränklicher vorführten, vom Boulevard in's Spital, von da in's Bad, dann in's Irrenhaus, und endlich, nachdem sie ihn in Charenton an dramatischer Gerechtigkeit haben sterben lassen, sehen wir ihn am Père la Chaise unter einem schöngeschliffenen marmornen Grabbeschwerer liegen. [...]. So viel Talent er auch für Charenton von jeher gezeigt, so viele tolle Streiche er gemacht, so hoffnungslos krank er auch ist – verläßt ihn sein Geist doch nie, und nichts versetzt ihn in so heitere Stimmung, als die Notizen, Nachrichten und Zeitungsschlangen über ihn, die sich seit einiger Zeit durch alle deutsche[n] Blätter ziehen. Freilich ist die linke Hand gelähmt, aber die Rechte reicht er freundlich noch den Landsleuten, die ihm mehr oder minder Grüße und frisch gepflückte[n] Lorbeer aus der Heimat bringen, [...]

Josef Samuel Tauber, Artikel über Besuch bei Heine (ca. 21. August 1846)

Deutsche Blätter, namentlich die Berliner «Haude- und Spenersche Zeitung», haben über meinen Gesundheitszustand sowie auch über meine ökonomischen Verhältnisse einige Nachrichten in Umlauf gesetzt, die einer Berichtigung bedürfen. Ich lasse dahingestellt sein, ob man meine Krankheit bei ihrem rechten Namen genannt hat, ob sie eine Familienkrankheit (eine Krankheit, die man der Familie verdankt) oder eine jener Privatkrankheiten ist, woran der Deutsche, der im Auslande privatisiert, zu leiden pflegt, ob sie ein französisches ramolissement de la moëlle épinière oder eine deutsche Rückgratschwindsucht ist – so viel weiß ich, daß sie eine sehr garstige Krankheit ist, die mich Tag und Nacht foltert und nicht bloß mein Nervensystem, sondern auch das Gedankensystem bedenklich zerrüttet hat. In manchen Momenten, besonders wenn die Krämpfe in der Wirbelsäule allzu qualvoll rumoren, durchzuckt mich der

Heine, 1851, gezeichnet von E. B. Kietz im Auftrag Campes; mit einer Abschrift aus dem «Romanzero».

Zweifel, ob der Mensch wirklich ein zweibeinichter Gott ist, wie mir der selige Professor Hegel vor fünfundzwanzig Jahren in Berlin versichert hatte. Im Wonnemond des vorigen Jahres mußte ich mich zu Bette legen, und ich bin seitdem nicht wieder aufgestanden. Unterdessen, ich will es freimütig gestehen, ist eine große Umwandlung mit mir vorgegangen: ich bin kein göttlicher Bipede mehr; ich bin nicht mehr der «freieste Deutsche nach Goethe», wie mich Ruge in gesündern Tagen genannt hat; ich bin nicht mehr der große Heide Nr. 2 den man mit dem weinlaubumkränkten Dionysus verglich, während man meinem Kollegen Nr. 1 den Titel eines großherzoglich weimarschen Jupiters erteilte; ich bin kein lebensfreudiger, etwas wohlbeleibter Hellene mehr, der auf trübsinnige Nazarener herablächelte – ich bin jetzt nur ein armer todkranker Jude, ein abgezehrtes Bild des Jammers, ein unglücklicher Mensch! [...]

«Berichtigung», gedruckt in der «Allgemeinen Zeitung» (26. April 1849)

Heine glaubt, ebenso wie Zeitgenossen und Nachwelt, sein Rückenmarksleiden sei die Spätfolge einer Syphilis. Und nicht wenige meinen, darin die ver-

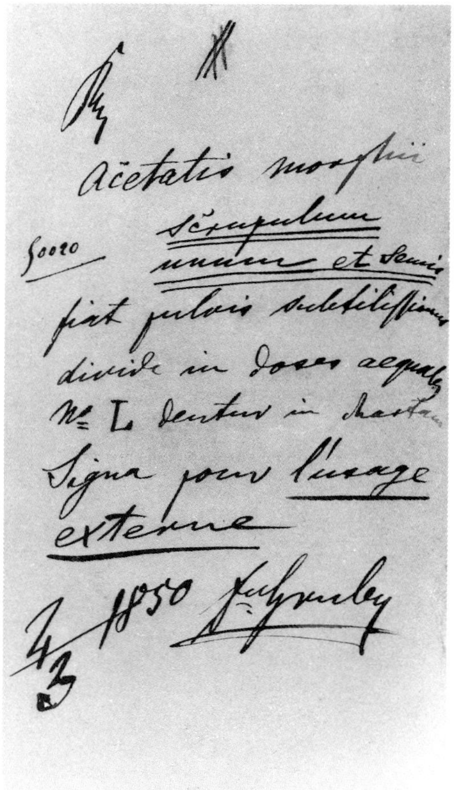

Morphiumrezept für Heine, von seinem Hausarzt Dr. David Gruby.

diente Strafe für ein angeblich ausschweifendes Leben sehen zu können; ein Gedanke, der Heine selbst nicht fremd ist. Heute nimmt man als wahrscheinlicher an, daß er an einer amyotrophischen Lateralsklerose litt, d. h. dem allmählichen degenerativen Zerfall motorischer Zellen in Hirn und Rückenmark.

Heine, bei dem ich auch erst einmal war, ist *äußerst* herunter. Sein Geist aber so hell und scharf wie je, nur etwas gegen die Welt verbittert, wie es mir schien. Er freute sich sehr, mich zu sehen und rief nach der ersten Begrüßung gleich aus (auf seinen Schwanz weisend): «Sehen Sie, welcher Undank! Diese Partie, für die ich soviel getan habe, hat mich so weit gebracht.» Sein Anblick ist übrigens wirklich schreckenerregend. – Dich hält er in sehr freundlichem Angedenken.

Ferdinand Lassalle an Karl Marx (Anfang Juli 1855)

Viermal wechselt Heine während und wegen seiner Krankheit die Wohnung. Ende Mai 1848 zieht er in ein Gartenhaus im ländlichen Passy, nahe dem Bois de Boulogne. Die längste Zeit, bis September 1854, lebt er in der Rue d'Amsterdam Nr. 50, zieht dann für kurze Zeit nach Batignolles und letztendlich zurück nach Paris in die Rue Matignon Nr. 3.

In all der Zeit ist Heine kaum bewegungsfähig. Seiner starken Schmerzen wegen bereitet man ihm ein Lager aus mehreren Schichten Matratzen; mehrmals täglich wird er umgebettet, hin- und hergetragen wie ein Kind. Werden die Schmerzen unerträglich, lindert man sie mit Morphium, das ihm in eine ständig offen gehaltene Wunde am Hals gestreut wird. Krankenwärterinnen und die Dienstmagd, eine pockennarbige Mulattin, versorgen den Leidenden in dem von Mathilde chaotischer denn je geführten Haushalt. Mehrere Ärzte werden von Fall zu Fall zugezogen. Unter ihnen soll Dr. Wertheim, ein Deutscher, Heines besonderes Vertrauen genossen, jedoch auch mit Mathildes Mißtrauen zu kämpfen gehabt haben.

Von allem körperlichen Leiden unberührt bleibt Heines geistige Kraft. Ab 1850 scheint er sich auch psychisch stabilisiert zu haben. Soweit die Krankheit es zuläßt, arbeitet er wieder regelmäßig. Vormittags diktiert er einem Sekretär, oft stundenlang, Briefe und vor allem neue literarische Texte; die Gedichte und Prosastücke, die er, die gelähmte Linke um das Schreibpult gekrallt, nahezu blind, in den schweren Nächten zu Papier gebracht oder im Kopf aufgezeichnet hat. Nachmittags läßt Heine sich vorlesen, meist aus Büchern, die man ihm aus deutschen Leihbibliotheken beschafft, und empfängt an guten Tagen Besucher.

Es ist ein stilles Haus in der ruhigen Straße Amsterdam, wo der kranke Dichter wohnt. Durch die Einfahrt über einen sauber gehaltenen Hofraum schreitend, gelangten wir in das Hinterhaus, in dessen zweiten Stock uns eine Mulattin, die Wartefrau des Kranken, öffnete. Als ihm unsere Namen von ihr genannt wurden, scholl uns sofort sein freundlich hastiges «entrez! entrez!» entgegen. Wir fanden ihn auf seinem Schmerzenslager, das er seit Jahr und Tag nicht mehr verlassen hat. Die Fenstervorhänge waren niedergelassen, das Bett überdieß noch durch eine grüne spanische Wand gegen das Licht geschirmt. Der Kranke hob die feine fast durchsichtig magere Hand an das rechte Auge, um das Lid emporzuziehen und einen Blick auf uns zu werfen. Nur dies Auge besitzt noch Sehkraft, das andere nur einen schwachen Lichtschimmer. Aber die Lider sind gelähmt und keiner freien Bewegung mehr fähig. Er streckte mir seine Hand entgegen und hieß uns herzlich willkommen.[...]

Niedergeworfen von unheilbarer Krankheit, bei lebendigem Leibe schon ausgestrichen aus dem Buche des Lebens, gemartert von den entsetzlichsten Schmerzensqualen hat dieser Mann die ganze Energie seines artistophanischen Geistes, die volle Kraft seines unverwüstlichen Humors und all die schneidende Schärfe seines vernichtenden Witzes bewahrt. Man hat von ihm berichtet, er habe sich bekehrt, der deutsche Aristophanes des neunzehnten Jahrhunderts sei «fromm», sei ein Betbruder geworden. Es ist kein wahres Wort daran. Die Leute, die dergleichen von ihm verbreitet, haben sich entweder selbst getäuscht oder sich von ihm täuschen lassen. [...]

Adolf Stahr/Fanny Lewald (September 1850)

Morphine

Groß ist die Ähnlichkeit der beiden schönen
Jünglingsgestalten, ob der eine gleich
Viel blässer als der andre, auch viel strenger,
Fast möcht ich sagen viel vornehmer aussieht
Als jener andre, welcher mich vertraulich
In seine Arme schloß – Wie lieblich sanft
War dann sein Lächeln und sein Blick wie selig!
Dann mocht es wohl geschehn, daß seines Hauptes
Mohnblumenkranz auch meine Stirn berührte
Und seltsam duftend allen Schmerz verscheuchte
Aus meiner Seel – Doch solche Linderung,
Sie dauert kurze Zeit; genesen gänzlich
Kann ich nur dann, wenn seine Fackel senkt
Der andre Bruder, der so ernst und bleich. –
Gut ist der Schlaf, der Tod ist besser – freilich
Das beste wäre, nie geboren sein.

Nachgelesene Gedichte

Es kommen die deutschen Paris-Reisenden, vor allem Literaten und Journalisten. Der kranke Heine in der Matratzengruft ist zur Attraktion der literarischen Welt geworden; nicht zuletzt durch die Art, wie er sein langsames Sterben im Werk der Spätzeit publik macht. Die literarische Öffentlichkeit hat darauf sehr zwiespältig reagiert. Ihr voyeuristisches Interesse an Heines Krankheit will dessen analytisch-distanzierte Auseinandersetzung mit dem eigenen Tod nicht akzeptieren. Zwar liest man begierig die larmoyanten Presseberichte von des Todgeweihten Märtyrertum und Bekehrung; der witzig-ironische, manchmal auch sarkastische Ton des Betroffenen selbst aber paßt nicht ins gängige Bild von einem würdigen Tod.

Die Todtkranken der alten Schule zogen ihre Fenstervorhänge zu, schlossen ihre Thüren vor den Menschen und ihre Augen vor der Welt zu; dann starben sie. Der kluge Heine hat die Unmenschlichkeit dieses Gebahrens eingesehen. Er wollte sich nicht wie die wilden Thiere in eine einsame Wildniß verbergen und im Schweigen der Einöde die Seele aushauchen. Er überließ das den verwundeten Raubthieren, den Karaiben und dem Timon bei Shakespeare; Heine fühlte das Bedürfniß, ein neues Genre des Sterbens zu schaffen. Warum sollten bisher allein die Todten und nicht auch die Kranken auf dem Paradebette liegen können? Wem kein Zahn mehr wehe thut, der hat auch keine Freude mehr von seinem Katafalk, den brennenden Lichtern, den lamentirenden Freunden, der Vorlesung seines Testamentes. Und Heine, der immer Geniale, schuf das poetische Sterbebette, das feuilletonistische Siechthum, die periodischen Bülletin's, ja von Zeit zu Zeit ließ er selbst seine kritischen Ausscheidungen – drucken. Von dem Magenkrebs des großen Napoleon ist nicht so viel in den Journalen die Rede gewesen, als von der Rückenmarksdarre des großen Heine. Aber der große Napoleon stand sich leider gar zu schlecht mit der Tagespresse. Auch der alte Tieck war ein anderer Mann und ist schweigend in seinem Bette gestorben, hat keine Witze über den lieben Gott gerissen, sich nicht mit Kindern, Blumen und Journalisten drappirt und seine Schmerzen im Stillen und nicht vor ganz Deutschland getragen.

E. Kossak, Die verbannten Götter von H. Heine, in: «Berliner Feuerspritze» (9. Mai 1853)

Die Krankenwärterin.

Zu Besuch kommen auch die Verwandten. Die Geschwister nähern sich dem enfant terrible der Familie nun, da es mit ihm zu Ende geht, wieder an. Max und Charlotte besuchen Heine mehrfach; die Brüder stehen ihm bei in seinen letzten literarischen Geschäften. Wer nicht kommt, das sind die alten Bekannten aus besseren Pariser Tagen.

Deinen Bruder habe ich aufgesucht und ihn leider nicht besser gefunden; er ist sehr abgemagert, gelähmt, blind; sein trauriges Schicksal ist sehr zu beklagen. Ich fürchte, er leidet an Rükkenmarksschwindsucht. –

Wie es noch Zeit war und die Krankheit nicht so weit fortgeschritten, habe ich mein möglichstes gethan, ihn zu bewegen, sich nach Hamburg zu übersiedeln, allein es war vergebens. – Ich bin der Meinung, daß er allerdings keineswegs so gut gepflegt wird, als es geschehen könnte, und bedauere, daß er nicht darauf eingegangen; Du scheinst ein Lieblings-Project zu haben, nämlich eine Collecte zu stiften, um Deinen Bruder aus drückenden Geldsorgen zu befreien, – schon ein früherer Brief sprach mir davon, wenn ich nicht irre, – die edelsten Frauen Deutschlands werden laufen etc. – Ich halte dergleichen indeß für nicht nöthig; um anständig zu leben, fehlen Deinem Bruder keineswegs die Mittel und ich trage selbst dazu von Zeit zu Zeit bei, um sie ihm zu verschaffen.

Carl Heine an Maximilian Heine (16. April 1850)

Frau Sorge

In meines Glückes Sonnenglanz,
Da gaukelte fröhlich der Mückentanz.
Die lieben Freunde liebten mich
Und teilten mit mir brüderlich
Wohl meinen besten Braten
Und meinen letzten Dukaten.

Das Glück ist fort, der Beutel leer,
Und hab auch keine Freunde mehr;
Erloschen ist der Sonnenglanz,
Zerstoben ist der Mückentanz,
Die Freunde, so wie die Mücke,
Verschwinden mit dem Glücke.

An meinem Bett in der Winternacht
Als Wärterin die Sorge wacht.
Sie trägt eine weiße Unterjack,
Ein schwarzes Mützchen, und schnupft Tabak.
Die Dose knarrt so gräßlich,
Die Alte nickt so häßlich.

Mir träumt manchmal, gekommen sei
Zurück das Glück und der junge Mai
Und die Freundschaft und der Mückenschwarm –
Da knarrt die Dose – daß Gott erbarm,
Es platzt die Seifenblase –
Die Alte schneuzt die Nase.

Romanzero. Lamentationen. Lazarus

«Meinen Freund Balzac habe ich verloren und beweint. George Sand, das Luder hat sich seit meiner Krankheit nicht um mich bekümmert; [...] Ich verliere einen Freund nach dem andern und bey denen die mir übrig bleiben erprobt sich das alte Sprichwort: Freunde in der Noth gehn sechzig auf ein Loth –» so klagt Heine gegenüber Laube, einem der wenigen Freunde aus gemeinsamen literarischen Kampfzeiten, auf die er noch zählen kann. Balzac ist tot, mit Lassalle hat Heine sich zerstritten, Marx ist aus Frankreich ver-

Heinrich Heine (Zeichnung von Kietz, 1851).

bannt, ebenso wie die Principessa Belgiojoso, seine vertraute Freundin. Und all die anderen nehmen an Heines Sterben lieber aus der sicheren Distanz der Zeitungslektüre teil denn aus der Nähe des Krankenzimmers.

Wieder angenähert hat sich 1851 endlich auch Julius Campe. Drei Jahre lang hatte er Heines Hilferufe vom Krankenbett ignoriert und sich völlig zurückgezogen; zermürbt von den jahrelangen Auseinandersetzungen um die Gesamtausgabe, verletzt von Heines Vorwurf, er, Campe, nehme keine Rücksicht auf die Leiden seines Autors, ja beute dessen letzte Atemzüge aus. Im Sommer 1851 endlich macht sich Campe auf nach Paris. Man spricht sich aus und versöhnt sich. Der Weg ist frei für die weitere Zusammenarbeit.

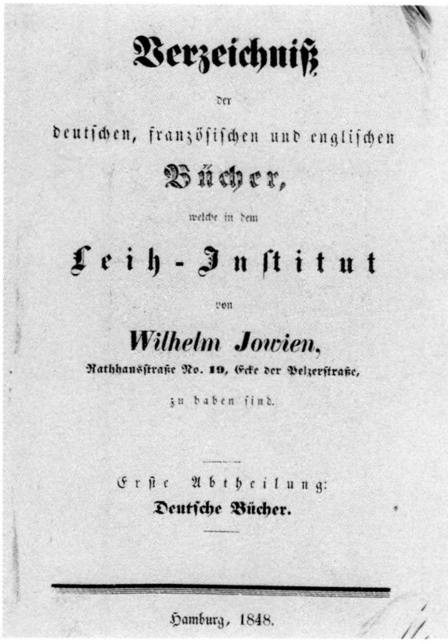
Verzeichniß
der
deutschen, französischen und englischen
Bücher,
welche in dem
Leih-Institut
von
Wilhelm Jowien,
Rathhausstraße No. 10, Ecke der Pelzerstraße,
zu haben sind.

Erste Abtheilung:
Deutsche Bücher.

Hamburg, 1848.

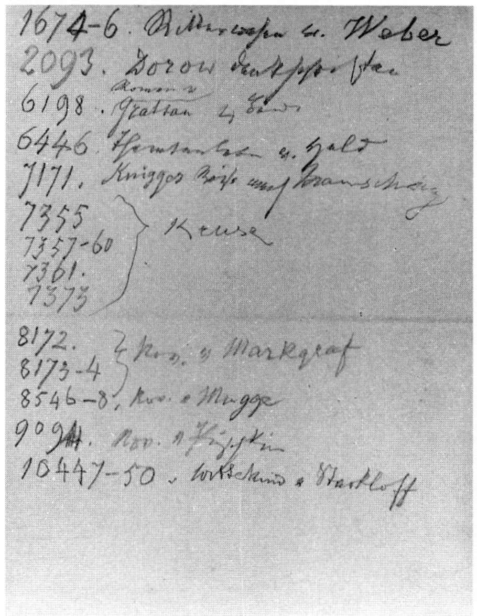
1674-6. ... u. Weber
2093. Dorow ...
6198. ...
6446. ... u. Geld
7171. Knigge ...
7355
7357-60
7361.
7373
8172.
8173-4
8546-8 ... Mügge
9094. ...
10447-50 ...

Katalog der Leihbibliothek Jowien in Hamburg und Bücherzettel mit Leihwünschen.

Heines Verleger Campe ist, trotz aller Zerwürfnisse, bemüht, seinem Autor mit solchen Büchersendungen die Leiden der Matratzengruft zu erleichtern.

Die Jahre der Matratzengruft sind literarisch äußerst produktiv. Es entstehen zwei Lyrikbände, der berühmte «Romanzero» (1851), der das Spätwerk eröffnet, und die «Gedichte. 1853 und 1854» sowie das Epos «Bimini» (1853/54), das erst aus dem Nachlaß publiziert wird; an neuen Prosatexten verschiedene Aufsätze, darunter «Die Götter im Exil» (1853) und ein Ballettszenario «Die Göttin Diana» (1854), mit dem Heine sein erstes Ballett «Der Doktor Faust. Ein Tanzpoem» inhaltlich ergänzt. Vor allem aber entstehen die Lebenserinnerungen «Geständnisse» und «Memoiren». Die Artikelserie für die «Allgemeine Zeitung» von 1840–1843 arbeitet er zur Buchfassung «Lutezia» um.

Angesichts des nahen Todes richtet sich Heines Interesse neben der literarischen Verarbeitung der schmerzlichen neuen Lebenserfahrung und der Rückbesinnung auf die Vergangenheit nun auch auf die Ordnung seines literarischen Lebenswerks. Er beschäftigt sich intensiv mit der Konzeption der deutschen und einer französischen Gesamtausgabe, sieht die Texte durch, wählt aus und erarbeitet Neufassungen, kann jedoch die Projekte nicht mehr abschließen. Beide Gesamtausgaben erscheinen erst nach seinem Tod.

Dennoch hinterläßt er sein Werk geordnet. Die finanzielle Sicherung seiner Frau hat er in zähen, langwierigen Verhandlungen erreicht. Sein literarisches Opus ist abgeschlossen und in Händen eines so energischen wie vertrauenswürdigen Verlegers der Nachwelt übergeben.

Umschlagblätter der Erstausgabe des «Romanzero», 1851.

Gedichte der Agonie: Romanzero. Gedichte. 1853 und 1854

Es ist […] im wahren Sinn des Wortes mein versifiziertes Lebensblut.
An Campe. 1850

Weltlauf

Hat man viel, so wird man bald
Noch viel mehr dazu bekommen.
Wer nur wenig hat, dem wird
auch das wenige genommen.

Wenn du aber gar nichts hast,
Ach, so lasse dich begraben –
Denn ein Recht zum Leben, Lump,
Haben nur die etwas haben.
Romanzero. Lamentationen. Lazarus

«Romanzero» nennt Heine seine letzte Gedichtsammlung. Als «dritte Säule meines lyrischen Ruhms» kündigt er sie seinem Verleger im September 1850 an. Die Titelwahl, an der Campe maßgeblich beteiligt war, liegt nahe, denn in Romanzenform sind viele der Gedichte geschrieben. Der Klang von «Romanzero» aber assoziiert thematisch wie im elegischen Ton auch all das, was die Leser an Heines früher Lyrik schätzten und nun im neuen Gedichtband wiederzufinden hoffen.

Die «Neuen Gedichte» hatten diese Erwartungen bitter enttäuscht. Schon sechs Jahre danach kann Heine nun eine neue Lyriksammlung vorlegen. Sie enthält neben Gedichten, die 1844 bis 1848, also vor dem Ausbruch seiner Krankheit entstanden sind, vor allem solche aus der Zeit der Matratzengruft.

Des neuen Werks wegen reist Campe eigens nach Paris. Die Verhandlungen sind hart, doch er kann ein druckreifes Werk mit nach Hause nehmen. Heine hat es sich mit 6000 Mark Banco, die 1975 einem Gegenwert von ca. 72 000 DM entsprachen, teuer bezahlen lassen. Der gesteigerte Marktwert des sterbenden Dichters ist im Preis inbegriffen. Und auch Campe spekuliert darauf, als er das Erscheinen des Buchs vorbereitet. Der Markt ist in der Tat günstig. Denn das Publikum erwartet die Verse aus der Matratzengruft mit Neugier, eingestimmt durch die Presseberichte von des Dichters Leiden und die von Campe lancierten Vorankündigungen. Auch den Buchhandel hat er mit 250 eigenhändigen Briefen auf das Buch vorbereitet.

Daß Sie mit solchen übertriebenen Ansprüchen hervor treten würden – fühlte ich längst. Ich bat meinen Buchhalter, das Resultat über den Romanzero auf zu machen. Er bat mich, es zu unterlaßen, mir den Aerger zu ersparen! – Sehen Sie, lieber Freund! so steht diese Sache. Nun mögen Sie ermessen, was ich zu Ihren Ansprüchen sagen kann. [...] Genug davon. Ihnen, lieber Freund! biete ich mich als Commißionair an, laßen Sie das Werk auf Ihre Kosten drucken, ich verbreite es für Sie, lege Rechnung darüber ab, Sie erfahren dann was an Nutzen dabei heraus kömmt. Und beide sehen wir dann, wer von uns recht hat: Ob ich das Werk unterschätzt, oder Sie den Erfolg überschätzt haben. Im Handel, wo es sich um Geld handelt, hört die Gemütlichkeit auf: zumal da, wo ich mit mathematischer Gewißheit ein sehe, daß ich dabei Huth und Stock, Schuh und Strümpfe einbüßen würde.

Julius Campe an Heine (15. August 1851)

Im Oktober 1849

Gelegt hat sich der starke Wind,
Und wieder stille wirds daheime;
Germania, das große Kind,
Erfreut sich wieder seiner Weihnachtsbäume.

Wir treiben jetzt Familienglück –
Was höher lockt, das ist vom Übel –
Die Friedensschwalbe kehrt zurück,
Die einst genistet in des Hauses Giebel.

Gemütlich ruhen Wald und Fluß,
Von sanftem Mondlicht übergossen;
Nur manchmal knallts – Ist das ein Schuß? –
Es ist vielleicht ein Freund, den man
erschossen.

Vielleicht mit Waffen in der Hand
Hat man den Tollkopf angetroffen
(Nicht jeder hat so viel Verstand
Wie Flaccus, der so kühn davongeloffen).

Es knallt. Es ist ein Fest vielleicht,
Ein Feuerwerk zur Goethefeier! –
Die Sontag, die dem Grab entsteigt,
Begrüßt Raketenlärm – die alter Leier.
[...]

Romanzero. Lamentationen. Lazarus

Denken Sie nun, lieber Freund, ernstlich daran, daß auch der Name Hoffmann und Campe vom Titelblatt meines nächsten Buches wegbleiben solle, so steht das ganz in Ihrem Belieben. Was mich betrifft, so bedaure ich es von ganzem Herzen, daß diese Namen, woran sich der meinige gewöhnt, auf meinem letzten Buche wegbleiben sollen. Das Publikum wird sich darüber verwundern und noch mehr verwundern, wenn es erführe, daß eine klägliche Gelddifferenz jene Wegbleibung hervorgebracht. Man wird mich fragen, wie groß dieselbe sei. Was soll ich antworten? Oder ist es nicht die Gelddifferenz und es läge ein wirklicher Ernst jener Unterschätzung meiner Geistesproducte zu Grunde, die ich bei jedem neuen Buche von Ihnen erfahren mußte, bis das Honorar regulirt war. Ich bin zu hochmüthig um es zu glauben und es kömmt mir in diesem Augenblick in den Sinn, was ein gemeinschaftlicher Freund vor einigen Monaten zu mir sagte: Es ist nicht der Geldgeiz, welcher Julius Campe stachelt in kleinlichen

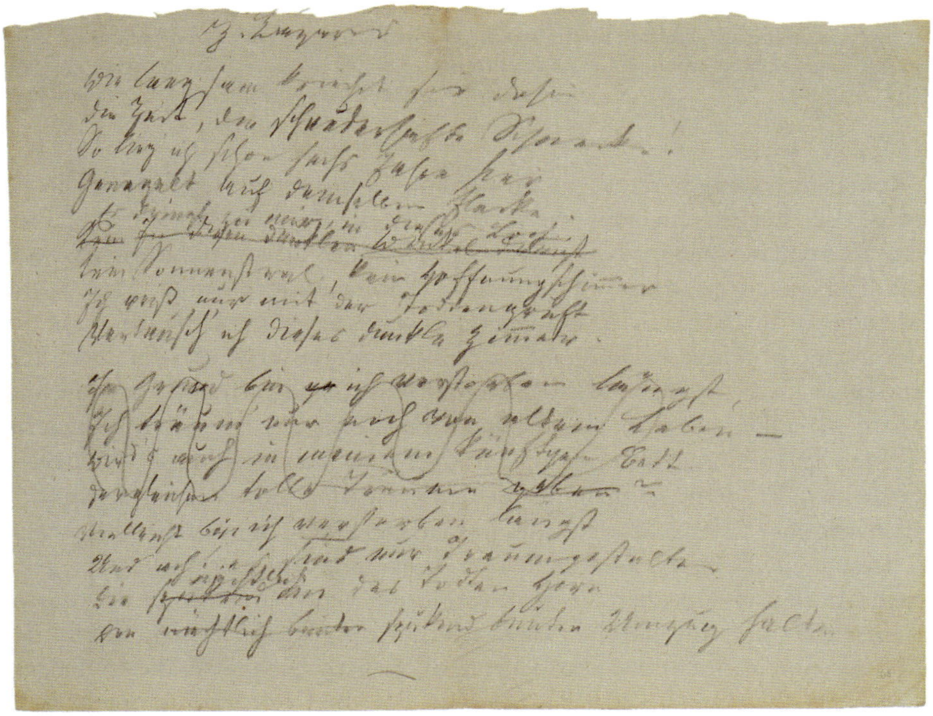

«Zum Lazarus». Manuskript zu «Gedichte. 1853 und 1854», geschrieben etwa 1853.

Jehuda ben Halevy

[...]

Jahre kommen und verfließen.
Seit Jehuda ben Halevy
Ward geboren, sind verflossen
Siebenhundert funfzig Jahre –

Hat zuerst das Licht erblickt
Zu Toledo in Kastilien,
Und es hat der goldne Tajo
Ihm sein Wiegenlied gelullet.

Für Entwicklung seines Geistes
Sorgte früh der strenge Vater,
Der den Unterricht begann
Mit dem Gottesbuch, der Thora.

Diese las er mit dem Sohne
In dem Urtext, dessen schöne,
Hieroglyphisch pittoreske,
Altschaldäische Quadratschrift

Herstammt aus dem Kindesalter
Unsrer Welt, und auch deswegen
Jedem kindlichen Gemüte
So vertraut entgegenlacht.

[...]

Ja, frühzeitig hat der Vater
Ihn geleitet zu dem Talmud,
Und da hat er ihm erschlossen
Die Halacha, diese große

Fechterschule, wo die besten
Dialektischen Athleten
Babylons und Pumpedithas
Ihre Kämpferspiele trieben.

Lernen konnte hier der Knabe
Alle Künste der Polemik;
Seine Meisterschaft bezeugte
Späterhin das Buch Cosari.

Doch der Himmel gießt herunter
Zwei verschiedne Sorten Lichtes:
Grelles Tageslicht der Sonne
Und das mildre Mondlicht – Also,

Also leuchtet auch der Talmud
Zwiefach, und man teilt ihn ein
In Halacha und Hagada.
Erstre nannt ich eine Fechtschul –

Letztre aber, die Hagada,
Will ich einen Garten nennen,
Einen Garten, hochphantastisch
Und vergleichbar jenem andern,

Welcher ebenfalls dem Boden
Babylons entsprossen weiland –
Garten der Semiramis,
Achtes Wunderwerk der Welt.

Die Hagada ist ein Garten
Solcher Luftkindgrillenart,
Und der junge Talmudschüler,
Wenn sein Herze war bestäubet

Erörterungen, er ist vielleicht in großen Dingen generöser als seine Herren Collegen, aber er will nun einmal diesen letzteren zeigen, daß er die besten Bücher weit wohlfeiler als sie bekommen könne, und er knickert des Knickerns wegen, wie ein wahrer Künstler die Kunst nur wegen der Kunst treibt.

An Campe (24. August 1851)

Als «Romanzero» im Oktober 1851 erscheint, ist der Absatz entsprechend groß. Innerhalb von nur zwei Monaten werden vier Auflagen, insgesamt 21 000 Exemplare, verkauft; für damalige Verhältnisse Bestsellerzahlen. Bestsellerhaft kurz ist allerdings auch der Erfolg, denn die Erwartungen an das Buch erweisen sich bald als falsch. Leser und Rezensenten sind enttäuscht, weil es sie statt mit sentimentaler Liebes-, Abschieds- und Entsagungslyrik konfrontiert mit anspruchsvollen Themen und düsteren historischen Stoffen. Es handelt von Heines Auseinandersetzung mit Gott und seinen Leidenserfahrungen, und die Liebesgedichte haben einen derb-sarkastischen Ton. Ihretwegen wird der «Romanzero» in Berlin sogar verboten und verbrannt.

Die Leser fühlen sich brüskiert, und so wird es bald still um das Buch. Für lange Zeit bleibt Heines späte Lyrik, mit dem «Romanzero» auch die «Gedichte. 1853 und 1854», vernachlässigt, weil sie den noch immer am «Buch der Lieder» orientierten Erwartungen nicht entspricht. Heute steht der ästhetisch-artistische ebenso wie der innovative inhaltliche Rang außer Zweifel.

Um 2 Uhr *[am 20. Juli]* fuhr ich mit den Büchern von Jowin zu Heine. Als ich geklungen, kam die Zofe zum Vorschein; auf meine Frage: ob ich Heine sehen könne? antwortete sie, er sey «si malade il ne parlera a personne» – Ich antwortete: «il n'y a aucune Regle sans exception» gab meine Karte, – ich ward hereingebeten. Die Etagenthür hatte ich besetzt, dieser grade gegenüber – *einen* Schritt entfernt, war eine andere geöffnet –, ich trat diesen einen Schritt u[nd] stand vor Heines Lager, der in fast weinerlicher Stimme mich willkommen hieß und seine Hand darbot. In wenigen Augenblicken hatten wir uns vollkommen verständigt; er war, wie er sagte, heute sehr krank, gleichwohl war unser[e], namentlich *seine* Unterhaltung so lebendig, geistreich, mittheilend, sich in 1000 Dingen ergehend, wie ich fast ihn in gesunden Tagen nicht gefunden habe. Seine Frau war nicht gegenwärtig; ich fragte nach ihr – er ließ sie kommen, wir machten Bekanntschaft u[nd] von da ab ging unsere Conversation französisch, damit sie an unserm Gespräch sich betheiligen konnte. Wir haben so unendlich viel geplaudert daß ich, selbst des Bedeut[end]sten, nicht erwähne; was mich zu weit führen würde. Ich blieb bis 5½ Uhr, Gathy war schon gekommen mich abzuholen; ich brach ab, um ihn, der in einer Aufregung fort und fort auf das lebhaftest[e] zu mir gesprochen hatte, nicht zu sehr in Bewegung zu setzen; dagegen besprachen wir uns auf heute, um 1 Uhr, wo ich wieder zu ihm kommen soll.

Julius Campe an seine Frau Luise (21. Juli 1851)

«Romanzero» ist ein Werk von großer kompositorischer Geschlossenheit. Es ist in drei Bücher eingeteilt, die jeweils von einem Motto sowie einem Prolog- und einem Epiloggedicht umrahmt werden. Einheitsstiftend wirken auch die Titel der drei Zyklen «Historien», «Lamentationen» und «Hebräische Melodien» durch ihre Anklänge an die Bibel. Und einheitsstiftend wirkt die durchgängige religiöse Thematik der Sammlung. Der erste und der dritte Teil enthalten Gedichte im spanischen Romanzenvers, die sich von Umfang und historisch-ankedotischem Inhalt her an die Form des Kleinepos annähern. Thema des mittleren Teils, «Lamentationen» mit den berühmten «Lazarus»-Gedichten, ist Heine selbst in der Leidenserfahrung seiner letzten Jahre.

Wie immer er seine Stoffe wählt, immer kreisen die literarischen Bilder um Themen, die die eigene unmittelbare Lebens- und Geisteserfahrung spiegeln. Seine Enttäuschung über die Märzrevolution verarbeitet Heine in Revolutionssatiren wie «Im Oktober 1849» oder im resignativen Geschichtsbild der «Historien», das mehr die Geschichte der Besiegten zeichnet als die der Sieger; so z. B. in «Vitzliputzli», das das Schicksal der von Cortez grausam getäuschten Mexikaner schildert, oder im «Mohrenkönig», wo das Ende der Maurenherrschaft in Spanien dargestellt wird.

Noch einmal reflektiert Heine sein altes Thema vom Verhältnis des Schriftstellers zu seiner Zeit. Er hält fest an der Forderung, daß es der Dichter sei, dem die Funktion als «Stimmführer» des Volkes zukomme. Zwar muß er selbst aus dieser Funktion der Krankheit wegen nun zurücktreten. Gestalten wie der persische Dichter Firdusi und der jüdische Gelehrte Jehuda ben Halevy in den gleichnamigen Gedichten aber bestätigen mit ihrem Schicksal, daß die geistige Führungskraft des Schriftstellers weltliche Herrschermacht allen Enttäuschungen zum Trotz überdauert.

Die «Hebräischen Melodien» nehmen ein anderes Zentralthema des Heineschen Werkes wieder auf, die Auseinandersetzung mit dem Judentum, mit der Religion, mit Gott. Er sei durch die Leiden in der Matratzengruft «zu einem persönlichen Gotte» zurückgekehrt, bekennt Heine im Nachwort des «Romanzero» – nicht aber in den Schoß der Kirche:

Ja, wie mit der Kreatur, habe ich auch mit dem Schöpfer Frieden gemacht, zum größten Ärgernis meiner aufgeklärten Freunde, die mir Vorwürfe machten über dieses Zurückfallen in den alten Aberglauben, wie sie meine Heimkehr zu Gott zu nennen beliebten. Andere, in ihrer Intoleranz, äußerten sich noch herber. Der gesamte hohe Klerus des Atheismus hat sein Anathema über mich ausgesprochen, und es gibt fanatische Pfaffen des Unglaubens, die mich gerne auf die Folter spannten, damit ich meine Ketzereien bekenne. Zum Glück stehen ihnen keine andern Folterinstrumente zu Gebote als ihre Schriften. Aber ich will auch ohne Tortur alles bekennen. Ja, ich bin zurückgekehrt zu Gott, wie der verlorene Sohn, nachdem ich lange Zeit bei den Hegelianern die Schweine gehütet. War es die Misere, die mich zurücktrieb? Vielleicht ein minder miserabler Grund. Das himmlische Heimweh überfiel mich und trieb mich fort durch Wälder und Schluchten, über die schwindligsten Bergpfade der Dialektik. Auf meinem Wege fand ich den Gott der Pantheisten, aber ich konnte ihn nicht gebrauchen. Dies arme träumerische Wesen ist mit der Welt verwebt und verwachsen, gleichsam in ihr eingekerkert, und gähnt dich an, willenlos und ohnmächtig. Um einen Willen zu haben, muß man eine Person sein, und um ihn zu manifestieren, muß man die Ellbogen frei haben. Wenn man nun einen Gott begehrt, der zu helfen vermag – und das ist doch die Hauptsache – so muß man auch seine Persönlichkeit, seine Außerweltlichkeit und seine heiligen Attribute, die Allgüte, die Allweisheit, die Allgerechtigkeit u. s. w., annehmen. Die Unsterblichkeit der Seele, unsre Fortdauer nach dem Tode, wird uns alsdann gleichsam mit in den Kauf gegeben, wie der schöne Mark-

Und betäubet vom Gezänke
Der Halacha, vom Dispute
Über das fatale Ei,
Das ein Huhn gelegt am Festtag,

Oder über eine Frage
Gleicher Importanz – der Knabe
Floh alsdann sich zu erfrischen
In die blühende Hagada,

Wo die schönen alten Sagen,
Engelmärchen und Legenden,
Stille Märtyrerhistorien,
Festgesänge, Weisheitssprüche,

Auch Hyperbeln, gar possierlich,
Alles aber glaubenskräftig,
Glaubensglühend – O, das glänzte,
Quoll und sproß so überschwenglich –

Und des Knaben edles Herze
Ward ergriffen von der wilden,
Abenteuerlichen Süße,
Von der wundersamen Schmerzlust

Und den fabelhaften Schauern
Jener seligen Geheimwelt,
Jener großen Offenbarung,
Die wir nennen Poesie.

Auch die Kunst der Poesie,
Heitres Wissen, holdes Können,
Welches wir die Dichtkunst heißen,
Tat sich auf dem Sinn des Knaben.

Und Jehuda ben Halevy
Ward nicht bloß ein Schriftgelehrter,
Sondern auch der Dichtkunst Meister,
Sondern auch ein großer Dichter.

Ja, er ward ein großer Dichter,
Stern und Fackel seiner Zeit,
Seines Volkes Licht und Leuchte,
Eine wunderbare, große

Feuersäule des Gesanges,
Die der Schmerzenskarawane
Israels vorangezogen
In der Wüste des Exils.
[...]

Romanzero. Hebräische Melodien.

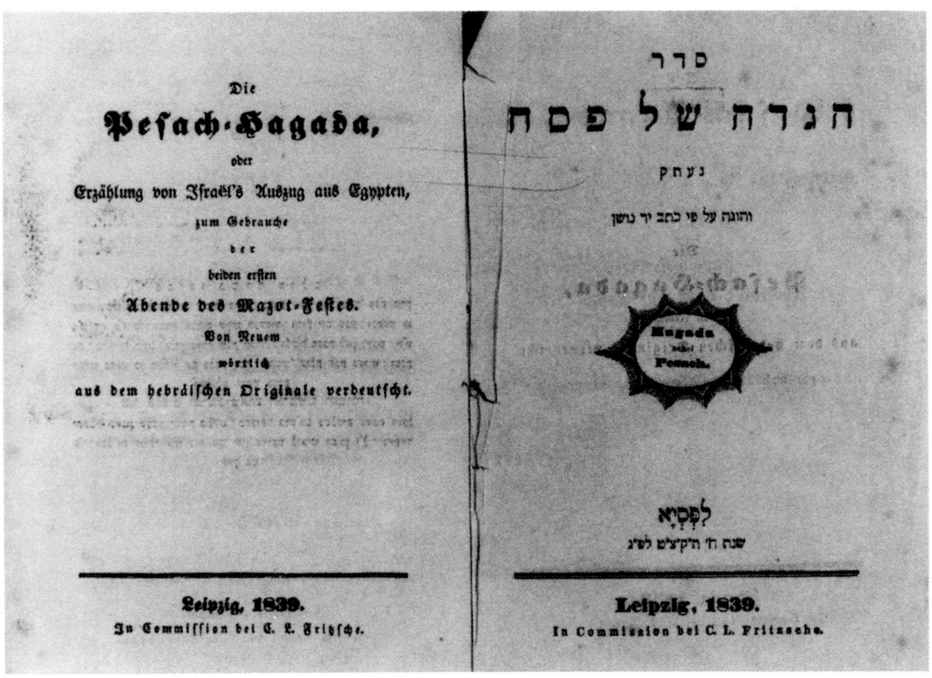
Die
Pesach-Hagada,
oder
Erzählung von Israël's Auszug aus Egypten,
zum Gebrauche
der
beiden ersten
Abende des Mazot-Festes.
Von Neuem
wörtlich
aus dem hebräischen Originale verdeutscht.

Leipzig, 1839.
In Commission bei C. L. Fritzsche.

סדר
הגדה של פסח
נעתק
והוגה על פי כתב יד נושן

Hagada
schel
Pessach.

לִפְסִיָא
שנת ה' תקצ"ט לפ"ג

Leipzig, 1839.
In Commission bei C. L. Fritzsche.

Pessach-Haggada, Leipzig 1839. Aus Heines Privatbibliothek.

Wie langsam kriechet sie dahin,
Die Zeit, die schauderhafte Schnecke!
Ich aber, ganz bewegungslos
Blieb ich hier auf demselben Flecke.

In meine dunkle Zelle dringt
Kein Sonnenstrahl, kein
Hoffnungsschimmer;
Ich weiß, nur mit der Kirchhofsgruft
Vertausch' ich dies fatale Zimmer.

Vielleicht bin ich gestorben längst;
Es sind vielleicht nur Spukgestalten
Die Phantasieen, die des Nachts
Im Hirn den bunten Umzug halten.

Es mögen wohl Gespenster sein,
Altheidnisch göttlichen Gelichters;
Sie wählen gern zum Tummelplatz
Den Schädel eines toten Dichters. –

Die schaurig süßen Orgia,
Das nächtlich tolle Geistertreiben,
Sucht des Poeten Leichenhand
Manchmal am Morgen aufzuschreiben.

Gedichte. 1853 und 1854

knochen, den der Fleischer, wenn er mit seinen Kunden zufrieden ist, ihnen unentgeltlich in den Korb schiebt. [...]

Nein, meine religiösen Überzeugungen und Ansichten sind frei geblieben von jeder Kirchlichkeit; kein Glockenklang hat mich verlockt, keine Altarkerze hat mich geblendet. Ich habe mit keiner Symbolik gespielt und meiner Vernunft nicht ganz entsagt. Ich habe nichts abgeschworen, nicht einmal meine alten Heidengötter, von denen ich mich zwar abgewendet, aber scheidend in Liebe und Freundschaft.

Nachwort zu Romanzero (1851)

Hier erteilt Heine all denen eine deutliche Absage, die meinten, mit seiner eigenen Entkörperlichung habe er auch seine sensualistische Lebensphilosophie aufgegeben. Den «alten Heidengötter(n)», Symbol heiter-sinnlicher Welterfahrung, aber gilt seine Zuneigung noch immer. Der Abschied von ihnen ist wehmütig. Die Trauer über diese «Götterdämmerung» versucht Heine auszubalancieren durch distanzierende Ironie, eine «Ironie unter Tränen», wie Walter Hinck es nennt.

Der Abschied vom Leben ist auch Hauptthema von Heines letzten Gedichten, publiziert als «Gedichte. 1853 und 1854» im ersten Band der «Vermischten Schriften». Es sind nach Heines eigenen Worten «Gedichte der Agonie».

In der Forschung sind diese späten Gedichte lange unbeachtet geblieben, weil die Herausgeber sie nicht mehr als geschlossenes Werk publiziert, sondern in Nachlesen aufgelöst haben. Stimmung und Thema der «Lamentationen» werden hier zum beherrschenden Gegenstand. Der sterbende Dichter setzt sich auseinander mit seinem körperlichen Verfall und den Veränderungen, die er in seinem Bewußtsein und Gefühl bewirkt. So z. B., wenn er die veränderte Wahrnehmung von Zeit beschreibt in «Wie langsam kriechet sie dahin / Die Zeit die schauderhafte Schnecke». Die Bewegungslosigkeit des Körpers erscheint im Bild der stillstehenden Zeit. So auch, wenn von den Schwierigkeiten des Kranken die Rede ist, zwischen äußerer und innerer Wirklichkeit, zwischen Tagesrealität und nächtlichen Wach- und Fieberträumen noch zu unterscheiden. Oder auch, wenn die Liebe, Sehnsuchtsmotiv aus Heines Jugendlyrik, sich erneut als Thema aufdrängt, grotesk und makaber verformt allerdings im Zerrspiegel der Krankheit.

In «Bimini», dem erst postum veröffentlichten Versepos, wächst aus der Erfahrung des Verfalls schließlich die Hoffnung auf Verjüngung; zugleich aber die sichere Erkenntnis, daß ein solches Land der Verheißung nur im Tod sich finden lassen wird.

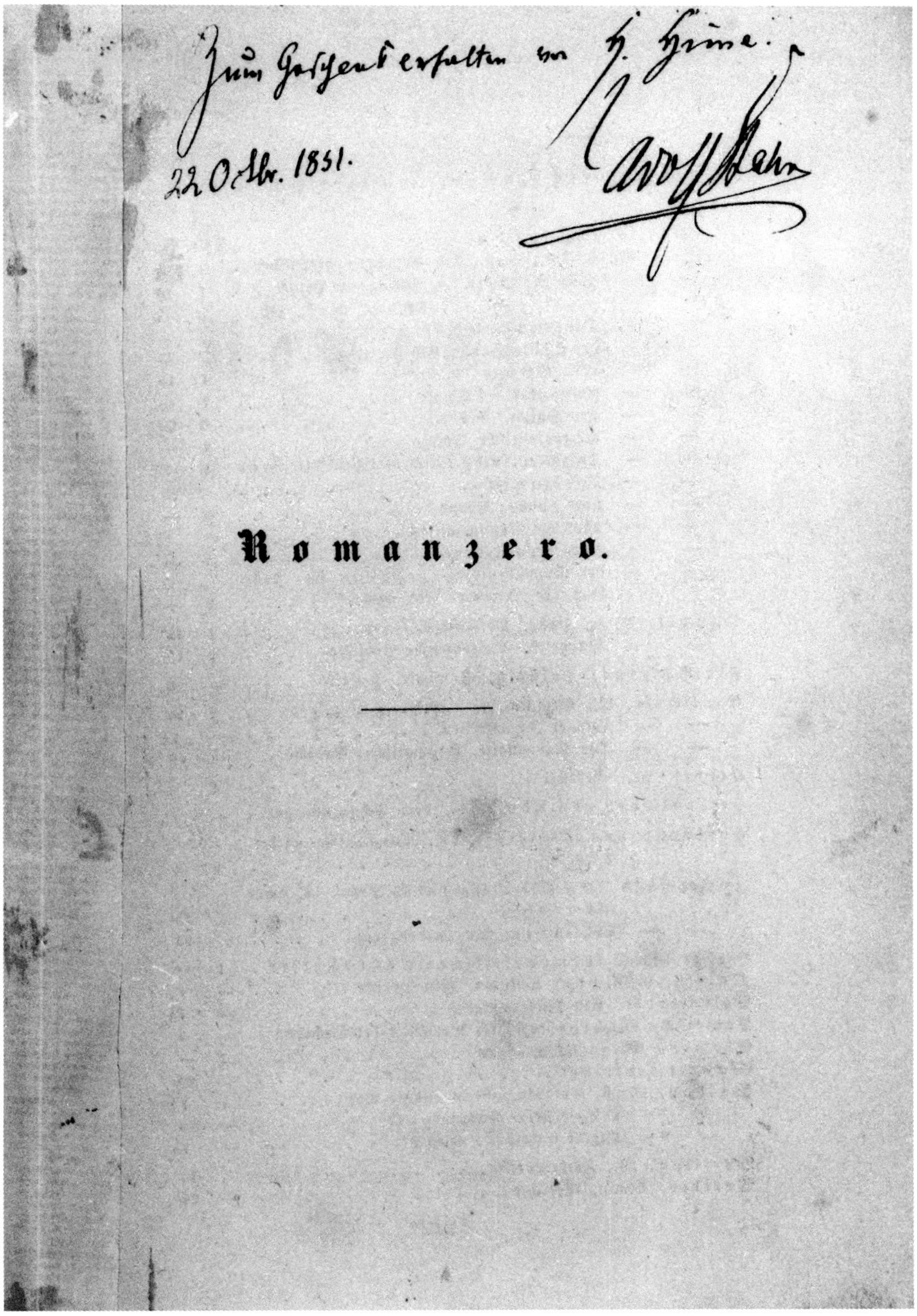

Rückschau

Ich habe gerochen alle Gerüche
In dieser holden Erdenküche;
Was man genießen kann in der Welt,
Das hab ich genossen wie je ein Held!
Hab Kaffee getrunken, hab Kuchen gegessen,
Hab manche schöne Puppe besessen;
Trug seidne Westen, den feinsten Frack,
Mir klingelten auch Dukaten im Sack.
Wie Gellert ritt ich auf hohem Roß;
Ich hatte ein Haus, ich hatte ein Schloß.
Ich lag auf der grünen Wiese des Glücks,
Die Sonne grüßte goldigsten Blicks,
Ein Lorbeerkranz umschloß die Stirn,
Er duftete Träume mir ins Gehirn,
Träume von Rosen und ewigem Mai –
Es ward mir so selig zu Sinne dabei,
So dämmersüchtig, so sterbefaul –
Mir flogen gebratne Tauben ins Maul,
Und Englein kamen, und aus den Taschen
Sie zogen hervor Champagnerflaschen –
Das waren Visionen, Seifenblasen –
Sie platzten – Jetzt lieg ich auf feuchtem Rasen,
Die Glieder sind mir rheumatisch gelähmt,
Und meine Seele ist tief beschämt.
Ach, jede Lust, ach, jeden Genuß
Hab ich erkauft durch herben Verdruß;
Ich ward getränkt mit Bitternissen
Und grausam von den Wanzen gebissen;
Ich ward bedrängt von schwarzen Sorgen,
Ich mußte lügen, ich mußte borgen
Bei reichen Buben und alten Vetteln –
Ich glaube sogar, ich mußte betteln.
Jetzt bin ich müd vom Rennen und Laufen,
Jetzt will ich mich im Grabe verschnaufen.
Lebt wohl! Dort oben, ihr christlichen Brüder,
Ja, das versteht sich, dort sehn wir uns wieder.

Romanzero. Lazarus

Adolph Stahrs Exemplar des «Romanzero».

Rückschau und Erinnerung: Geständnisse und Memoiren

Es ist mir nichts geglückt in dieser Welt, aber es hätte mir doch noch schlimmer gehen können. So trösten sich halbgeprügelte Hunde.

An seine Mutter. 1853

In seiner letzten Publikation, den «Vermischten Schriften» von 1854, versammelt Heine alle die Texte, Prosa wie Lyrik, die noch zu veröffentlichen ihm am Herzen liegt. Die drei Bände enthalten neben den späten Gedichten «Die Götter im Exil» und «Die Göttin Diana»; unter dem Titel «Lutezia», dem lateinischen Namen der Stadt Paris, die überarbeitete Buchfassung der Korrespondenzberichte für die «Allgemeine Zeitung» von 1840 bis 1843 mit einem ausführlichen Vorwort und vor allem die autobiographischen Fragmente «Geständnisse» und «Memoiren».

In den späten Prosaschriften setzt Heine sich mit eben den Themen auseinander, die auch die späte Lyrik prägen. Es ist eine erinnernde und reflektierende Bestandsaufnahme seiner politisch-gesellschaftlichen, philosophisch-theologischen und persönlichen Position. Zum einen geht es ihm, in «Lutezia», ebenso wie in den «Geständnissen», noch einmal um den Kommunis-

Heine nach 1853, gezeichnet von M.-G. Desboutin.

mus. «Die sociale Bewegung», so kündigt er Campe die «Vermischten Schriften» an, sei «der wahre Held» dieses neuen Buches. Heines Haltung zum Kommunismus ist in der veränderten politischen Situation nach 1848 widersprüchlicher denn je. Noch immer vertritt er dessen Forderung nach gleichem Recht auf materielle Lebenssicherung für alle. Noch immer hegt er Sympathien für den kommunistischen Internationalismus und verteidigt ihn gegen den falsch verstandenen deutschen Nationalismus. Gleichzeitig mit seiner Distanzierung von der Hegelschule aber rückt Heine nun, entschiedener als in der Phase der «Zeitgedichte», ab von der kommunistischen Idee der «Gleichmacherei». Er fürchtet die Einbußen, die solche Gleichheitsvorstellungen für die Entwicklung des einzelnen mit sich bringen könnten. Er sorgt sich um die aufklärerische Errungenschaft des mündigen Individuums.

In der Tat, nur mit Grauen und Schrecken denke ich an die Zeit, wo jene dunklen Bilderstürmer zur Herrschaft gelangen werden: mit ihren rohen Fäusten zerschlagen sie alsdann erbarmungslos alle Marmorbilder der Schönheit, die meinem Herzen so teuer sind; sie zertrümmern alle jene Spielzeuge und phantastischen Schnurrpfeifereien der Kunst, die dem Poeten so lieb waren; sie hacken mir meine Lorbeerwälder um und pflanzen darauf Kartoffeln; die Lilien, welche nicht spannen und arbeiten und doch so schön gekleidet waren wie König Salomon in all seinem Glanz, werden ausgerauft aus dem Boden der Gesellschaft, wenn sie nicht etwa zur Spindel greifen wollen; den Rosen, den müßigen Nachtigallbräuten, geht es nicht besser; die Nachtigallen, die unnützen Sänger, werden fortgejagt, und ach! mein ‹Buch der Lieder› wird der Krautkrämer zu Tüten verwenden, um Kaffee oder Schnupftabak darin zu schütten für die alten Weiber der Zukunft.

Aus dem Nachwort zur französischen Ausgabe der «Lutezia» (1855)

Bei dem Namen dieses famosen Weitling taucht mir plötzlich mit all ihrem komischen Ernste die Szene meines ersten und letzten Zusammentreffens mit dem damaligen Tageshelden wieder im Gedächtnis herauf. Der liebe Gott, der von der Höhe seiner Himmelsburg alles sieht, lachte wohl herzlich über die saure Miene, die ich geschnitten haben muß, als mir in dem Buchladen meines Freundes Campe zu Hamburg der berühmte Schneidergesell entgegentrat und sich als einen Kollegen ankündigte, der sich zu denselben revolutionären und atheistischen Doktrinen bekenne. [...] Was meinen Stolz am meisten verletzte, war der gänzliche Mangel an Respekt, den der Bursche an den Tag legte, während er mit mir sprach. Er behielt die Mütze auf dem Kopf, während ich vor ihm stand, saß er auf einer kleinen Holzbank, mit der einen Hand sein zusammengezogenes rechtes Bein in die Höhe haltend, so daß er mit dem Knie fast sein Kinn berührte, mit der andern Hand rieb er beständig dieses Bein oberhalb der Fußknöchel. Diese unehrerbietige Positur hatte ich anfangs den kauernden Handwerksgewöhnungen des Mannes zugeschrieben, doch er belehrte mich eines Bessern, als ich ihn befrug, warum er beständig in erwähnter Weise sein Bein riebe? Er sagte mir nämlich im unbefangen gleichgültigsten Tone, als handle es sich von einer Sache die ganz natürlich, daß er in den verschiedenen deutschen Gefängnissen, worin er gesessen, gewöhnlich mit Ketten belastet worden sei; und da manchmal der eiserne Ring, welcher das Bein anschloß, etwas zu eng gewesen, habe er an jener Stelle eine juckende Empfindung bewahrt, die ihn zuweilen veranlasse, sich dort zu reiben. Bei diesem naiven Geständnis muß der Schreiber dieser Blätter ungefähr so ausgesehen haben, wie der Wolf in der äsopischen Fabel, als er seinen Freund den Hund befragt hatte, warum das Fell an seinem Halse so abgescheuert sei, und dieser zur Antwort gab: des Nachts legt man mich an die Kette. – Ja, ich gestehe, ich wich einige Schritte zurück, als der Schneider solchermaßen mit seiner widerwärtigen Familiarität von den Ketten sprach, womit ihn die deutschen Schließer zuweilen belästigten, wenn er im Loch saß – «Loch! Schließer! Ketten!» lauter fatale Coteriewortc einer geschlossenen Gesellschaft, womit man mir eine schreckliche Vertrautheit zumutete. Und es war hier nicht die Rede von jenen metaphorischen Ketten, die jetzt die ganze Welt trägt, die man mit dem größten Anstand tragen kann, und die sogar bei Leuten von gutem Tone in die Mode gekommen – nein, bei den Mitgliedern jener geschlossenen Gesellschaft sind Ketten gemeint in ihrer eisernsten Bedeutung, Ketten, die man mit einem eisernen Ring ans Bein befestigt – und ich wich einige Schritte zurück, als der Schneider Weitling von solchen Ketten sprach. Nicht etwa die Furcht vor dem Sprichwort: mitgefangen, mitgehangen! nein, mich schreckte vielmehr das Nebeneinandergehenktwerden.

Geständnisse (1854)

Laß die heilgen Parabolen,
Laß die frommen Hypothesen –
Suche die verdammten Fragen
Ohne Umschweif uns zu lösen.

Warum schleppt sich blutend, elend,
Unter Kreuzlast der Gerechte,
Während glücklich als ein Sieger
Trabt auf hohem Roß der Schlechte?

Woran liegt die Schuld? Ist etwa
Unser Herr nicht ganz allmächtig?
Oder treibt er selbst den Unfug?
Ach, das wäre niederträchtig.

Also fragen wir beständig,
Bis man uns mit einer Handvoll
Erde endlich stopft die Mäuler –
Aber ist das eine Antwort?

Gedichte. 1853 und 1854. Zum Lazarus

Disputation

[...]
Welcher recht hat, weiß ich nicht –
Doch es will mich schier bedünken,
Daß der Rabbi und der Mönch,
Daß sie alle beide stinken.

Romanzero. Hebräische Melodien

Zum anderen bestimmt Heine seinen Standort in philosophischen und theologischen Fragen noch einmal neu. Die «Geständnisse» sind der literarische Ort, an dem er seine gewandelten Anschauungen festschreibt. Notwendig erscheint ihm dies, weil seine Deutschland-Schriften in Frankreich schon in den 1840er Jahren und wieder bei der Neuausgabe 1853/54 auf Widerspruch stoßen, so daß er glaubt, sie rechtfertigen zu müssen. In den «Geständnissen» bekräftigt Heine argumentativ die Aussage der späten Gedichte, besonders der «Hebräischen Melodien» und des Nachworts zum «Romanzero», zu seiner Bekehrung.

Rückschau und Bestandsaufnahme, diesmal in der Form des Erinnerns, sind schließlich auch die «Memoiren». Zwei Jahre vor seinem Tod, 1854, beginnt Heine endlich mit der Niederschrift seiner lang geplanten und angekündigten, ja angedrohten Autobiographie. Auch sie bleibt fragmentarisch.

Ihre Spuren reichen zurück bis in Heines Frühwerk. Schon in den «Reisebildern», etwa im «Buch Le Grand», erscheinen persönliche Erinnerungen, ebenso in den «Memoiren des Herren von Schnabelewopski» und im Börnebuch, integriert allerdings in eine literarische Textgestalt. In den 1840er Jahren setzt Heine seinen Memoirenplan dann vorzugsweise taktisch ein. Seinem Verleger versucht er damit die Gesamtausgabe schmackhaft zu machen. Seiner Familie gegenüber benutzt er den Plan als Druckmittel im Erbschaftsstreit. Die Angst vor unliebsamen Enthüllungen, so kalkuliert Heine, werde seinen Vetter Carl leichter zu finanziellen Zugeständnissen bewegen.

Erhalten sind nur die Teile aus der Zeit ab 1854. Heiter, gelassen, ironisch wie immer blickt Heine zurück auf seine Kindheit. In «populärem» und «pittoreskem» Stil schildert er seine familiäre Herkunft und seine Kindheit in Düsseldorf, abschließend mit der ersten Liebe zum «roten Sefchen», dem Scharfrichterkind. Angesichts des Todes nähert Heine sich erinnernd der Vergangenheit an, den Quellen, aus denen sich seine private wie auch seine schriftstellerische Existenz letztendlich speiste, in ihren Gefährdungen und Grenzen, aber auch in der Fülle ihrer Möglichkeiten.

Umschlagillustration von Richard Spiller von Hauenschild zu «Der Doctor Faust» 1851. Heine kommentierte die Zeichnung gegenüber Campe: «Sie haben keinen Begriff davon, was ich wegen der nackten Person auf dem Fausttitel auszuhalten habe» (8. Dezember 1851).

Letzte Liebe: die Mouche

Worte! Worte! keine Taten!
Niemals Fleisch, geliebte Puppe,
Immer Geist und keinen Braten,
Keine Knödel in der Suppe!
Nachgelesene Gedichte

«Mouche» nannte Heine seine letzte Liebe, nach der Fliege im Petschaft, mit dem sie die Briefe an ihn siegelte. Doch «die Mouche hieß nicht Mouche, Mathilde nicht Mathilde», wie Fritz Raddatz einprägsam formuliert, und auch Molly, die Hamburger Cousine Amalie, hieß nicht eigentlich Molly. Den Namen einer jeden seiner drei großen Lieben hat Heine literarisiert.

Seine letzte Liebe enthält so wenig Realität wie seine erste. Lag es damals am sozialen Unterschied, so jetzt am paralysierten Körper. Immer aber konstellieren sich die Situationen so, daß die Liebe unerfüllt bleibt. Die Frauen verwandeln sich wie ihre Namen in Literatur.

Paris, 1. Januar 1856, Dienstag

Liebstes Kind!

Ich gratulire Dir zum neuen Jahr und schicke Dir anbey eine Schachtel Chocolade – die wenigstens de bon goût ist. Ich weiß sehr gut, daß es Dir nicht ganz recht ist, wenn ich dergleichen Convenienzen beobachte, aber es geschieht auch unserer äußeren Umgebung wegen, die in der Nichtbeobachtung der üblichen Aufmerksamkeiten einen Mangel an wechselseitiger Estime sehen würde. Ich liebe Dich so sehr, daß ich für meine Person garnicht nöthig hätte, Dich zu estimiren. Du bist meine liebe Mouche und ich fühle minder meine Schmerzen, wenn ich an Deine Zierlichkeit, an die Anmuth Deines Geistes denke. Leider kann ich nichts für Dich thun, als Dir solche Worte, ‹Gemünzte Luft› sagen. Meine besten Wünsche zum neuen Jahr – ich spreche sie nicht aus, Worte! Worte!

Ich bin vielleicht morgen im Stande, meine Mouche zu sehen, dann laß ich es ihr wissen. Jedenfalls aber kommt sie übermorgen (Donnerstag) zu ihrem

Nebukatnetzar II
ehemaliger königl Preuß Atheist
jetzt aber Lotosblumen Anbeter.

An die Mouche, Neujahr 1856

Im Fall der Mouche kommt dieser Neigung ihre eigene zur Mystifikation entgegen. Unter einem Vorwand verschafft sich die junge Frau im Juni 1855 Zutritt zu dem kranken Dichter. Lange läßt sie ihn im unklaren über ihre

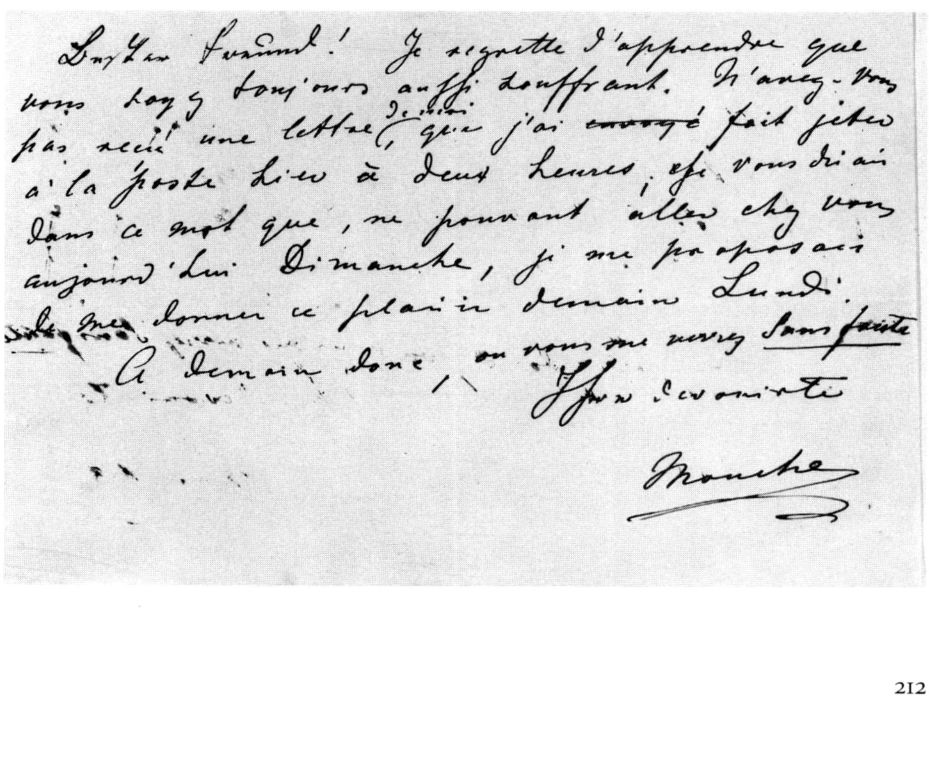
Liebster Freund! Je regrette d'apprendre que vous soyez toujours aussi souffrant. N'avez-vous pas reçu une lettre, que j'ai fait jeter à la poste hier à deux heures, et vous disais dans ce mot que, ne pouvant aller chez vous aujourd'hui Dimanche, je me proposais de me donner ce plaisir demain Lundi. ou vous me recevez sans faute.
A demain donc, Ihre devouirte
Mouche

Brief der Mouche an Heine vom 11. November 1855.

Elise Krinitz (1828–1896), Heines letzte Liebe.

Lotosblumen

Die Lotosblume ängstigt
Sich vor der Sonne Pracht,
Und mit gesenktem Haupte
Erwartet sie träumend die Nacht.

Der Mond, der ist ihr Buhle,
Er weckt sie mit seinem Licht,
Und ihm entschleiert sie freundlich
Ihr frommes Blumengesicht.

Sie blüht und glüht und leuchtet,
Und starret stumm in die Höh;
Sie duftet und weinet und zittert
Vor Liebe und Liebesweh.

Buch der Lieder.
Lyrisches Intermezzo

Lotosblume

Wahrhaftig, wir beide bilden
Ein kurioses Paar,
Die Liebste ist schwach auf den Beinen,
Der Liebhaber lahm sogar.

Sie ist ein leidendes Kätzchen,
Und er ist krank wie ein Hund,
Ich glaube, im Kopfe sind beide
Nicht sonderlich gesund.

Vertraut sind ihre Seelen,
Doch jedem von beiden bleibt fremd
Was bei dem andern befindlich
Wohl zwischen Seel und Hemd.

Sie sei eine Lotosblume,
Bildet die Liebste sich ein;
Doch er, der blasse Geselle,
Vermeint der Mond zu sein.

Die Lotosblume erschließet
Ihr Kelchlein im Mondenlicht,
Doch statt des befruchtenden Lebens
Empfängt sie nur ein Gedicht.

Romanzero. Lamentationen

Heines letzte Nachricht für die Mouche vom 14. Februar 1856.

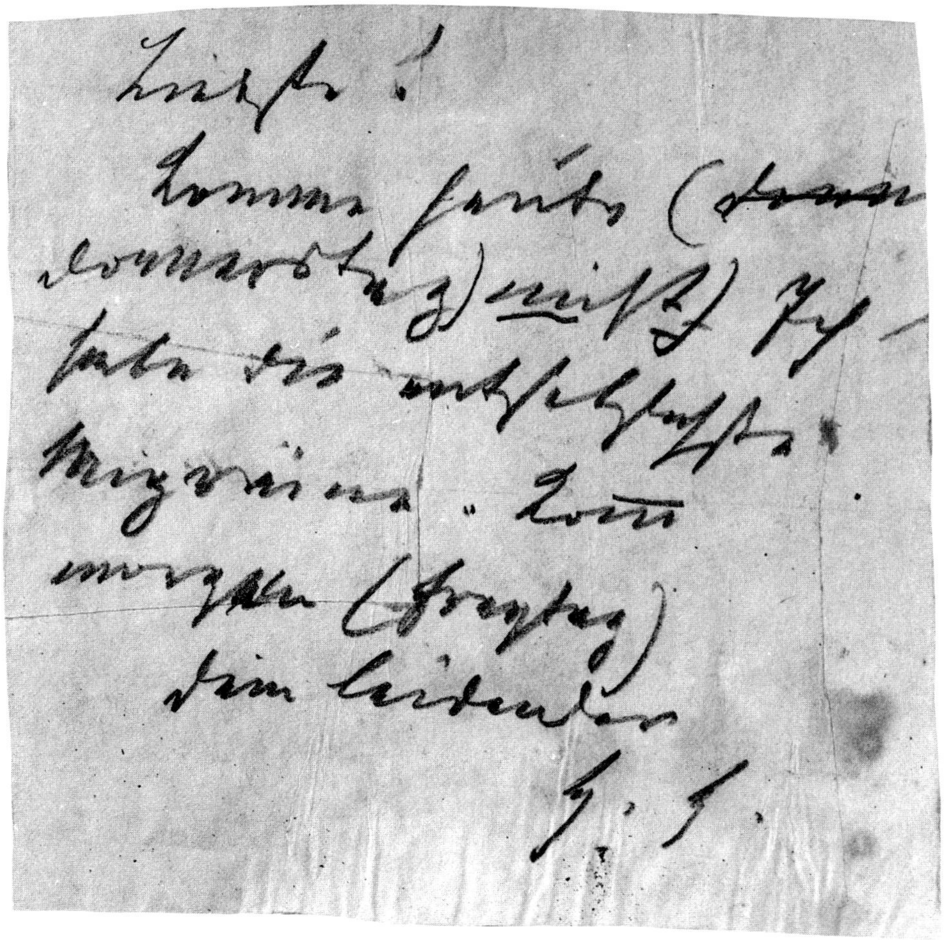

Liebste!
Komme heute (donnerstag) nicht. Ich habe die entsetzlichste Migraine. Komm morgen (Freytag)
Dein leidender
H. H.

Identität. Sie lebt unter mehreren Namen. Für ihre schriftstellerischen Versuche legt sie sich das Pseudonym Camille Selden zu. Das klingt romantischer und wirkt weniger provinziell als der deutsche Geburtsname Elise Krinitz, weniger bieder auch als ihre Erscheinung auf den erhaltenen Bildnissen. Und romanhaft klingt auch ihre Biographie. Elise Krinitz soll die uneheliche Tochter eines deutschen Grafen und einer Gouvernante gewesen sein, die bei der Geburt des Kindes starb. Eine deutsche Kaufmannsfamilie in Paris soll es aufgezogen haben. Nach einer mißglückten Ehe und abenteuerlichen Jahren in England lebt die junge Frau nun vom Ertrag privaten Sprachunterrichts in Paris.

Für Heine wird sie zum Lichtblick seiner letzten Lebensmonate: anregende Gesprächspartnerin, deren Besuche er stets von neuem herbeisehnt, und Geliebte im Geist. Daß diese letzte Liebe ohne körperliche Erfüllung bleiben muß, daß er «nicht die gehörigen Kräfte (hat), die Ruthe zu gebrauchen», wie er, sich als gestrenger Lehrer gerierend, anspielungsreich formuliert, hat Heine zutiefst bedauert. Seine Briefe an die Mouche sprechen davon eine beredte Sprache. In den letzten, ihr gewidmeten Gedichten wird diese Liebe wehmütig erhöht und ironisiert. Für das «Holde Herz», die «Liebste und süßeste Katze», die «Liebste Seele» greift er noch einmal zurück auf das Bild der Lotosblume. Wie im «Liebesweh» des «Buchs der Lieder» wartet sie vergeblich auf die Erfüllung ihrer Liebe. Blieb ihr damals nichts als Resignation, so wird ihre Entsagung jetzt bezogen auf die literarische Produktivität. Auf Befruchtung hofft die Lotosblume auch jetzt vergeblich. Doch wird nun immerhin die Schöpferkraft des lendenlahmen Geliebten von der Lotosblume belebt: «statt des befruchtenden Lebens / Empfängt sie [...] ein Gedicht».

Heines Tod

Lethe heißt das gute Wasser!
Trink daraus, und du vergißt
All dein Leiden – ja, vergessen
Wirst du, was du je gelitten –

Gutes Wasser! gutes Land!
Wer dort angelangt, verläßt es
Nimmermehr – denn dieses Land
Ist das wahre Bimini.

Bimini

«Liebste! Komme heute (Donnerstag) nicht. Ich habe die entsetzlichste Migraine. Komm morgen (Freytag). Dein leidender H. H.» Das ist, drei Tage vor seinem Tod, Heines letzte Mitteilung an die Mouche. Die Schmerzen überwältigen ihn. Am Sonntag, den 17. Februar, morgens gegen 5 Uhr, stirbt Heine nach fast achtjährigem, mit schier übermenschlicher Größe ertragenem Leiden. Heinrich Mann hat sein Sterben gewürdigt:

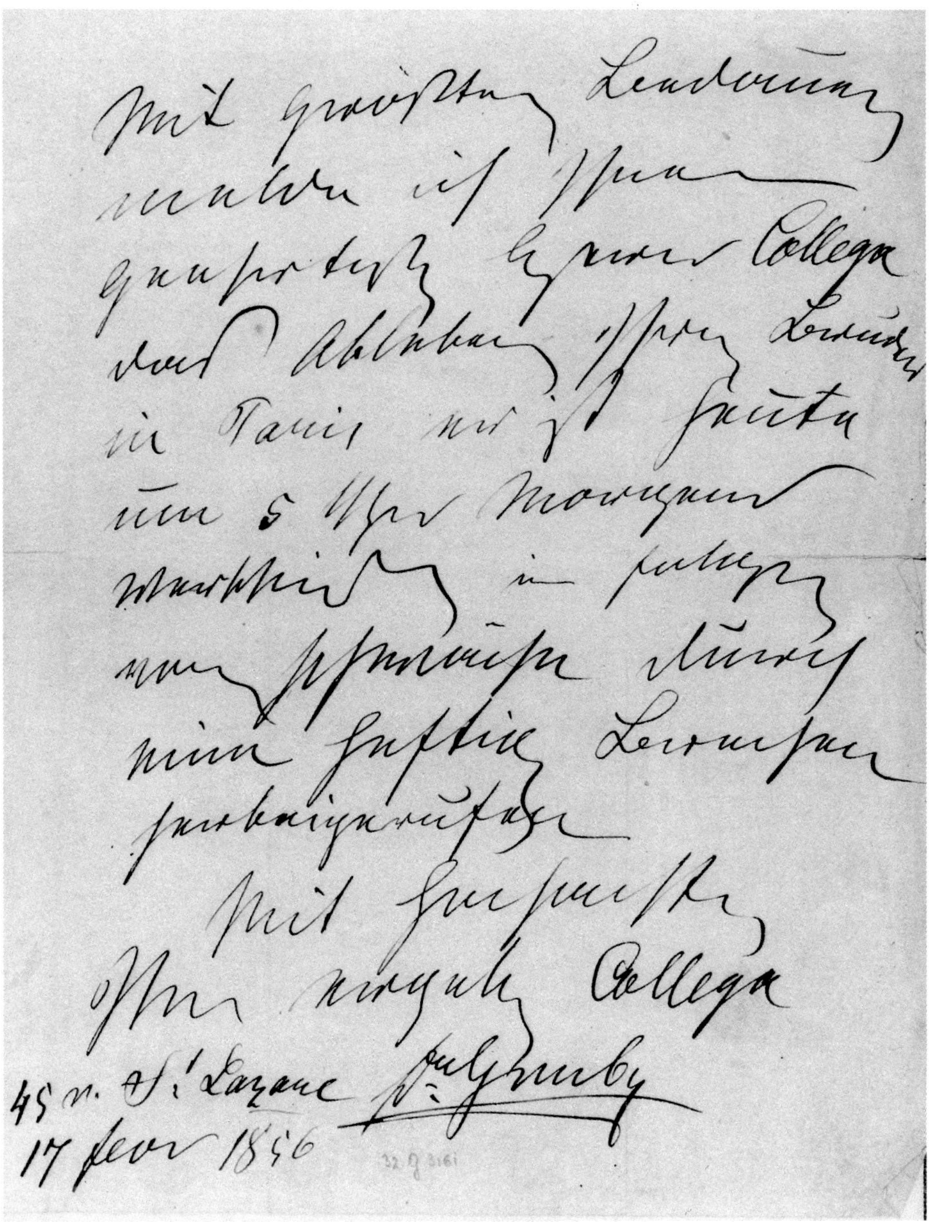
Mit größtem Bedauern
melde ich Ihnen
[illegible] Collega
[illegible]
in Paris [illegible] heute
um 5 Uhr Morgens
[illegible]
[illegible]
[illegible]
[illegible]
Mit [illegible]
Ihr [illegible] Collega
45 r. St. Lazare Gruby
17 fevr 1856

Brief Grubys an Heines Bruder Maximilian vom 17. Februar 1856 mit der Nachricht vom Tod des Dichters.

Epilog

Unser Grab erwärmt der Ruhm.
Torenworte! Narrentum!
Eine beßre Wärme gibt
Eine Kuhmagd, die verliebt
Uns mit dicken Lippen küßt
Und beträchtlich riecht nach Mist.
Gleichfalls eine beßre Wärme
Wärmt dem Menschen die Gedärme,
Wenn er Glühwein trinkt und Punsch
Oder Grog nach Herzenswunsch
In den niedrigsten Spelunken,
Unter Dieben und Halunken,
Die dem Galgen sind entlaufen,
Aber leben, atmen, schnaufen,
Und beneidenswerter sind.
Als der Thetis großes Kind –
Der Pelide sprach mit Recht:
Leben wie der ärmste Knecht
In der Oberwelt ist besser,
Als am stygischen Gewässer
Schattenführer sein, ein Heros,
Den besungen selbst Homeros.»

«Gedichte. 1853 und 1854»

Totenmaske, 1856.

Gedicht des Schriftstellers Herbert Eulenberg aus Anlaß der 1924 nach Düsseldorf gelangten Totenmaske Heines.

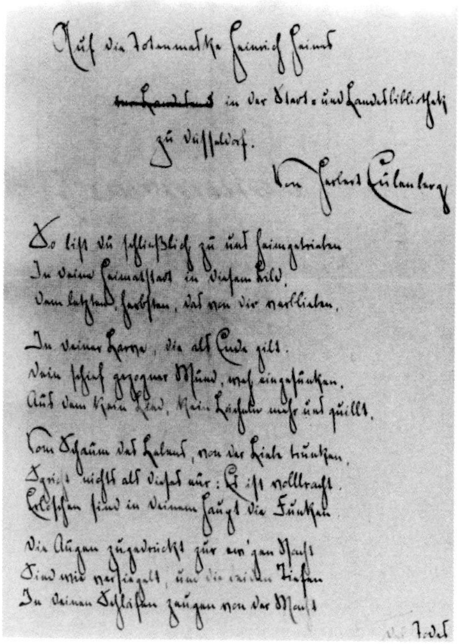
Auf die Totenmaske Heinrich Heines
in der Stadt- und Landesbibliothek
zu Düsseldorf.
Von Herbert Eulenberg

So liegst du schließlich zu uns heimgetrieben
In deiner Heimatstadt in diesem Bild,
Dem letzten, herbsten, das von dir verblieben,
In deiner Larve, die als Ende gilt.
Dein schief gezogner Mund, wie eingesunken,
Auf dem kein Lied, kein Lächeln mehr uns quillt,
Vom Schaum des Lebens, von der Liebe trunken,
Spricht nichts als dieses nur: Es ist vollbracht.
Erloschen sind in deinem Haupt die Funken
Die Augen zugedrückt zur ew'gen Nacht
Sind wie versiegelt, und die [illegible] Tiefen
In deinen Schläfen zeugen von der Macht

«Seine Trauer ist kraftvoll, und kein Abschiednehmen vom Dasein wurde jemals weder ergreifender noch stolzer genommen, als in seinen unvergänglichen Letzten Gedichten. Er bietet seitdem eins der höchsten Beispiele den Sterbenden, wie er es den Lebenden bietet.»

Ich verordne, daß mein Leichenbegängnis so einfach sei und so wenig kostspielig, wie das des geringsten Mannes im Volke. Sterbe ich in Paris, so will ich auf dem Kirchhofe des Montmartre begraben werden, auf keinem andern, denn unter der Bevölkerung des Faubourg Montmartre habe ich mein liebstes Leben gelebt. Obgleich ich der lutherisch-protestantischen Konfession angehöre, so wünsche ich doch in jenem Teile des Kirchhofs beerdigt zu werden, welcher den Bekennern des römisch-katholischen Glaubens angewiesen ist, damit die irdischen Reste meiner Frau, die dieser Religion mit großem Eifer zugetan ist, einst neben den meinigen ruhen können [...].

Aus Heines Testament vom 27. September 1846

Auf dem Friedhof Montmartre wird Heine am 20. Februar begraben, ohne Reden, ohne geistlichen Beistand, so, wie er es im Testament von 1851 angeordnet hat. Rund hundert Menschen geben ihm das Geleit, von den berühmten Pariser Zeitgenossen nur Alexandre Dumas und Théophile Gautier. Auf sei-

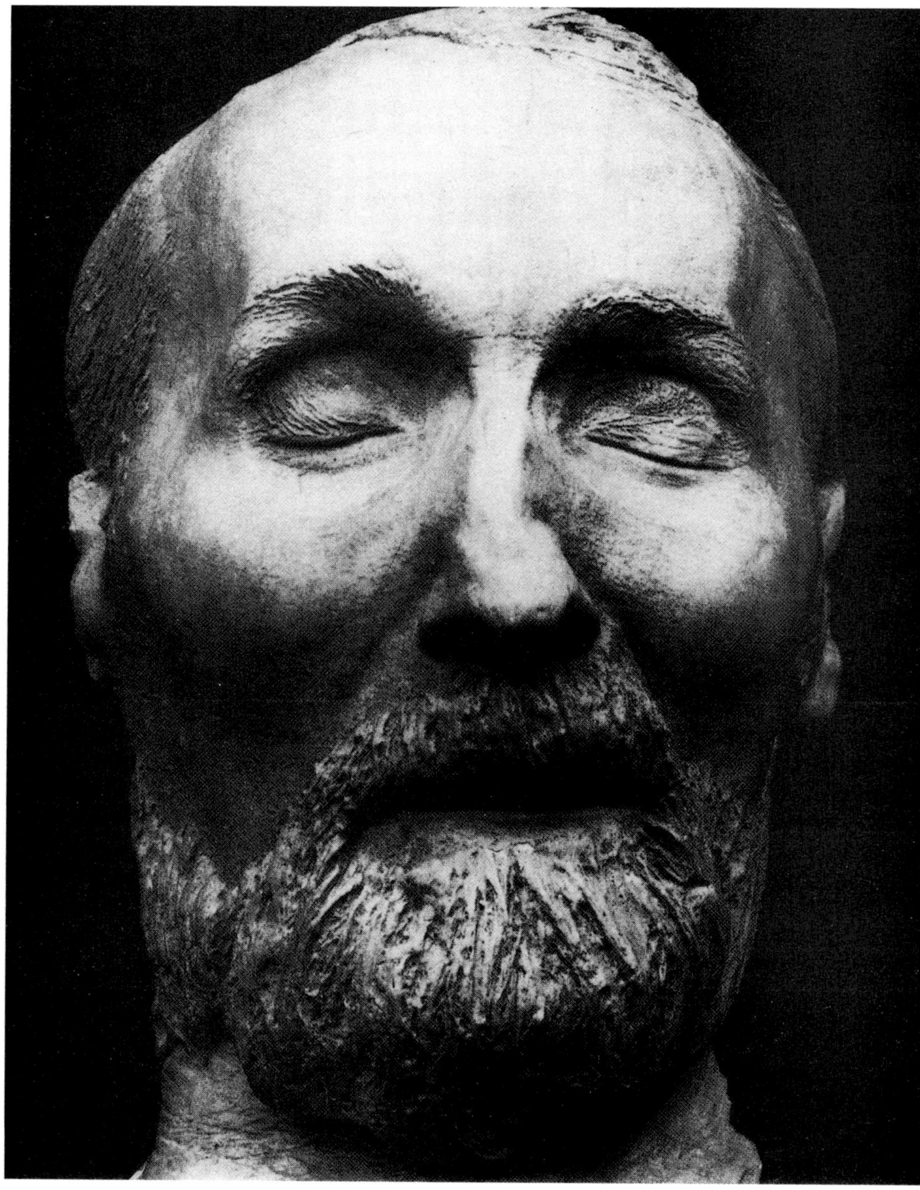

nem Grabstein stand die Inschrift, die er sich bereits in den «Reisebildern» formuliert hatte:

«Ich weiß wirklich nicht, ob ich es verdiene, daß man mir einst mit einem Lorbeerkranze den Sarg verziere. Die Poesie, wie sehr ich sie auch liebte, war mir immer nur ein heiliges Spielzeug, oder geweihtes Mittel für himmlische Zwecke. Ich habe nie großen Wert gelegt auf Dichter-Ruhm und ob man meine Lieder preiset oder tadelt, es kümmert mich wenig. Aber ein Schwert sollt Ihr mir auf den Sarg legen; denn ich war ein braver Soldat im Befreiungskriege der Menschheit.»

Wie man seiner nach seinem Tod gedenken würde, davon hatte Heine, was seinen unmittelbaren familiären Umkreis angeht, sehr realistische Vorstellungen. Das Gedicht «Gedächtnisfeier» zeichnet ein liebevoll-ironisches Bild vom Besuch Mathildes an seinem Grab. Sein Nachruhm aber, den er, schwankend zwischen Gleichgültigkeit und dem Wunsch nach Unsterblichkeit, oftmals beschworen hatte, dürfte seine Vorstellungen übertroffen haben. Lorbeer oder Schwert – Blumen jedenfalls fehlen kaum je auf seinem Grab.

Über Heine habe ich allerlei Details erhalten, die Reinhardt meiner Frau in Paris erzählt. Darüber ausführlicher ein andermal. Nur das für jetzt, daß das
«Sie aber schon um achte
Trank roten Wein und lachte»
literally bei ihm eingetroffen. Seine Leiche stand noch im Sterbehaus – am Tag des Begräbnisses –, als der Maquereau der Mathilde mit ihrer Engelsmilde schon vor der Tür stand und sie in der Tat abholte. Der brave «Meißner», der so weichen Kuhmist apropos von Heine dem deutschen Publikum ums Maul geschmiert hat, hat bares Geld von der «Mathilde» erhalten, um dies Saumensch, das den poor Heine zu Tode gequält, zu verherrlichen.

Karl Marx an Friedrich Engels (22. September 1856)

Gedächtnisfeier

Keine Messe wird man singen,
Keinen Kadosch wird man sagen,
Nichts gesagt und nichts gesungen
Wird an meinen Sterbetagen.

Doch vielleicht an solchem Tage,
Wenn das Wetter schön und milde,
Geht spazieren auf Montmartre
Mit Paulinen Frau Mathilde.

Mit dem Kranz von Immortellen
Kommt sie mir das Grab zu schmücken,
Und sie seufzet: Pauvre homme!
Feuchte Wehmut in den Blicken.

Leider wohn' ich viel zu hoch,
Und ich habe meiner Süßen
Keinen Stuhl hier anzubieten;
Ach! sie schwankt mit müden Füßen.

Süßes, dickes Kind, du darfst
Nicht zu Fuß nach Hause gehen;
An dem Barriere-Gitter
Siehst du die Fiaker stehen.

Romanzero. Lamentationen. Lazarus

Auf dem Totenbett, 1856.

Das Grab auf dem Montmartre-Friedhof in Paris in seinem ursprünglichen Zustand. 1901 wurde an seiner Stelle ein Grabdenkmal von Hasselriis errichtet, in dessen Umfassung das Gedicht «Wo?» eingemeißelt ist.

Wo wird einst des Wandermüden
Letzte Ruhestätte sein?
Unter Palmen in dem Süden?
Unter Linden an dem Rhein?

Werd ich wo in einer Wüste
Eingescharrt von fremder Hand?
Oder ruh ich an der Küste
Eines Meeres in dem Sand?

Immerhin! Mich wird umgeben
Gotteshimmel, dort wie hier,
Und als Totenlampen schweben
Nachts die Sterne über mir.

Heine und die Folgen

Wie viele deutsche Philister wüßten denn, was Heine bedeuten soll, wenn nicht Herr Silcher «Ich weiß nicht, was soll es bedeuten?» in Musik gesetzt hätte?

Karl Kraus, 1911

Karl Kraus maß Heines Wirkung an den Folgen, die sein Werk, vor allem seine Lyrik, beim deutschen Bürgertum des 19. Jahrhunderts zeitigte; bei Sanges- und Kommersbrüdern, Liedertafeln und auf dem Klavier dilettierenden Damen, und er befand die Folgen als fatal.

Kraus' vernichtendes Urteil ist einseitig, einseitig wie die Geschichte von Heines Wirkung in Deutschland. Sie beruht weit mehr auf politischer Diffamierung denn auf literarischer Rezeption, und sie sieht weit mehr den Menschen als das Werk. Die Heine-Bilder, so einseitig wie widersprüchlich, sind schon zu Lebzeiten fixiert; das vom Libertin und Bohemien ebenso wie das vom Dichterjuden und Nestbeschmutzer, aber auch das vom Lazarus und Märtyrer. Heines Wirkungsgeschichte in Deutschland ist die Geschichte einer Entfremdung, und das von Anfang an.

[...] Ich habe es, wie die Leute sagen, auf dieser schönen Erde zu nichts gebracht. Es ist nichts aus mir geworden, nichts als ein Dichter.

Nein, ich will keiner heuchlerischen Demut mich hingebend, diesen Namen geringschätzen. Man ist viel, wenn man ein Dichter ist, und gar wenn man ein großer lyrischer Dichter ist in Deutschland, unter dem Volke, das in zwei Dingen, in der Philosophie und im Liede, alle andern Nationen überflügelt hat. Ich will nicht mit der falschen Bescheidenheit, welche die Lumpen erfunden, meinen Dichterruhm verleugnen. [...] Ach! der Ruhm überhaupt, dieser sonst so süße Tand, süß wie Ananas und Schmeichelei, er ward mir seit geraumer Zeit sehr verleidet; er dünkt mich jetzt bitter wie Wermut. Ich kann wie Romeo sagen: ich bin der Narr des Glücks. Ich stehe jetzt vor dem großen Breinapf, aber es fehlt mir der Löffel. Was nützt es mir, daß bei Festmahlen aus goldnen Pokalen und mit den besten Weinen meine Gesundheit getrunken wird, wenn ich selbst unterdessen, abgesondert von aller Weltlust, nur mit einer schalen Tisane meine Lippen netzen darf! Was nützt es mir, daß begeisterte Jünglinge und Jungfrauen meine marmorne Büste mit Lorbeeren umkränzen, wenn derweilen meinem wirklichen Kopfe von den welken Händen einer alten Wärterin eine spanische Fliege hinter die Ohren gedrückt wird! Was nützt es mir, daß alle Rosen von Schiras so zärtlich für mich glühen und duften – ach, Schiras ist zweitausend Meilen entfernt von der Rue d'Amsterdam, wo ich in der verdrießlichen Einsamkeit meiner Krankenstube nichts zu riechen bekomme, als etwa die Parfüms von gewärmten Servietten. [...]

Geständnisse. 1854.

Irritiert waren schon die Zeitgenossen; entsetzt und angezogen zugleich vom frechen Ton und der losen Moral seiner Gedichte, von der Schärfe seiner Vaterlandskritik; ratlos gegenüber den lockeren Mischformen, die Heine ihnen zumutete; mitleidig, doch auch schadenfroh interessiert an den Leiden der Matratzengruft, denn – waren sie nicht der verdiente Lohn für ein derart charakterloses Talent?

Da hielt man sich am besten noch an die Gedichte. Heines Jugendlyrik trat, in der bereinigten Fassung des «Buchs der Lieder», schon seit den 1830er Jahren ihren Siegeszug an. In der zweiten Jahrhunderthälfte war sie in der verharmlosenden Auswahl von Anthologien, Liederbüchern und illustrierten

Büste von Adolf Schmieding für das Heine-Zimmer der Landes- und Stadtbibliothek Düsseldorf, 1906.

Geschenkausgaben weit verbreitet. Ungezählte Vertonungen der immer gleichen Texte, teils von höchster Meisterschaft, erleichterten Aneignung und Gebrauch in bürgerlicher Geselligkeit. Die Musikalität und scheinbare Leichtigkeit der Verse verlockte zusätzlich zum Dilettieren in Heinescher Manier. Die ernsthaft den «letzten Dingen» zugewandten Gesänge des «Romanzero» fanden ohnehin ungeteilte Zustimmung.

So schuf sich das bürgerliche Lesepublikum des 19. Jahrhunderts seinen eigenen Heine, eine romantische Dichterliebe «auf Flügeln des Gesanges». Falsche, ins Sentimentale, später ins Martialische abgleitende Töne wurden in Kauf genommen.

Den frechen Provokateur des «Wintermärchens» und der «Zeitgedichte», den politischen Schriftsteller in der Opposition des französischen Exils aber ließ man außen vor. Ganz zu verdrängen aber war dieser nicht. Er blieb «ein Pfahl in unserem Fleische», wie es in einer der Anti-Heine-Polemiken des Kaiserreichs hieß – ein Pfahl vor allem im Fleisch der erstarkenden deutschnationalen, antisemitisch durchsetzten Ideologie. Sie suchte den Literaturjuden, den Emigranten und Nestbeschmutzer mit haßerfüllten Tiraden aus der Erinnerung seiner Leser zu tilgen.

Dieses Buch besteht aus lauter Sünden gegen den Zweck der Poesie. Wir wissen wohl, daß dieses Urtheil sehr grell absticht gegen die anderen Urtheile, die über H's Gedichte gefällt worden, und daß die meisten Leser derselben uns entgegnen werden: Wir haben uns wenigstens bei diesen Gedichten nicht wie bei den gewöhnlichen Wasserversen gelangweilt, und die Wahrheit der Leidenschaft und Kühnheit der Darstellung, die darin herrscht, hat uns tief erschüttert.

Aber ist jenes Erschüttertwerden, jener galvanische Stoß, der *Zweck* der Poesie? Poesie soll wirken wie – Religion. [...]

In Heine's Gedichten erblicken wir das unheimlich Bild jenes Engels, der von der Gottheit abfiel. Wir sehen hier: edle Schönheit, die verzerrt wird durch ein kaltes Hohnlächeln, gebietende Hoheit, die übergeht in trotzigen Hochmut, und kolossalischer Schmerz, der sich anfangs windig gebährdet, und endlich versteinert in trostloser Zerknirschung. Heine's Liebe ist nicht ein seliges Hingeben, sondern ein unseliges Verlangen, seine Glut ist ein Höllenfeuer, – sein Amor hat einen Pferdefuß.

Rezension zu «Gedichte», in «Rheinisch-Westfälischer Anzeiger» vom 7. Juni 1822.
Gezeichnet: -Schm-. Verfasser unbekannt.

Auch diese Tradition der Heine-Kritik reicht bis in seine Lebenszeit zurück. Wolfgang Menzel, der Burschenschaftler und frühere Mitstreiter der literarischen Avantgarde des Vormärz, hatte mit seinen nationalen Ausfällen gegen Heines emanzipatives Denken und sein Judentum das Verbot des «Jungen Deutschland» von 1835 provoziert. Nach 1871, im Zweiten Kaiserreich, erlebte die deutschnationale Heine-Kritik eine Hochkonjunktur in der Geschichts- und Literaturgeschichtsschreibung eines Treitschke und Dilthey – ganz im Sinn der wilhelminischen Politik.

Heinrich Heine, aus Düsseldorf, unterstützt von einem reichen Onkel aus Hamburg, begann 1822 mit noch harmlosen lyrischen Gedichten und 1823 mit ein paar ganz unbedeutenden Tragödien (William Ratcliff und Almansor), stimmte aber 1826 in seinen «Reisebildern» und 1827 im «Buch der Lieder» einen ganz neuen Ton an. Von kleinem schwachem Körper und ungewöhnlicher Häßlichkeit, wollte er doch immer den Don Juan spielen und mußte daher die Folgen in einer Rückenmarksdarre auf dem Schmerzenslager jahrzehntelang bis an seinen Tod erdulden. Da es ihm mißlang, den romantischen Ritter zu spielen, wornach ihn früher gar sehr jückte, fand er in seiner Bosheit ausreichende Mittel, um sich an der Natur und Gesellschaft zu rächen, und diese giftige Stimmung wuchs natürlich mit seinen Körperleiden. Sein Geist und Witz, an sich schätzenswerte und eines bessern Gebrauchs würdige Dinge, mußten ihm nur dienen, alles Heilige und Hohe, Edle und Unschuldige in der Welt zu lästern. Seine Feder wurde buchstäblich eine Kotschleuder. [...].

Heine durfte um so kecker auftreten, als er von König Ludwig Philipp einen ansehnlichen Jahrgehalt empfing, um von dem sichern Paris aus unaufhörlich die Mißstimmung in Deutsch-

Bücherverbrennung auf dem Wartburgfest der Deutschen Burschenschaft am 18. Oktober 1817.

land zu nähren. Durch seine Krankheit vollends verbittert, schrieb er nun immer tollere und rücksichtslosere Sachen, unter denen Atta Troll, Deutschland ein Wintermärchen, Dr. Faust und der Romanzero nur literarischen Abtritten gleichen. Es kam Heine gar nicht darauf an, bekannte Ehrenmänner in Deutschland öffentlich als Päderasten zu bezeichnen, und um seinen Haß gegen sie auszulassen, schöne und starke Männer, bloß weil *er* so verkommen war, zu häßlichen Karikaturen auszumalen usw. Wie ein wütender Affe den eignen Kot als Wurfgeschoß braucht, das ist die beste Vignette zu Heines spätern Gedichten. [...]

Trotz seiner augenfälligen, absichtlich zur Schau getragenen Nichtswürdigkeit wurde Heine in Deutschland fast vergöttert und sammelte sich unter seiner schmutzigen Fahne eine ganze Schar von Nachahmern. Diese Leute nannten sich ‹das junge Deutschland›. Denkt man zurück an das Urbild deutscher Jugend, wie wir es im Sifrit erkannt, so hat man hier das ekelerregende Gegenbild. Die Physiognomie des jungen Deutschland war die eines aus Paris kommenden, nach der neusten Mode gekleideten, aber gänzlich blasierten, durch Lüderlichkeit entnervten Judenjünglings mit spezifischem Moschus- und Knoblauchgeruch.

Wolfgang Menzel, Deutsche Dichtung. 3. Bd. (1859)

Bücherverbrennung am 10. Mai 1933; Fotomontage von John Heartfield für die Arbeiter-Illustrierte-Zeitung.

Die Arbeiterbewegung, allen voran der Publizist und Literaturkritiker Franz Mehring, hält diesen antisemitischen, deutschnationalen, aber auch bürgerlich-liberalen Heine-Klischees ein anderes Heine-Bild entgegen; das des Klassenkämpfers und proletarischen Schriftstellers, des Marxfreundes und Autors von «Wintermärchen» und «Weberlied». Dieses Korrektiv gängiger ideologischer Vernebelungen ist zwar nicht weniger einseitig als diese, enthält aber eine neue Perspektive, die schon um 1900 über die Grenzen bisheriger Heine-Deutungen hinausweist.

Im Streit um ein Heine-Denkmal entzündet sich die antisemitische Polemik erneut. Der Nationalsozialismus braucht sie nur neu zu schüren. Die Ausmerzung Heines als Schöpfer des «Loreley»-Liedes, das zum Volkslied enteignet wurde, ist nicht, wie gemeinhin angenommen, eine Errungenschaft des Dritten Reichs, sondern datiert schon aus dem Kaiserreich. Dem Nationalsozialismus bleibt es allerdings vorbehalten, Heine unter die «verbrannten Dichter» einzureihen, als Jude und zersetzender Asphaltliterat.

Heine mied den Juden in sich, ohne von ihm loszukommen, und verzehrte sich nach dem Abendlande, ohne hinein zu dürfen. Das ihm Gemäße, die hohe Kultur des spanischen Judentums, lag abseits seines Weges. Sein eisigscharfer Verstand ersparte ihm keine Tiefe des hoffnungslosen Zwiespalts zwischen Wille zum Abendland und Schicksal aus dem Judentum. Und er hat diesen Zwiespalt als tragisch empfunden. Aber er entlud diese Spannung nicht tragisch, sondern burlesk. [...] Und so war Heine weder der Jude des Alten noch des Neuen Testamentes, er war der in jeder Gemeinschaft heimatlose Jude, der durch das Abendland entsittlichte Jude und die Entsittlichung Deutschlands sein eigentliches Werk. Er hat den wurzelzerstörenden Vorgang auf Marx zu am weitesten gefördert, die Sprengwirkung französischen Geistes im deutschen Körper aufs höchste gesteigert und den Abfall von Goethe ins Gewissenlose getrieben. Ohne Geschmack, ohne Organ für den Geist der Kunst, der Wahrheit, der inneren Haltung war Heine der einflußreichste Verwüster des deutschen Prosastils, der Schöpfer der deutschen Zeitungsphrase.

Josef Nadler, Der heimatlose Jude (1932)

Die Bücherverbrennung soll auch Heines Namen auslöschen aus dem Gedächtnis der Deutschen. Den Fanalcharakter solcher Aktionen hat Heine selbst in seiner Tragödie «Almansor», die zur Zeit der Glaubenskriege spielt, hellsichtig beschrieben:

«Das war ein Vorspiel nur, dort wo man Bücher
Verbrennt, verbrennt man auch am Ende Menschen.»

Loreley (Ölgemälde von Philipp von Foltz, 1850).

Auf Flügeln des Gesanges

Heines bekanntestes Werk ist noch immer sein «Loreley»-Gedicht. Die Geschichte, die es seit seiner Entstehung und Veröffentlichung erlebt hat, zeigt wie in einem Zerrspiegel den Umgang der Deutschen mit ihrem Dichter Heinrich Heine: den Prozeß der Entfremdung und schließlich Enteignung. Was hat gerade dieses Gedicht so populär gemacht? Der Text enthält dafür viele Voraussetzungen. Der volksliedhafte Ton, der Ich-Erzähler, die märchen- und sagenhaften Züge des Sujets, die romantisch belebte Landschaft, die zum Sehnsuchtsträger wird, aber auch die sentimentale Übertreibung der Darstellung, das viele Gold etwa oder die «gewaltige Melodei»; vor allem aber das Motiv der unglücklichen Liebe mit tödlichem Ausgang – all das macht das erzählte Geschehen für eine breitere Leserschaft nacherlebbar und bietet – zumindest oberflächlich – reichlich Möglichkeiten zur Identifikation.

Daß es sich bei diesem «Volkslied» um ein «absichtlich falsches» handelt, wie Adorno es für die Heinesche Lyrik formuliert hat, um eines, dessen Einfachheit und Sentimentalität vielfach gebrochen sind, bleibt bei solch populärem Verständnis allerdings unbeachtet. Darin zeigt sich die Kehrseite einer Breitenwirkung, die Heine immer sehr zwiespältig erlebt hat. Des Ruhms und der Anerkennung wegen hat er sie ersehnt; sie zugleich aber – drohender Mißverständnisse und Abhängigkeit vom «literarischen Pöbel» wegen – auch abgelehnt.

Letztlich aber ist es die Sangbarkeit des Textes, die die Wirkung von Heines «Loreley»-Gedicht begründet. Denn populär machte es erst Silchers Vertonung, 1838. Die eingängige Melodie, in die er Heines Verse verwandelt hat, wird zum Ausgangspunkt für eine Wirkungsgeschichte, die an Pervertierung ihresgleichen sucht.

Der erste Schritt ist der ins Dilettantische. Je breiter das Publikum ist, das sich Heines Verse singend, musizierend, nachempfindend und nachdichtend aneignet, desto leichter sind sie emotionaler Verfälschung ausgesetzt. Karl

Lorelei. Holzschnitt von Ludwig Richter zur Komposition von Friedrich Silcher in einer Sammlung von Studentenliedern, 1844.

Gutzkow, Heines literarischer Konkurrent und Mitstreiter, spricht vom «elegischen Jammer» und meint die Sentimentalität, in die der romantische Liedzauber sich verflüchtigt hat: «Damals», so berichtet er rückschauend auf die Zeit vor 1848, «konnte keine Ahnung davon sein, daß sich [...] aus der Nachahmung Heines eine Welt- und Lebensanschauungsweise entwickeln würde, die uns, in Verbindung mit den Liederkomponisten Mendelssohn und Schumann, geradezu alles Leben aus dem Parnaß in ein Maskenfest mit falschen bunten Kleidern verwandeln sollte.»

Aus solch heruntergekommener romantischer Salongeselligkeit wandert die «Loreley» in Männergesangsvereine und studentische Kommerskultur und findet sich, schon weidlich entstellt, wieder in der Rheintouristik des 19. Jahrhunderts.

Eine Folge dieses Besuches war, daß einige Tage später auch der Direktor des Vereins und einige der vorzüglichsten Mitglieder Zutritt erhielten. Mit gedämpfter Stimme, damit es den Kranken nicht behellige, wurde nun – meistens nach Mendelssohns Kompositionen – eine Reihe seiner Lieder vorgetragen, unter anderen «Am fernen Horizonte», «Der Herbstwind rüttelt die Bäume», «Leise zieht durch mein Gemüt», «Auf Flügeln des Gesanges», «In dem Wald bei Mondenscheine» und das Quartett: «Entflieh mit mir und sei mein Weib».

Heine zeigte sich außerordentlich erfreut, mehrmals erhob er sich von seinem Lager und sagte lebhaft: «Das ist eine vortreffliche Auffassung! Besser konnte man meine Gedanken nicht wiedergeben.» Einen wehmütigen Eindruck machte es aber, daß von allen diesen Kompositionen beinahe keine einzige ihm bekannt war.

Hermann Hüffer nach Mitteilungen von Andreas Pütz (1875)

Das Motiv entstammt keineswegs, wie von seinen romantischen Schöpfern und Entdeckern suggeriert, einer «uralten» deutschen Sagentradition. Die Loreley hat zwar in einer lokalen rheinischen Sage, der von der Bergfrau im Lurleifelsen, eine Urahne, ist selbst jedoch eine romantische Kunstfigur; geschaffen von Brentano, von Heine wohl aus einem Handbuch für Rheinreisende aufgegriffen und durch den Erfolg des Liedes dann zur Nachahmung freigegeben. Die Loreley beginnt nun, massenhaft aufzutreten. Nicht mehr nur in Gedichten und Erzählungen, sondern nach der Jahrhundertmitte auch in Epen, Dramen, in Rhein- und Weinliedern, Walzern und Balletten, ja sogar in rund fünfzig Opern; von den bildlichen Darstellungen, Illustrationen, Zeichnungen, Gemälden, Plastiken und den süßlichen Postkarten der Jahrhundertwende ganz zu schweigen; an Zahl nicht mehr überschaubar, in der Qualität schwankend zwischen Sonntagslyrik und Staatsdichtung, Kitsch und hochrangiger Kunst.

Mit der Vermassung des Motivs einher geht seit 1871 konsequenterweise seine Politisierung. Seit Frankreich mit dem deutsch-französischen Krieg zum Erbfeind erklärt ist und der Rhein als Grenze des neuen Reichs hohe nationale Bedeutung gewonnen hat, wird auch die Loreley, bisher Allegorie des Gesangs und der Romantik, zum Symbol des Deutschtums schlechthin. Als solches aber wird sie pompös wie das Niederwalddenkmal. Den Höhepunkt dieser nationalistischen Pervertierung bildet Siegbert Meyers (genannt Siegmeyer) «Loreley»-Gedicht aus den 1870er Jahren. Die schlichte Sagengestalt hat sich in eine kraftstrotzende Germania verwandelt.

Aus einer Postkartenserie um 1900.

Der erste, der diese martialische Tradition bricht – bezeichnenderweise 1914, zu Beginn des Ersten Weltkriegs – ist der expressionistische Lyriker und Kabarettist Klabund. Sein Hohngedicht auf die nationalistischen Soldatenlieder, montiert allein aus deren gängigsten Versen, setzt die aus Wut, Spott und Ablehnung gespeiste Umkehrung in der Geschichte des «Loreley»-Gedichts in Gang. Sie lebt aus dem Kontrast. Augenfällig wird dies in Karl Valentins Nachdichtung. Sie parodiert alle bisherigen «Loreley»-Bilder nicht nur durch die trivialen Ansichten der einst zauberhaften Jungfrau von ihrer Existenz als männermordenden Sirene, sondern allein schon durch ihre Verkörperung in dem spindeldürren Volkssänger, wie er «bei bleichem Mondschein oben auf dem Felsen» die Leier schlägt.

Titelblatt der «Loreley»-Oper von Max Bruch nach einer Dichtung von Emanuel Geibel, 1863.

Erich Kästner: Der Handstand auf der Loreley (Nach einer wahren Begebenheit 1932)

Die Loreley, bekannt als Fee und Felsen,
ist jener Fleck am Rhein, nicht weit von Bingen,
wo früher Schiffer mit verdrehten Hälsen,
von blonden Haaren schwärmend, untergingen.

Wir wandeln uns. Die Schiffer inbegriffen.
Der Rhein ist reguliert und eingedämmt.
Die Zeit vergeht. Man stirbt nicht mehr beim Schiffen,
bloß weil ein blondes Weib sich dauernd kämmt.

Nichtsdestotrotz geschieht auch heutzutage
noch manches, was der Steinzeit ähnlich sieht.
So alt ist keine deutsche Heldensage,
daß sie nicht doch noch Helden nach sich zieht.

Erst neulich machte auf der Loreley
hoch überm Rhein ein Turner einen Handstand!
Von allen Dampfern tönte Angstgeschrei,
als er kopfüber oben auf der Wand stand.

Er stand, als ob er auf dem Barren stünde.
Mit hohlem Kreuz. Und lustbetonten Zügen.
Man frage nicht: Was hatte er für Gründe?
Er war ein Held. Das dürfte wohl genügen.

Er stand verkehrt im Abendsonnenscheine.
Da trübte Wehmut seinen Turnerblick.
Er dachte an die Loreley von Heine.
Und stürzte ab. Und brach sich das Genick.

Der Turner hinterließ uns Frau und Kind.
Hinwiederum, man soll sie nicht beklagen.
Weil im Bezirk der Helden und der Sagen
Die Überlebenden nicht wichtig sind.

P. S. Eins wäre allerdings noch nachzutragen:
Er starb als Held. Man muß ihn nicht beweinen.
Sein Handstand war vom Schicksal überstrahlt.
Ein Augenblick mit zwei erhobnen Beinen
ist nicht zu teuer mit dem Tod bezahlt!

Eine solche kritisch-konterkarierende Tradition hat sich nach 1945 nicht fortgesetzt. Die Loreley ist, von ihren literarischen Ursprüngen weiter entfernt denn je, endgültig trivialisiert worden zum Massenartikel.

Siegbert Meyer: Die neue Loreley (vor 1876)

Nun weiß ich, was soll es bedeuten,
das Lied von der Loreley:
das Märchen aus *alten* Zeiten –
uns wurde es wieder *neu*!

Die *deutscheste* Jungfrau sitzet
auf hohem felsigem Stein,
ihr leuchtender Harnisch blitzet, –
so hält sie die Wacht am Rhein!

Es kamen zum Rhein die Franzosen,
ein kampfesmutiger Troß,
mit übermütigem Tosen,
mit Sturm- und Donnergeschoß!

Da klang die goldene Leier,
da sang die Loreley,
da stürmte Armin, der Befreier,
mit Deutschlands Helden herbei.

Sie scheuten keine Gefahren;
der Sieg, er wurde ihr Lohn;
auf Loreleys goldenen Haaren,
glänzt goldig die Kaiserkron'!

Des Rheines Wellen verschlingen,
die übermütig ihm nah'n;
auch das hat mit ihrem Singen
die Loreley getan!

Der Loreleybrunnen von Ernst Herter. Illustration in einer Prachtausgabe des «Buch der Lieder», o. J.

Ebenso, doch mit anderen literarischen Mitteln ernüchternd wirkt Erich Kästners Gedicht «Der Handstand auf der Loreley». Es erzählt die Geschichte des Loreleyfelsens, eines Orts von hoher nationaler Symbolkraft, als sozialkritische Alltagsgeschichte mit trivialem Einschlag, in der solch ideologische Überhöhung mit der Realität vermeintlichen Heldentums konfrontiert wird; ein bitteres pazifistisches Lehrstück gegen nationalistische Kriegstreiberei, entstanden im Jahr vor der nationalsozialistischen Machtübernahme.

Karl Valentin
Die Loreley

1916

Ansager Folgen Sie mir im Geiste, wenn Ihnen das möglich ist, an das linke Rheinufer, wir setzen uns auf das gegenüberliegende Ufer des Loreleyfelsens. Hier sehen Sie jetzt beim bleichen Mondenschein oben auf dem Felsen die Loreley, sie hat eine Leier in der Hand, und während unten in einer Gondel auf den silberschimmernden Wellen des Rheins ein Schiffer vorbeifährt und zu ihr hinaufblickt, singt sie im Abendäther ein Lied in die dunkle Nacht.

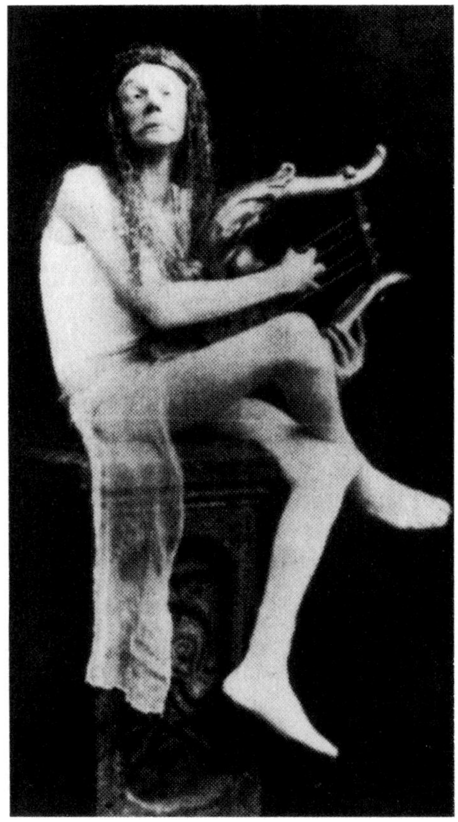

Karl Valentin

Grüß Gott und ich habe die Ehre,
das heißt, ich bin halt so frei,
Sie werden mich alle wohl kennen,
man heißt mich kurz die Loreley.
Was wurd über mich schon gesungen
und offen muß ich es gestehn
und niemand hat mich noch gesehn
und ich bin doch so fabelhaft schön!

Viel tausend Jahr hock ich hier oben
bei Sonnenschein, Regen und Schnee
auf diesem steinigen Felsblock,
mir tut schon mein Rückgebäud weh.
Ich singe und zupfe die Harfe,
ich wüßt ja net, was i sonst tat,
ich weiß nicht, was soll es bedeuten,
das Lied wird mir jetzt schon bald fad!

Wenn morgens vom Schlaf ich erwache,
dann kämm ich mein goldenes Haar,
das ist ja mein einziger Reichtum
denns Gold is gegnwärtig rar.
Ich gäbe zwar Gold her für Eisen,
da mach ich mir schließlich nix draus,
doch eiserne Haar–!'s wär a Blödsinn,
des haltet mei Kampe net aus!

Ich hab keine menschliche Seele,
ich leb nur als Märchen dahin,
drum ist es auch ganz leicht erklärlich,
daß viel tausend Jahr alt ich bin.
Wär ich eine menschliche Jungfrau,
ich sage es offen heraus,
hielt ich es so viel tausend Jahre
allein da heroben net aus!

Ein Schiffer, ein bildschöner Jüngling,
fährt oft mit dem Kahn hier vorbei,
er liebt nur ein einziges Wesen,
er liebt nur mich, die Loreley.
Da kommt er schon wieder gefahren,
was willst denn, du närrischer Tropf,
wenn du dich net glei aus dem Staub machst,
dann wirf i dir d' Musik an Kopf!

Nun haben d' Loreley Sie gesehen,
vergessen Sie nie diese Pracht,
und nun werd ich wieder verschwinden,
es dunkelt schon heimlich die Nacht,
's wird finster und immer finsterer
und langsam geh ich zur Ruh,
und daß wissen, daß aus is,
dreh ma das Mikrophon zu.

Heine-Denkmäler oder «Ein Pfahl in unserem Fleische»

Die Zahl der deutschen Kriegerdenkmäler
zur Zahl der deutschen Heine-Denkmäler
verhält sich hierzulande wie die Macht
zum Geist.

Kurt Tucholsky. 1929

Tucholskys Aussage zum Streit um die deutschen Heine-Denkmäler war nur eine Zwischenbilanz. Der Streit wird im Dritten Reich und in der Nachkriegszeit noch manch traurigen Höhepunkt erreichen. Siegen wird schließlich, das hat Tucholsky unschwer erkannt, die Partei der Kriegerdenkmäler. Im Denkmalsstreit spiegelt sich ein weiteres Kapitel von Heines Wirkung. Es ist die Geschichte seiner Diffamierung als Jude, durch die er aus Deutschland ausgebürgert und aus seiner literarischen Tradition ausgegrenzt werden soll.

Begonnen hat der Denkmalsstreit in Heines Vaterstadt Düsseldorf, 1887, mit den Vorbereitungen zu seinem 100. Geburtstag. Er bietet Gelegenheit, über die Errichtung eines Heine-Denkmals öffentlich nachzudenken, als Akt der Wiedergutmachung gegenüber dem verkannten großen Sohn. Kaiserin Elisabeth von Österreich, Heine-Liebhaberin, schaltet sich ein. Sie ist bereit, Düssel-

Aufruf

zur Errichtung eines Heine-Denkmals
in Düsseldorf.

Vielseitiger Anregung folgend sind die Unterzeichneten zu einem Comite zusammengetreten, welches beabsichtigt,

dem Dichter Heinrich Heine

in seiner Vaterstadt ein Denkmal zu errichten.

Zu diesem Zwecke wird um Beiträge gebeten, über welche der Schatzmeister, Herr Banquier Leopold Ahrweiler zu Düsseldorf Quittung ertheilen wird.

Düsseldorf, den 2. November 1887.

Das Comite für Errichtung eines Heine-Denkmals
zu Düsseldorf.

Lindemann, Oberbürgermeister (Düsseldorf), Vorsitzender; Courth, Justizrath (Düsseldorf), stellvertretender Vorsitzender; Henoumont, Hauptmann a. D. (Düsseldorf), Schriftführer; Leopold Ahrweiler, Banquier (Düsseldorf), Schatzmeister; Rechtsanwalt Emil Bloem (Düsseldorf); Professor Hünten (Düsseldorf); H. Krüger, Maler (Düsseldorf); Eduard Freiherr von Oppenheim (Köln); Adolf von Randow (Crefeld); Emil Rittershaus (Barmen); Regierungsrath Dr. Kuhnke (Düsseldorf); Professor Schill (Düsseldorf); Quack, Kommerzienrath (M.-Gladbach).

Es ging bei der Unterzeichneten ein:
Von V. St. 6 Mark.
Weitere Beiträge werden gerne entgegengenommen.

Die Expedition der „Düsseldorfer Zeitung"
und des „Düsseldorfer Stadt-Anzeiger".

Mit diesem «Aufruf» anläßlich der Vorbereitungen von Heines 100. Geburtstag begann 1887 der Streit um die Errichtung eines Heine-Denkmals.

Karikatur aus der Zeitschrift «Ulk» vom 10. Februar 1893 zur Weigerung von Heines Vaterstadt Düsseldorf, das von Kaiserin Elisabeth von Österreich gestiftete Denkmal anzunehmen.

dorf ein Heine-Denkmal zu schenken, und bestellt bei dem Bildhauer Ernst Herter drei Entwürfe. Über diese kommt es zu Auseinandersetzungen zwischen dem Düsseldorfer Magistrat und dem Denkmalskomitee, zwischen der Kaiserin und den politisch Verantwortlichen, bis hinauf nach Berlin. Das Projekt scheitert. Elisabeth läßt sich von dem dänischen Bildhauer L. Hasselriis ein eigenes Heine-Denkmal schaffen, das erste überhaupt, und stellt es 1891 in ihrem Besitz auf Korfu auf. Das von Herter ausgeführte Denkmal, ein Brunnen mit Loreley-Figur, findet, da keine deutsche Stadt es haben will, schließlich 1899 in New York seinen Platz. Die Angelegenheit hat inzwischen Kreise gezogen; die Presse hat das Thema aufgegriffen. Die Parteien pro und contra Heine beginnen sich zu formieren. Der Streit um sein Denkmal ist da.

Als positive Nebenwirkung ist zu registrieren, daß der Meinungskampf nach dreißigjähriger Stille Öffentlichkeit und Wissenschaft für Heine mobilisiert. Man veranstaltet Heine-Matineen und -Soireen mit Vortrag, Rezitation und Gesang; eine Heine-Oper wird komponiert; Heine-Ausgaben und die ersten Biographien erscheinen. Es kommt, rund um die Feiern zum 100. Geburtstag des Dichters, zu einem regelrechten Heine-Boom. Der Preis ist die systematische Verbürgerlichung, von der bereits die Rede war. Man schafft sich einen Heine, passend zu Plüsch und Pomp des wilhelminischen Wohnzimmers.

Dahinter schwelt der Denkmalsstreit weiter. Neue Nahrung erhält er, als zu Heines 50. Todesjahr 1906 die Denkmalsidee wieder auflebt. Ihr prominentester Verfechter ist der Literaturkritiker Alfred Kerr, in Komitees und öffentlichen Aufrufen unterstützt von bekannten Künstlern der Jahrhundertwende; bildenden Künstlern wie Max Liebermann, Ernst Haeckel und Max Klinger; Komponisten wie Engelbert Humperdinck; Schriftstellern wie Dehmel, Hauptmann, Hofmannsthal und – postum – dem alten Fontane. Fortschrittliche Frauen wie die Kollwitz und die Lasker-Schüler, die Frauenrechtlerinnen Hedwig Dohm und Lily Braun melden sich gesondert zu Wort; ebenso die Sozialdemokraten.

Kerr propagiert nicht ein rheinisches, an Heines Geburtsort gebundenes Denkmal, sondern ein alldeutsches; eines, das dem «ganzen» Heine gewidmet sein soll; dem gefeierten Lyriker ebenso wie dem angefeindeten politischen Schriftsteller; dem Denker von europäischem Rang ebenso wie dem Menschen. Mehrere Orte bewerben sich. Favorit wird Hamburg, die Stadt, die Heine in Deutschland noch am ehesten Bezugspunkt war. Der Denkmalsstreit wechselt die Szene. Doch auch in Hamburg kommt das Projekt nicht voran.

Da ist zunächst das Zwischenspiel mit Elisabeths Privatdenkmal. Nach ihrem Tod hat Wilhelm II. es 1908 von Korfu entfernen lassen. Das Bildnis Heines, der so respektlos mit seinen hohenzollerschen Vorfahren umgesprungen war, mußte dem kaiserlichen Karl-May-Fan ein Dorn im Auge sein. Ein Enkel von Heines Verleger Campe kauft die Statue und bietet sie dem Hamburger Senat an. Der jedoch lehnt ab. Hamburg – so die Begründung – habe es nicht nötig, auf ein Denkmal aus zweiter Hand zurückzugreifen, wenn es denn ein Heine-Denkmal wolle.

Campe jun. bleibt auf seinem Denkmal sitzen. Er bringt es im Hof eines Hamburger Kontorhauses unter, mit einem Holzverschlag geschützt vor den Verunglimpfungen einheimischer Heine-Gegner. Später wird es, auf dem Umweg über das liberalere Altona, gerade noch rechtzeitig vor der Machtübernahme der Nationalsozialisten ins französische Exil gehen – wie sein lebendes Vorbild. Heute steht die Statue im Mistral-Parc in Toulon.

Daß Hasselriis' Denkmal «gebraucht» war, dürfte Alfred Kerr nicht gestört haben. Doch ihm mißfällt der Charakter. Die Sitzfigur des leidenden Dichters entspricht nicht dem Bild vom «ganzen» Heine, das Kerr vorschwebt. Elisabeths Denkmal ist ihm zu «zuckrig, rührselig. Betrübt, betropft, beträntׅ». Seine und der Berliner Fraktion moderne Denkmalsvorstellung kann sich jedoch nicht durchsetzen. Nicht der Symbolist Max Klinger, bekannt geworden durch sein Beethoven-Denkmal, erhält den Auftrag, sondern Hugo Lederer. Als Schöpfer des megalomanen, ganz dem offiziellen Kunstgeschmack des Wilhelminismus entsprechenden Hamburger Bismarck-Denkmals ist er prädestiniert zum Kompromißkandidaten, mit dessen Hilfe man auf dem Höhepunkt des Denkmalsstreits die deutschnationalen Heine-Gegner mit der Denkmalsidee hofft versöhnen zu können.

Inzwischen hat sich der Meinungskampf um das Denkmal in der Presse scharf polarisiert. Den Befürwortern, ausnahmslos der intellektuellen und künstlerischen Opposition des Wilhelminismus zugehörig, stehen als Gegner Rechte aller Schattierungen gegenüber. Radikale Ausgrenzer sind in den sehr differenziert geführten Auseinandersetzungen die Ausnahme. Der Radikalste

Das Heine-Denkmal der Kaiserin Elisabeth auf Korfu von L. Hasselriis, 1891.

ist der vom verkappten Heine-Verehrer zum Heine-Fresser pervertierte Weimarer Lehrer Adolf Bartels, später bekannt geworden als literaturgeschichtlicher Chefideologe des Nationalsozialismus. Die Haßtiraden seiner umfänglichen Heine-Publikationen gipfeln in dem Pamphlet «H. Heine; auch ein Denkmal» von 1906. Hier wird in einer zugleich politisch, ästhetisch und rassistisch motivierten Abwehr der «Dichterjude» Heine erst eigentlich geschaffen. Ihn aus der deutschen Literaturgeschichte auszumerzen gilt als Aufgabe für die künftigen Jahrzehnte.

Das «verweigerte Denkmal», der Loreleybrunnen von Ernst Herter, 1888 für Düsseldorf geschaffen und schließlich nach New York verschickt.

Uwe Johnson
Denkmal für Heinrich Heine

Im Bezirk Bronx der Stadt New York, drei oder vier Blocks von der U-Bahn-Station 161. Straße oder vom alten Yankee-Stadion nach Osten, suchen die wenigsten Touristen einen kleinen Park. Hier steht auf einer Säule eine Dame von heldenhafter Figur und Gewandung, denn sie ist gänzlich aus Marmor. Während sie gefährlich nach Süden blickt, darf der Besucher an drei Seiten der Säule Flachreliefs betrachten: Einen deutschen Dichter, eine Sphinx mit einem jungen Mann in den Armen sowie auch einen anderen jungen Mann beim Drachentöten. Die Säule steht wiederum auf einer Marmorplatte, die mit Tieren des Wassers verziert ist. Umgeben ist die Gruppe von einem großen Becken, das der Anlage die Bezeichnung Fontäne verschafft hat. Die heidnische Person obenauf ist die Lorelei, und das Ganze ist jenes Denkmal für Heinrich Heine, das eine Elisabeth von Österreich und Ungarn den Bürgern seiner Geburtsstadt hatte schenken wollen, zu ihrem bekannten Unwillen. Mehr als zehn Jahre später wurde es von den Deutsch-Amerikanischen Gesellschaften der Stadt New York hier aufgestellt, in einer noch lange nicht rein jüdischen Bronx, und nämlich mit der Inschrift «Ihrem großen Dichter die Deutschen in Amerika». Das war am 8. Juli 1899, und noch fünfzig Jahre später waren die Schlußfolgerungen nicht eben beliebig.

Dabei hilft der Erste Weltkrieg. Er trägt dazu bei, daß man die Einweihung des ungeliebten Denkmals auch in Hamburg weiter hinauszögern kann. Lederers Standbild, fertig seit 1912, wird erst 1926 – nach vielen Querelen um den Standort – im Stadtpark aufgestellt; eine lebensgroße Bronzestatue des jungen Heine, so wie er Deutschland 1831 verließ; eine Figur in kontemplativer, doch selbstbewußter Haltung, das erstrebte Bild des «ganzen» Heine. Seiner Idee eines gesamtdeutschen Denkmals dient es nur wenige Jahre. 1933 schon wird es mit Beschluß des Hamburger Senats aus rassischen Gründen entfernt. 1943 wird es eingeschmolzen. Kerrs «sinnender Europäer» verwandelt sich in Waffen für den Zweiten Weltkrieg.

Nach zwanzig schicksalsvollen Jahren schlägt nun die Stunde, wo ein alter Wunsch vieler Deutschen Wirklichkeit wird: die Weihe des deutschen Gedächtnismals für Heinrich Heine – Dichter und lachender Pionier; geboren am Rhein zu Düsseldorf, heimisch zu Hamburg, gestorben zu Paris vor siebzig Jahren; lebend in Schrift und Sang; geliebt und befehdet; und nicht mehr wegzudenken aus Deutschland, nicht auszuschalten aus der Welt.

Aus Alfred Kerrs Rede bei der Einweihung des Heine-Denkmals in Hamburg 1926

Das Hamburger Heine-Denkmal von Hugo Lederer; 1912 vollendet und 1926 aufgestellt.

Die Heine-Plakette vom Geburtshaus des Dichters landete 1940 bei einer Metallspendenaktion zu Hitlers Geburtstag in der Schrottsammlung.

Aber, wie gesagt, es wäre unbillig, zu verlangen, daß das Judentum Heine aufgebe; nur das können wir beanspruchen, daß man uns Deutsche, die wir Heine gründlich satt haben, künftig mehr mit ihm in Ruhe läßt. Muß er durchaus ein Denkmal haben, so kann ihm ja einfach das Judentum eines setzen – die Mittel sind ja reichlich vorhanden.

HEINRICH HEINE;
IHREM GROSSEN DICHTER UND VORKÄMPFER,
DIE DEUTSCHEN JUDEN

hätte die Inschrift dieses Denkmals zu lauten, und man kann garantieren, daß es dann in alle Zukunft ungeschoren bleibt, selbst wenn man den Juden noch die «Judengenossen» hinzufügte. Sollte es jedoch heißen:

HEINRICH HEINE
DAS DEUTSCHE VOLK,

so kann niemand dafür stehen, daß das Denkmal nicht eines Tages (ich spreche hier natürlich nur bildlich) in die Luft fliegt.

Adolf Bartels, H. Heine. Auch ein Denkmal (1906)

Auch das Düsseldorfer Projekt lebt 1931 wieder auf, nachdem Halle, Frankfurt am Main und Hamburg längst ihre Heine-Denkmäler haben, bleibt aber auch diesmal ohne Ergebnis, überrollt vom Dritten Reich. Sogar die Gedenktafel an Heines Geburtshaus wird 1940 abmontiert und landet, wie das Hamburger Denkmal, in der Metallsammlung. Der «Dichterjude» scheint endgültig ausgemerzt. Die Parolen dazu hatte, ganz im Geist Adolf Bartels', das Nazi-Kampfblatt «Der Stürmer» schon während der zwanziger Jahre ausgegeben:

«Heine-Bückeburg war einer der größten jüdischen Schweinekerle des vergangenen Jahrhunderts [...] Die Gräber der deutschen Helden des Weltkrieges verkommen und werden vergessen und für die Judensau auf dem Montmartre wirft man das Geld der deutschen Steuerzahler zum Fenster hinaus.»

Eine «Stunde Null» gibt es nach 1945 auch für die deutsche Heine-Rezeption nicht. Zwar leben die Denkmalpläne in Düsseldorf noch einmal auf, und wieder gründen sich Komitees und Initiativen. Doch erst der frische Wind der 70er Jahre und ein neues Jubiläum bringen eine Heine-Renaissance. Stadt und Staat geraten in Zugzwang. Doch der alte Geist ist stark. Trotz weltweiter Proteste lehnt der Senat der neugegründeten Düsseldorfer Universität es 1972 ab, diese nach Heinrich Heine zu benennen. Der Vorschlag, das überfällige Denkmal ausgerechnet von Arno Breker ausführen zu lassen, dem prominentesten Bildhauer der Nazizeit, kann immerhin abgewehrt werden. 1981, zu Heines 125. Todestag, wird das begehbare «Heinrich-Heine-Vexiermonument» von Bert Gerresheim eingeweiht. Im Jahr darauf errichtet Hamburg das eingeschmolzene Lederer-Denkmal erneut, in veränderter Form.

Doch scheint die Zeit für Dichterdenkmäler aus Stein und Erz vorbei. Durchgesetzt hat sich die Idee eines «geistigen Denkmals», wie sie Franz Mehring schon Ende des 19. Jahrhunderts formulierte: ein Denkmal, wie es das 1974 gegründete Heinrich Heine-Institut in Düsseldorf mit seiner Sammelarbeit zu Leben und Werk des Dichters schafft; oder ein Denkmal in Form einer historisch-kritischen Ausgabe von Heines Werk. Auch dieses Projekt gerät in die Mühlen der Politik. Da keiner der beiden deutschen Nachkriegsstaaten Heine dem anderen überlassen will – die BRD nicht der sozialistischen Tradition, die DDR nicht der liberalen westlichen – entstehen seit Anfang der 1970er Jahre parallel zueinander zwei öffentlich geförderte historisch-kritische Ausgaben; ein Kuriosum, das symptomatisch erscheint für die politische Brisanz von Heines deutscher Wirkungsgeschichte.

Angesichts der neuesten politischen Entwicklungen wirkt der alte Streit um Heine grotesker denn je. Heines Vaterlandskritik aus Liebe, seine geradezu prophetischen Voraussagen über die leichte Verderblichkeit deutschen Nationalstolzes haben sich mittlerweile ganz unzeitgemäß aktualisiert.

Ihr nennt mich spöttisch wohl den Heinetöter –
Nun, wißt: Das Werk ist mir beinah gelungen.
Zu Heine schwören nur noch grüne Jungen.
Und die Nachläufer alle, vulgo Köter.
Vor Scham wird jeder Bessre rot und röter,
Daß man uns diesen Großen aufgezwungen,
Der an dem Zuchthaus kaum vorbeigesprungen,
Und der als Dichter höchstens Schwerenöter.
Einst hat man als Befreier ihn gepriesen
Von der Bedrückung, diesen eitlen Laffen
Der alles, auch den Kämpfer stets nur mimte.
Nun wird er vom Parnasse fortgewiesen,
Wo kein Bedürfnis herrscht nach Dichteraffen,
Und Deutschland lernt, was ihm schon längst geziemte.
Adolf Bartels (1921)

«Heine-Vexier-Monument» von Bert Gerresheim, das heutige Düsseldorfer Heine-Denkmal, errichtet zum 125. Todestag 1981.

Heine jung und alt, gezeichnet von Horst Janssen.

busse
für Joachim Fest
30374

Epilog

Sie erlischt

Der Vorhang fällt, das Stück ist aus,
Und Herrn und Damen gehn nach Haus.
Ob ihnen auch das Stück gefallen?
Ich glaub, ich hörte Beifall schallen.
Ein hochverehrtes Publikum
Beklatschte dankbar seinen Dichter.
Jetzt aber ist das Haus so stumm,
Und sind verschwunden Lust und Lichter.

Doch horch! ein schollernd schnöder Klang
Ertönt unfern der öden Bühne; –
Vielleicht daß eine Saite sprang
An einer alten Violine.
Verdrießlich rascheln im Parterr
Etwelche Ratten hin und her,
Und alles riecht nach ranzgem Öle.
Die letzte Lampe ächzt und zischt
Verzweiflungsvoll und sie erlischt.
Das arme Licht war meine Seele.

Romanzero. Lamentationen. Lazarus.

Anhang

Zeittafel

1797 Harry Heine wird am 13. Dezember (Datum ungesichert) als ältester Sohn jüdischer Eltern in Düsseldorf, Bolkerstraße 53, geboren.
Vater: Kaufmann Samson Heine (1764–1828) aus Hannover.
Mutter: Peira (Betty) van Geldern (1771–1859) aus Düsseldorf.
Geschwister: Charlotte (ca. 1803–1899), Gustav (ca. 1804–1886) und Maximilian (ca. 1805–1879).

1799 Am 9. November wird Napoleon Erster Konsul der französischen Republik; Ausgangspunkt für Heines intensive Auseinandersetzung mit Napoleon.

1803 Heine besucht die reformierte Kinderschule der Susanne Wilhelmina Hindermann und die israelitische Privatschule von Hein Herz Rintelsohn.

1804 1. August: Aufnahme in die Normalschule im älteren Franziskanerkloster.

1809 Ende November: Umzug der Familie in das Haus Bolkerstraße 42.

1810 April: Aufnahme ins Düsseldorfer Lyceum.

1811 3. November: Heine sieht den Einzug Napoleons in Düsseldorf, das seit 1806 Hauptstadt des Großherzogtums Berg unter Napoleons Schwager Joachim Murat ist.

1814 29. September: Heine verläßt das Gymnasium ohne Reifezeugnis.
Ab Oktober: Besuch der Vahrenkampfschen Handelsanstalt.

1815 Herbst: Für zwei Monate als Kaufmannslehrling in Frankfurt am Main. Zurück nach Düsseldorf.
Abschluß des Wiener Kongresses und Beginn der Restaurationszeit.

1816 Juni: Beginn der Hamburger Zeit als Lehrling im Bankhaus Heckscher & Co des Onkels Salomon Heine und als Kaufmann. Heine verliebt sich in seine Cousine Amalie.

1817 Erste Gedichtveröffentlichungen in der Zeitschrift «Hamburgs Wächter».
Wartburgfest der deutschen Burschenschaften.

1819 Entmündigung Samson Heines. Bankrott seines Düsseldorfer Geschäfts und der Hamburger Filiale «Harry Heine & Comp».
Juni: Heine kehrt zurück nach Düsseldorf.
Dezember: Immatrikulation zum Jurastudium an der Universität Bonn. Bekanntschaft mit A. W. Schlegel.
Karlsbader Beschlüsse: Beaufsichtigung der Universitäten, Auflösung der Burschenschaften, Demagogenverfolgung, Abbruch

der preußischen Reformen und vor allem Zensur von Büchern, Zeitungen und Zeitschriften.

1820 Umzug von Mutter und Geschwistern von Düsseldorf nach Hamburg, später nach Lüneburg und wieder nach Hamburg.
Oktober: Immatrikulation Heines in Göttingen.
Dezember: Verfahren vor dem Universitätsgericht wegen einer Duellforderung, Ausschluß aus der Burschenschaft.
Januar: Relegation von der Universität für ein halbes Jahr.

1821 Februar: Heine verläßt Göttingen.
März: Zum Sommersemester nach Berlin; dort vier Semester bis Mitte 1823. Bekanntschaft mit Rahel und K. A. Varnhagen von Ense und Persönlichkeiten des Berliner literarischen Lebens.

1822 «Gedichte» erscheinen bei Maurer/Berlin. «Briefe aus Berlin» im «Rheinisch-Westfälischen Anzeiger».
August: Aufnahme in den «Verein für Kultur und Wissenschaft der Juden».
Oktober: Besuch bei Hegel.

1823 «Über Polen» im «Gesellschafter».
«Tragödien nebst einem lyrischen Intermezzo» bei Dümmler/Berlin.
Mai: Abreise aus Berlin; nach Limburg zu den Eltern, nach Hamburg und Cuxhaven. Freundschaft mit Rudolf Christiani.

1824 Januar: Fortsetzung des Studiums in Göttingen.
Mitte September: Fußwanderung durch den Harz und Besuch bei Goethe in Weimar.

1825 28. Juni: Heine läßt sich in Heiligenstadt protestantisch taufen auf den Namen Christian Johann Heinrich.
20. Juli: Promotion zum Dr. jur. Anschließend Reise nach Norderney, Lüneburg und Hamburg. Freundschaft mit Friedrich Merckel.

1826 Januar: Beginn der Beziehung zu dem Buchhändler und Verleger Julius Campe (1797–1867) in Hamburg. Bei Hoffmann und Campe erscheinen künftig fast alle Werke Heines.
Mai: «Reisebilder» 1. Teil.

1827 April: «Reisebilder» 2. Teil. Reise nach England.
Mitte August: erneuter Aufenthalt auf Norderney.
Mitte September: nach Hamburg. Auseinandersetzung mit dem Onkel Salomon Heine.
Oktober: «Buch der Lieder».
Reise nach München über Kassel, Frankfurt (Börne), Heidelberg und Stuttgart (W. Menzel).
November: Beginn der Redaktionstätigkeit für Cottas «Neue allgemeine politische Annalen» (bis Mitte 1828).

1828 Anfang August: Reise nach Italien bis Ende November.
2. Dezember: Tod des Vaters in Hamburg. Heine trifft am 27. Dezember dort ein.

1829 Aufenthalte in Berlin und auf Helgoland.
Dezember: «Reisebilder» 3. Teil.

1830 August: Während eines Helgolandaufenthalts erreicht Heine die Nachricht von der französischen Julirevolution.

1831 Januar: «Nachträge zu den Reisebildern».
April: «Kahldorf über den Adel in Briefen an den Grafen M. v. Moltke» von Robert Wesselhöft mit einer Einleitung Heines (Nürnberg: Hoffmann und Campe).
August: Reise nach Boulogne-sur-Mer.
Oktober: Beginn der Korrespondenztätigkeit für Cottas Augsburger «Allgemeine Zeitung».

1832 27. Mai: Hambacher Fest als Kundgebung der politischen Opposition.
Juli bis Ende September: Reise in die Normandie.
Dezember: «Französische Zustände» in der «Allgemeinen Zeitung».

1833 Beginn der Mitarbeit an französischen Blättern mit einer Artikelfolge in «L'Europe littéraire» («Die romantische Schule»).
April/Juni: «Zur Geschichte der neueren schönen Literatur in Deutschland» (Heideloff & Campe, Paris).
Ende August bis Oktober: Aufenthalt in Boulogne-sur-Mer.
Dezember: «Der Salon» 1. Band.

1834 Sommer: Reise nach Boulogne-sur-Mer und Dieppe.
Oktober: Bekanntschaft mit Mathilde (Crescence Eugénie Mirat, 1815–1883). Sie wird Heines Lebensgefährtin und spätere Frau.

1835 «Der Salon» 2. Band.
«De l'Allemagne» erscheint im Rahmen der ersten französischen Werkausgabe.
Sommer: Reisen nach Jouchère zur Prinzessin Belgiojoso und nach Boulogne-sur-Mer.
10. Dezember: Bundestagsbeschluß gegen das Junge Deutschland (Heine, Gutzkow, Laube, Mundt, Wienbarg), d. h. Publikationsverbot.

1836 Reisen nach Coudry, Amiens, Boulogne (Sommer) und nach Südfrankreich (Herbst).

1837 «Salon» 3. Band.
Reisen nach Granville (Mai), Rennes (Juli), Le Havre (August, September).

1838 «Shakespeares Mädchen und Frauen mit Erläuterungen von H. Heine» (Delloye, Paris).

1839 Juni bis August: Aufenthalt in Granville.

1840 Ab März (bis 1846): neue Folge von Korrespondenzberichten für die «Allgemeine Zeitung» («Lutezia»).
August: «Ludwig Börne. Eine Denkschrift.»
Aufenthalt in Granville.
November: «Der Salon» 4. Band.

1841 Juni: Aufenthalt in Cauterets (Pyrenäen).
31. August: Eheschließung mit Mathilde in St. Sulpice in Paris.
7. September: Duell mit Salomon Strauß. Heine wird durch einen Streifschuß an der Hüfte verletzt.

1842 5.–8. Mai: Großer Brand in Hamburg.
August: Boulogne-sur-Mer.

1843 Juli: nach Trouville.
21. Oktober bis 7. Dezember: erste Deutschlandreise.
Dezember: Bekanntschaft mit Karl Marx.
«Atta Troll. Ein Sommernachtstraum» erscheint in Laubes «Zeitung für die elegante Welt». (Buchausgabe 1847.)

1844 Mai: Heine wird Mitarbeiter der Pariser Exilzeitschrift «Vorwärts!», in der er politische Gedichte und «Deutschland. Ein Wintermärchen» veröffentlicht.
20. Juli: zweite Deutschlandreise mit Mathilde. Sie kehrt nach zwei Wochen, Heine Mitte Oktober nach Paris zurück.
September: «Neue Gedichte».
Oktober: «Deutschland. Ein Wintermärchen» (Separatdruck).
23. Dezember: Tod Salomon Heines; Beginn des Erbschaftsstreits.

1848 Seit Februar hält sich Heine wegen fortschreitender Lähmungserscheinungen zeitweise in einer Heilanstalt auf.
22. Februar: Beginn der Pariser Februarrevolution. «Märzrevolution» in Deutschland.
Mitte Mai: Heine bricht im Louvre zusammen; Beginn der «Matratzengruft».

1851 Juli: Besuch Campes bei Heine.
Oktober: «Romanzero». «Der Doctor Faust. Ein Tanzpoem».

1854 Oktober: «Vermischte Schriften» in drei Bänden.
Dezember: Beginn der Arbeit an der französischen Gesamtausgabe.

1855 Juni: Beginn der Beziehung zu Elise Krinitz (1828–1896), der «Mouche».
November: Besuch der Geschwister Max und Charlotte.

1856 17. Februar: Heines Tod.
20. Februar: Begräbnis auf dem Friedhof Montmartre.

Bibliographie

I. Primärliteratur

1. Verzeichnis der selbständig erschienenen Werke in chronologischer Reihenfolge

Gedichte. Berlin: Maurer 1822

Tragödien nebst einem lyrischen Intermezzo. Berlin: Dümmler 1823. Inhalt: Almansor. William Ratcliff. Lyrisches Intermezzo

Reisebilder. Erster Teil. Hamburg: Hoffmann und Campe 1826. Inhalt: Heimkehr. Die Harzreise. Die Nordsee. Erste Abteilung

Reisebilder. Zweiter Teil. Hamburg: Hoffmann und Campe 1827. Inhalt: Die Nordsee. Zweite und dritte Abteilung. Xenien von Karl Immermann. Ideen. Das Buch Le Grand. Briefe aus Berlin

Buch der Lieder. Hamburg: Hoffmann und Campe 1827

Reisebilder. Dritter Teil. Hamburg: Hoffmann und Campe 1829. Inhalt: Reise von München nach Genua. Die Bäder von Lucca

Nachträge zu den Reisebildern. Hamburg: Hoffmann und Campe 1831. Inhalt: Die Stadt Lucca. Englische Fragmente

Kahldorf über den Adel in Briefen an den Grafen M. von Moltke, von Robert Wesselhöft. «Einleitung» von Heine. Nürnberg: Hoffmann und Campe 1831

Französische Zustände. Hamburg: Hoffmann und Campe 1833

Zur Geschichte der neueren schönen Literatur. Paris: Heideloff und Campe 1833

Der Salon. Erster Band. Hamburg: Hoffmann und Campe 1834. Inhalt: Vorrede. Französische Maler. Verschiedene. Aus den Memoiren des Herren von Schnabelewopsky

Der Salon. Zweiter Band. Hamburg: Hoffmann und Campe 1835. Inhalt: Vorrede. Zur Geschichte der Religion und Philosophie in Deutschland

Die romantische Schule. Hamburg: Hoffmann und Campe 1835

Der Salon. Dritter Band. Hamburg: Hoffmann und Campe 1837. Inhalt: Florentinische Nächte. Elementargeister

Über den Denunzianten. Eine Vorrede zum 3. Teil des Salons. Hamburg: Hoffmann und Campe 1837

Miguel Cervantes de Saavedra: Der sinnreiche Junker Don Quixote von la Mancha. Einleitung. Stuttgart: Verlag der Klassiker 1837

Shakespeares Mädchen und Frauen. Mit Erläuterungen von H. Heine. Leipzig: Brockhaus / Paris: Delloye 1839

Der Salon. Vierter Band. Hamburg: Hoffmann und Campe 1840. Inhalt: Der Rabbi von Bacherach. Über die französische Bühne. Gedichte

Ludwig Börne. Eine Denkschrift. Hamburg: Hoffmann und Campe 1840

Neue Gedichte. Hamburg: Hoffmann und Campe 1844. Inhalt: Neuer Frühling. Verschiedene. Der Tannhäuser. Romanzen. Zeitgedichte. Deutschland. Ein Wintermärchen

Deutschland. Ein Wintermärchen. Hamburg: Hoffmann und Campe 1844. (Separatdruck)

Atta Troll. Ein Sommernachtstraum. Hamburg: Hoffmann und Campe 1847

Romanzero. Hamburg: Hoffmann und Campe 1851. Inhalt: Historien. Lamentationen. Hebräische Melodien. Nachwort

Der Doctor Faust. Ein Tanzpoem. Nebst kuriosen Berichten über Teufel, Hexen und Dichtkunst. Hamburg: Hoffmann und Campe 1851

Vermischte Schriften. Hamburg: Hoffmann und Campe 1854. Inhalt: Bd. 1: Geständnisse. Gedichte. 1853 und 1854. Die Götter im Exil. Die Göttin Diana. Denkworte für Ludwig Marcus. Bd. 2 und 3: Lutezia. Berichte über Politik, Kunst und Volksleben

2. Werkausgaben

Düsseldorfer Heine-Ausgabe. Historisch-kritische Gesamtausgabe der Werke. Hg. von Manfred Windfuhr. Hamburg 1973ff.

Heine-Säkularausgabe. Werke. Briefwechsel. Lebenszeugnisse. Hg. von den Nationalen Forschungs- und Gedenkstätten der klassischen deutschen Literatur in Weimar und dem Centre National de la Recherche Scientifique in Paris. Berlin und Paris 1970ff.

Heinrich Heine. Sämtliche Schriften. Hg. von Klaus Briegleb. 6 Bände. München 1988–76

3. Briefe

Heinrich Heine. Briefe. Gesamtausgabe nach den Handschriften, hg. von Friedrich Hirth. 6 Bände. Mainz 1950–57

Heine-Säkularausgabe. Briefe. Bd. 20–27. (s. o.)

4. Quellen und Dokumente

Adorno, Theodor W.: Die Wunde Heine. In: Kleinknecht, s. u., S. 156–160

Bartels, Adolf: H. Heine. Auch ein Denkmal. In: Kleinknecht, s. u., S. 118–124

Begegnungen mit Heine. Berichte der Zeitgenossen. Ed. Michael Werner in Fortführung von H. H. Houbens «Gespräche mit Heine». Bd. 1. (1797–1846). Bd. 2. (1847–1856). Hamburg 1973

Bellmann, Werner (Hg.): Heinrich Heine: Deutschland. Ein Wintermärchen. Erläuterungen und Dokumente. Stuttgart 1980

Börne, Ludwig: Sämtliche Schriften. Neu bearbeitet und hg. von Inge und Peter Rippmann. 5 Bände. Düsseldorf 1964 ff.
Ludwig Börne und Heinrich Heine. Ein deutsches Zerwürfnis. Bearbeitet von Hans Magnus Enzensberger. Leipzig 1991
Galley, Eberhard und Alfred Estermann (Hg.): Heinrich Heines Werk im Urteil der Zeitgenossen. 2 Bände. Hamburg 1981 ff.
Geständnisse. Heine im Bewußtsein heutiger Autoren. Hg. von Wilhelm Gössmann. Düsseldorf 1972
H. Heines Buch der Lieder mit 12 Lichtbilddrucken und 100 Textillustrationen von Paul Thumann. Leipzig 1883
Heinrich Heine. Leben und Werk. Austellungskatalog. Hg. von den Nationalen Forschungs- und Gedenkstätten der klassischen deutschen Literatur in Weimar. 1972
Heine-Geldern, Maximilian von (Hg.): Heine-Reliquien (...) mit 5 Bildnissen und 5 Faksimiles. Berlin 1911
Kästner, Erich: Der Handstand auf der Loreley. Nach einer wahren Begebenheit. In: Minaty, s. u., 202 f.
Kraus, Karl: Heine und die Folgen (Auszug) (1910). In: Kleinknecht, s. u., S. 124–136
Kerr, Alfred: Rede am Heine-Denkmal (1926). In: Kleinknecht, s. u., S. 137–140
Glossy, Karl: Literarische Geheimberichte aus dem Vormärz. 3 Bände. Wien 1912
Ich weiß nicht was soll es bedeuten. Heinrich Heines Loreley. Bilder und Gedichte. Zusammengestellt von Jürgen Kolbe. München 1976
Laube, Heinrich: Erinnerungen. Leipzig 1909
Menzel, Wolfgang: Denkwürdigkeiten. Hg. von dem Sohne Konrad Menzel. Leipzig 1877
Menzel, Wolfgang: Die deutsche Literatur. T. 1–4. Stuttgart 1836
Meyer, Siegbert: Die neue Loreley. In: Ich weiß nicht was soll es bedeuten. Heinrich Heines Loreley, S. 41
Minaty, Wolfgang: Die Loreley. Gedichte. Prosa. Bilder. Ein Lesebuch. Frankfurt/M. 1988
Oppenheim, Moritz: Erinnerungen. Hg. von Alfred Oppenheim. Frankfurt/M. 1924
Platen-Hallermünde, August Graf von: Der romantische Ödipus. Stuttgart 1829
Savello, Victor (d. i. Johann Peter Lyser): Der fahrende Münchhausen oder neue Reisebilder zu Wasser und zu Lande (...). Meissen 1840
Valentin, Karl: Die Loreley. In: Minaty, s. u., S. 184 f.
Warnstedt, Friedrich von: Die Insel Föhr und das Wilhelminen-Seebad. 1824. Schleswig 1824

II. Sekundärliteratur

1. Allgemeines

Biedermeiers Glück und Ende... die gestörte Idylle 1815–1848. Hg. von Hans Ottomeyer in Zusammenarbeit mit Ulrike Laufer. Ausstellung im Münchner Stadtmuseum 10. Mai – 30. Sept. 1987. München 1987
Brinitzer, Carl: Das streitbare Leben des Verlegers Julius Campe. Hamburg 1962
Cabaud, Michel: Paris et les Parisiens sous le second empire. Paris 1982
Gautrand, Jean Claude: Paris der Photographen. Freiburg 1989
Gladen, Paulgerhard: Gaudeamus igitur. Die studentischen Verbindungen einst und jetzt. München 1988
Jüdische Lebenswelten. Katalog. Hg. von Andreas Nachama. Gereon Sievenich. Berlin 1991
Lohrer, Liselotte: Cotta – Geschichte eines Verlages. 1659–1959. Ludwigsburg 1959
Saison am Strand. Badeleben an Nord- und Ostsee. 200 Jahre (Katalog). Altonaer Museum in Hamburg. Norddeutsches Landesmuseum. Herford 1986
Sengle, Friedrich: Biedermeierzeit. Deutsche Literatur im Spannungsfeld zwischen Restauration und Revolution. 1815–1848. Bd. II: Die Formenwelt. Stuttgart 1972. Bd. III: Die Dichter. Ebd. 1980

2. Bibliographien

Fortlaufende Bibliographie im Heine-Jahrbuch. Hamburg, 1962 ff.
Seifert, Siegfried (Hg.): Heine-Bibliographie. 1954–1964. Berlin und Weimar 1980
Wilhelm, Gottfried und Eberhard Galley (Hg.): Heine-Bibliographie 1817–1953. Bd. 1: Primärliteratur. Bd. 2: Sekundärliteratur. Weimar 1960

3. Einzeluntersuchungen

Briegleb, Klaus: Schriftstellernöte und literarische Produktivität. Zum Exempel Heinrich Heine. In: Neue Ansichten einer künftigen Germanistik. Hg. von Jürgen Kolbe. München 1973, S. 121–159
Brummack, Jürgen (Hg.): H. Heine. Epoche – Werk – Wirkung. München 1980
Galley, Eberhard: Heinrich Heine. Lebensbericht mit Bildern und Dokumenten. Kassel 1973
Gössmann, Wilhelm und Joseph A. Kruse (Hg.): Der späte Heine. 1848–1858. Literatur – Politik – Religion. Hamburg 1978
Hinck, Walter: Die Wunde Deutschland. H. Heines Dichtung im Widerstreit von Nationalidee, Judentum und Antisemitismus. Frankfurt/M. 1990
Hermand, Jost: Der frühe Heine. Ein Kommentar zu den «Reisebildern». München 1976
Höhn, Gerhard: Heine-Handbuch. Zeit, Person, Werk. Stuttgart 1987
Hohendahl, Uwe: Erzwungene Harmonie. Bürgerliche Heine-Feiern. In: Deutsche Feiern. Hg. von Reinhold Grimm und Jost Hermand. Wiesbaden 1977, S. 123–142
Hotz, Karl: H. Heine: Wirkungsgeschichte als Wirkungskritik. Stuttgart 1975
Kircher, Hartmut: H. Heine und das Judentum. Bonn 1973
Kleinknecht, Karl Theodor (Hg.): Heine in Deutschland. Dokumente seiner Rezeption. 1834–1956. Tübingen 1976
Koopmann, Helmut: H. Heine in Deutschland. Aspekte seiner Wirkung im 19. Jahrhundert. In: Nationalismus in Germanistik und Dichtung. Hg. von Benno von Wiese (u. a). Berlin 1967, S. 312–333
Kopelew, Lew: Ein Dichter kam vom Rhein. Heinrich Heines Leben und Leiden. Berlin 1981
Kröger, Ute: Der Streit um Heine in der deutschen Presse 1887–1914. Aachen 1989
Kruse, Joseph A.: Heine im Bild: Zwischen Denkmälern und Illustrationen. In: Wer wird nicht einen Dichter loben? Literatur. Verständnis und Vermittlung. Hg. von Joseph A. Kruse (u. a.). Düsseldorf 1992, S. 162–186

Kruse, Joseph A.: Heine und Düsseldorf. Düsseldorf 1984
Kruse, Joseph A.: Heines Hamburger Zeit. Hamburg 1972
Kruse, Joseph A.: H. Heine. Leben und Werk in Daten und Bildern. Frankfurt/M. 1983
Kruse, Joseph A. und Michael Werner (Hg.): Heine in Paris: 1831–1856. Düsseldorf 1981
Marcuse, Ludwig: H. Heine in Selbstzeugnissen und Bilddokumenten. Reinbek 1970
Peters, Paul: H. Heine «Dichterjude». Frankfurt/M. 1990
Raddatz, Fritz J.: Bilder einer Reise. Heinrich Heine in Italien. Fotografie: Dirk Reinartz. München. Luzern 1989
Raddatz, Fritz J.: H. Heine. Ein deutsches Märchen. Essay. Hamburg 1977
Trilse, Christoph: Heinrich Heine. Leipzig ^{2}1986
Verboten! Das Junge Deutschland 1835. Literatur und Zensur im Vormärz (Katalog einer Austellung im Heinrich-Heine-Institut, Düsseldorf). Hg. von Jan-Christoph Hauschild in Verbindung mit Heidemarie Vahl. Düsseldorf 1985
Wehner, Walter: H. Heine «Die schlesischen Weber» und andere Texte zum Weberelend. München 1980
Werner, Michael: Genius und Geldsack. Zum Problem des Schriftstellerberufs bei H. Heine. Hamburg 1978
Windfuhr, Manfred: Heinrich Heine. Revolution und Reflexion. Stuttgart ^{2}1976
Woesler, Winfried: Heines Tanzbär. Historisch-literarische Untersuchung zum «Atta Troll». Hamburg 1978
Zepf, Irmgard: Denkbilder. H. Heines Gemäldebericht zum Salon 1831. Eine Untersuchung der Schrift «Französische Maler». München 1980
Ziegler, Edda: Julius Campe. Der Verleger Heinrich Heines. Hamburg 1976
Ziegler, Edda: Literarische Zensur in Deutschland. 1819–1848. Materialien. Kommentare. München 1983

Zitiert wird nach folgenden Werken:

Brummack, Heine, 1980
Hinck, Wunde, 1990
Höhn, Handbuch, 1987
Kircher, Judentum, 1973
Kruse, Hamburg, 1972
Kruse, Heine, 1983
Kruse/Werner, Paris, 1981
Raddatz, Heine, 1977
Wehner, Weber, 1980
Werner, Genius, 1978
Windfuhr, Heine, ^{2}1976

Die Texte aus Werken Heines werden zitiert nach *Heinrich Heine. Sämtliche Schriften.* Hg. von Klaus Briegleb (s. o.); Briefe von und an Heine nach der *Heine-Säkularausgabe* (s.o.); andere Quellen, soweit nicht anders angegeben, nach *Begegnungen mit Heine.* Berichte der Zeitgenossen. Ed. Michael Werner (s. o).

Danksagung

Für freundliche Unterstützung, besonders bei der Bildbeschaffung, danken Autorin und Verlag vor allem den Mitarbeitern des Heinrich-Heine-Instituts Düsseldorf, dessen Direktor Dr. Joseph A. Kruse, Jan-Christoph Hauschild für seinen Hinweis auf die Bildvorlage zu Heines Gedicht «In Gemäldegalerien …», besonders aber Inge Hermsträwer für ihren unermüdlichen Beistand. Zu danken ist weiterhin den Nationalen Forschungs- und Gedenkstätten für die klassische deutsche Literatur in Weimar, dem Märkischen Museum in Berlin und dem Verlagsarchiv Hoffmann und Campe in Hamburg.

Bildnachweis

Altonaer Museum in Hamburg/Norddeutsches Landesmuseum – S. 86.
Bildarchiv Preußischer Kulturbesitz, Berlin – S. 44, 116.
Bildarchiv Preußischer Kulturbesitz/Geheimes Staatsarchiv, Berlin – S. 120.
Germanisches Nationalmuseum, Nürnberg – S. 118, 130.
Grafiksammlung des Kösener Archivs im Institut für Hochschulkunde, Würzburg – S. 49, 81.
Hamburger Kunsthalle/bpk, 2004 – S. 125 (Fotograf: Elke Walford).
Heinrich-Heine-Institut, Düsseldorf – S. 9, 12, 13 (M./r.), 15, 16, 17, 18, 20, 21, 23, 24, 26, 27, 28, 29, 30, 31, 32, 35, 37, 38, 39, 41, 43, 48, 56, 57, 58, 60, 61, 63, 72, 73, 74, 76, 79, 83, 84, 85, 87, 88, 90, 94, 97, 98, 103, 105, 107, 108, 109, 111, 117, 119, 121, 123, 127, 128, 129, 131, 134, 135, 136, 137, 138, 140, 141, 145, 146, 148, 149, 151, 153, 154, 155, 157 (u.), 159, 160, 161, 163, 164, 166, 167, 175, 176, 177, 179, 184, 186, 187, 189, 190, 191, 193 (o.), 195, 196, 197, 198, 200, 201, 202, 203, 207, 208, 211, 212, 213, 214, 215, 216, 217, 218, 220, 230, 231, 233, 234, 235, 236, 237.
Historisches Zentrum, Wuppertal – S. 59.
Janssen, Horst: Heinrich Heine, jung und alt. © VG Bild-Kunst, Bonn 2004 – S. 238, 239.
Museum für Hamburgische Geschichte, Hamburg – S. 188.
Rheinisches Bildarchiv, Köln – S. 55.
Staatliche Museen, Kassel – S. 181.
Staatsarchiv, Hamburg – S. 34.
Stadtmuseum, Berlin – S. 45, 46, 47.
Stadtmuseum, Düsseldorf – S. 19, 25.
Städtisches Museum, Göttingen – S. 40.
Stiftung Weimarer Klassik und Kunstsammlungen, Weimar – S. 51, 52.
Universitäts- und Landesbibliothek, Düsseldorf – S. 178.
Valentin, Karl: Die Loreley – S. 229. © Foto: Rechtsnachfolge.

Register

Personenregister

Werkregister